本著作主要内容来自国家自然科学基金项目“半参数空间向量自回归模型的理论研究及其应用”(71171057)、教育部人文社会科学基金项目“半参数空间计量经济联立方程模型的理论研究及其应用”(10YJA790227)和教育部高等学校博士点基金项目“半参数空间面板数据联立方程模型理论和应用”(20103514110009)。

叶阿忠 吴继贵 陈生明 等 著

空间计量经济学

KONGJIAN JILIANG JINGJIXUE

厦门大学出版社
XIAMEN UNIVERSITY PRESS
国家一级出版社
全国百佳图书出版单位

图书在版编目(CIP)数据

空间计量经济学/叶阿忠等著.—厦门:厦门大学出版社,2015.8(2020.12 重印)
ISBN 978-7-5615-5690-0

Ⅰ.①空… Ⅱ.①叶… Ⅲ.①区位经济学-计量经济学-研究 Ⅳ.①F224.0

中国版本图书馆 CIP 数据核字(2015)第 188124 号

官方合作网络销售商:

厦门大学出版社出版发行
(地址:厦门市软件园二期望海路 39 号 邮编:361008)
总编办电话:0592-2182177 传真:0592-2181406
营销中心电话:0592-2184458 传真:0592-2181365
网址:http://www.xmupress.com
邮箱:xmup@xmupress.com
厦门市金凯龙印刷有限公司印刷
2015 年 8 月第 1 版 2020 年 12 月第 2 次印刷
开本:787×1092 1/16 印张:13 插页:2
字数:400 千字
定价:45.00 元

序 言

本书是叶阿忠教授和他的团队多年来从事空间计量经济学理论与应用研究的成果汇集，在我所见过的仅有的几本由国内学者编写的空间计量经济学专门书籍中，本书具有兼顾基础和前沿、教科书和专著的特点。

空间计量经济学的发展虽然已有30年的历史，但它仍然是计量经济学领域发展较晚的一个年轻的分支。原因是多方面的。第一，经典的截面数据（包括面板数据）计量经济学模型理论的一个基本假设是：作为样本的截面个体是随机独立抽取的。既然是随机独立抽取，就没有必要考虑它们之间的相关问题，因此，空间相关问题长期被忽视。第二，如果截面个体之间存在相关性，那么这种相关性远比时间序列计量经济学模型中的相关性复杂。例如，人们可以假定时序样本之间的相关性只与时间间隔有关，而与时间点无关，而这个假定对于截面样本显然是不合适的。第三，截面数据计量经济学模型一旦包含描述相关性的空间矩阵，其估计和检验技术就相当复杂，并且对应用软件提出了新的要求。我国的计量经济学教学与研究起步于20世纪80年代初，从最成熟的经典计量经济学模型开始，逐步深入，直到近10年才有学者关注空间计量经济学。所以，在我国，空间计量经济学显得更为年轻，本书的出版也就具有开拓和推动该分支学科发展的意义。

本书总体上可以分为两部分。第一至四章是已经发展的空间计量经济学模型理论方法与应用的系统介绍，包括截面数据空间模型、面板数据空间模型，以及扩展的空间模型。经过作者的系统梳理，辅之以应用软件的介绍和应用实例的演示，形成了完整、清晰的空间计量经济学内容体系，体现了本书的教科书特色。读者通过这部分内容的学习，对空间计量经济学就有了基本的掌握。第五、六两章是作者新的研究成果，将半参数方法应用于各种空间模型，综合了计量经济学的若干前沿，体现了作者对空间计量经济学理论方法的发展和贡献，形成了本书的专著特色。叶阿忠教授是国内较早进入非参数计量经济学领域的专家之一，出版了多本非参数计量经济学专著，由他来承担这部分内容的研究，其学术水平是毋庸置疑的。有兴趣的读者通过这部分内容的学习，可以说已经进入空间计量经济学的前沿了，当然，是前沿之一。

本书中关于描述空间相关性的空间矩阵的构造，以及绝大部分应用实例，都是基于“地理空间”的。这可以从三个方面来解释：一是以地理上的截面个体（例如各个地区）作为样本建立截面数据（或者面板数据）计量经济学模型，一直就是计量经济学模型应用研究的重要领域，关于它的空间相关问题必须着重研究并解决；二是地理上的截面个体样本，例如以我国大陆31个省级地区为样本，很难满足“随机独立抽样”的假定；即使采用随机抽样的方法，例如从全国所有县级地区中随机抽取200个作为样本，也不能忽略它们之间的相关性。三是地理上的截面个体之间的空间相关性比较直观，描述该相关性具有一定的依据，即具有可行性。当然，本书中介绍的一些基本理论和方法，同样可以应用于其他截面个体样本，例如家庭、个人、企业等，并没有失去一般性。

本书中包含大量应用实例，为读者学习与掌握理论方法提供了很大的方便。虽然这些实例中的大部分本身就是很有价值的应用研究成果，但是，作为例题，它们更注重的是关于所在章节涉及的理论方法的演示，而没有对建立应用模型的其他方面进行全面的讨论。读者在遇到类似的研究课题时，可以参考，不宜照搬。

本人对空间计量经济学没有专门研究，阅读的文献很少，本不敢为本书作序。浏览了本书书稿，很是受益，写下以上几段话，实为读后感，以飨读者。

李子奈

2015 年 2 月于清华大学经济管理学院

前　言

随着交通的便利和信息网络的高速发展，区域之间经济活动越来越具有空间相关性。空间计量经济学也随着实际研究的需要而迅速发展，本著作涉及很多该领域的前沿研究成果，前四章主要参考了许多国内外学者的研究成果。第五章和第六章是我们自己的研究成果。第五章是教育部人文社会科学基金项目"半参数空间计量经济联立方程模型的理论研究及其应用"(10YJA790227)和教育部高等学校博士点基金项目"半参数空间面板数据联立方程模型理论和应用"(20103514110009)的研究成果。第六章是国家自然科学基金项目"半参数空间向量自回归模型的理论研究及其应用"(71171057)的部分研究成果。

本著作分六章，第一章是空间计量经济学基础，包括空间效应、空间权重和 GeoDa 软件的相关操作；第二章是空间回归模型，包括空间回归模型的动因、空间滞后模型、空间误差模型、空间计量模型的检验和 GeoDa 软件的相关操作；第三章是面板空间回归模型，包括面板数据空间滞后模型、面板数据空间误差模型和 Matlab 的相关操作；第四章是空间回归模型的扩展模型，包括空间变系数回归模型、空间杜宾模型、空间误差修正模型、广义空间回归模型、动态空间回归模型和矩阵指数空间模型；第五章是半参数空间滞后模型，包括半参数横截面空间滞后模型、半参数面板空间滞后模型和半参数动态面板空间滞后模型；第六章是半参数空间向量自回归模型，包括横截面数据半参数空间向量自回归模型、横截面数据半参数空间结构向量自回归模型和面板数据半参数空间向量自回归模型。

该著作的初稿的第一章主要由陈生明和王福军编写，第二章主要由陈君、陈晓玲和王福军编写，第三章主要由邢晓卫和王福军编写，第四章主要由王福军、陈君、陈晓玲和邢晓卫编写。第五章主要由叶阿忠、陈生明、冯烽、郭炬、陈泓、吴继贵、叶娟惠、张枝招、张楠、胡乐琼、陈晓玲、张玺和郑万吉著。第六章主要由叶阿忠、吴继贵、邢晓卫、陈晓玲、张长淮、郑万吉和蒋玲香著。全书最终由叶阿忠统稿完成。

感谢相关国内外学者在该领域的学术贡献！感谢厦门大学出版社经管编辑室吴兴友编辑对此书出版的大力支持！也感谢福建人民出版社黄杰阳的帮助！也感谢陈明英女士的支持！感谢国家自然科学基金委、教育部人文社会科学基金委和教育部高等学校博士点基金委对项目的资助！也特别感谢清华大学博士生导师李子奈教授在我读博士期间对我的培养，使我进入非参数计量经济学理论和应用研究领域。由于我们的学术水平有限，加之时间仓促，书中的错漏和疏忽在所难免，恳请读者批评指正。

叶阿忠

2015 年 2 月于福州大学计量经济研究所

目　录

第1章 空间计量经济学基础

本章首先介绍空间计量经济学与传统计量经济学的一个重要区别，即空间效应；然后，介绍空间计量经济模型中的空间权重；最后，介绍空间计量经济学基本软件——GeoDa。

1.1 空间效应

空间效应是空间计量经济学的基本特征，它反映着空间因素的影响，是空间计量经济学从传统计量经济领域独立出来的根本原因。空间效应可以分为空间相关性（spatial dependence）和空间异质性（spatial heterogeneity）（Anselin，1988a）。空间相关性是描述经济变量存在相关性的一种方法，而这一相关性是体现在空间结构上的。当然，空间相关性并不是局限在地理意义上的相关性。例如，该空间结构可以是人与人之间的关系，也可以是不同政策的辐射能力等。简单地说，空间异质性描述的是不同经济个体之间存在的差异性，是以模型函数形式或参数表现出来的结构特征（Anselin，1988a，1988b），并且强调这一差异是由空间分布或者空间结构特点导致的。因为空间异质性可以用传统的计量经济学方法进行处理，例如处理异方差性的方法，所以在本章只关注空间相关性。

1.1.1 空间相关性

Goodchild（1992）指出，几乎所有的空间数据都具有空间依赖（或者称空间自相关）特征，也就是说一个地区空间单元的某种经济地理现象或者某一属性值与邻近地区空间单元上同一现象或属性值是相关的。空间依赖性打破了大多数传统经典统计学和计量经济学中相互独立的基本假设，是对传统方法的继承和发展。

空间依赖是事物和现象在空间上的相互依赖、相互制约、相互影响和相互作用，是事物和现象本身所固有的属性，是地理空间现象和空间过程的本质特征。它是指不同位置的观测值在空间上非独立，呈现出某种非随机的空间模式（LeSage，1999）。由于空间观测值间存在相关性，违反了经典统计学和计量经济学有关观测值不相关的假定前提，传统方法对独立样本的统计推断将不再有效。粗略来说，与相同大小的独立样本相比，存在空间相关性的样本将导致较大的方差估计、假设检验的低显著水平，以及估计模型较低的拟合度。简言之，空间相关性会导致数据信息失真和传统计量经济分析有偏。可见，空间相关性检验是构建空间经济计量模型和进行空间经济计量分析的关键。

例 1.1.1 2012 年中国各省区国内生产总值为我们提供了一个具有空间特征的经济现象的典型案例。从我国国内生产总值的四分位图(如图 1.1.1)可以看出,我国国内生产总值较大的省份基本集中在东部沿海省份,而内陆省份特别是西部地区(除四川特殊以外)大多数国内生产总值较低。

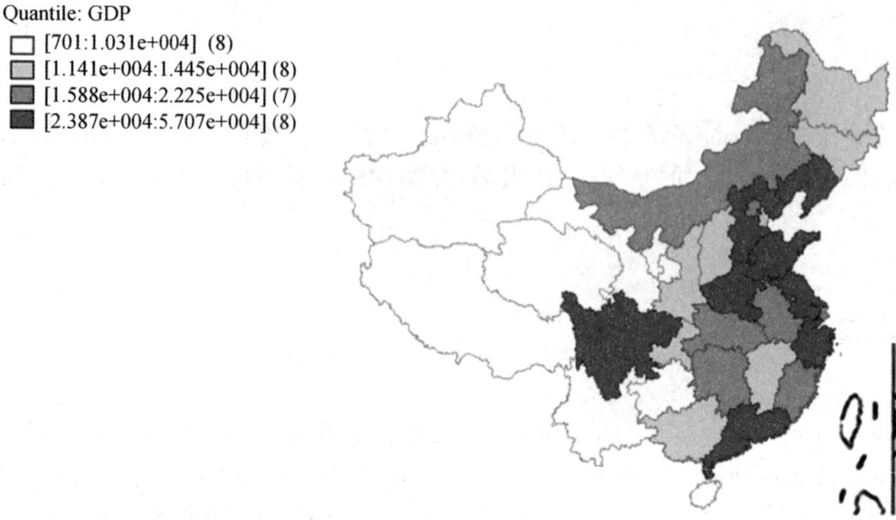

图 1.1.1 2012 年我国国内生产总值四分位图

1.1.2 空间相关性与检验方法

在实际经济分析中,研究对象的空间相关性的经验判断和处理相对较困难,需利用专门的检验技术进行识别。迄今为止,空间计量经济学研究者已经提出了 Moran's I、LM-error、LM-lag 等统计量检验研究对象间是否存在空间相关性。

在空间数据分析中,不论采用何种空间计量经济模型,都需要先对经济变量间是否存在空间相关性进行检验。空间相关性检验大概分成两类:第一,包括空间误差自相关或空间误差移动平均的误差相关检验,如 LMERR,R-LMERR;第二,空间滞后相关检验,如 LMLAG,R-LMLAG。此外,部分统计量既可以检验对象间的空间误差相关关系又可检验空间滞后相关关系,比如,空间相关性 Moran's I 检验、Geary 检验。迄今为止,Moran's I 检验是最常见的空间相关性检验方法,本节将重点介绍 Moran's I 和 Geary 检验等,至于 LMERR,R-LMERR,LMLAG,R-LMLAG 等检验方法,将结合空间计量的具体模型在第 2 章中介绍。

(1)全局空间自相关指标

Moran's I 统计量和 Geary 统计量是两个用来度量空间自相关的全局指标。

①Moran's I 统计量

Moran's I 统计量反映的是空间邻接或空间邻近的区域单元属性值的相似程度。如果 Y 是位置(区域)的观察值,则该变量的全局 Moran's I 值用如下公式计算:

$$Moran's\ I = \frac{\sum_{i=1}^{n}\sum_{j=1}^{n} w_{ij}(Y_i - \overline{Y})(Y_j - \overline{Y})}{S^2 \sum_{i=1}^{n}\sum_{j=1}^{n} w_{ij}} \tag{1.1.1}$$

其中，$S^2 = \frac{1}{n}\sum_{i=1}^{n}(Y_i - \overline{Y})^2$；$\overline{Y} = \frac{1}{n}\sum_{i=1}^{n} Y_i$，$Y_i$ 表示第 i 地区的观测值；n 为地区总数；w_{ij} 为空间权值矩阵。标准化的 Moran's I 统计量为：

$$Z = \frac{Moran's\ I - E(I)}{\sqrt{VAR(I)}} \tag{1.1.2}$$

其中，$E(I) = -\frac{1}{n-1}$，$VAR(I) = \frac{n^2 w_1 + n w_2 + 3 w_0^2}{{w_0}^2(n^2-1)} - E^2(I)$，$w_0 = \sum_{i=1}^{n}\sum_{j=1}^{n} w_{ij}$，$w_1 = \frac{1}{2}\sum_{i=1}^{n}\sum_{j=1}^{n}(w_{ij} + w_{ji})^2$，$w_2 = \sum_{i=1}^{n}\sum_{j=1}^{n}(w_{i\cdot} + w_{\cdot j})^2$，$w_{i\cdot}$ 和 $w_{\cdot j}$ 分别为空间权值矩阵中 i 行和 j 列之和。在不存在空间相关性的原假设下，Z 服从标准正态分布。

Moran's I 统计量的取值一般在[－1，1]之间，小于 0 表示负相关，等于 0 表示不相关，大于 0 表示正相关。越接近－1 表示单元间的差异越大或分布越不集中；越接近 1，则代表单元间的关系越密切，性质越相似（高值集聚或者低值集聚）；接近 0，则表示单元间不相关。

以 2012 年国内生产总值为例，空间权重 W 取常用的一阶邻近矩阵时（1.2 节将详细介绍空间权重），其 Moran's I 统计量为 0.266584，呈现较强的空间正相关性。

②Geary 统计量

由于 Moran 统计量不能判断空间数据是高值集聚还是低值集聚，Getis 和 Ord 于 1992 年提出了全局 Geary 统计量。Geary 统计量与 Moran 统计量存在负相关关系。Geary 统计量 C 计算公式如下：

$$C = \frac{(n-1)\sum_{i=1}^{n}\sum_{j=1}^{n} w_{ij}(x_i - x_j)^2}{2\sum_{i=1}^{n}\sum_{j=1}^{n} w_{ij}\sum_{k=1}^{n}(x_k - \overline{x})^2} \tag{1.1.3}$$

式中，C 为 Geary 统计量；其他变量同上式。Geary 统计量 C 的取值一般在[0，2]之间，大于 1 表示负相关，等于 1 表示不相关，而小于 1 表示正相关。也可以对 Geary 统计量进行标准化：

$$Z(C) = (C - E(C))/\sqrt{Var(C)} \tag{1.1.4}$$

式中，$E(C)$ 为数学期望，$Var(C)$ 为方差。正的 $Z(C)$ 表示存在高值集聚，负的 $Z(C)$ 表示低值集聚。

（2）局部空间自相关指标

局部空间自相关指标包括：空间联系的局部指标（LISA 集聚图）、G 统计量、Moran 散点图。

①空间联系的局部指标

LISA 包括局部 Moran 指数(local Moran)和局部 Geary 指数(local Geary)。

局部 Moran 指数被定义为

$$I_i = \frac{(x_i - \bar{x})}{S^2} \sum_j w_{ij}(x_j - \bar{x}) \tag{1.1.5}$$

正的 I_i 表示该空间单元与邻近单元的属性相似("高—高"或"低—低"),负的 I_i 表示该空间单元与邻近单元的属性不相似("高—低"或"低—高")。

局部 Geary 指数由 Ord 和 Getis(1992)提出,是一种基于距离权重矩阵的局部空间自相关指标,能探测出高值集聚和低值集聚,计算公式为

$$G_i^* = \frac{\sum_j w_{ij} x_j}{\sum_k x_k} \tag{1.1.6}$$

在各区域不存在空间相关下,Getis 和 Ord 简化了 G_i^* 的数学期望和方差的表达式:

$$E(G_i^*) = \frac{\sum_j w_{ij}}{n-1} = \frac{W_i}{n-1}, Var(G_i^*) = \frac{W_i(n-1-W_i)}{(n-1)^2(n-2)} \frac{Y_{i2}}{Y_{i1}^2}$$

式中,$Y_{i1} = \frac{\sum_j w_j}{n-1}, Y_{i2} = \frac{\sum_j x_j^2}{n-1} - Y_{i1}^2$ 。

将 G_i^* 标准化,得到

$$Z_i = \frac{G_i^* - E(G_i^*)}{\sqrt{Var(G_i^*)}} \tag{1.1.7}$$

此时,显著的正 Z_i 表示邻近单元的观测值高,显著的负 Z_i 则表示邻近单元的观测值低。

例 1.1.2 LISA 聚集地图用不同的颜色表示不同的空间自相关类型。以 2012 年国内生产总值为例,空间权重 W 仍取常用的一阶邻近矩阵。2012 年我国地区国内生产总值 LISA 集聚图见图 1.1.2,图中有颜色的地区国内生产总值空间关系显著,而无颜色的

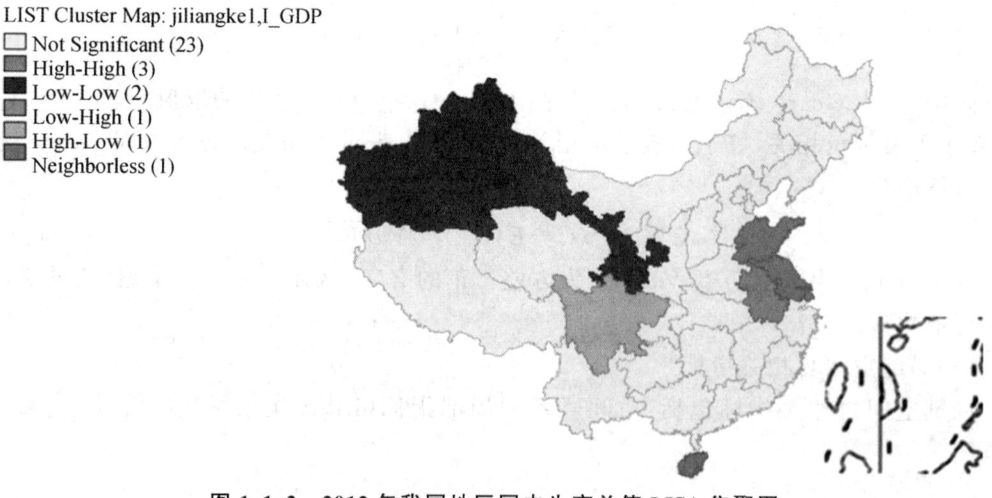

图 1.1.2　2012 年我国地区国内生产总值 LISA 集聚图

地区国内生产总值集聚关系则不显著。如图中用 4 种颜色表示：深红色表示高—高，代表国内生产总值高的地区集聚在一起；深绿色表示低—低，表示国内生产总值低的地区集聚在一起；品红色表示高—低，表示本地区国内生产总值高，但是周边地区国内生产总值低；浅绿色表示低—高，表示本地区国内生产总值低，但是周边地区国内生产总值高。并且这四种类型对应于 Moran 散点图中的 4 个象限。

从图 1.1.2 可以看出山东和江苏呈现显著高—高集聚，这是因为这些地区除安徽外都处于沿海地区，经济都较为发达，存在空间上的相互集聚；新疆、甘肃呈现显著低—低集聚，因为这些地区与相邻地区的经济发展水平相对比较低；湖南呈现显著的低—高空间集聚状态，该地区本身的经济欠发达，但周围地区的经济较为发达，如湖南边上的浙江、江苏的经济较为发达；四川省呈现显著的高—低空间集聚，这是因为它相对于甘肃和青海而言，经济相对要发达，而其他地区的空间集聚关系不显著。

②Moran 散点图

以(Wz, z)为坐标点的 Moran 散点图，常用来研究局部的空间特征。它对空间滞后因子 Wz 和 z 数据进行了可视化的二维图示。Moran's I 统计量可看作各地区观测值的乘积和，其取值范围在 −1 到 1 之间，若各地区间经济行为为空间正相关，其数值应当较大；负相关则较小。当目标区域数据在空间区位上相似的同时也有相似的属性值时，空间模式整体上就显示出正的空间自相关性；而当在空间上邻接的目标区域数据不同寻常地具有不相似的属性值时，就呈现为负的空间自相关性；零空间自相关性出现在当属性值的分布与区位数据的分布相互独立时。Moran 散点图中的第 1、3 象限代表观测值的正空间相关性，第 2、4 象限代表观测值的负空间相关性，并且第 1 象限代表了观测值高的区域单元被高值区域所包围(HH)；第 2 象限代表了观测值低的区域单元被高值区域所包围(LH)；第 3 象限代表了观测值低的区域单元被低值区域所包围(LL)；第 4 象限代表了观测值高的区域单元被低值区域所包围(HL)。

例 1.1.3　以 2012 年国内生产总值为例，空间权重 W 仍取常用的一阶邻近矩阵。从 Moran 散点图(如图 1.1.3)上我们可以发现绝大多数省份都处于第 1 或第 3 象限，说明我国国内生产总值呈现较强的空间正相关性。

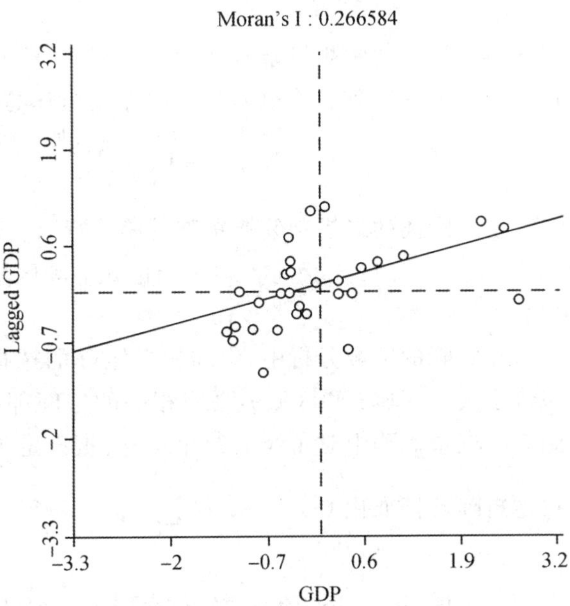

图 1.1.3　2012 年国内生产总值的 Moran 散点图

1.2 空间权重

以区域经济管理研究为例，将空间效应引入经济管理过程的研究，建立空间计量模型进行空间统计分析时，一般要用空间权重矩阵 $\boldsymbol{W}$ 来表达 $\boldsymbol{n}$ 个位置的空间区域的邻近关系，其形式如下：

$$\boldsymbol{W}=\begin{bmatrix} w_{11} & w_{12} & \cdots & w_{1n} \\ w_{21} & w_{22} & \cdots & w_{2n} \\ \vdots & \vdots & \vdots & \vdots \\ w_{n1} & w_{n2} & \cdots & w_{nn} \end{bmatrix} \tag{1.2.1}$$

式中 w_{ij} 表示区域 i 与 j 的邻近关系。对于空间矩阵的构造，一直是一个有争议的问题。因为无法找到一个完全描述空间相关结构的空间矩阵，也就是说，理论上讲，不存在最优的空间矩阵。一般讲，空间矩阵的构造必须满足“空间相关性随着‘距离’的增加而减少”的原则。这里的“距离”是广义的，可以是地理上的距离，也可以是经济意义上合作关系的远近，甚至可以是社会学意义上的人际关系的亲疏。

1.2.1 空间矩阵的常规设定

空间矩阵的常规设定有两种：一种是简单的二进制邻接矩阵，另一种是基于距离的二进制空间权重矩阵。简单的二进制邻接矩阵的第 i 行第 j 列元素为

$$w_{ij}=\begin{cases}1 & \text{当区域 } i \text{ 和区域 } j \text{ 相邻接} \\ 0 & \text{其他}\end{cases} \tag{1.2.2}$$

基于距离的二进制邻接矩阵的第 i 行第 j 列元素为

$$w_{ij}=\begin{cases}1 & \text{当区域 } i \text{ 和区域 } j \text{ 的距离小于 } d \text{ 时} \\ 0 & \text{其他}\end{cases} \tag{1.2.3}$$

在实际的区域分析中，空间权重矩阵的选择设定是外生的，原因是 $(n\times n)$ 阶矩阵 $\boldsymbol{W}$ 包含了关于区域 i 和区域 j 之间相关的空间邻接的外生信息，不需要通过模型来估计得到它。权重矩阵中对角线上的元素 w_{ii} 被设定为 0。为了减少或消除区域间的外在影响，权重矩阵被标准化 $\left(w_{ij}^{*}=w_{ij}/\sum_{k=1}^{n}w_{ik}\right)$，使得行元素之和为 1。

1.2.2 基于邻近概念的空间权重矩阵

基于邻近概念的空间权重矩阵(contiguity based spatial weights)有一阶邻近矩阵和高阶邻近矩阵两种。

一阶邻近矩阵(the first order contiguity matrix)是假定两个地区有共同边界时空间关联才会发生，即当相邻地区 i 和 j 有共同边界时用 1 表示，否则以 0 表示。一般有

Rook邻近和Queen邻近两种计算方法(Anselin,2003)。

Rook邻近用仅有共同边界来定义邻居,而Queen邻近则除了共有边界邻区外还包括共同顶点的邻区。由此可见,基于Queen邻近的空间矩阵常常与周围地区具有更加紧密的关联结构(拥有更多的邻区)。当然,如果假定区域间公共边界的长度不同(如10km和100km),其空间作用的强度也不一样,则还可以通过将公用边界的长度纳入权重计算过程中,使这种邻近指标更加准确一些。

空间权重矩阵不仅仅局限于第一阶邻近矩阵,也可以计算和使用更高阶的邻近矩阵。Anselin和Smirnov(1996)提出了高阶邻近矩阵的算法。二阶邻近矩阵(the second order contiguity matrix)表示了一种空间滞后的邻近矩阵。也就是说,该矩阵表达了邻近的相邻地区的空间信息。当使用时空数据并假设随着时间推移产生空间溢出效应时,这种类型的空间权重矩阵将非常有用,在这种情况下,特定地区的初始效应或随机冲击将不仅会影响其邻近地区,而且随着时间的推移还会影响其邻近地区的相邻地区。当然,这种影响是几何递减的。

可以看出,邻近空间权重矩阵因其对称和计算简单而最为常用,适合于测算地理空间效应的影响。

1.2.3 其他经济社会空间权重矩阵

除了使用真实的地理坐标计算地理距离外,还有包括经济和社会因素的更加复杂的权值矩阵设定方法。比如,根据区域间交通运输流、通讯量、GDP总额、贸易流动、资本流动、人口迁移、劳动力流动等确定空间权值,计算各个地区任何两个变量之间的距离。例如:

(1)基于万有引力定律的空间邻接矩阵

近年来,一些学者采用诺贝尔经济学奖获得者Tingbergen(1962)提出的引力模型研究区域贸易问题,该模型直接把地区间的距离作为解释变量引入模型中。其思想源自物理学中的万有引力定律,即两个物体之间的引力与它们的质量乘积成正比,与它们之间的距离平方成反比。尽管引力模型已经得到了广泛应用,但是基于万有引力定律构造空间邻接矩阵并不多见。我们认为,技术溢出效应是广泛存在的,而不仅仅局限于有共同边界的地区之间,并且两个地区之间的经济实力越强,技术交流与合作的吸引力往往越大,相应的技术溢出效应也越大。为此,基于万有引力定律构建如下空间邻接矩阵$\boldsymbol{W}=(w_{ij})$:

$$w_{ij}=\begin{cases}\dfrac{m_i m_j}{r_{ij}^2}, i\neq j\\ 0, i=j\end{cases} \tag{1.2.4}$$

其中,r_{ij}为地区i与地区j的地理距离,可由两个地区的经纬度计算;m_i为地区i的经济实力,以样本期内的人均实际GDP衡量。为了消除单位选取的影响,邻接矩阵需要标准化使行元素之和为1。

(2)基于地理距离标准构造空间权重矩阵

空间邻接标准认为空间单元之间的联系仅仅取决于二者相邻与否,即只要不同空间单元相邻，则认为它们之间具有相同的影响强度，这在区域创新经济研究中是不符合客观事实的。例如，用空间邻接标准衡量的区域的地理位置，与北京邻接的只有天津、河北两省市，但我们不能认为北京只与津、冀地区发生联系而与其他省区均没有联系，也不能认为北京和在地理区位上与之相近的山东省之间的相互影响和北京与新疆、西藏等相对较远的省份之间的相互影响是等同的（而在邻接权重矩阵中北京、山东和北京、新疆之间的权重都为 0）。基于这样的事实，我们通过地理距离标准构造空间权重矩阵，其实，这也符合地理学第一定律（Tobler W.R，1970）：任何事物与其他周围事物之间均存在联系，而距离较近的事物总比距离较远的事物联系更为紧密。选用一种常用的空间距离权重矩阵 $\boldsymbol{W}_d$（Tiiupaas 和 Friso Schlitte，2006）为

$$w_{ij}=\begin{cases}\dfrac{1}{d^2},i\neq j\\0,i=j\end{cases}\tag{1.2.5}$$

其中 d 为两地区地理中心位置之间的距离。

(3)社会经济特征空间权重矩阵

以地理区位差异反映出的区域创新的空间联系及其强度仅仅表征了地理邻近特征的影响，是相对粗糙的，区域创新作为一项系统活动，必然受到其他多种非地理邻近因素的综合影响，因此需要从不同角度建构其他类型的空间权重矩阵，以全面客观地揭示区域创新生产的空间影响因素。将区域间的社会经济特征分为经济基础和人力资本两类，分别建立空间权重矩阵。

鉴于不同省区经济水平存在空间相关性的客观现实，许多学者通过建立经济距离空间权重矩阵来对这种关系予以描述，比较有代表性的如林光平等（2006）基于相邻地区间经济发展水平的差异程度越小，其经济上的相互联系强度就越大的假设，建立了基于地区差异的经济距离空间权重矩阵。然而，这一形式的矩阵存在明显不足。该矩阵中各元素所表征的两个空间单元之间的相互影响强度是相同的（$w_{ij}=w_{ji}$），而现实情况是经济发展水平较高的地区对经济水平较低地区产生更强的空间影响与辐射作用，如北京对于河北的影响强度显然大于河北对北京的影响强度。由此，我们建立新的经济距离空间权重矩阵，具体为：

$$\boldsymbol{W}=\boldsymbol{W}_d diag(\overline{Y}_1/\overline{Y},\overline{Y}_2/\overline{Y},\cdots,\overline{Y}_n/\overline{Y})\tag{1.2.6}$$

其中 $\boldsymbol{W}_d$ 为地理距离空间权重矩阵，$\overline{Y}_i=\dfrac{1}{t_1-t_0+1}\sum\limits_{t=t0}^{t1}Y_{it}$ 为考察期内第 i 省物质资本存量平均值，$\overline{Y}=\dfrac{1}{n(t_1-t_0+1)}\sum\limits_{i=1}^{n}\sum\limits_{t=t0}^{t1}Y_{it}$ 为考察期内总物质资本存量均值。通过上述矩阵可以发现，当一个地区的物质资本存量占总量比重较大（即 $\overline{Y}_i/\overline{Y}>\overline{Y}_j/\overline{Y}$）时，其对周边地区的影响也越大（即 $w_{ij}>w_{ji}$）。可用省会城市间的地理距离建立 $\boldsymbol{W}_d$，用地区物质资本存量表征地区经济发展水平。

人力资本对区域创新活动具有重要的影响。人力资本水平的提高可以增强对知识、技术以及其他信息的获取与运用能力，进而转化为创新产出，促进区域社会经济发展。以卢卡斯为代表的新增长理论认为，地区人力资本对经济发展具有决定性作用（Lucas，

1988)。特别是对于中国这样的发展中大国来讲，区域经济水平普遍较低且发展不均衡，区域人力资本存量及其变化将会带来规模经济收益，在此过程中，创新作为经济收益的副产品随之产生。对发达地区而言，较高的人力资本与技术水平能够促使其经济不断发展，同时，由于“干中学”效应，伴随着经济水平不断提高，也产生了更多的内生性技术进步，提高了区域创新能力；而落后地区大多通过对先进技术的吸收与模仿，实现其经济发展与技术飞跃。然而，地区间人力资本水平差异会在很大程度上影响知识溢出与技术扩散。当两地区人力资本存量水平差距较大时，落后地区由于其较低的人力资本水平，使得其对先进技术的引进、消化、吸收与创新扩散过程受到一定程度的制约，也就是说，落后地区并不能够充分、有效地吸收先进技术，其对先进技术的引进并不能对当地经济发展与创新活动起到应有的作用。相反，人力资本水平相近的地区间由于具备了一定的人力资本存量水平，可以有效地模仿、吸收引进技术，直至实现自主创新。因此，人力资本存量水平的地区间差异是影响区域技术创新的重要因素。另外，由于技术创新活动的地方化(Caniels, 2001)，建立人力资本权重时，我们仍然考虑地理区位因素的影响。

为了表征区域人力资本对于创新活动的影响，参照经济距离空间权重矩阵，建立人力资本空间权重矩阵，表示为

$$W=W_d diag\left(\frac{\overline{H}_1}{\overline{H}},\frac{\overline{H}_2}{\overline{H}},\cdots,\frac{\overline{H}_n}{\overline{H}}\right) \tag{1.2.7}$$

其中，$\overline{H}_i=\frac{1}{t_1-t_0+1}\sum_{t=t_0}^{t1}H_{it}$，$\overline{H}=\frac{1}{n(t_1-t_0+1)}\sum_{i=1}^{n}\sum_{t=t_0}^{t1}H_{it}$，$\overline{H}_i$ 为第 i 省人力资本存量平均值，$\overline{H}$ 为总人力资本存量均值，t 为不同时期。这样设置权重矩阵的好处在于，可以更为深刻地揭示出区域人力资本水平差异对创新活动产生的动态影响。通过上述矩阵可以发现，当一个地区的人力资本存量占总量的比重较大(即 $\overline{H}_i/\overline{H}>\overline{H}_j/\overline{H}$)时，其对周边地区的影响也越大(即 $w_{ij}>w_{ji}$)。

(4)竞争矩阵

构造“竞争矩阵”(competition matrix)体现基础设施可能存在的正负溢出效应；基于地区间或行业间的投入产出联系和旅客量等流量数据分析溢出效应的来源。若 $i\neq j$，则 $w_{ij}=a_{ij}/\sum_k a_{ik}$，若 $i=j$，则 $w_{ij}=0$。其中 a_{ij} 代表“从区域 i 运往区域 j 的货物”(Cohen 和 Paul, 2001)或“行业的单位产出对中间品投入行业的需求量”(Moreno 等, 2004)。

一方面，基础设施的网络结构导致其溢出效应超出所在地区或部门范围，而且相邻地区的资本和技术溢出效应更显著(Moreno 等, 2004; Cantos 等, 2005)，因此，可通过“地理邻近”方法构建空间权重衡量基础设施空间溢出效应；另一方面，具有类似经济社会特征的地区之间即使不相邻，基础设施网络也会导致地区之间要素流动和厂商选址的竞争产生负溢出效应，且地区间相似度越高则替代性越大(Boarnet, 1998; DeIgado 和 Alvarez, 2007)。因此需要结合“地理邻近”和“竞争矩阵”两种方法构建空间权重。考虑到中国地区之间普遍存在的产业竞争，采用标准化的“两地区制造业结构相似度”作为产业竞争指标构建“竞争矩阵”空间权重：$d_{ij}=\sqrt{\sum_m (a_{im}-a_{jm})^2}$，其中 a_{im} 和 a_{jm} 分别为省份 i 和 j 的产业 m 占制造业产值比重，d_{ij} 越小则制造业结构越相似，赋予的竞争权重越大。制造

业规模越大省份的产业竞争力较高，故竞争权重矩阵为：$w_{ij}=\frac{X_j}{d_{ij}}$，其中 X_j 为省份 j 的制造业产值占全国制造业总值的比重，标准化处理得：若 $i\neq j$，$w_{ij}{}^{*}=\frac{w_{ij}}{\sum_j w_{ij}}$，若 $i=j$，$w_{ij}{}^{*}=0$。

1.3 GeoDa 软件的相关操作

1.3.1 GeoDa 基本操作

(1)载入地图

本次练习演示了如何开始使用 GeoDa 和它的用户界面的基本构成。目前 OpenGeoDa 可以使用 Windows 7 操作系统。而 GeoDa 适用于 Windows XP 等操作系统。由于目前 Windows 7 已成为主流，因此以 OpenGeoDa 为例，来讲述如何开始使用 GeoDa 和它的用户界面的基本构成。

双击桌面图标启动 OpenGeoDa，就会出现一个欢迎界面，在 File 菜单中选择 Open Project，或单击 Open Project 工具按钮，如图 1.3.1 所示。工具栏中只有两项是可用的，第一个是用于打开一个项目，另一个项目是关闭项目。

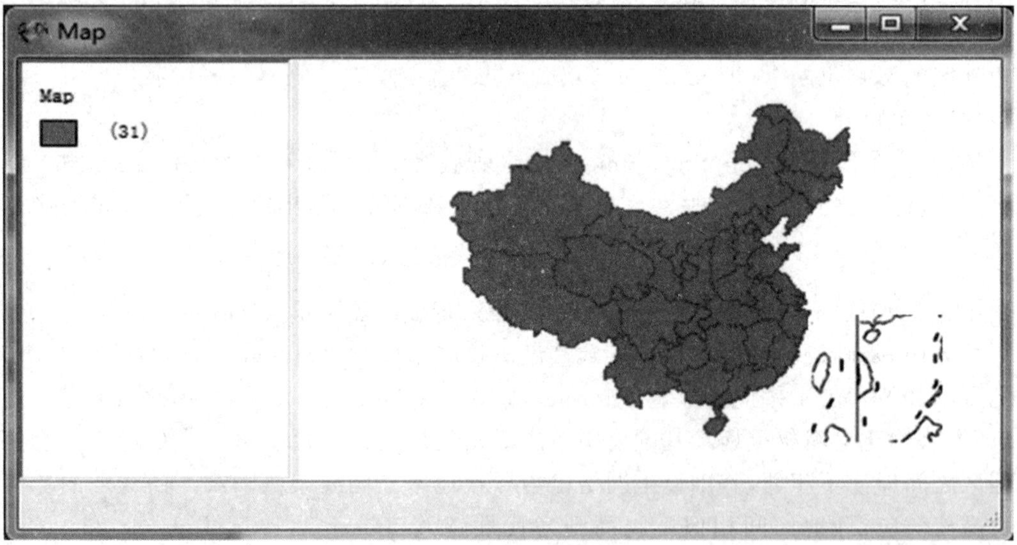

图 1.3.1 欢迎界面

GeoDa 只能读入 shape 文件打开一个项目(at this point)，点击 File，然后点击 open shapefile，读取 shape 文件，最后点击 OK，载入地图(由于台湾、香港和澳门等数据缺失，故本书利用 31 个省市做 Geoda 图，如图 1.3.1)

载入一个 shape 文件之后，所有的菜单和工具栏都变为可用，详见图 1.3.2。

图 1.3.2　完整的菜单和工具栏

菜单栏由 11 项组成，4 项是标准 Windows 菜单：File（打开和关闭文件），View（选择要显示的工具栏），Windows（选择或重新排列窗口）和 Help（还不能使用）。GeoDa 特有的菜单有 Edit（控制地图窗口和图层），Tools（空间数据处理），Table（数据表格处理），Map[choropleth 制图和地图平滑（smoothing）]，Explore（统计图表），Space（空间自相关分析），Regress（空间回归）和 Options[特殊（specific）应用选项]。你可以单击不同的菜单试一下 GeoDa 的功能。

（2）N 分位图

Geoda 可以将数据分为 N 分位图，以 4 分位图为例。菜单栏中选择 Map-Quantile map，再选择你想要的变量和 N 值，如图 1.3.3 所示。

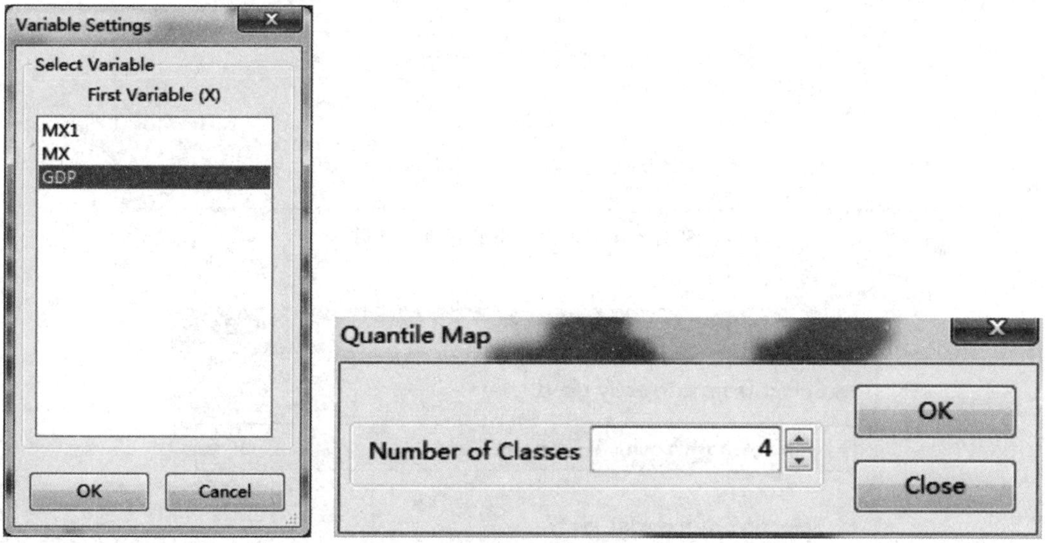

图 1.3.3　4 分位图操作

1.3.2 空间权重矩阵

（1）邻近 0-1 矩阵

载入一个 shape 文件选择 Tools>weights>Create，创建一个邻近 0-1 矩阵。选择 Add ID Variable，输入 POLY_ID。可以选择 Rook contiguity>Create，你现在有一个权重文件可以使用。权重将以 GWT 格式保存，这个格式可以用记事本（txt）打开。

在开始空间平滑之前，你必须载入空间权重文件，使其可以被程序所调用。点击

Load weights 工具条按钮,或从菜单中选择 Tools>Weights>Open,如图 1.3.4。然后点击选择权重对话框中的单选按钮 Select from file(图 1.3.5),输入权重文件名。点击 OK 载入权重文件。现在已准备完毕。形成 GAT 格式的空间权重可以用任一文本编辑器或文字处理器(记事本等)打开。

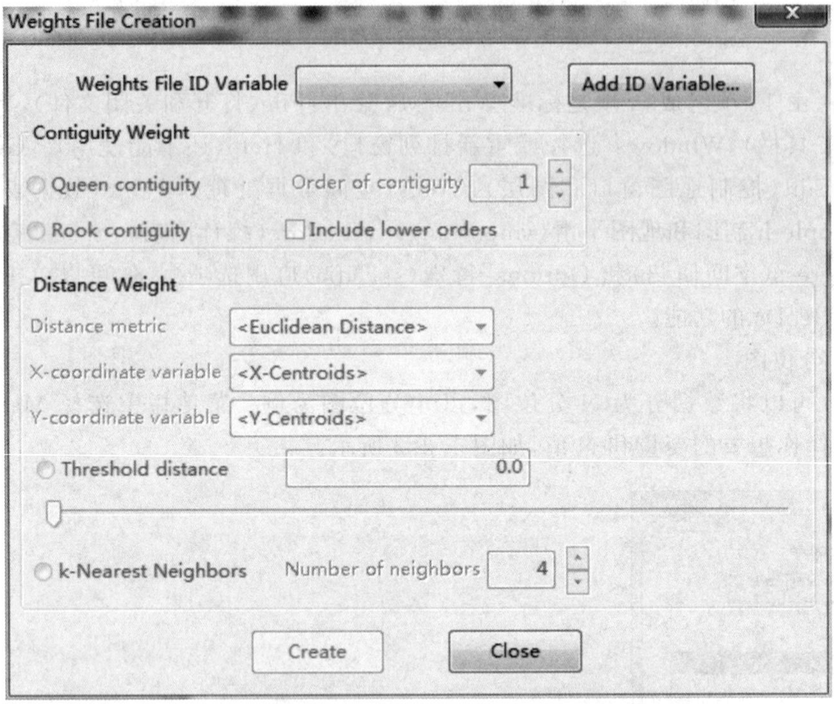

图 1.3.4 创建一个邻近 0-1 矩阵

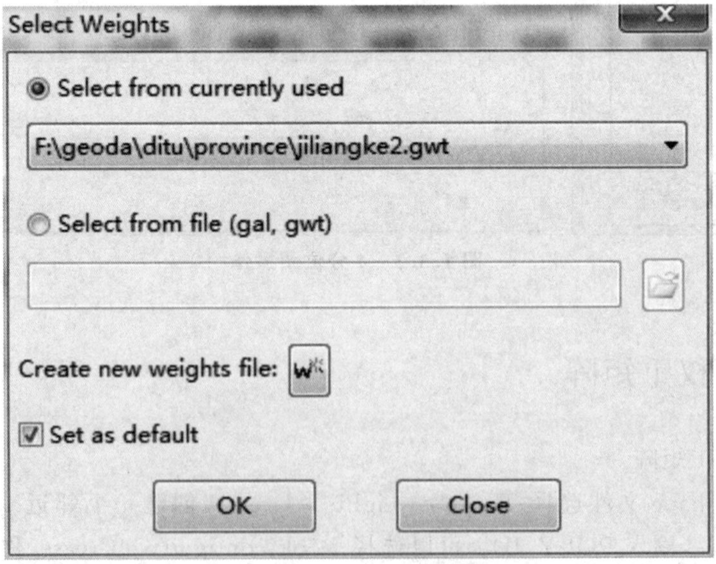

图 1.3.5 权重的选择

(2)基于距离的 K-nearest 近邻空间权重

GeoDa 不仅可以创建 Rook contiguity，还可以创建 Queen contiguity。更常见的是 K-nearest 近邻前的单选按钮，近邻数可以修改。例如，以 31 个省市为例，选择近邻数为 5，形成的 GAL 格式 G 空间权重文件也是一个简单的文本文件，也可以用任一文本编辑器或文字处理器(记事本)来修改，会形成如图 1.3.6。但若以 Rook contiguity，则会形成与该省邻近的省份的个数以及省份号，如图 1.3.6。

GAL 格式空间权重文件也是一个简单的文本文件，可以用任一文本编辑器或文字处理器(确保能存储为文本文件)来修改，如图 1.3.7 所示。第一行为本文件的头行，包括 0

```
0 31 jiliangke POLY_ID3
1 20          457634.371
1 21          802713.122
1 26          1164977.62
1 30          1202183.67
1 22          1223513.88
2 5          1077658.87
2 23           1096492.2
2 24          1399406.94
2 4          1815483.48
2 31          1931523.28
3 28          385253.039
3 25          396539.158
3 7          415769.946
3 30          449390.499
3 22          469244.813
4 25          327958.888
4 24          426523.166
4 3          525339.924
4 7          754740.063
4 31          792684.273
5 23          815238.863
5 2          1077658.87
5 24          1319730.61
5 31          1341336.06
5 14          1471320.92
6 22           326965.67
```

图 1.3.6 邻近 0-1 矩阵

```
0 31 jiliangke POLY_II
1 2
26 20
2 3
23 5 24
3 4
25 7 28 26
4 3
25 24 26
5 4
23 14 31 2
6 4
28 9 8 7
7 6
25 10 9 3 6 28
8 4
29 11 9 6
9 6
12 11 10 8 6 7
10 6
27 25 13 7 9 12
11 5
29 16 12 8 9
12 6
18 16 13 11 9 10
13 6
27 17 15 12 18 10
```

图 1.3.7 基于距离的 K-nearest 近邻空间权重

(将来要使用的标志)、观测点数目、邻接结构来源的多边形文件名、关键字变量名(POLYID)。

1.3.3 空间相关性

(1)Moran 散点图

Moran 散点图是变量为 X 轴，该变量的空间滞后为 Y 轴的图。因为刚刚计算的基于距离的 K-nearest 近邻空间权重可以立即用于任何分析，所以，可以在散点图中，用空间滞后 W_GDP 和 X 轴变量 GDP 手工建立一幅 Moran 散点图(如图 1.3.8)。操作方式如下：从菜单中选择 Tools＞Space＞Univariate Moran's I(注意选择 Moran 散点图之前，必须选择空间权重)。

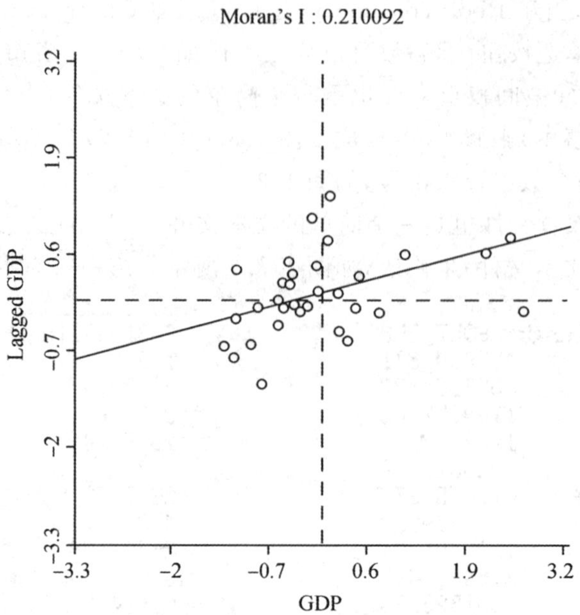

图 1.3.8 Moran 散点图

(2)LISA 空间集聚图

按理说,最有用的图表是所谓的 LISA 聚集地图,用不同的颜色表示不同的空间自相关类型,这 4 种颜色如图 1.3.9 中图例所示:深红色表示高高,深绿色表示低低,品红色表示高低,浅绿色表示低高。选择相同颜色的省,查看它们在 Moran 散点图中的位置。操作方式如下:从菜单中选择 Tools>Space>Univariate Local Moran's I>变量(例 GDP)>Cluster Map>OK。

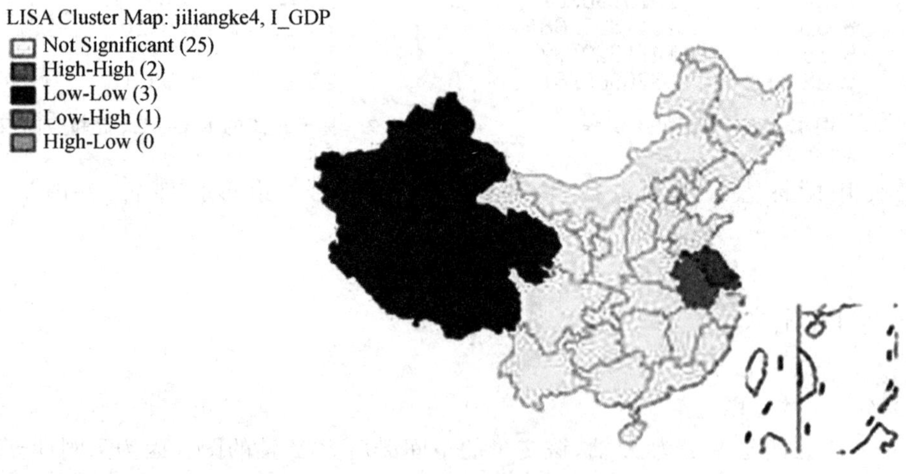

图 1.3.9 LISA 空间集聚图

第 2 章　空间回归模型

本章主要介绍空间回归模型的动因、空间滞后模型、空间误差模型和模型的检验。

2.1 空间回归模型的动因

本节先介绍残差与解释变量的正交性问题，然后介绍模型不确定性动因。

2.1.1 残差与解释变量的正交性问题

从计量经济学模型的角度提出空间计量经济学问题，实质是关于模型残差性质的分析，主要是残差与解释变量的正交性问题。

考虑截面数据模型：

$$Y_i = \sum_{k=1}^{K} X_{ki}\beta_k + \varepsilon_i = \boldsymbol{X}'_i\boldsymbol{\beta} + \varepsilon_i, i = 1,2,\cdots,N \tag{2.1.1}$$

假设模型满足识别条件，即在模型中，有 $N>K$ 条件成立。如果对模型(2.1.1)的参数进行估计，参数估计量的无偏性要求样本矩条件 $\frac{1}{N}\sum_{i=1}^{N} X_{ki}\varepsilon_i = 0$，对应总体矩条件 $E[\boldsymbol{X}'\boldsymbol{\varepsilon} \mid \boldsymbol{X}] = 0$。

假设模型中存在空间相关性，并且假设模型中 N 个样本为对应的 N 个区域，也就是说，第 i 个区域与第 j 个区域的被解释变量存在一定的相关性。类似于分析异方差问题时所讨论的，区域之间的相关性不是凭空产生的，而是由模型中被解释变量、解释变量的空间相关性造成的。例如，如果被解释变量是人均 GDP，其中一个解释变量是投资，由于投资造成的影响存在空间效应，从而使得被解释变量存在空间相关性。如果这一空间相关性没有被参数化出来，可以认为相关性在一定程度上体现在残差中，从而可以将残差写成 $\varepsilon_i = f(X_i)$，于是前面的残差与解释变量正交性便无法得到满足，即

$$E[\boldsymbol{X}'\boldsymbol{\varepsilon} \mid \boldsymbol{X}] = E[\boldsymbol{X}'f(\boldsymbol{X}) \mid \boldsymbol{X}] \neq 0$$

从而得到的 OLS 估计量不是无偏估计量。

当然，正如在经典计量经济学教科书中所讨论的，可以通过工具变量(IV)来构造矩条件，如果有 $\boldsymbol{Z}$ 可以作为工具变量，即满足：

$$\mathrm{E}[\boldsymbol{Z}'\boldsymbol{\varepsilon} \mid \boldsymbol{X}, \boldsymbol{Z}] = 0$$

则仍然可以得到无偏估计量。但是这里便遇到两个问题：一是如何寻找合适的工具变量；

二是此时的工具变量估计量虽然满足无偏性，但是在估计的过程中损失了空间相关性的信息，没有把空间关系的结构充分地参数化出来。后者是更加重要的问题，因为丢失掉的信息很可能具有经济学含义，并且从计量经济学的角度来讲，这一估计量不是有效估计量。

另外，在模型的小样本估计中，为了进行模型参数的检验，需要假设残差 ε_i 满足一定的分布条件。通常假设其满足联合正态分布，但是这一假设是存在问题的，尤其是在残差中含有空间相关性信息时，这一假设更加值得怀疑。在大样本情况下，虽然不需要直接假设残差满足联合正态分布，样本矩条件的收敛，以及正态分布假设是通过大数定律（LLN）和中心极限定律（CLT）来保证的。但是，在 LLN 和 CLT 中，仍然需要对个体残差的独立性做相应的假设，如果残差存在相关性，LLN 和 CLT 便不再成立。

当时间序列存在相关性时，一般将这一问题分为平稳序列和非平稳序列两个方面进行考虑。如果时间序列是平稳的，则随着时间间隔的增大，时间相关性以几何级数衰减，则在大样本情况下，仍然可以保证 LLN 和 CLT 成立，例如满足平稳性条件的 $AR(1)$ 序列。如果时间序列是非平稳的，通过一定的处理，可以将其转化为平稳过程，则 LLN 和 CLT 仍然可以保证通过残差构造的矩条件满足一定的收敛性以及分布条件，例如 $I(1)$ 序列或是趋势平稳或是差分后平稳。

在空间计量经济学中，采用相似的思路处理残差问题。假设已知在模型（2.1.1）中，残差 W_2 存在空间相关性，即 $E[\varepsilon_i\varepsilon_j]=\sigma_{ij}{}^2$，则可以通过一定的结构，将这一空间相关性表示出来，写成 $\varepsilon_i=f_i(*)+u_i$，其中没有表示成结构函数的残差 u_i 不存在空间相关性（或者说满足构造 LLN 和 CLT 的假设条件），经典的分析思路对 u_i 是适用的。

前面的讨论指出，当模型残差与解释变量不满足正交性，而这一问题是由于存在空间相关性造成的，直接利用 IV 得到的估计量虽然是无偏的，但是损失了样本的信息，并且损失的信息是有经济学含义的。例如，以地区作为截面个体，以地区 GDP 为被解释变量，地区的基础设施投资作为一个解释变量，显然，由于基础设施投资的外部性，某个地区的 GDP 会受到邻近地区基础设施投资，甚至是邻近地区 GDP 的影响。但是，邻近地区基础设施投资和 GDP 都没有作为该地区 GDP 的解释变量，它们的影响归入模型的残差项，并且带来空间相关性。直接利用 IV 估计模型，虽然可以得到无偏估计，却损失了这些经济信息。如果希望既可以得到无偏估计，又避免这些经济信息的损失，那么就需要将这些信息从模型残差项中分离出来。

在方程 $\varepsilon_i=f_i(*)+u_i$ 中，$f_i(*)$ 描述了对第 i 个样本产生影响，但是没有写入原方程（2.1.1）中的信息。如果将模型（2.1.1）改写成

$$Y_i=\boldsymbol{X}_i{}'\boldsymbol{\beta}+f_i(*)+u_i$$

并且有 $f_i(*)=f_i(Y_{-i},X_{-i})$，则模型

$$Y_i=\boldsymbol{X}_i{}'\boldsymbol{\beta}+f_i(Y_{-i},X_{-i})+u_i \tag{2.1.2}$$

描述了邻近区域的经济行为对于特定样本 i 的影响，其中 (Y_{-i},X_{-i}) 表示 $(Y_1,\cdots,Y_N,X_1,\cdots,X_N)$ 中不包含 (Y_i,X_i) 的其他元素组成的集合。显然，在揭示经济变量间的相互影响方面，模型（2.1.2）比模型（2.1.1）更加有效。模型（2.1.2）即是空间计量经济学模型。

从理论上讲，任何计量经济学模型，如果残差结构中存在空间相关性，并且这一空间相关性能够被参数化出来（即写成 $f_i(Y_{-i}, X_{-i})$ 的形式），都属于空间计量经济学的范畴。

2.1.2 模型不确定性动因

在应用中我们常常面临包括模型类型选择、参数和解释变量设定的不确定性。举个例子，空间滞后模型（SAR）$\boldsymbol{y}=\rho\boldsymbol{W}\boldsymbol{y}+\boldsymbol{X}\boldsymbol{\beta}+\boldsymbol{\varepsilon}$。特别地，我们引入一个竞争模型，它包括了对模型扰动项的空间依赖，$\boldsymbol{y}=\boldsymbol{X}\boldsymbol{\beta}+\boldsymbol{u}$，$\boldsymbol{u}=\rho\boldsymbol{W}\boldsymbol{u}+\boldsymbol{\varepsilon}$，我们把它称为空间误差模型（spatial error model，SEM）。这两个模型的数据生成过程分别在（2.1.3）式和（2.1.4）式中。这些数据生成过程不是估计模型，所以每个数据生成过程可以有相同的参数向量 $\boldsymbol{\beta}$ 和相同的值 ρ。令 π_a，π_b 代表权重或者与滞后和误差模型相关的概率，进一步假设这两个模型仅代表 $\pi_a+\pi_b=1$ 的模型，模型不确定性的一个贝叶斯解决方法是模型平均，它要求从一个线性组合模型中举一反三。后验模型概率被当作权重以得到估计值，也是基于组合或模型平均参数得出的结论。

$$y_a=(\boldsymbol{I}_n-\rho\boldsymbol{W})^{-1}\boldsymbol{X}\boldsymbol{\beta}+(\boldsymbol{I}_n-\rho\boldsymbol{W})^{-1}\boldsymbol{\varepsilon} \tag{2.1.3}$$

$$y_b=\boldsymbol{X}\boldsymbol{\beta}+(\boldsymbol{I}_n-\rho\boldsymbol{W})^{-1}\boldsymbol{\varepsilon} \tag{2.1.4}$$

考虑一个 *SAR* 和 *SEM* 模型线性组合相关的数据生成过程是件有趣的事，如（2.1.5）式所示。如下面的推断所示，这会产生一个空间杜宾（*SDM*）模型（2.1.6）式。

$$\boldsymbol{y}_c=\pi_a\boldsymbol{y}_a+\pi_b\boldsymbol{y}_b \tag{2.1.5}$$

$$\begin{aligned}
\boldsymbol{y}_c&=\boldsymbol{R}^{-1}\boldsymbol{X}(\pi_a\boldsymbol{\beta})+\boldsymbol{X}(\pi_b\boldsymbol{\beta})+(\pi_a+\pi_b)\boldsymbol{R}^{-1}\boldsymbol{\varepsilon}\\
\boldsymbol{y}_c&=\boldsymbol{R}^{-1}\boldsymbol{X}(\pi_a\boldsymbol{\beta})+\boldsymbol{X}(\pi_b\boldsymbol{\beta})+\boldsymbol{R}^{-1}\boldsymbol{\varepsilon}\\
\boldsymbol{R}\boldsymbol{y}_c&=\boldsymbol{X}(\pi_a\boldsymbol{\beta})+\boldsymbol{R}\boldsymbol{X}(\pi_b\boldsymbol{\beta})+\boldsymbol{\varepsilon}\\
\boldsymbol{R}\boldsymbol{y}_c&=\boldsymbol{X}\boldsymbol{\beta}+\boldsymbol{W}\boldsymbol{X}(-\rho\pi_b\boldsymbol{\beta})+\boldsymbol{\varepsilon}\\
\boldsymbol{R}\boldsymbol{y}_c&=\boldsymbol{X}\boldsymbol{\beta}_1+\boldsymbol{W}\boldsymbol{X}\boldsymbol{\beta}_2+\boldsymbol{\varepsilon}\\
\boldsymbol{y}_c&=\rho\boldsymbol{W}\boldsymbol{y}_c+\boldsymbol{X}\boldsymbol{\beta}_1+\boldsymbol{W}\boldsymbol{X}\boldsymbol{\beta}_2+\boldsymbol{\varepsilon}\\
\boldsymbol{R}&=\boldsymbol{I}_n-\rho\boldsymbol{W}
\end{aligned} \tag{2.1.6}$$

这说明具有空间依赖具体特征的潜在数据生成过程的不确定性为模型提供了另外一种动因，使得模型中含有因变量和解释变量的空间滞后。在这个例子中，有表示在因变量与扰动项中出现的空间依赖不确定性项。

2.1.3 空间回归模型

空间回归模型除了空间滞后模型和空间误差模型两个基础模型外，还有空间自回归—残差自回归模型（spatial autoregressive-residual autoregressive model）同时描述空间实质相关和空间扰动相关，是空间滞后模型和空间误差模型的综合，也称广义空间模型，其模型表达式为 $\boldsymbol{Y}=\rho\boldsymbol{W}_1\boldsymbol{Y}+\boldsymbol{X}\boldsymbol{\beta}+\boldsymbol{\varepsilon}$，$\boldsymbol{\varepsilon}=\lambda\boldsymbol{W}_2\boldsymbol{\varepsilon}+\boldsymbol{u}$，$\boldsymbol{u}\sim N[0,\sigma^2\boldsymbol{I}]$；空间残差移动平均模型（spatial residual moving average model）描述的是空间扰动相关和空间局部相关性，其模型表达式为，$\boldsymbol{Y}=\boldsymbol{X}\boldsymbol{\beta}+\boldsymbol{\varepsilon}$，$\boldsymbol{\varepsilon}=\lambda\boldsymbol{W}\boldsymbol{u}+\boldsymbol{u}$，$\boldsymbol{u}\sim N[0,\sigma^2\boldsymbol{I}]$；此外，还有空间变系数回归模

型、空间杜宾模型、空间误差修正模型、动态空间计量模型、空间向量自回归模型、半参数空间滞后模型和半参数空间向量自回归模型等。本章主要介绍空间滞后模型和空间误差模型两个基础模型。第 3 章介绍面板数据的空间回归模型。第 4 章介绍空间变系数回归模型、空间杜宾模型、空间误差修正模型、广义空间模型、动态空间计量模型和矩阵指数空间回归模型。第 5 章介绍半参数空间滞后模型。第 6 章介绍半参数空间向量自回归模型。

2.2 空间滞后模型

空间滞后模型(spatial lag model，SLM)描述的是空间实质相关。其模型表达式为

$$\boldsymbol{Y}=\rho\boldsymbol{WY}+\boldsymbol{X\beta}+\boldsymbol{\varepsilon},\boldsymbol{\varepsilon}\sim N[0,\sigma^2\boldsymbol{I}] \tag{2.2.1}$$

式中，$\boldsymbol{Y}=(Y_1,\cdots,Y_N)'$为被解释变量，$\boldsymbol{X}=(X_1,\cdots,X_K)$是解释变量矩阵，$\boldsymbol{\rho}$ 为空间效应系数，$\boldsymbol{\beta}=(\beta_1,\cdots,\beta_k)'$为参数向量；$\boldsymbol{W}$ 为空间矩阵，是空间计量经济学模型的核心，具体表达为

$$\boldsymbol{W}=\begin{bmatrix} 0 & w_{12} & \cdots & w_{1N} \\ w_{21} & 0 & \cdots & w_{2N} \\ \vdots & \vdots & \ddots & \vdots \\ w_{N1} & w_{N2} & \cdots & 0 \end{bmatrix}$$

其中 w_{ij} 描述了第 j 个截面个体与第 i 个截面个体被解释变量之间的相关性。

由于 SLM 模型与时间序列中的自回归模型相类似，因此，SLM 也被称作空间自回归模型(spatial autoregressive model，SAR)。

空间滞后模型的经济学含义是，如果所关注的经济变量存在利用空间矩阵表示的空间相关性，则仅仅考虑其自身的解释变量 X 不足以很好地估计和预测该变量的变化趋势。例如，一个地区的房价会受到相邻区域房价的影响，如果我们只考虑当地的供需情况，便忽略了周边地区人口和资金的流动性对该地区的潜在影响；而在模型中考虑适当的由于空间结构造成的影响(周边地区的房价)，便可以较好地控制这一空间效应造成的影响。

在模型的解释变量中出现被解释变量的空间滞后项，普通最小二乘估计(OLS)将不再适用，工具变量估计(IV)、广义矩估计(GMM)和最大似然估计(ML)是合适的估计方法。

2.2.1 IV 估计

将模型(2.2.1)写成

$$\boldsymbol{Y}=[\boldsymbol{WY},\boldsymbol{X}][\boldsymbol{\rho},\boldsymbol{\beta}']'+\boldsymbol{\varepsilon}$$

并且进一步地简化写成

$$\boldsymbol{Y}=\boldsymbol{Z\theta}+\boldsymbol{\varepsilon}$$

其中 $\boldsymbol{Z}=[\boldsymbol{WY},\boldsymbol{X}]$，$\boldsymbol{\theta}=[\boldsymbol{\rho},\boldsymbol{\beta}']'$。如果存在工具变量 Q，满足条件：

$$E[\boldsymbol{Q}'\boldsymbol{\varepsilon}]=0;E[\boldsymbol{Q}'\boldsymbol{Z}]=\boldsymbol{M}_{QZ}$$

并且 $\boldsymbol{M}_{QZ}$ 为非奇异矩阵，则利用工具变量法得到的估计量为

$$\hat{\theta}_{IV}=[\boldsymbol{Q}'\boldsymbol{Z}]^{-1}\boldsymbol{Q}'\boldsymbol{Y} \tag{2.2.2}$$

如何选择工具变量？一种方法是对模型 $\boldsymbol{Y}=\boldsymbol{X\beta}+\boldsymbol{\varepsilon}$ 进行 OLS 估计，利用 $\boldsymbol{W}\hat{\boldsymbol{Y}}$ 作为 $\boldsymbol{WY}$ 的工具变量。另外，也可以估计模型 $\boldsymbol{WY}=\boldsymbol{X\beta}+\boldsymbol{\varepsilon}$，得到估计量 $\hat{W}Y$ 作为 WY 的工具变量。Rey 和 Boarnet(2004)指出，利用 $\hat{W}Y$ 的效果比利用 $\boldsymbol{W}\hat{\boldsymbol{Y}}$ 要好。但是这两种方法都不是十分令人满意，因为所利用的仍然仅仅是样本信息。

一种启发性的想法是，既然对于空间矩阵有若干种备选方案，是否可以利用备选的空间矩阵作为工具变量？例如，对于空间矩阵有两种方案 W_1 和 W_2。如果设定模型为

$$\boldsymbol{Y}=\rho\boldsymbol{W}_1\boldsymbol{Y}+\boldsymbol{X\beta}+\boldsymbol{\varepsilon}$$

利用 $\hat{\boldsymbol{W}}_1\boldsymbol{Y}$ 作为工具变量进行估计，得到一个估计残差 $\boldsymbol{e}$；然后利用 Moran's I 检验方法检验残差 $\boldsymbol{e}$ 基于空间矩阵 $\boldsymbol{W}_2$ 的相关性；如果这一检验没有通过(原假设为不存在相关性)，则说明利用 $\boldsymbol{W}_2\boldsymbol{Y}$ 作为工具变量是可行的。

2.2.2 ML 估计

(1)ML 估计量

在模型(2.2.1)中，令 $\boldsymbol{A}=\boldsymbol{I}-\rho\boldsymbol{W}$，将模型写成

$$\boldsymbol{AY}=\boldsymbol{X\beta}+\boldsymbol{\varepsilon} \tag{2.2.3}$$

式中，$\boldsymbol{\varepsilon}\sim N[0,\boldsymbol{\Omega}]$。利用 ML 估计的一阶极值条件：

$$0=\boldsymbol{X}'\boldsymbol{B}'\boldsymbol{\Omega}^{-1}\boldsymbol{BAY}-\boldsymbol{X}'\boldsymbol{B}'\boldsymbol{\Omega}^{-1}\boldsymbol{BX\beta}$$

并且令 $\boldsymbol{B}=\boldsymbol{I}$，于是解一阶条件得到 $\boldsymbol{\beta}$ 的估计量为

$$\boldsymbol{b}=[\boldsymbol{X}'\boldsymbol{\Omega}^{-1}\boldsymbol{X}]^{-1}\boldsymbol{X}'\boldsymbol{\Omega}^{-1}\boldsymbol{AY} \tag{2.2.4}$$

该 ML 估计量等价于 GLS 估计量。

可以将式(2.2.4)进一步写成

$$\boldsymbol{b}=[\boldsymbol{X}'\boldsymbol{\Omega}^{-1}\boldsymbol{X}]^{-1}\boldsymbol{X}'\boldsymbol{\Omega}^{-1}\boldsymbol{Y}-\rho[\boldsymbol{X}'\boldsymbol{\Omega}^{-1}\boldsymbol{X}]\boldsymbol{X}'\boldsymbol{\Omega}^{-1}\boldsymbol{WY}$$

定义：

$$\boldsymbol{b}_1=[\boldsymbol{X}'\boldsymbol{\Omega}^{-1}\boldsymbol{X}]^{-1}\boldsymbol{X}'\boldsymbol{\Omega}^{-1}\boldsymbol{Y}$$
$$\boldsymbol{b}_2=[\boldsymbol{X}'\boldsymbol{\Omega}^{-1}\boldsymbol{X}]^{-1}\boldsymbol{X}'\boldsymbol{\Omega}^{-1}\boldsymbol{WY}$$

显然，$\boldsymbol{b}_1$ 是模型 $\boldsymbol{Y}=\boldsymbol{X\beta}_1+\boldsymbol{\varepsilon}$ 的 GLS 估计量，$\boldsymbol{b}_2$ 是模型 $\boldsymbol{WY}=\boldsymbol{X\beta}_2+\boldsymbol{\varepsilon}$ 的 GLS 估计量。两个模型的估计残差分别为 $\boldsymbol{e}_1$ 和 $\boldsymbol{e}_2$，原模型的估计残差为 $\boldsymbol{e}=\boldsymbol{e}_1-\boldsymbol{\rho e}_2$。

(2)ML 估计步骤

为了简化，假设随机项协方差矩阵 $\boldsymbol{\Omega}=\boldsymbol{\sigma}^2\boldsymbol{I}$。空间滞后模型 ML 估计步骤如下：

①利用 OLS 方法估计模型 $\boldsymbol{Y}=\boldsymbol{X\beta}_1+\boldsymbol{\varepsilon}$，得到估计量 $\tilde{e}_1$ 和 $\tilde{\boldsymbol{b}}_1$；

②利用 OLS 方法估计模型 $\boldsymbol{WY}=\boldsymbol{X\beta}_2+\boldsymbol{\varepsilon}$，得到估计量 $\tilde{e}_2$ 和 $\tilde{\boldsymbol{b}}_2$；

③将残差估计量代入似然函数：

$$\ln L = -\frac{N}{2}\ln 2\pi - \frac{1}{2}\ln|\boldsymbol{I}-\boldsymbol{\rho W}|^{-2} - \frac{N}{2}\ln[\frac{1}{N}(\tilde{e}_1-\boldsymbol{\rho}\,\tilde{e}_2)'(\tilde{e}_1-\boldsymbol{\rho}\,\tilde{e}_2)] -$$
$$\frac{1}{2}[(\boldsymbol{I}-\boldsymbol{\rho W})\boldsymbol{Y}-\boldsymbol{X}(\tilde{\boldsymbol{b}}_1-\boldsymbol{\rho}\,\tilde{\boldsymbol{b}}_2)]'[(\tilde{e}_1-\boldsymbol{\rho}\,\tilde{e}_2)'(\tilde{e}_1-\boldsymbol{\rho}\,\tilde{e}_2)\times\boldsymbol{I}]^{-1}\times$$
$$[(\boldsymbol{I}-\boldsymbol{\rho W})\boldsymbol{Y}-\boldsymbol{X}(\tilde{\boldsymbol{b}}_1-\boldsymbol{\rho}\,\tilde{\boldsymbol{b}})]$$

得到一个估计量$\hat{\boldsymbol{\rho}}$：

④利用$\hat{\boldsymbol{\rho}}$，估计随机项协方差矩阵，得到：$\hat{\boldsymbol{\Omega}}=\frac{1}{N}[\tilde{e}_1-\hat{\boldsymbol{\rho}}\tilde{e}_2]'[\tilde{e}_1-\hat{\boldsymbol{\rho}}\tilde{e}_2]\times\boldsymbol{I}$，对模型 $\boldsymbol{Y}=\boldsymbol{X\beta}_1+\boldsymbol{\varepsilon}$ 和 $\boldsymbol{WY}=\boldsymbol{X\beta}_2+\boldsymbol{\varepsilon}$ 重新进行估计，得到估计量 $\boldsymbol{b}_1,\boldsymbol{e}_1,\boldsymbol{b}_2,\boldsymbol{e}_2$；

⑤将估计量 $\boldsymbol{b}_1,\boldsymbol{e}_1,\boldsymbol{b}_2,\boldsymbol{e}_2$ 代入似然函数：

$$\ln L = -\frac{N}{2}\ln 2\pi - \frac{1}{2}\ln|\boldsymbol{I}-\boldsymbol{\rho W}|^{-2} - \frac{1}{2}\ln|\hat{\boldsymbol{\Omega}}| -$$
$$\frac{1}{2}[(\boldsymbol{I}-\boldsymbol{\rho W})\boldsymbol{Y}-\boldsymbol{X}(\boldsymbol{b}_1-\boldsymbol{\rho b}_2)]'[(\boldsymbol{I}-\boldsymbol{\rho W})\boldsymbol{Y}-\boldsymbol{X}(\boldsymbol{b}_1-\boldsymbol{\rho b}_2)]$$

重新估计$\hat{\boldsymbol{\rho}}$；

⑥重复步骤④和⑤，直到收敛。

2.2.3 GMM 估计

正如我们在前文中所阐述的那样，采用极大似然估计的方法，估计空间面板数据模型，它的基本假定是回归残差满足正态分布，而当回归残差的极限分布不满足正态分布时，可以采用广义矩的估计方法。显然两者基本的前提假定明显不同。空间面板的TSLS 和空间面板的 GMM 估计是采用矩估计方法估计空间面板数据模型的两种不同方法。Kelejian 和 Prucha(1999、2010)推导了横截面数据条件下的 GMM 参数估计的渐进分布特征。Kappor 在空间面板分析框架下，基于 Kelejian 和 Prucha(1999)的基本原理，推导出了空间面板滞后模型框架下参数的有效估计量。Moscone 和 Tosetti(2010)在空间面板固定效应的条件下，分析了残差分布存在异方差情况下的空间面板 GMM 估计，经有限样本蒙特卡罗模拟试验证明参数估计量的效率优于空间面板的 QML 估计。空间面板的 GMM 估计对于模型(2.2.1)而言，可以使用空间的 TSLS 来进行估计，假设 $\boldsymbol{Wy}$ 的线性预测值，即基于模型(2.2.1)的第一阶段的 OLS 估计值为：

$$\hat{\boldsymbol{W}}\boldsymbol{y}=\Pi[(\Pi)'(\Pi)]^{-1}\Pi'\boldsymbol{Wy} \tag{2.2.5}$$

其中Π是模型全部的外生的工具变量矩阵，其工具变量包括解释变量的空间滞后项 $\boldsymbol{Wx}$ 以及 $\boldsymbol{x}$，这同时也包括其高阶的空间滞后项。因此Π是 $N\times L$ 的矩阵，并且 $L\geqslant 2k$，k 是解释变量个数。工具变量有效性的正交条件是 $E[\Pi\boldsymbol{\varepsilon}]=0$。在式(2.2.5)估计的基础上，我们定义$\hat{\boldsymbol{Z}}=[\hat{\boldsymbol{W}}\boldsymbol{yX}]$，因此空间效应的关键目标参数 ρ 的两阶段最小二乘估计量和方差如式(2.2.6)所示：

$$\begin{gathered}\hat{\boldsymbol{\theta}}_{tsls}=(\hat{\boldsymbol{Z}}'\hat{\boldsymbol{Z}})-1\,\hat{\boldsymbol{Z}}'\boldsymbol{y}\\ \widetilde{\qquad}\\ \mathrm{var}\,\hat{\boldsymbol{\theta}}_{tsls}=\boldsymbol{s}^2(\hat{\boldsymbol{Z}}'\hat{\boldsymbol{Z}})^{-1}\end{gathered} \tag{2.2.6}$$

其中 $\boldsymbol{\theta}=(\boldsymbol{\rho},\boldsymbol{\beta}')'$，$s^2$ 由依据模型(2.2.1)计算的 OLS 残差平方的均值计算。

空间面板的 GMM 估计等价于最小化样本加权矩条件的二次型，并且这个矩条件满足正交条件，即 $E(\hat{Z}\varepsilon)=0$，空间面板的 GMM 估计及最小化公式(2.2.7)的二次型：

$$J=\min E[\boldsymbol{g}(\boldsymbol{\theta})\sum{}^{-1}\boldsymbol{g}(\boldsymbol{\theta})'] \tag{2.2.7}$$

与之相对应的矩条件为 $g(\theta)=\frac{1}{N}\sum_{i=1}^{N}\boldsymbol{\pi}_i(\boldsymbol{y}_i-\boldsymbol{z}'_i\boldsymbol{\theta})$，其中：

$$\sum=E(\boldsymbol{g}(\boldsymbol{\theta})'\boldsymbol{g}(\boldsymbol{\theta}))=\frac{1}{N}E(\sum_{i=1}^{N}\boldsymbol{\pi}_i\boldsymbol{\pi}'_i(\boldsymbol{y}_i-\boldsymbol{z}_i'\boldsymbol{\theta})^2) \tag{2.2.8}$$

其中 $\boldsymbol{\pi}_i$ 是Ⅱ第 i 行转置的列向量；$\boldsymbol{z}_i$ 是 Z 第 i 行转置的列向量；式(2.2.8)表明 GMM 估计中的加权矩阵是矩条件稳健估计量的方差协方差矩阵的逆。Anselin(2006)的研究表明空间面板 TSLS 估计能够提供有效的 $\sum$ 估计如式(2.2.9)所示：

$$S_0=\sum_{i=1}^{N}\boldsymbol{\pi}_i\boldsymbol{\pi}_i'(\boldsymbol{y}_i-\boldsymbol{z}_i'\hat{\boldsymbol{\theta}}_{tsls})^2 \tag{2.2.9}$$

空间自回归向量系数 $\boldsymbol{\theta}$ 的 GMM 估计量和方差如式(2.2.10)所示：

$$\begin{gathered}\hat{\theta}_{GMM}=[\boldsymbol{Z}'\Pi(S_0)-\boldsymbol{1}\,\Pi'\boldsymbol{Z}]-\boldsymbol{1}[\boldsymbol{Z}'\Pi(\boldsymbol{S}_0)-\boldsymbol{1}\,\Pi'\boldsymbol{y}]\\ Var(\hat{\theta}_{GMM})=[\boldsymbol{Z}'\Pi(\hat{\boldsymbol{S}}_0)-\boldsymbol{1}\,\Pi'\boldsymbol{Z}]-\boldsymbol{1}\end{gathered} \tag{2.2.10}$$

因此进行空间面板的广义矩估计，无论是空间面板的滞后模型，还是空间面板的误差模型的 GMM 估计的权重选择，都是基于矩条件的方差协方差矩阵的逆。

2.3 空间误差模型

2.3.1 模型

空间误差模型(spatial error model，SEM)描述的是空间扰动相关和空间总体相关(spatial global dependence)，其模型表达式为

$$Y=X\beta+\varepsilon,\varepsilon=\lambda W\varepsilon+u,u\sim N[0,\sigma^2 I] \tag{2.3.1}$$

式中，λ 为空间误差相关系数，度量了邻近个体关于被解释变量的误差冲击对本个体观察值的影响程度；空间矩阵 W 的元素 w_{ij} 描述了第 j 个截面个体与第 i 个截面个体误差项之间的相关性；其他符号的含义同前。

由于 SEM 模型与时间序列中的序列相关问题类似，也被称为空间自相关模型(spatial autocorrelation model)或者空间残差自回归模型(spatial residual autoregressive model，SRAR)。

空间误差模型的经济意义在于，在某一个地区发生的冲击会随着这一特殊的协方差结构形式 W 而传递到相邻区域，而这一传递形式具有很长的时间延续性并且是衰减的，也即是说，空间影响具有高阶效应。

2.3.2 模型的估计

描述空间扰动相关的空间误差模型(空间残差自相关模型)也是应用最广泛的空间计量模型,模型的随机误差项出现了空间相关性,若直接采用 OLS 估计,虽然参数估计具有无偏一致性,但不是有效估计。应该采用 ML 估计或 GMM 估计。

令 $\boldsymbol{B}=\boldsymbol{I}-\lambda\boldsymbol{W}$,则对数似然函数可以写成

$$\ln L=-\frac{N}{2}\ln 2\pi-\frac{1}{2}\ln\{|\boldsymbol{\Omega}|\times[|\boldsymbol{B}|]^{-2}\}-\frac{1}{2}[\boldsymbol{BY}-\boldsymbol{BX\beta}]'\boldsymbol{\Omega}^{-1}[\boldsymbol{BY}-\boldsymbol{BX\beta}] \tag{2.3.2}$$

利用 ML 估计的一阶极值条件:

$$\boldsymbol{0}=\boldsymbol{X}'\boldsymbol{B}'\boldsymbol{\Omega}^{-1}\boldsymbol{BY}-\boldsymbol{X}'\boldsymbol{B}'\boldsymbol{\Omega}^{-1}\boldsymbol{BX\beta}$$

于是解一阶条件得到 β 的估计量为

$$\boldsymbol{b}=[\boldsymbol{X}'\boldsymbol{B}'\boldsymbol{\Omega}^{-1}\boldsymbol{BX}]^{-1}\boldsymbol{X}'\boldsymbol{B}'\boldsymbol{\Omega}^{-1}\boldsymbol{BY} \tag{2.3.3}$$

为了简化,假设随机项协方差矩阵 $\boldsymbol{\Omega}=\boldsymbol{\sigma}^2\boldsymbol{I}$。从而得到估计量:

$$\boldsymbol{b}=[\boldsymbol{X}'\boldsymbol{B}'\boldsymbol{BX}]^{-1}\boldsymbol{X}'\boldsymbol{B}'\boldsymbol{BY},\ \hat{\boldsymbol{\Omega}}=\frac{1}{N}[\boldsymbol{Be}]'[\boldsymbol{Be}]\times\boldsymbol{I} \tag{2.3.4}$$

式中,$\boldsymbol{e}=\boldsymbol{Y}-\boldsymbol{Xb}$,将 $\hat{\boldsymbol{\Omega}},\boldsymbol{b}$ 代入似然函数(2.3.2),通过求解

$$\max_{\lambda}\{-\frac{N}{2}\ln 2\pi-\frac{1}{2}\ln\{|\hat{\boldsymbol{\Omega}}|\times[|\boldsymbol{B}|]^{-2}\}-\frac{1}{2}[\boldsymbol{BY}-\boldsymbol{BXb}]'\hat{\boldsymbol{\Omega}}^{-1}[\boldsymbol{BY}-\boldsymbol{BXb}]\} \tag{2.3.5}$$

得到估计量 $\hat{\lambda}$。可以进一步利用 $\hat{\boldsymbol{B}}=\boldsymbol{I}-\hat{\lambda}\boldsymbol{W}$,重新估计式(2.3.4),并且反复迭代直到收敛。迭代过程与空间滞后模型 ML 估计类似,在此不再赘述。

2.4 空间回归模型的检验

2.4.1 LM 检验

虽然在大样本情况下,Wald 检验、LM 检验以及 LR 检验是等价的,但是,由于 Wald 检验与 LR 检验要求无约束条件(即存在空间效应)下的估计量,而在存在空间效应的情况下,由于需要考虑矩阵运算的问题,模型的 ML 估计过程本身已十分复杂,从而使得统计量的构造过程会更加复杂,所以,模型的检验主要是基于 LM 检验构造的。

(1)不存在空间自回归时空间残差相关的 LM 检验

该检验由 Burridge(1980)提出。不存在空间自回归时,空间残差相关检验的原假设

是模型残差不存在空间相关，即 $H_0: \boldsymbol{Y}=\boldsymbol{X\beta}+\boldsymbol{\varepsilon}$，其中 $\boldsymbol{\varepsilon} \sim N[0, \boldsymbol{\sigma}^2 \boldsymbol{I}]$。利用对数似然函数：

$$
\begin{aligned}
l = & -\frac{N}{2}\ln 2\pi - \frac{1}{2}\ln\{|\hat{\boldsymbol{\Omega}}| \times [|\boldsymbol{B}|]^{-2}\} - \\
& \frac{1}{2}[\boldsymbol{BY}-\boldsymbol{BX\beta}]'\hat{\boldsymbol{\Omega}}^{-1}[\boldsymbol{BY}-\boldsymbol{BX\beta}] + \frac{1}{2}\boldsymbol{\gamma\lambda}
\end{aligned} \tag{2.4.1}
$$

通过一阶条件 $\frac{\partial l}{\partial \lambda}=0$，得到 $\boldsymbol{\gamma}=\frac{1}{\boldsymbol{\sigma}^2}\boldsymbol{e}'\boldsymbol{We}$。

构造的检验统计量为

$$
LM = \frac{(\boldsymbol{e}'\boldsymbol{We}/\boldsymbol{s}^2)^2}{T} \sim \chi^2(1) \tag{2.4.2}
$$

式中，$\boldsymbol{s}^2=\frac{1}{N}\boldsymbol{e}'\boldsymbol{e}$，$T=tr(\boldsymbol{W}'\boldsymbol{W}+\boldsymbol{W}^2)$。在原假设成立下，$LM \sim \chi^2(1)$。

该检验统计量有两个备择假设，即 $H_1: \boldsymbol{\varepsilon}=\boldsymbol{\lambda W\varepsilon}+\boldsymbol{\mu}$ 或者 $H_1: \boldsymbol{\varepsilon}=\boldsymbol{\lambda W\mu}+\boldsymbol{\mu}$。也就是说，该统计量对于空间残差自相关和空间残差移动平均两种空间效应均有检验效力。

(2)存在空间自回归时空间残差相关的 LM 检验

该检验是由 Bera 和 Yoon(1993)提出的 Robust 检验方法。存在空间自回归时，空间残差相关检验的原假设仍然是模型残差不存在空间相关，即 $H_0: \boldsymbol{Y}=\boldsymbol{\rho WY}+\boldsymbol{X\beta}+\boldsymbol{\varepsilon}$，其中 $\boldsymbol{\varepsilon} \sim N[\boldsymbol{0}, \boldsymbol{\sigma}^2 \boldsymbol{I}]$。构造的检验统计量为

$$
LM = \frac{[\boldsymbol{e}'\boldsymbol{We}/\boldsymbol{s}^2 - \boldsymbol{T}(\boldsymbol{R}\tilde{\boldsymbol{J}})^{-1}(\boldsymbol{e}'\boldsymbol{WY}/\boldsymbol{s}^2)]^2}{\boldsymbol{T}-\boldsymbol{T}^2(\boldsymbol{R}\tilde{\boldsymbol{J}})^{-1}} \tag{2.4.3}
$$

式中，$\boldsymbol{s}^2=\frac{1}{N}\boldsymbol{e}'\boldsymbol{e}$，$(R\tilde{J})^{-1}=\left[T+\frac{(\boldsymbol{WX}\hat{\boldsymbol{\beta}})'\boldsymbol{M}_X(\boldsymbol{WX}\hat{\beta})}{s^2}\right]^{-1}$，

$\boldsymbol{M}_X=\boldsymbol{I}-\boldsymbol{X}(\boldsymbol{X}'\boldsymbol{X})^{-1}\boldsymbol{X}'$，$T=tr(\boldsymbol{W}'\boldsymbol{W}+\boldsymbol{W}^2)$，$\hat{\beta}$是原假设中模型的 OLS 估计量。

在原假设成立下，$LM \sim \chi^2(1)$。

同样，该检验统计量有两个备择假设，即 $H_1: \boldsymbol{\varepsilon}=\boldsymbol{\lambda W\varepsilon}+\boldsymbol{\mu}$ 或者 $H_1: \boldsymbol{\varepsilon}=\boldsymbol{\lambda W\mu}+\boldsymbol{\mu}$。

也就是说，该统计量对于空间残差相关和空间残差移动平均两种空间效应均有检验效力。

(3)不存在空间残差相关时空间自回归效应的 LM 检验

该检验由 Anselin(1988b)提出，旨在检验模型是否存在空间实质相关。在不存在空间残差相关时，检验的原假设是 $H_0: \boldsymbol{Y}=\boldsymbol{X\beta}+\boldsymbol{\varepsilon}$，备择假设是 $\boldsymbol{Y}=\boldsymbol{\rho WY}+\boldsymbol{X\beta}+\boldsymbol{\varepsilon}$，其中 $\boldsymbol{\varepsilon} \sim N[\boldsymbol{0}, \boldsymbol{\sigma}^2 \boldsymbol{I}]$。如果原假设成立，则模型是经典单方程线性模型；如果原假设被拒绝，则可以确定模型的设定形式为空间自回归模型。

模型估计的对数似然函数为

$$
\ln L = -\frac{N}{2}\ln 2\pi - \frac{1}{2}\ln\{|\boldsymbol{\sigma}^2\boldsymbol{I}| \times [|\boldsymbol{A}|]^{-2}\} - \frac{1}{2\boldsymbol{\sigma}^2}[\boldsymbol{AY}-\boldsymbol{X\beta}]'\boldsymbol{\Omega}^{-1}[\boldsymbol{AY}-\boldsymbol{X\beta}]
$$

构造的检验统计量是

$$
LM = \frac{(\boldsymbol{e}'\boldsymbol{WY}/\boldsymbol{s}^2)^2}{\boldsymbol{R}\tilde{\boldsymbol{J}}} \tag{2.4.4}
$$

式中，$\boldsymbol{R}\tilde{\boldsymbol{J}}=\boldsymbol{T}+\frac{(\boldsymbol{WX}\hat{\boldsymbol{\beta}})'\boldsymbol{M}_X(\boldsymbol{WX}\hat{\boldsymbol{\beta}})}{\boldsymbol{s}^2}$，$T=tr(\boldsymbol{W}'\boldsymbol{W}+\boldsymbol{W}^2)$，$\boldsymbol{M}_X=\boldsymbol{I}-\boldsymbol{X}(\boldsymbol{X}'\boldsymbol{X})^{-1}\boldsymbol{X}'$，$\boldsymbol{s}^2=\frac{1}{N}\boldsymbol{e}'\boldsymbol{e}$，$\hat{\boldsymbol{\beta}}$是原假设中模型的 OLS 估计量。在原假设成立下，$LM\sim\chi^2(1)$。

(4)存在空间残差相关时空间自回归效应的 LM 检验

Bera 和 Yoon(1992)提出了一个当模型存在空间残差性时的空间自回归效应的 Robust 检验方法。该模型检验的原假设是 $H_0:\boldsymbol{Y}=\boldsymbol{X\beta}+\boldsymbol{\lambda W\varepsilon}+\boldsymbol{\mu}$，其备择假设是 $Y=\boldsymbol{\rho WY}+\boldsymbol{X\beta}+\boldsymbol{\lambda W\varepsilon}+\boldsymbol{\mu}$，其中 $\varepsilon\sim N[\boldsymbol{0},\boldsymbol{\sigma}^2\boldsymbol{I}]$。如果原假设成立，则模型是空间残差自回归模型；如果原假设被拒绝，则可以确定模型的设定形式为空间自回归—残差自回归模型，模型不仅存在空间残差相关，也存在空间实质相关。检验的统计量是

$$LM=\frac{(\boldsymbol{e}'\boldsymbol{WY}/\boldsymbol{s}^2-\boldsymbol{e}'\boldsymbol{We}/\boldsymbol{s}^2)^2}{\boldsymbol{R}\tilde{\boldsymbol{J}}-\boldsymbol{T}}\sim\chi^2(1) \qquad (2.4.5)$$

式中各符号的含义与式(2.4.4)相同。

该检验原假设中模型的残差结构为空间残差自回归效应。Anselin(1994)指出，检验统计量(2.4.5)对于原假设中模型的残差结构为空间移动平均效应也同样适用。

(5)判别准则

上述检验都是在一定的假设前提下进行的。式(2.4.2)是在不存在空间自回归的假设下检验是否存在空间残差相关，式(2.4.3)是在存在空间自回归假设下检验是否存在空间残差相关，式(2.4.4)是在不存在空间残差相关的假设下检验是否存在空间自回归效应，式(2.4.5)是在存在空间残差相关的假设下检验是否存在空间自回归效应。由于事先无法根据先验经验判断这些假设的真伪，那么就有必要构建一种判别准则，以决定哪种空间模型更加符合客观实际。

将式(2.4.2)统计量称为 LMERR，式(2.4.3)统计量称为 LMLAG，式(2.4.4)称为 R-LMERR(R 表示稳健，Robust)，式(2.4.5)统计量称为 R-LMLAG。Anselin 和 Florax(1995)提出了如下判别准则：如果在空间效应的检验中发现 LMLAG 较之 LMERR 在统计上更加显著，且 R-LMLAG 显著而 R-LMERR 不显著，则可以断定适合的模型是空间滞后模型；相反，如果 LMERR 比 LMLAG 在统计上更加显著，且 R-LMERR 显著而 R-LMLAG 不显著，则可以断定空间误差模型是恰当的模型。

2.4.2 残差空间相关性的 Moran's I 检验

以上的检验统计量都是基于 LM 检验而构造的。早在 1972 年，Cliff 和 Ord 应用 Moran 于 1948 年提出的检验统计量，给出了基于 Moran's I 统计量检验残差是否存在空间相关性的方法。由于该统计量具有较好的小样本性质，至今仍被广泛采用。

该检验的原假设是 $H_0:\boldsymbol{Y}=\boldsymbol{X\beta}+\boldsymbol{\varepsilon}$，即模型不存在空间相关性。如果原假设成立，可以利用 OLS 方法(或者 IV 等其他估计方法)估计模型，得到一个估计残差 $\boldsymbol{e}$，$\boldsymbol{e}$ 是一个($N\times1$)的向量。如果怀疑模型存在以空间矩阵 $\boldsymbol{W}$ 表示的空间结构，则可以构造一个

Moran's I 算子，记为 $I=\frac{\boldsymbol{e}'\boldsymbol{W}\boldsymbol{e}/S}{\boldsymbol{e}'\boldsymbol{e}/N}$，其中 S 是空间矩阵 $\boldsymbol{W}$ 中所有元素之和。如果空间矩阵 $\boldsymbol{W}$ 进行了行标准化，则有 $S=N$，于是 I 简写成 $I=\frac{\boldsymbol{e}'\boldsymbol{W}\boldsymbol{e}}{\boldsymbol{e}'\boldsymbol{e}}$。可以看出，$\boldsymbol{I}$ 相当于模型 $\boldsymbol{W}\boldsymbol{e}=\boldsymbol{e}\boldsymbol{\gamma}+\boldsymbol{\mu}$ 中系数 γ 的 OLS 估计量。如果原假设成立，则 $E[\hat{\boldsymbol{\gamma}}]=E[\boldsymbol{I}]=0$，从而有

$$\frac{\boldsymbol{I}-E(\boldsymbol{I})}{\sqrt{Var(\boldsymbol{I})}}\sim N(0,1) \tag{2.4.6}$$

该检验称为 Moran's I 检验。

需要指出的是，利用 Moran's I 统计量进行假设检验不存在明确的备择假设。也就是说，只能够通过该统计量确定是否存在空间效应。而当原假设被拒绝时，不能够确定存在空间相关性的空间计量经济学模型的具体形式，从而无法利用 Moran's I 检验确定空间效应是空间自回归还是空间残差相关。

对于 Moran's I 统计量的另一种批评意见是，当存在空间效应时，通常的构造原理是将残差对于其空间滞后效应进行回归，即以 $\boldsymbol{W}\boldsymbol{e}$ 为被解释变量对 $\boldsymbol{e}$ 进行回归，而 *Moran's I* 统计量相当于将 $\boldsymbol{e}$ 对 $\boldsymbol{W}\boldsymbol{e}$ 进行回归。但实际上是利用了 $Cov[(\boldsymbol{W}\boldsymbol{e})_i,\boldsymbol{e}_i]=0$ 这一条件来构造的统计量，其中 $(We)_i$ 是列向量的第 i 个元素。

2.5 实例

例 2.5.1 进一步探讨我国专利申请数量的影响因素及其空间相关性，以各个省域的专利申请数量(INNO)为被解释变量，选取 R&D 经费(RDK)、R&D 从业人员作为解释变量。采取截面数据，选取 2011 年我国 31 个省(区、市)的相关数据进行分析。我们将根据 Anselin 判别准则选择适合的空间计量模型，并对模型进行估计，结果见表 2.5.1。

表 2.5.1 2011 年我国省际专利申请数量影响因素的实证分析结果

模型	OLS	SLM	SEM
CONSTANT	−3.321849(0.0358664)	−3.441816(0.0160339)	−2.810079(0.0407749)
lnRDK	0.3352965(0.3357767)	0.3033532(0.3476642)	0.2305987(0.4474704)
lnRDL	0.7088356(0.0369923)	0.7175717(0.0183067)	0.8026714(0.0049844)
ρ	—	0.05418611(0.4267808)	—
λ	—	—	0.3762294(0.0714104)
R-squared	0.948840	0.949974	0.955443
LogL	−15.3448	−15.0077	−13.754410
AIC	36.6897	38.0153	33.5088
SC	40.9917	43.7513	37.8108
空间依赖性检验			
LM(lag)	0.7255977(0.3943139)	R—LM(lag)	0.1013848(0.7501741)
LM(err)	4.0977651(0.0429399)	R—LM(err)	3.4735522(0.0623573)

从表 2.5.1 的估计结果中能够发现，采用经典模型 OLS 估计的拟合优度不及空间模型的拟合优度，且 OLS 估计下的 AIC 和 SC 数据较大，应采取空间模型的最大似然估计。LMERR 检验（$p=0.0429399$）较 LMLAG 检验（$p=0.3943139$）更加显著，且 R—LMERR 检验（$p=0.0623573$）显著，而 R—LMLAG 检验（$p=0.7501741$）不显著，可以断定，采用 SEM 模型可以更好地反映 31 个省（区、市）的专利申请数量是如何通过空间效应作用于其他地区的。

因而针对专利申请数量的空间误差模型构造如下：

$$\ln INNO=\beta_0+\beta_1\ln RDK+\beta_2\ln RDL+\varepsilon,\varepsilon=\lambda W\varepsilon+u,u\sim N(0,\sigma^2 I)$$

其中 W 是一个二元对称的矩阵。利用 OPENGEODA 软件，对模型进行参数估计，结果如下：

$$\underset{}{\ln INNO=}\underset{(0.0407749)}{-2.810079}+\underset{(0.4474704)}{0.3035636\ln RDK}+\underset{(0.0049844)}{0.8026714RDL}+\underset{(0.0714104)}{0.3762294W\varepsilon}$$

从估计结果来看，专利申请的空间误差项系数为 0.3762294，且结果相当显著，说明各个地区之间的专利申请存在正的空间相关性，说明了临近省份的专利申请数量具有明显的区域集聚特点。R&D 人员的系数为 0.8026714，通过了 1%的显著性检验，说明专利申请数量与其 R&D 人员是正相关关系，R&D 人员对专利申请数量具有很明显的推动作用。R&D 经费的系数不显著，这可能的原因是近年来我国 R&D 经费的不平衡和研究领域存在差异性。

2.6 GeoDa 软件的相关操作

对于空间滞后模型和空间误差模型的 ML 估计，这种方法只在被选择的权重文件对应于对称邻接关系时对空间误差起作用。它只对 rook 和 queen 邻接，及距离束邻接起作用，但对 k-nearest 邻近无作用。在菜单栏中选择 Methods-regression，此时，会出现图 2.6.1，选择被解释变量(Dependent Variable)和解释变量(Independent Variable)。

指定了空间权重文件之后，选中单选项 Spatial Lag 或者 Spatial Error，点击 Run 运行回归，点击 View Results 查看结果，如图 2.6.2 所示。

在输出结果的最上方 GeoDa 给出了因变量、估计方法和样本的信息，接着在下面给出了评价总体效果的统计量。在这里需要注意的是，当我们关注传统的度量时，例如 R-squared，其在空间回归模型中并不适用。列在空间滞后输出中的值并不是一个真正的 R-squared，而是一个伪 R-squared，其不能直接与 OLS 结果所给的度量相比较。合适的拟合优度是 Log likelihood，AIC 和 SC。接着下面给出了两个解释变量对应于各截面成员的系数的估计结果以及空间效应系数。最下面是空间滞后模型的诊断，第一个是误差项的异方差检验——Breusch-Pagan 检验，第二个是空间自回归系数的渐近显著性检验——似然比例检验。

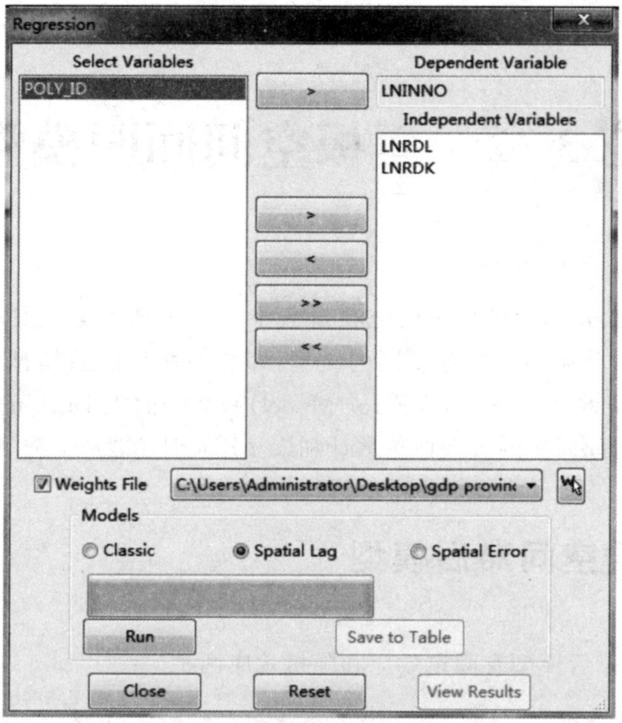

图 2.6.1　空间误差模型回归和空间滞后模型回归

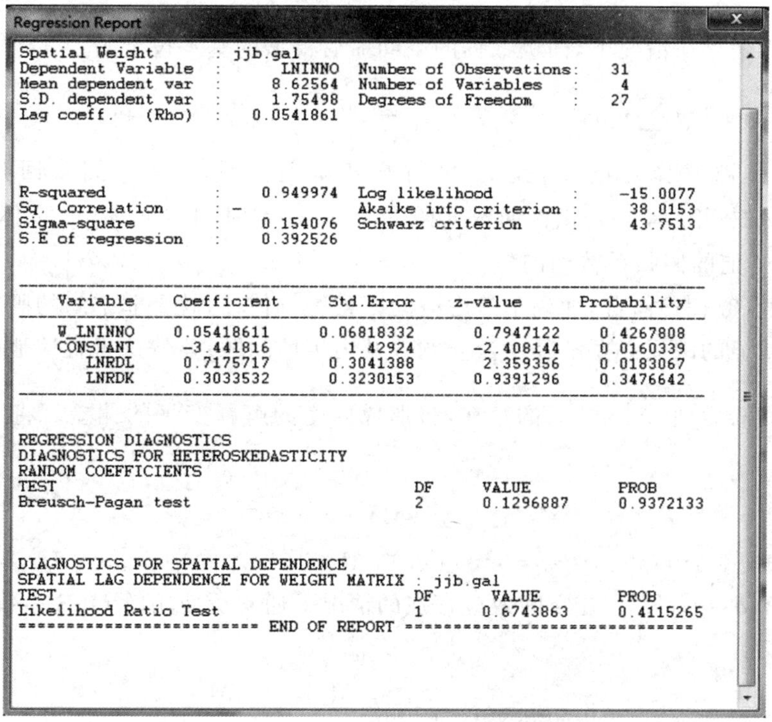

```
Regression Report
Spatial Weight          :  jjb.gal
Dependent Variable      :       LNINNO  Number of Observations:   31
Mean dependent var      :      8.62564  Number of Variables   :    4
S.D. dependent var      :      1.75498  Degrees of Freedom    :   27
Lag coeff.    (Rho)     :    0.0541861


R-squared               :     0.949974  Log likelihood        :     -15.0077
Sq. Correlation         : -             Akaike info criterion :      38.0153
Sigma-square            :     0.154076  Schwarz criterion     :      43.7513
S.E of regression       :     0.392526

-----------------------------------------------------------------------------
    Variable     Coefficient      Std.Error      z-value       Probability
-----------------------------------------------------------------------------
    W_LNINNO     0.05418611     0.06818332      0.7947122      0.4267808
    CONSTANT     -3.441816         1.42924      -2.408144      0.0160339
       LNRDL      0.7175717      0.3041388       2.359356      0.0183067
       LNRDK      0.3033532      0.3230153      0.9391296      0.3476642
-----------------------------------------------------------------------------

REGRESSION DIAGNOSTICS
DIAGNOSTICS FOR HETEROSKEDASTICITY
RANDOM COEFFICIENTS
TEST                                  DF       VALUE           PROB
Breusch-Pagan test                    2        0.1296887       0.9372133


DIAGNOSTICS FOR SPATIAL DEPENDENCE
SPATIAL LAG DEPENDENCE FOR WEIGHT MATRIX : jjb.gal
TEST                                  DF       VALUE           PROB
Likelihood Ratio Test                 1        0.6743863       0.4115265
========================== END OF REPORT ==============================
```

图 2.6.2　2011 年专利申请数量空间滞后模型回归结果

第3章　面板空间回归模型

空间面板计量经济模型的理论研究在过去十年中得到了迅速发展。Elborst(2003，2010)将空间面板划分为如下几种不同的类型，即空间面板滞后模型(Spatial Panel Lag Model)、空间面板误差模型(Spatial Error Model)和空间面板 Durbin 模型。其估计方法分为两种类别，即空间面板的极大似然估计和广义矩估计方法。

3.1 面板数据空间滞后模型

面板数据空间滞后模型有固定效应和随机效应两种。

3.1.1 固定效应

在空间因素存在情况下，面板数据的空间滞后模型的基本设定为：

$$\boldsymbol{y}_{it}=\rho\sum_{j=1}^{N}w_{ij}y_{jt}+\boldsymbol{x}'_{it}\boldsymbol{\beta}+\mu_i+\varepsilon_{it},i=1,\cdots,N,t=1,\cdots,T \tag{3.1.1}$$

其中 $\boldsymbol{y}_{it}$ 是被解释变量，$\boldsymbol{x}_{it}$ 是 K 维解释变量列向量，ρ 是空间自回归系数，$\boldsymbol{W}=(w_{ij})$ 是空间加权矩阵，N 是横截面数据样本，T 是样本时间维度，μ_i 是个体固定效应，β 是解释变量 x_{it} 前的回归系数列向量。

对于方程(3.1.1)而言，如果不考虑空间因素进行估计，就是非空间的固定效应回归，这显然存在明显的缺失必要解释变量问题以及内生性问题；显然这里直接地回归，由于被解释变量空间滞后项 $\sum_{j=1}^{N}w_{ij}y_{it}$ 的存在，将形成内生的解释变量的偏差。将方程(3.1.1)可以表示为：

$$\boldsymbol{y}=\boldsymbol{M\delta}+\boldsymbol{\varepsilon} \tag{3.1.2}$$

其中 $\boldsymbol{y}=(y_{11},\cdots,y_{N1},\cdots,y_{1T},\cdots,y_{NT})'$，$\boldsymbol{M}=[(I_T\otimes W)yx']$，$\boldsymbol{x}=(x_{11},\cdots,x_{N1},\cdots,x_{1T},\cdots,x_{NT})$，$\boldsymbol{\delta}=[\rho\beta']'$。在空间效应存在的情况下通常所使用的 OLS 参数估计的有偏渐近估计量为：

$$p\lim\hat{\delta}_{ols}=\delta+p\lim[(\frac{\boldsymbol{M}'\boldsymbol{M}}{n})^{-1}(\frac{\boldsymbol{M}'\boldsymbol{\varepsilon}}{n})] \tag{3.1.3}$$

在空间效应存在的条件下，通常所使用的 OLS 回归往往存在缺失解释变量的偏差，该偏差如式(3.1.4)所示：

$$p\lim \hat{\beta}_{ols} = \beta + \rho \times \frac{Cov(\boldsymbol{Wy}, \boldsymbol{x})}{Var(\boldsymbol{x})} \tag{3.1.4}$$

将模型(3.1.1)表示为矩阵形式如式(3.1.5)所示：

$$\begin{gathered}\boldsymbol{y} = \boldsymbol{\rho Wy} + \boldsymbol{X\beta} + \boldsymbol{\mu} + \boldsymbol{\varepsilon} \\ \boldsymbol{\varepsilon} = (\boldsymbol{I} - \boldsymbol{\rho W})\boldsymbol{Y} - \boldsymbol{X\beta} - \boldsymbol{\mu} \\ \boldsymbol{\varepsilon} = \boldsymbol{AY} - \boldsymbol{X\beta} - \boldsymbol{\mu}\end{gathered} \tag{3.1.5}$$

其中 $\boldsymbol{A} = \boldsymbol{I} - \boldsymbol{\rho W}$，$\rho$、$\beta$、$\sigma$ 的极大似然估计的对数似然函数如式(3.1.6)所示：

$$\begin{gathered}\log L(y) = |A| - (\frac{NT}{2})\ln(2\pi) - (\frac{NT}{2})\ln\sigma^2 - \\ [-\frac{1}{2\sigma^2}(\boldsymbol{AY} - \boldsymbol{X\beta} - \boldsymbol{\mu})'(\boldsymbol{AY} - \boldsymbol{X\beta} - \boldsymbol{\mu})]\end{gathered} \tag{3.1.6}$$

对于式(3.1.6)求解关于 μ 的偏导数，并依据最优化的一阶条件得到 μ 的值：

$$\begin{gathered}\frac{\partial \log L}{\partial \mu} = \frac{1}{\sigma^2}\sum_{t=1}^{T}(\boldsymbol{y} - \boldsymbol{\rho Wy} - \boldsymbol{x\beta} - \boldsymbol{\mu}) = 0 \\ \mu = \frac{1}{T}\sum_{t=1}^{T}(\boldsymbol{y} - \boldsymbol{\rho Wy} - \boldsymbol{x\beta})\end{gathered} \tag{3.1.7}$$

将 μ 的值带入到式(3.1.6)，并依据估计面板固定效应时通常所采用的去平均化的过程得到拟对数似然函数：

$$\begin{gathered}\log L = -\frac{NT}{2}\log(2\pi\sigma^2) + T\log|\boldsymbol{I}_N - \boldsymbol{\rho W}| - \\ \frac{1}{2\sigma^2}\sum_{j=1}^{N}\sum_{i=1}^{T}(y_{it}^* - \rho\sum_{j=1}^{N}w_{ij}y_{jt}^* - x_{it}^*\beta)^2\end{gathered} \tag{3.1.8}$$

其中 $y_{it}^* = y_{it} - \frac{1}{T}\sum_{t=1}^{T}y_{it}$，$x_{it}^* = x_{it} - \frac{1}{T}\sum_{t=1}^{T}x_{it}$。因此在得到空间面板固定效应模型的拟对数似然函数的条件下，通过最大化的一阶条件，得到参数的估计值 $\hat{\rho}$、$\hat{\beta}$、$\hat{\sigma}$。最后，得到 $\hat{\mu} = \frac{1}{T}\sum_{t=1}^{T}(\boldsymbol{y} - \hat{\boldsymbol{\rho}}\boldsymbol{Wy} - \boldsymbol{x}\hat{\boldsymbol{\beta}})$。

3.1.2 随机效应

参考张志强(2012)，空间面板随机效应的对数似然函数如式(3.1.9)所示：

$$\begin{gathered}\log L = -\frac{NT}{2}\log(2\pi\sigma^2) + T\log|I_N - \rho W| - \\ \frac{1}{2\sigma^2}\sum_{i=1}^{N}\sum_{t}^{T}(\hat{y}_{it} - \rho\hat{y}_{it}^* - \hat{x}_{it}\beta)^2\end{gathered} \tag{3.1.9}$$

其中 $y_{it}^* = \sum_{j=1}^{N}w_{ij}y_{jt}$，$\hat{y}_{it}$、$\hat{y}_{it}^*$、$\hat{x}_{it}$ 的表达式如式(3.1.10)所示。

$$\begin{aligned}\hat{y}_{it} = y_{it} - (1-\theta)\frac{1}{T}\sum_{t=1}^{T}y_{it}\hat{y}_{it}^* = y_{it}^* - (1-\theta)\frac{1}{T}\sum_{t=1}^{T}y_{it}^*\ \hat{x}_{it} \\ = x_{it} - (1-\theta)\frac{1}{T}\sum_{t=1}^{T}x_{it}\end{aligned} \tag{3.1.10}$$

θ 是基于面板的横截面 OLS 和固定效应估计样本标准差的加权。在给定参数 θ 的条件下，似然函数与固定效应的空间面板估计方法一致。θ 通过紧凑型的似然函数的一阶条件得到其一致估计量，其对数似然函数如公式(3.1.11)所示。

$$\log L = -\frac{NT}{2}\log(\boldsymbol{e}(\boldsymbol{\theta})'\boldsymbol{e}(\boldsymbol{\theta})) + \frac{N}{2}\log\theta^2$$

$$e(\theta) = y_{it} - (1-\theta)\frac{1}{T}\sum_{t=1}^{T} y_{it} - \rho\sum_{j=1}^{N} w_{ij}[y_{jt} - (1-\theta)\frac{1}{T}\sum_{t=1}^{T} y_{jt}] - [x_{it} - (1-\theta)\frac{1}{T}\sum_{t=1}^{T} x_{it}]\beta \qquad (3.1.11)$$

显然，空间面板随机效应滞后模型的估计，是通过联合估计空间面板的固定效应与非空间面板的随机效应模型来实现的。

3.2 面板数据空间误差模型

面板数据空间误差模型有固定效应和随机效应两种。

3.2.1 固定效应

空间面板的误差模型的基本模型设定如式(3.2.1)所示。

$$y_{it} = x_{it}\beta + \mu_i + \mu_{it}$$

$$\mu_{it} = \lambda\sum_{j=1}^{N} w_{ij}\mu_{jt} + \varepsilon_{it} \qquad (3.2.1)$$

与空间面板的滞后效应模型相类似，得到如式(3.2.2)的空间面板的误差模型的对数似然函数：

$$\log L = -\frac{NT}{2}\log(2\pi\sigma^2) + T\log|\boldsymbol{I}_N - \boldsymbol{\rho W}| - \frac{1}{2\sigma^2}\sum_{i=1}^{N}\sum_{t=1}^{T}\left\{y_{it}^* - \lambda\sum_{j=1}^{N} w_{ij}y_{jt}^* - (x_{it}^* - \lambda\sum_{j=1}^{N} w_{ij}x_{jt}^*)\beta\right\}^2 \qquad (3.2.2)$$

其含义与前文所阐述一致：是去平均化的被解释变量与解释变量。依据式(3.2.2)的一阶最优化条件，可以得到参数的估计量。如式(3.2.3)和式(3.2.4)所示：

$$\beta = \{[X^* - \lambda(I_T\otimes W)X^*]'[X^* - \lambda(I_T\otimes W)X^*] - 1\}\times [X^* - \lambda(I_T\otimes W)X^*]'[Y^* - \lambda(I_T\otimes W)Y^*] \qquad (3.2.3)$$

$$\sigma^2 = \frac{\boldsymbol{e}(\boldsymbol{\lambda})'\boldsymbol{e}(\boldsymbol{\lambda})}{NT} \qquad (3.2.4)$$

其中 $Y^* = (y_{11}^*, \cdots, y_{N1}^*, \cdots, y_{1T}^*, \cdots, y_{NT}^*)'$，$X^* = (x_{11}^*, \cdots, x_{N1}^*, \cdots, x_{1T}^*, \cdots, x_{NT}^*)$，$e(\lambda) = [Y^* - \lambda(I_T\otimes W)Y^*] - [X^* - \lambda(I_T\otimes W)X^*]\beta$，那么关于 λ 的紧凑型的对数似然函数如式(3.2.5)所示：

$$\log L=-\frac{NT}{2}\log[\boldsymbol{e}(\boldsymbol{\lambda})'\boldsymbol{e}(\boldsymbol{\lambda})]+T\log|\boldsymbol{I}_N-\boldsymbol{\lambda W}| \tag{3.2.5}$$

据此依据式(3.2.5)的一阶条件得到 $\hat{\lambda}$。代入式(3.2.3)和(3.2.4)得到$\hat{\beta}$、$\hat{\sigma}$。相应的空间面板的固定效应的参数估计为 $\hat{\mu}_i=\frac{1}{T}\sum_{t=1}^{T}(y_{it}-x_{it}\hat{\beta})$ 。

3.2.2 随机效应

参考张志强(2012)。如果模型(3.2.1)中的参数 μ_i 是随机的,$\mathrm{var}(\mu_i)=\sigma_\mu^2$,$\mathrm{var}(\varepsilon_{it})=\sigma^2$,那么它的对数似然函数如式(3.2.6)所示。

$$\log L=-\frac{NT}{2}\log(2\pi\sigma^2)-\frac{1}{2}\log|\boldsymbol{\varphi}|+(T-1)\sum_{i=1}^{N}\log\boldsymbol{B}-\frac{1}{2\sigma^2}\boldsymbol{e}'(\frac{1}{T}\boldsymbol{\iota}_T\boldsymbol{\iota}_{T'}\otimes\boldsymbol{\varphi}^{-1})\boldsymbol{e}-\frac{1}{2\sigma^2}\boldsymbol{e}'(\boldsymbol{I}_T-\frac{1}{T}\boldsymbol{\iota}_T\boldsymbol{\iota}_{T'}\otimes\boldsymbol{\varphi}^{-1})\otimes(\boldsymbol{B}'\boldsymbol{B})\boldsymbol{e} \tag{3.2.6}$$

其中 ι_T 为元素都是1的列向量,$\varphi=T\frac{{\sigma_\mu}^2}{\sigma^2}(\boldsymbol{B}'\boldsymbol{B})^{-1}$,$B=\boldsymbol{I}_N-\boldsymbol{\lambda W}$,$\boldsymbol{e}=\boldsymbol{Y}-\boldsymbol{X\beta}$,然而正是由于 φ 的存在使得我们进行参数估计时面临更为复杂的计算过程。Elhorst(2003)提出使用替代的方法,使得 φ 成为空间加权矩阵的 W 特征根的函数,从而简化了空间面板随机效应似然函数的估计得到 β,σ,λ 的估计量,其转换后的似然函数如公式(3.2.7)所示。

$$\log L=-\frac{T}{2}\log(2\pi\sigma^2)-\frac{1}{2}\sum_{i=1}^{N}\log(1+T\frac{{\sigma_\mu}^2}{\sigma^2}(1-\lambda\tilde{\omega}_i)^2)+T\sum_{i=1}^{N}\log(1-\lambda\tilde{\omega}_i)-\frac{1}{2\sigma^2}\tilde{e}'\tilde{e} \tag{3.2.7}$$

其中 $\tilde{\omega}_i$ 是 $\boldsymbol{W}$ 的特征根,$\tilde{\boldsymbol{e}}=\hat{\boldsymbol{Y}}-\hat{\boldsymbol{X}}\boldsymbol{\beta}$。通过式(3.2.7)的一阶最优化条件得到,即 $\hat{\boldsymbol{\beta}}=(\hat{\boldsymbol{X}}'\hat{\boldsymbol{X}})^{-1}\hat{\boldsymbol{X}}'\hat{\boldsymbol{Y}}$,$\sigma^2=(\hat{\boldsymbol{Y}}-\hat{\boldsymbol{X}}\boldsymbol{\beta})'(\hat{\boldsymbol{Y}}-\hat{\boldsymbol{X}}\boldsymbol{\beta})/NT$,将它们带入到式(3.2.7)中,得到了关于空间误差效应参数 λ 和紧凑型的似然函数,如式(3.2.8)所示。

$$\log L=C-\frac{T}{2}\log[e(\lambda,\frac{{\sigma_\mu}^2}{\sigma^2})'e(\lambda,\frac{{\sigma_\mu}^2}{\sigma^2})]-\frac{1}{2}\sum_{i=1}^{N}\log(1+T\frac{{\sigma_\mu}^2}{\sigma^2}(1-\lambda\tilde{\omega}_i)^2)+T\sum_{i=1}^{N}\log(1-\lambda\tilde{\omega}_i) \tag{3.2.8}$$

3.3 实例

例 3.3.1　进一步探讨我国专利申请数量的影响因素及其空间相关性,以各个省域的专利申请数量(INNO)为被解释变量,选取 R&D 经费(RDK)、R&D 从业人员(RDL)

作为解释变量，选取1997—2011年我国31个省（区、市）的面板数据进行分析。我们将根据Anselin判别准则选择适合的空间计量模型，并对模型进行估计。表3.3.1为1997—2011年我国省际专利申请数量影响因素的实证分析结果。

通过Hausman检验可知，在1%的显著水平上拒绝原假设，接受"固定效应模型有效"的备择假设，因此，我们选择面板固定效应模型。另外，虽然LMLAG检验（$p=0.0000$）和LMERR检验（$p=0.0000$）都是显著的，但是R—LMLAG检验（$p=0.0000$）显著，而R—LMERR（$p=0.590$）不显著，由此可以断定，应该选择空间滞后模型。综上所述，采用空间滞后面板固定效应模型可以更好地反映我国31个省域的专利申请数量是如何通过空间效应影响其他地区的。

我们通过上述的空间滞后面板固定效应模型的估计结果中可以看出：

第一，一个地级区域的R&D经费投入量对专利申请数量的影响显著为正，这说明地级区域中R&D经费投入量越大，越有利于专利申请数量的增加，即R&D经费投入量对专利申请数量有很明显的推动作用。

第二，R&D从业人员数量对专利申请数量有着显著为正的影响，且通过了1%的显著性影响。具体而言，一个地级区域的R&D从业人员数量提高1倍，就会使得该地区的专利申请数量提高24.49%左右。说明了古典增长理论也适用于对中国技术创新增长现象的解释，即研发人员投入和研发经费投入是促进技术创新的两个不可或缺的重要因素。

第三，ρ在1%的水平上显著为正，这表明空间溢出效应是中国地区技术进步中不可忽视的重要影响因素，进一步验证了窦雪霞(2009)的说法，揭示了地区间溢出效应对地区技术创新的作用机制：经济发展水平较高的地区，通常具有较大的经济规模和优越的技术创新能力，这就直接带动了相邻省市的经济技术创新的发展，即科研能力强的省份会对周围地区技术创新水平产生正的辐射作用，带动邻近地区技术创新发展。

表3.3.1　1997—2011年我国省际专利申请数量影响因素的实证分析结果

	空间滞后模型		空间误差模型	
	固定效应	随机效应	固定影响	随机影响
CONSTANT	—	−1.887738*** (0.000000)	—	−1.226137*** (0.000000)
RDK	0.151532*** (0.0883)	0.170899*** (0.000015)	−0.020064 (0.704056)	0.433585*** (0.000000)
RDL	0.244866*** (0.000014)	0.297034*** (0.0000)	0.364501*** (0.000000)	0.354705*** (0.000000)
ρ	0.624994*** (0.000000)	0.571988*** (0.0007)	—	
λ			0.873994*** (0.000000)	0.605394*** (0.008340)

续表

	空间滞后模型		空间误差模型	
	固定效应	随机效应	固定影响	随机影响
teta		0.079674*** (0.000000)		2.530061** (0.000032)
R^2	0.9759	0.9734	0.8461	0.9674
LR-test	929.6521*** (0.000000)	737.4375*** (0.000000)	860.1495*** (0.000000)	682.7596*** (0.000000)
Hausman	83.6408*** (0.0000)	−123.7383*** (0.0000)		
LM 检验统计值	191.9508*** (0.0000)	116.3535*** (0.0000)		
R-LM 检验统计值	75.8876*** (0.0000)	0.2903 (0.590)		

3.4 MATLAB 的相关操作

(1)数据布局

首先我们说一下 MATLAB 处理空间面板数据时,数据文件是怎么布局的。熟悉 EViews 的读者可能知道,EViews 中面板数据布局是:一个省份所有年份的数据作为一个单元(纵截面:一个时间序列),然后再排放另一个省份所有年份的数据,依次将所有省份的数据排放完,如图 3.4.1,第一列中,ANHUI 是省份的代号,1997 表示年份,EViews 是将每个省份的数据放在一起,再将所有省份堆放在一起。

与 EViews 不同,MATLAB 处理空间面板数据时,面板数据的布局是(在 Excel 中说明):先排放一个横截面上的数据(即某年所有省份的数据),再将不同年份的横截面按时间顺序堆放在一起,如图 3.4.2 所示。

这里需要说明的是,MATLAB 中省份的序号需要与空间权重矩阵中省份一一对应,我们一般就采用《中国统计年鉴》分地区数据中省份的排列顺序。(二阶空间权重矩阵我会在附件中给出)。

(2)MATLAB 窗口

此时原来已经打开的 MATLAB 窗口如图 3.4.3 所示。

这里我们简单介绍一下 MATLAB 的窗口,与我们见过的很多软件,如 Excel,Word,SPSS 一样,MATLAB 一样有标题栏、菜单栏、工具栏。

我们主要讲 MATLAB 的工作窗口,如图 3.4.3,左侧是“控制窗口”,在此可输入很多命令,如打开某一个文件,查找函数,建立模型等等。

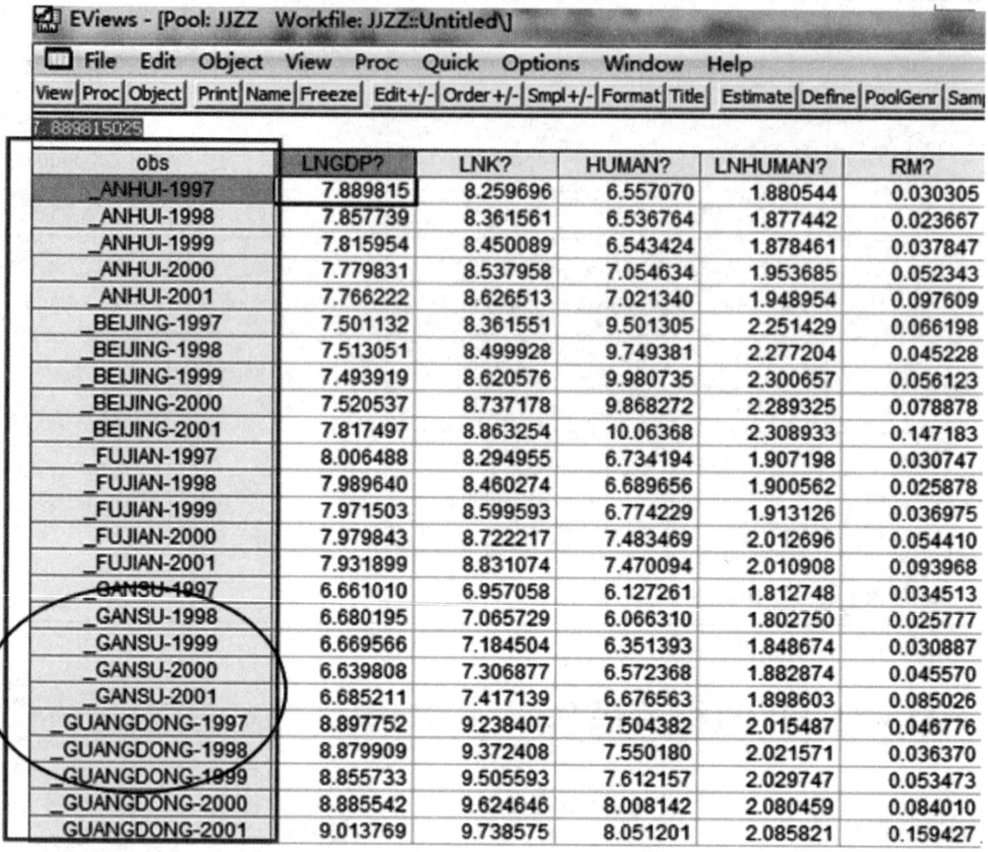

obs	LNGDP?	LNK?	HUMAN?	LNHUMAN?	RM?
_ANHUI-1997	7.889815	8.259696	6.557070	1.880544	0.030305
_ANHUI-1998	7.857739	8.361561	6.536764	1.877442	0.023667
_ANHUI-1999	7.815954	8.450089	6.543424	1.878461	0.037847
_ANHUI-2000	7.779831	8.537958	7.054634	1.953685	0.052343
_ANHUI-2001	7.766222	8.626513	7.021340	1.948954	0.097609
_BEIJING-1997	7.501132	8.361551	9.501305	2.251429	0.066198
_BEIJING-1998	7.513051	8.499928	9.749381	2.277204	0.045228
_BEIJING-1999	7.493919	8.620576	9.980735	2.300657	0.056123
_BEIJING-2000	7.520537	8.737178	9.868272	2.289325	0.078878
_BEIJING-2001	7.817497	8.863254	10.06368	2.308933	0.147183
_FUJIAN-1997	8.006488	8.294955	6.734194	1.907198	0.030747
_FUJIAN-1998	7.989640	8.460274	6.689656	1.900562	0.025878
_FUJIAN-1999	7.971503	8.599593	6.774229	1.913126	0.036975
_FUJIAN-2000	7.979843	8.722217	7.483469	2.012696	0.054410
_FUJIAN-2001	7.931899	8.831074	7.470094	2.010908	0.093968
_GANSU-1997	6.661010	6.957058	6.127261	1.812748	0.034513
_GANSU-1998	6.680195	7.065729	6.066310	1.802750	0.025777
_GANSU-1999	6.669566	7.184504	6.351393	1.848674	0.030887
_GANSU-2000	6.639808	7.306877	6.572368	1.882874	0.045570
_GANSU-2001	6.685211	7.417139	6.676563	1.898603	0.085026
_GUANGDONG-1997	8.897752	9.238407	7.504382	2.015487	0.046776
_GUANGDONG-1998	8.879909	9.372408	7.550180	2.021571	0.036370
_GUANGDONG-1999	8.855733	9.505593	7.612157	2.029747	0.053473
_GUANGDONG-2000	8.885542	9.624646	8.008142	2.080459	0.084010
_GUANGDONG-2001	9.013769	9.738575	8.051201	2.085821	0.159427

图 3.4.1　EViews 的空间数据排版

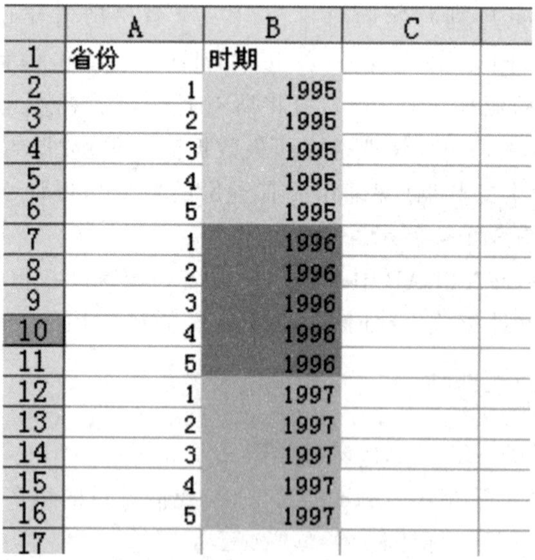

	A	B	C
1	省份	时期	
2	1	1995	
3	2	1995	
4	3	1995	
5	4	1995	
6	5	1995	
7	1	1996	
8	2	1996	
9	3	1996	
10	4	1996	
11	5	1996	
12	1	1997	
13	2	1997	
14	3	1997	
15	4	1997	
16	5	1997	
17			

图 3.4.2　MATLAB 的空间数据排版

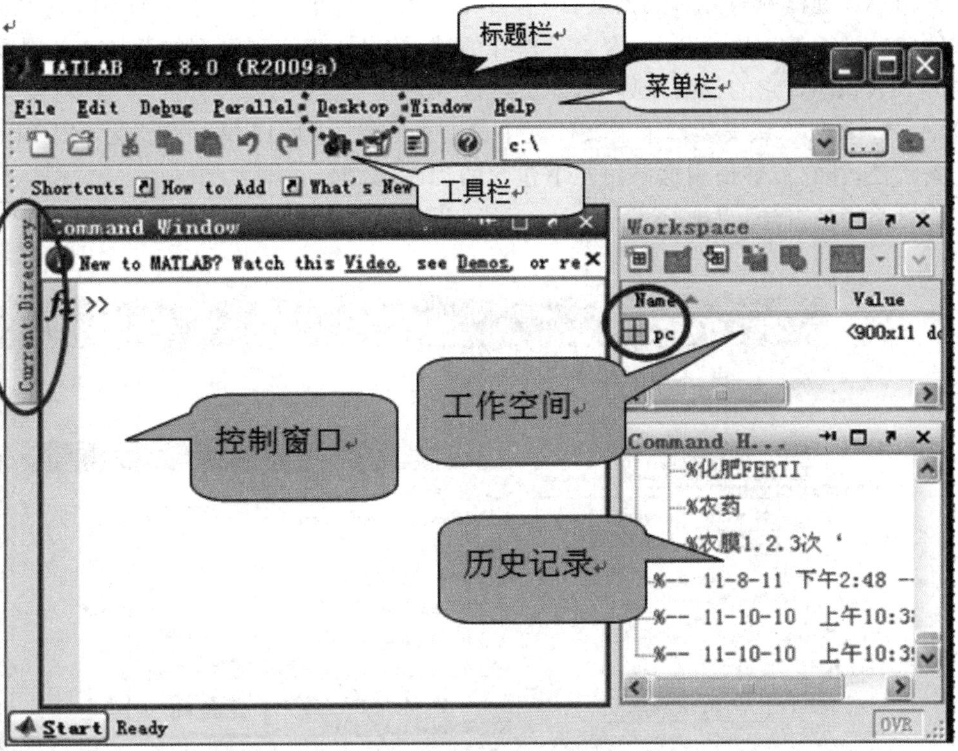

图 3.4.3　MATLAB 的工作窗口

右侧上面是“工作空间”，一般是存储我们需要的数据文件（包括导入的原始数据，模型模拟过程中产生的数据文件等），如我们之前导入了变量名为“pc”的一个数据矩阵，就存放在这里，双击“pc”，就能查看该数据文件。

右侧下方是“历史记录”，你在控制窗口进行的任何一项操作都会在这里有显示，所以当你在此需要进行原来某项操作时，其实点击历史窗口中相应的记录即可。

控制窗口左侧隐藏了“current directory”，这个是“当前目录”，即我们现在所在的位置。点击“当前目录”就会以浮动的形式出现当前目录，或方便我们查找我们需要的目录。

这是一种桌面布局，你也可以根据需要调整，在菜单栏有一项“Desktop”（桌面），点击 desktop→desktop layout（桌面布局），会有几种布局形式。

（3）与 MATLAB 相关的重要操作

①数据文件存储

之前我们已经将模型需要的数据作为一个变量导入并存储在 MATLAB 的“工作空间”中，由于我们是处理空间面板数据，所以我们还需要导入空间权重矩阵（如命名为“w1”），方法一样。这时我们需要将包含空间权重矩阵“w1”和所有数据的“pc”的数据文件进行存储，方便以后调用。数据存储方法：“File→Save Workspace As”，找到存储的地址，输入文件名，就形成了后缀名为.mat 的 MATLAB 能识别的数据文件。

②设置路径

MATLAB 并没有自带空间计量软件包，这个需要在网上下载，当然我们也需要将操作MATLAB过程中需要的数据文件、程序等保存在某个文件夹中。MATLAB通过调用软件包中已有的程序命令,以及自己保存的数据文件,来实现模型的模拟。此时我们需要告诉MATLAB它的权限在哪里,即它可以在哪里去查找这些程序、数据等(默认状况下,MATLAB只承认安装目录下文件夹中已有的程序)。所以我们需要为MATLAB设置一条路径,让它能够使用这条路径下包含的程序,数据。

设置路径的方法:点击"File→Set Path",出现"set path"窗口,如图3.4.4所示。

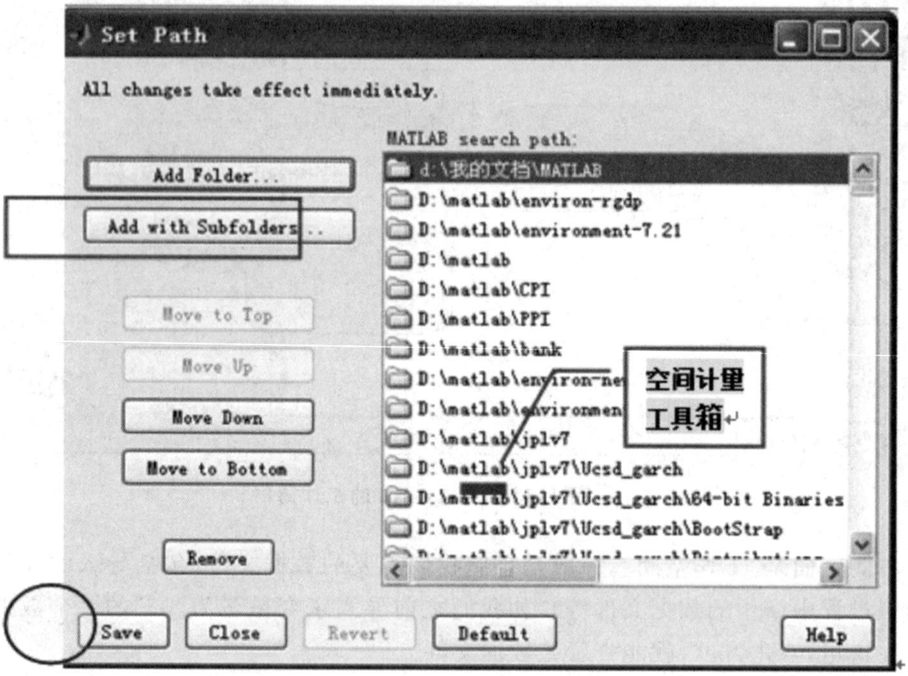

图3.4.4 MATLAB的添加路径

红框下按钮"Add with Subfolders"表示在添加路径时,在文件夹下的子目录也被MATLAB承认,否则该文件夹下的子文件夹中的程序、数据将不能被MATLAB识别,而不能使用。点击此按钮,选择文件夹位置,然后点击该窗口的"Save"即可实现路径的设置。如图3.4.4,将D盘下的MATLAB文件夹及其子文件夹添加到了MATLAB能识别的路径中,那么此文件夹中的所有与MATLAB相关的程序、数据等都能被MATLAB识别并使用。

(4)MATLAB程序——空间计量工具箱

一般来说,我们不会在MATLAB的控制窗口一个一个地输入命令,而是在MATLAB的"Editor"(编辑器)中将一个完整的程序编辑完毕然后进行存储,方便以后使用。当然我们更一般的是使用别人已经编辑好的程序,进行一定的组合和修改来进行自己的研究。

这里先讲MATLAB的空间计量工具箱。在MATLAB官方网上下载的最新版的空间计量工具箱的名称为:"jplv7"。如上图,我在设置路径时,该工具箱已经包含在D盘下的 MATLAB 文件夹下。这时,我们可以从方框所标识的按钮找到该工具箱,如图 3.4.5,左侧"current directory"(当前目录)即显示该目录下所有的文件夹,其中我们要使用的是"spatial",该文件夹下包含我们需要的关于空间面板数据模型相关的程序,而我们主要使用的完整程序是该文件夹下的"panel"(面板)。

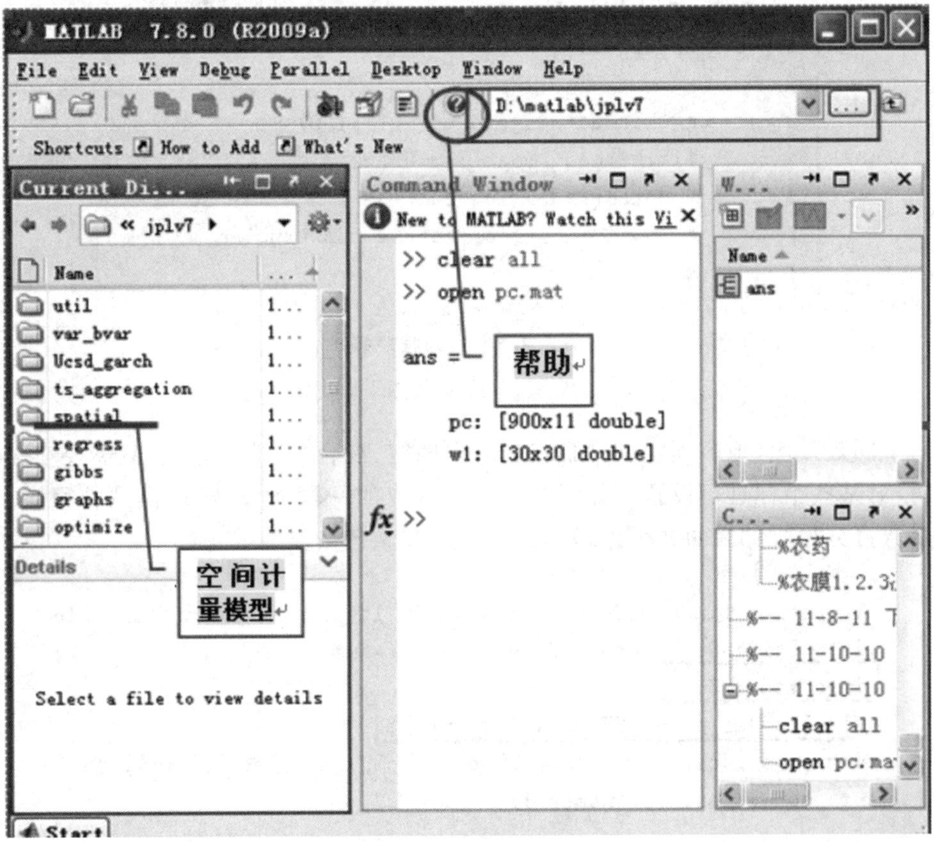

图 3.4.5　调用空间程序包

我们可以先看一下以"demo"开头的 M 文件(MATLAB 程序),demo 即演示,如双击打开"demoLMsarsem_panel",就会弹出该程序文件的编辑器(editor),点击圆圈下的运行按钮,整个程序的运行结果就会显示在 MATLAB 的"控制窗口"中,如图 3.4.6 所示。

(5)空间面板数据模型解读

①空间面板数据模型建立的一般步骤

A. 空间相关性检验:Moran's I 检验、LM 检验。可使用单独的 LM 与 Moran 检验的 M 文件进行检验。

B. 空间模型的选择:即选择用 SAR 模型,还是 SEM 模型,同时还涉及固定效应和随机效应选择,以及在固定或随机效应模型中选择(地区固定、时期固定、双固定,还是混合面板)。

LM 检验的结果可以为 SAR 与 SEM 的选择提供依据。面板数据的固定效应 SAR 模型直接调用"sar_panel_FE"程序,而固定效应 SEM 直接调用"sem_panel_FE"程序进

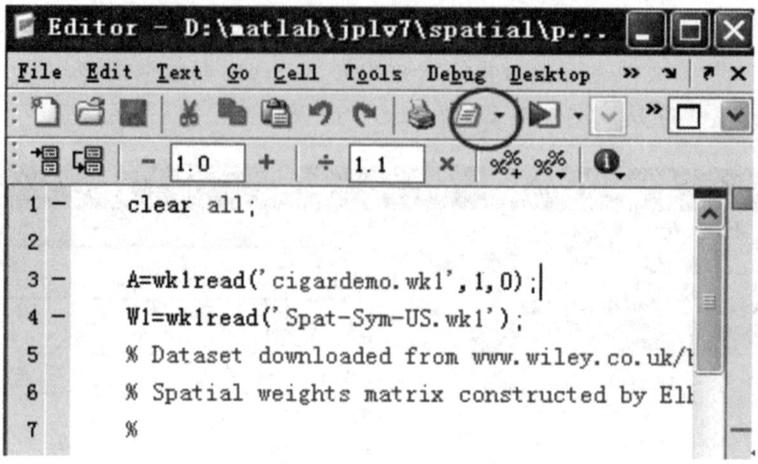

图 3.4.6 空间程序编辑

行检验。

对于固定效应(地区固定、时间固定、双向固定、混合)的选择,其实只需要在引用上述程序时,对某些指标进行设置。如图 3.4.7 是截取的一段面板 SAR 模型的程序,其实我们可以从百分号“%”后的文字去理解这段程序在做什么。

```
% spatial fixed effects + spatially lagged dependent variable
info.lflag=0; % required for exact results
info.model=3;
results=sar_panel_FE(y, x,W,T,info);
vnames=strvcat('gy','lgy0','pc','gpc','emp','edu','inv','fir');
prt_spnew(results,vnames,1);
```

图 3.4.7 固定效应的选择

方框中是设定模型的固定效应种类:info.model=0,表示此模型为混合模型,即没有固定效应;info.model=1,表示此模型为地区固定效应模型;info.model=2,表示时间固定效应模型;info.model=3,表示双向固定效应模型。

附录 3.4.1 固定效应和随机效应的 sem 和 sar 完整程序

```
%carga los datos   %Judge Example with Balanced Panel
W=normw(WW);
%assign data
T=15;
N=31;
y=js(:,3);
x1=js(:,1:1);
```

```
x2=js(:,2:2);
xconstant=ones(N * T,1);
h=y;
x=[x1,x2];
[nobs K]=size(x);
%-------------------------------------------
% spatial fixed effects + spatially lagged dependent variable
info.lflag=0;% required for exact results
info.model=1;
info.fe=0;% no print intercept and spatial fixed effects
results=sar_panel_FE(y,x,W,T,info);
vnames=strvcat('logcit','logp','logpn','logy');
prt(results,vnames,1);
blagfe=[results.beta;results.rho];
covblagfe=results.cov;
% LR-test for joint significance spatial fixed effects
logliklagfe=results.lik;
info.model=0;
results=sar_panel_FE(y,x,W,T,info);
logliklag=results.lik;
LR=-2 * (logliklag-logliklagfe);
dof=N;
probability=1-chis_prb(LR,dof);
% Note: probability > 0.05 implies rejection of spatial fixed effects
fprintf(1,'LR-test joint significance spatial fixed effects,degrees of freedom and probability = %9.4f,%6d,%9.4f \n',LR,dof,probability);
%-------------------------------------------
% spatial random effects + spatially lagged dependent variable
clear info.model;
info.model=1;
results=sar_panel_RE(y,[xconstant x],W,T,info);
vnames=strvcat('logcit','intercept','logp','logpn','logy');
prt(results,vnames,1);
blagre=[results.beta(2:end);results.rho];% exclude constant
covblagre=results.cov(2:end,2:end);% exclude constant
% LR-test for significance spatial random effects(note logliklag is already available)
logliklagre=results.lik;
```

```
LR=-2*(logliklag-logliklagre);
dof=1;
probability=1-chis_prb(LR,dof);
% Note: probability > 0.05 implies rejection of spatial fixed effects
fprintf(1,' LR-test significance spatial random effects, degrees of freedom and probability = %9.4f,%6d,%9.4f \n',LR,dof,probability);
%------------------------------------------------------------------
% Hausman test FE versus RE of model + spatially lagged dependent variable
hausman=(blagfe-blagre)'*inv(covblagre-covblagfe)*(blagfe-blagre);
dof=length(blagfe);
probability=1-chis_prb(abs(hausman),dof);
% Note: probability > 0.05 implies rejection of random effects model in favor of fixed effects model
fprintf(1,' Hausman test-statistic, degrees of freedom and probability = %9.4f,%6d,%9.4f \n',hausman,dof,probability);
%------------------------------------------------------------------
% spatial fixed effects + spatial autocorrelation
clear info.model;
info.lflag=0;% required for exact results
info.fe=0;% no print intercept and spatial fixed effects
info.model=1;
results=sem_panel_FE(y,x,W,T,info);
vnames=strvcat(' logcit ',' logp ',' logpn ',' logy ');
prt_spnew(results,vnames,1);
berrorfe=[results.beta;results.rho];
covberrorfe=results.cov;
% LR-test for joint significance spatial fixed effects
loglikerrorfe=results.lik;
info.model=0;
results=sar_panel_FE(y,x,W,T,info);
loglikerror=results.lik;
LR=-2*(loglikerror-loglikerrorfe);
dof=N;
probability=1-chis_prb(LR,dof);
% Note: probability > 0.05 implies rejection of spatial fixed effects
fprintf(1,' LR-test joint significance spatial fixed effects, degrees of freedom and probability = %9.4f,%6d,%9.4f \n',LR,dof,probability);
%------------------------------------------------------------------
```

```
% spatial random effects + spatial autocorrelation
clear info.model;
results=sem_panel_RE(y,[xconstant x],W,T);
vnames=strvcat('logcit','intercept','logp','logpn','logy');
prt_spnew(results,vnames,1);
berrorre=[results.beta(2:end);results.rho]; % exclude constant
covberrorre=results.cov(2:end,2:end); % exclude constant
% LR-test for significance spatial random effects(note loglikerror is already available)
loglikerrorre=results.lik;
LR=-2*(loglikerror-loglikerrorre);
dof=1;
probability=1-chis_prb(LR,dof);
% Note: probability > 0.05 implies rejection of spatial fixed effects
fprintf(1,'LR-test significance spatial random effects,degrees of freedom and probability = %9.4f,%6d,%9.4f \n',LR,dof,probability);
%------------------------------------------
% Hausman test FE versus RE of model + spatial autocorrelation
hausman=(berrorfe-berrorre)'*inv(covberrorre-covberrorfe)*(berrorfe-berrorre);
dof=length(berrorfe);
probability=1-chis_prb(abs(hausman),dof);
% Note: probability > 0.05 implies rejection of random effects model in favor of fixed effects model
fprintf(1,'Hausman test-statistic,degrees of freedom and probability = %9.4f,%6d,%9.4f \n',hausman,dof,probability);
```

附录 3.4.2　sem 和 sar 的 LM 检验完整程序

```
W=normw(WW);
T=15;
N=31;
y=js(:,3);
x1=js(:,1:1);
x2=js(:,2:2);
xconstant=ones(N*T,1);
x=[x1,x2];
h=[y,x];
xconstant=ones(N*T,1);
```

```
[nobs K]=size(x);
% spatial fixed effects +(robust)LM tests for spatial lag and spatial error model
% fixed effects,within estimator
% demeaning of the y and x variables
model=1;
[ywith,xwith,meanny,meannx,meanty,meantx]=demean(y,x,N,T,model);
results=ols(ywith,xwith);
vnames=strvcat('logcit','logp','logpn','logy');% should be changed if x is changed
prt_reg(results,vnames);
FE=meanny-meannx*results.beta;% including the constant term
yme=y - mean(y);
ee=ones(T,1);
error=y-kron(ee,FE)-x*results.beta;
rsqr1=error'*error;
rsqr2=yme'*yme;
FE_rsqr2=1.0-rsqr1/rsqr2 % r-squared including fixed effects
sige=results.sige*((nobs-K)/nobs);
loglikfe=-nobs/2*log(2*pi*sige)-1/(2*sige)*results.resid'*results.resid
LMsarsem_panel(results,W,ywith,xwith);%(Robust)LM tests
%----------------------------------------
% spatial and time period fixed effects +(robust)LM tests for spatial lag and spatial error model
% fixed effects,within estimator
% demeaning of the y and x variables
model=3;
[ywith,xwith,meanny,meannx,meanty,meantx]=demean(y,x,N,T,model);
results=ols(ywith,xwith);
vnames=strvcat('logcit','logp','logpn','logy');% should be changed if x is changed
prt_reg(results,vnames);
LMsarsem_panel(results,W,ywith,xwith);%(Robust)LM tests
```

第 4 章　空间回归模型的扩展模型

本章介绍的空间回归模型的扩展模型有空间变系数回归模型、空间杜宾模型、空间误差修正模型、广义空间回归模型、动态空间计量模型和矩阵指数空间回归模型。

4.1 空间变系数回归模型(GWR)

用横截面数据建立计量经济学模型时，由于这种数据在空间上表现出的复杂性、自相关性和变异性，使得解释变量对被解释变量的影响在不同区域间可能是不同的，假定区域之间的经济行为在空间上具有异质性的差异可能更加符合现实。空间变系数回归模型(spatial varying-coefficient regression model)中的地理加权回归(geographical weighted regression，GWR)是解决这种问题的有效方法。这部分内容详细讨论见魏传华、胡晶和吴喜之(2010)。

4.1.1 地理加权回归估计方法

为了叙述的连贯性，我们对地理加权回归(GWR)的估计方法做一简要介绍。给定研究区域的任何一个空间位置，记为 v。通过在 v 处指定一组权，记为 $k_1(v),k_2(v),\cdots,k_n(v)$，来表示各点的观测值的作用。其中第 i 个权值 $k_i(v)$ 对应于第 i 组观测($y_i;x_{i1},x_{i2},\cdots,x_{ip}$)。根据加权最小二乘法，$v$ 点处的未知参数 $\beta_j(v),j=1,2,\cdots,p$ 可以通过使

$$\sum_{i=1}^{n}k_i(v)\{y_i-\beta_1(v)x_{i1}-\beta_2(v)x_{i2}-\cdots-\beta_p(v)x_{ip}\}^2 \tag{4.1.1}$$

达到最小来进行估计。记

$$\boldsymbol{Y}=\begin{bmatrix}y_1\\y_2\\\vdots\\y_n\end{bmatrix},\boldsymbol{X}=\begin{bmatrix}x_{11}&x_{12}&\cdots&x_{1p}\\x_{21}&x_{22}&\cdots&x_{2p}\\\vdots&\vdots&\ddots&\vdots\\x_{n1}&x_{n2}&\cdots&x_{np}\end{bmatrix}=\begin{bmatrix}x_1'\\x_2'\\\vdots\\x_n'\end{bmatrix},\boldsymbol{\beta}(\boldsymbol{v})=\begin{bmatrix}\beta_1(v)\\\beta_2(v)\\\vdots\\\beta_p(v)\end{bmatrix} \tag{4.1.2}$$

以及 $\boldsymbol{K}(\boldsymbol{v})=\mathrm{diag}(k_1(v),k_2(v),\cdots,k_n(v))$ 为 n 阶对角矩阵。从而 v 点处的参数估计值可表示为

$$\hat{\boldsymbol{\beta}}(v)=\begin{bmatrix}\hat{\beta}_1(v)\\ \hat{\beta}_2(v)\\ \vdots\\ \hat{\beta}_p(v)\end{bmatrix}=[\boldsymbol{X}^T\boldsymbol{K}(v)\boldsymbol{X}]^{-1}\boldsymbol{X}^T\boldsymbol{K}(v)\boldsymbol{Y} \tag{4.1.3}$$

显然，如果我们知道了自变量观测值为$(x_1,x_2,\cdots,x_p)$，则可以得到 v 点处因变量 Y 的拟合值为：

$$\hat{\boldsymbol{y}}(v)=(x_1,x_2,\cdots,x_p)\hat{\boldsymbol{\beta}}(v)=\hat{\boldsymbol{\beta}}_1(v)x_1+\cdots+\hat{\boldsymbol{\beta}}_p(v)x_p \tag{4.1.4}$$

注意到上述估计方法可以利用观测值给出因变量 $\boldsymbol{Y}$ 在研究领域中的任何一点处的估计值，从而可以给出整个回归曲面的估计。特别地，若以$\hat{\boldsymbol{Y}}=(\hat{y}_1,\hat{y}_2,\cdots,\hat{y}_n)^T$ 记因变量在各观测值点处的拟合值所组成的向量，则有

$$\hat{\boldsymbol{Y}}=\boldsymbol{S}\boldsymbol{Y} \tag{4.1.5}$$

$$\boldsymbol{S}=\begin{bmatrix}\boldsymbol{x}_1{}^T\ (\boldsymbol{X}^T\boldsymbol{K}(v_1)\boldsymbol{X})^{-1}\boldsymbol{X}^T\boldsymbol{K}(v_1)\\ \boldsymbol{x}_2{}^T\ (\boldsymbol{X}^T\boldsymbol{K}(v_2)\boldsymbol{X})^{-1}\boldsymbol{X}^T\boldsymbol{K}(v_2)\\ \vdots\\ \boldsymbol{x}_n{}^T\ (\boldsymbol{X}^T\boldsymbol{K}(v_n)\boldsymbol{X})^{-1}\boldsymbol{X}^T\boldsymbol{K}(v_n)\end{bmatrix} \tag{4.1.6}$$

为了使以上的估计方法得以实现，应对研究区域内的每一点 v，指定相应的一组权 $k_i(v),i=1,2,\cdots,n$。如前所述，第 i 个权值 $k_i(v)$反映了第 i 组观测$(x_{i1},x_{i2},\cdots,x_{ip})$以及 y_i 对估计 v 处的参数值的重要性，正如 Tobler(1979)的地理学第一定律中所言，“每件事情都与其他事情息息相关，但(位置)邻近的事物比较远的事物更加相像。”因此，距离 v 点较近的观测值对 v 点处的回归函数(或其中的参数)的估计影响应该较大，相距较远的观测值对其影响较小。若以 $d(v_i,v)$来度量空间位置 v_i 和 v 之间的距离，则对于较小的 $d(v_i,v)$所对应的观测点应赋予较大的权值，反之则赋予较小权值。基于以上考虑，通常权函数有下列几种形式：

(1)指数型权函数

给定研究区域内的一点 v，该点处的指数权定义为

$$k_i(v)=\exp\left\{-\frac{d^2(v_i,v)}{\theta}\right\},i=1,2,\cdots,n \tag{4.1.7}$$

其中 $\theta>0$ 称为窗宽或者光滑参数。θ 的大小决定了拟合曲面的光滑性。在实际计算中，为便于处理，指数权系统也经常取为

$$k_i(v)=\exp\{-\lambda d^2(v_i,v)\},i=1,2,\cdots,n \tag{4.1.8}$$

这时，$\lambda=\dfrac{1}{\theta}$，且当 $\lambda=0$ 时，相应的估计便是线性回归模型中的最小二乘估计。

(2)截尾型权函数

首先，选择一个定义于$[0,+\infty]$上的非负不增函数 $f(u)$，满足当 $u>1$ 时，$f(u)=0$。最常用的这类函数是如下的平方权函数和立方权函数

$$f(u)=\begin{cases}(1-u^2)^2, & 0\leqslant u\leqslant 1\\ 0, & u>1\end{cases},\quad f(u)=\begin{cases}(1-u^3)^3, & 0\leqslant u\leqslant 1\\ 0, & u>1\end{cases}$$

则 v 点的权值取为

$$k_i(v)=f\left(\frac{d(v_i,v)}{\theta}\right),i=1,2,\cdots,n \tag{4.1.9}$$

这时，对于 $d(v_i,v)>\theta$ 的观测值 $(x_{i1},x_{i2},\cdots,x_{ip})$ 和 y_i 便赋予零权。同样 θ 称为光滑参数，θ 值越大，拟合 v 点处的回归函数值所用的数据量越大，估计的回归曲面就越光滑。

以上权函数中的光滑参数 θ 一般用交错鉴定(cross-validation)法来确定，即令

$$CV(\theta)=\sum_{i=1}^{n}\left[y_i-\hat{y}_{(i)}(\theta)\right]^2 \tag{4.1.10}$$

其中 $\hat{y}_{(i)}$ 为在给定的 θ 值之下，去掉第 i 组观测数据 $(y_i;x_{i1},x_{i2},\cdots,x_{ip})$ 后，利用前面所介绍的局部加权最小二乘法所求得的 y_i 的估计值。选择 θ_0，使得

$$CV(\theta_0)=\min CV(\theta),(\theta>0) \tag{4.1.11}$$

则以 θ_0 作为 θ 的估计值。

4.1.2 空间变系数的地理加权回归模型

我们考虑如下因变量存在空间滞后现象时的地理加权回归模型

$$y_i=\rho\sum_j w_{ij}y_j+\beta_1(v_i)x_{i1}+\beta_2(v_i)x_{i2}+\cdots+\beta_p(v_i)x_{ip}+\varepsilon_i,i=1,2,\cdots,n \tag{4.1.12}$$

上面的地理加权回归模型可写成如下的矩阵形式

$$\boldsymbol{Y}=\rho\boldsymbol{WY}+\boldsymbol{M}+\boldsymbol{\varepsilon}$$

其中 $\boldsymbol{\varepsilon}=(\varepsilon_1,\varepsilon_2,\cdots,\varepsilon_n)'$，$\boldsymbol{M}=[\boldsymbol{x}'_1\boldsymbol{\beta}(v_1),\boldsymbol{x}'_2\boldsymbol{\beta}(v_2),\cdots,\boldsymbol{x}'_n\boldsymbol{\beta}(v_n)]'$，$\boldsymbol{W}=(w_{ij})(i=1,2,\cdots,n,j=1,2,\cdots,n)$ 为空间权矩阵(spatial weights matrix)，一般是基于空间位置距离关系和相邻关系的结合，关于其详细的介绍可参考 Anselin(1988)，Anselin&Florax(1995)。下面我们将分别利用局部似然和两步估计方法分别给出模型(4.1.12)的估计。

(1)局部似然估计方法

类似于空间线性自回归模型，首先注意模型(4.1.12)可转化为如下的形式

$$(\boldsymbol{I}_n-\boldsymbol{\rho W})\boldsymbol{Y}-\boldsymbol{M}=\boldsymbol{\varepsilon}$$

从而我们可针对模型中的参数采取极大似然估计，此外我们有

$$J=\left|\frac{\partial\boldsymbol{\varepsilon}}{\partial\boldsymbol{Y}}\right|=|\boldsymbol{I}_n-\rho\boldsymbol{W}|$$

因此，模型(4.1.12)的对数似然函数可记为

$$L(\boldsymbol{Y}|\boldsymbol{\beta}(\cdot),\boldsymbol{\rho},\sigma^2)=-\frac{n}{2}\ln(2\pi\sigma^2)-\frac{1}{2\sigma^2}(\boldsymbol{Y}-\boldsymbol{\rho WY}-\boldsymbol{M})^T(\boldsymbol{Y}-\boldsymbol{\rho WY}-\boldsymbol{M})+\ln|\boldsymbol{I}_n-\rho\boldsymbol{W}| \tag{4.1.13}$$

对于其中的变系数 $\beta(v_i)$，我们利用局部似然方法来估计。对于给定的一点 v_0，我们有对应的局部对数似然函数为

$$L(\beta(v_0)) = -\frac{1}{2\sigma^2}(\boldsymbol{Y} - \boldsymbol{\rho WY} - \boldsymbol{X\beta}(v_0))'\boldsymbol{K}(v_0)(\boldsymbol{Y} - \boldsymbol{\rho WY} - \boldsymbol{X\beta}(v_0)) - \frac{n}{2}\ln(2\pi\sigma^2) + \ln|\boldsymbol{I}_n - \boldsymbol{\rho W}|$$

其中 $\boldsymbol{K}(v_0) = \mathrm{diag}(k_1(v_0), k_2(v_0), \cdots, k_n(v_0))$ 为 n 阶对角矩阵，$k_i(v_0)$ 的定义与第一节相同。则由 $\frac{\partial L(\beta(v_0))}{\partial \beta(v_0)} = 0$ 得

$$\hat{\boldsymbol{\beta}}(v_0) = \begin{bmatrix} \hat{\beta}_1(v_0) \\ \hat{\beta}_2(v_0) \\ \vdots \\ \hat{\beta}_p(v_0) \end{bmatrix} = [\boldsymbol{X}'\boldsymbol{K}(v_0)\boldsymbol{X}]^{-1}\boldsymbol{X}'\boldsymbol{K}(v_0)(\boldsymbol{Y} - \boldsymbol{\rho WY})$$

依此方法我们可分别得到 $\boldsymbol{\beta}(v_i), i = 1, 2, \cdots, n$ 的估计，从而有 $\boldsymbol{M}$ 的估计为

$$\hat{M} = \boldsymbol{S}(\boldsymbol{Y} - \boldsymbol{\rho WY})$$

其中 $\boldsymbol{S}$ 的定义可见(4.1.6)式。将 $\boldsymbol{M}$ 的估计代入似然函数(4.1.13)整理可得：

$$L(\boldsymbol{Y}|\boldsymbol{\rho}, \sigma^2) = -\frac{1}{2\sigma^2}[(\boldsymbol{I}_n - \boldsymbol{S})\boldsymbol{Y} - \rho(\boldsymbol{I}_n - \boldsymbol{S})\boldsymbol{WY}]'[(\boldsymbol{I}_n - \boldsymbol{S})\boldsymbol{Y} - \boldsymbol{\rho}(\boldsymbol{I}_n - \boldsymbol{S})\boldsymbol{WY}] - \frac{n}{2}\ln(2\pi\boldsymbol{\sigma}^2) + \ln|\boldsymbol{I}_n - \boldsymbol{\rho W}|$$

$$= -\frac{1}{2\sigma^2}(\boldsymbol{e} - \boldsymbol{\rho e}_L)^T(\boldsymbol{e} - \boldsymbol{\rho e}_L) - \frac{n}{2}\ln(2\pi\boldsymbol{\sigma}^2) + \ln|\boldsymbol{I}_n - \rho \boldsymbol{W}| \tag{4.1.14}$$

其中 $\boldsymbol{e} = \boldsymbol{Y} - \boldsymbol{SY}$ 是利用地理加权回归技术拟合模型 $\boldsymbol{Y} = \boldsymbol{M} + \boldsymbol{\varepsilon}$ 所得残差，而 $\boldsymbol{e}_L = \boldsymbol{WY} - \boldsymbol{SWY}$ 则是模型 $\boldsymbol{Y}_L = \boldsymbol{WY} = \boldsymbol{M} + \boldsymbol{\varepsilon}$ 的拟合残差。再由 $\frac{\partial L(\boldsymbol{Y}|\boldsymbol{\rho}, \boldsymbol{\sigma}^2)}{\partial \boldsymbol{\sigma}^2} = 0$ 得 $\boldsymbol{\sigma}^2$ 的估计为

$$\hat{\boldsymbol{\sigma}}^2 = \frac{(\boldsymbol{e} - \boldsymbol{\rho e}_L)'(\boldsymbol{e} - \boldsymbol{\rho e}_L)}{n}$$

将上面的 $\boldsymbol{\sigma}^2$ 的估计代入式(4.1.14)，则得到如下的只含有未知参数 $\boldsymbol{\rho}$ 的对数似然函数

$$L(\boldsymbol{Y}|\boldsymbol{\rho}) = C - \frac{n}{2}\ln(\boldsymbol{e} - \boldsymbol{\rho e}_L)'(\boldsymbol{e} - \boldsymbol{\rho e}_L) + \ln|\boldsymbol{I}_n - \boldsymbol{\rho W}| \tag{4.1.15}$$

其中 C 为一常数。显然上面所得到的关于未知参数 ρ 的集中(concentrated)似然函数，与一般空间自回归模型(空间滞后模型)

$$\boldsymbol{Y} = \boldsymbol{\rho WY} + \boldsymbol{X\beta} + \boldsymbol{\varepsilon}, i = 1, 2, \cdots, n$$

最后所得关于 $\boldsymbol{\rho}$ 的集中似然函数形式是一样的，只是后者中的 $\boldsymbol{e}$ 与 $\boldsymbol{e}_L$ 分别为线性回归模型 $\boldsymbol{Y} = \boldsymbol{X\beta} + \boldsymbol{\varepsilon}$ 与 $\boldsymbol{WY} = \boldsymbol{X\beta} + \boldsymbol{\varepsilon}$ 基于最小二乘估计的拟合残差。

上面的集中似然函数是参数 $\boldsymbol{\rho}$ 的非线性函数，运用优化算法将其极大化可得到 ρ 的估计。具体的一些计算方法可参见 Anselin(1988)，Pace&Barry(1997)，Anselin&Bera(1998)，Barry&Pace(1999)。在得到 $\boldsymbol{\rho}$ 的估计 $\hat{\boldsymbol{\rho}}$ 以后，$\boldsymbol{\beta}(v_i)$ 和 $\boldsymbol{\sigma}^2$ 的最终估计分别为

$$\hat{\boldsymbol{\beta}}(v_i) = [\boldsymbol{X}'\boldsymbol{K}(v_i)\boldsymbol{X}]^{-1}\boldsymbol{X}'\boldsymbol{K}(v_i)(\boldsymbol{Y} - \hat{\boldsymbol{\rho}}\boldsymbol{WY}), \hat{\boldsymbol{\sigma}}^2 = \frac{(\boldsymbol{e} - \hat{\boldsymbol{\rho}}\boldsymbol{e}_L)'(\boldsymbol{e} - \boldsymbol{\rho e}_L)}{n}$$

实际操作中，模型(4.1.12)的估计可分为如下几步：

①利用地理加权回归方法分别拟合空间变系数模型 $\boldsymbol{Y}=\boldsymbol{M}+\boldsymbol{\varepsilon}$ 与 $\boldsymbol{Y}_L=\boldsymbol{WY}=\boldsymbol{M}+\boldsymbol{\varepsilon}$，得到对应的残差向量 $\boldsymbol{e}$ 与 $\boldsymbol{e}_L$，计算过程中窗宽的选择可采用交错鉴定方法。

②利用优化方法针对集中似然函数(4.1.15)求出参数 $\boldsymbol{\rho}$ 的估计。

③基于 $\boldsymbol{\rho}$ 的估计，给出未知参数 $\boldsymbol{\beta}(\cdot)$ 以及 $\boldsymbol{\sigma}^2$ 的估计。

(2)两步估计方法

上面的估计方法对于变系数的估计采用的是局部似然方法，与该方法不同的是我们可以将模型(4.1.12)看做由线性部分 $\boldsymbol{\rho WY}$ 与变系数部分 $\boldsymbol{M}$ 组成的混合地理加权回归模型[魏和梅(2005)称之为半参数空间变系数回归模型]，从而我们可以利用魏和梅所提出的两步估计方法来拟合模型。

对于模型(4.1.12)，首先假设参数 $\boldsymbol{\rho}$ 给定，则该模型转化为

$$\boldsymbol{Y}^*=\boldsymbol{M}+\boldsymbol{\varepsilon}$$

其中 $\boldsymbol{Y}^*=\boldsymbol{Y}-\boldsymbol{\rho WY}$。对于该模型，利用第一节介绍的局部加权估计方法可得

$$\hat{\boldsymbol{M}}=\boldsymbol{S}(\boldsymbol{Y}-\boldsymbol{\rho WY})$$

其中 $\boldsymbol{S}$ 定义见(4.1.6)。将 $\boldsymbol{M}$ 估计代入原模型，整理得

$$(\boldsymbol{I}_n-\boldsymbol{S})\boldsymbol{Y}=\boldsymbol{\rho}(\boldsymbol{I}_n-\boldsymbol{S})\boldsymbol{WY}+\boldsymbol{\varepsilon} \tag{4.1.16}$$

则该模型为典型的一阶空间自回归模型。

值得注意的是对于模型(4.1.16)，我们可得 ρ 的最小二乘估计为

$$\hat{\boldsymbol{\rho}}=[\boldsymbol{Y}'\boldsymbol{W}'(\boldsymbol{I}_n-\boldsymbol{S})'(\boldsymbol{I}_n-\boldsymbol{S})\boldsymbol{WY}]^{-1}\boldsymbol{Y}'\boldsymbol{W}'(\boldsymbol{I}_n-\boldsymbol{S})'(\boldsymbol{I}_n-\boldsymbol{S})\boldsymbol{Y}$$

但是由空间权重矩阵 $\boldsymbol{W}$ 的结构特点，上面得到的 $\hat{\boldsymbol{\rho}}$ 一般不是 $\boldsymbol{\rho}$ 的一致估计。所以一般不采用最小二乘估计。

下面我们对模型(4.1.16)利用极大似然估计方法求取 $\boldsymbol{\rho}$ 的估计。首先由

$$J=\left|\frac{\partial\boldsymbol{\varepsilon}}{\partial\boldsymbol{Y}}\right|=|(\boldsymbol{I}_n-\boldsymbol{S})-\boldsymbol{\rho}(\boldsymbol{I}_n-\boldsymbol{S})\boldsymbol{W}|=|(\boldsymbol{I}_n-\boldsymbol{S})(\boldsymbol{I}_n-\boldsymbol{\rho W})|$$

因此模型(4.1.16)的对数似然函数为

$$\begin{aligned}L_p(\boldsymbol{Y}|\boldsymbol{\rho},\boldsymbol{\sigma}^2)=&-\frac{1}{2\sigma^2}[(\boldsymbol{I}_n-\boldsymbol{S})\boldsymbol{Y}-\boldsymbol{\rho}(\boldsymbol{I}_n-\boldsymbol{S})\boldsymbol{WY}]'[(\boldsymbol{I}_n-\boldsymbol{S})\boldsymbol{Y}-\boldsymbol{\rho}(I_n-\boldsymbol{S})\boldsymbol{WY}]-\\&\frac{n}{2}\ln(2\pi\sigma^2)+\ln|(\boldsymbol{I}_n-\boldsymbol{S})(\boldsymbol{I}_n-\boldsymbol{\rho W})|\\=&-\frac{1}{2\sigma^2}(\boldsymbol{e}-\boldsymbol{\rho e}_L)'(\boldsymbol{e}-\boldsymbol{\rho e}_L)-\frac{n}{2}\ln(2\pi\sigma^2)+\ln|\boldsymbol{I}_n-\boldsymbol{\rho W}|+\ln|\boldsymbol{I}_n-\boldsymbol{S}|\end{aligned}$$

由于 $\ln|\boldsymbol{I}_n-\boldsymbol{S}|$ 是一与待估参数 $\boldsymbol{\sigma}^2$，$\boldsymbol{\rho}$ 无关的常数，所以上面的似然函数 $L_p(\boldsymbol{Y}|\boldsymbol{\rho},\boldsymbol{\sigma}^2)$ 与通过局部似然得到的 $L(\boldsymbol{Y}|\boldsymbol{\rho},\boldsymbol{\sigma}^2)$ 只差一个常数，所以两步估计方法与前面的局部估计方法所得结果是相同的。

4.1.3 实例

例 4.1.1　本例选自吴玉鸣(2006)的研究论文。在探讨空间计量模型在省域研发与

创新中的应用时，选取十万人专利授权数(I)代表创新产出，为被解释变量，以科研机构(S)、大学(U)、企业(E)R&D 投入占 GDP 的比例，万人大中型工业企业科学家工程师全时当量(Exp)与大学 R&D 占 GDP 比重的乘积($U \times Exp$)、每十万人拥有大专以上受教育程度人口(H)为解释变量。

通过对 2000—2003 年的创新产出变量 I 为被解释变量的多次建模分析比较，结果发现滞后 2 阶的地理加权回归模型(GWR)是合适的模型。GWR 估计结果如表 4.1.1 所示。

表 4.1.1　GWR 估计结果

省域	C	t	S	t	U	t	E	t	H	t	$U \times Exp$	t
北京	−10.1885	−5.6288	−0.3716	−2.9907	0.1724	1.2424	0.6879	2.7977	1.2224	5.0391	−0.0241	−0.9382
天津	−10.2649	−5.6037	−0.3718	−2.9714	0.161	1.1545	0.6986	2.8272	1.2304	5.0116	−0.0249	−0.9611
河北	−10.2398	−5.6035	−0.3718	−2.9751	0.166	1.1918	0.6872	2.7722	1.2311	5.0148	−0.0241	−0.9269
山西	−10.0523	−5.5114	−0.3664	−2.9542	0.1989	1.4414	0.578	2.2283	1.2463	4.9516	−0.0163	−0.5947
内蒙古	−10.1007	−5.7583	−0.3708	−3.054	0.1782	1.3075	0.7393	3.1777	1.1852	5.1466	−0.028	−1.1379
辽宁	−10.3527	−5.635	−0.3727	−2.9865	0.1406	1.01	0.7646	3.1749	1.217	5.0122	−0.0296	−1.1509
吉林	−10.3595	−5.654	−0.371	−2.995	0.1316	0.9508	0.8048	3.4123	1.201	5.0093	−0.0326	−1.2752
黑龙江	−10.2667	−5.7174	−0.3681	−3.027	0.1391	1.0193	0.8272	3.6207	1.1755	5.056	−0.0344	−1.3768
上海	−10.8976	−5.5392	−0.3843	−2.9277	0.0982	0.6884	0.7324	2.8694	1.3166	4.9466	−0.0273	−0.959
江苏	−10.6308	−5.5516	−0.3797	−2.9493	0.1248	0.8823	0.7143	2.8154	1.2824	4.9564	−0.026	−0.937
浙江	−11.02	−5.4997	−0.3808	−2.864	0.0875	0.6096	0.7152	2.7754	1.3418	4.9255	−0.0263	−0.9272
安徽	−10.7734	−5.4781	−0.3766	−2.8789	0.1155	0.8109	0.6774	2.6085	1.3188	4.909	−0.0236	−0.8325
福建	−11.1779	−5.3973	−0.366	−2.6969	0.0697	0.4809	0.6845	2.6305	1.3755	4.8579	−0.0247	−0.897
江西	−11.0221	−5.3269	−0.3572	−2.6463	0.0824	0.5685	0.6538	2.4938	1.3635	4.8037	−0.0226	−0.8311
山东	−10.5014	−5.5708	−0.3775	−2.9637	0.1373	0.9754	0.7118	2.8293	1.263	4.9727	−0.0258	−0.9482
河南	−10.4487	−5.389	−0.3654	−2.8451	0.1517	1.0761	0.6008	2.2675	1.2989	4.8418	−0.0182	−0.6402
湖北	−10.5484	−5.1873	−0.3443	−2.6202	0.1284	0.896	0.5721	2.1356	1.3238	4.6896	−0.0166	−0.6075
湖南	−10.6883	−5.0185	−0.3195	−2.3606	0.0952	0.6512	0.576	2.1668	1.3406	4.564	−0.0173	−0.6799
广东	−11.0631	−5.0982	−0.3212	−2.3224	0.0583	0.396	0.6288	2.4008	1.3746	4.6243	−0.0214	−0.8507
广西	−10.4523	−4.7003	−0.2768	−2.0018	0.0842	0.5639	0.5458	2.0586	1.3137	4.3124	−0.0153	−0.6508
海南	−10.9009	−4.8168	−0.2793	−1.9874	0.047	0.3148	0.6009	2.2976	1.3561	4.3906	−0.0197	−0.8356
重庆	−9.9214	−4.6513	−0.2864	−2.159	0.1457	0.996	0.4637	1.7124	1.27	4.2816	−0.0089	−0.367
四川	−9.0445	−4.1493	−0.2399	−1.7914	0.1819	1.2144	0.3722	1.3754	1.1758	3.9204	−0.0018	−0.0802
贵州	−9.9967	−4.535	−0.267	−1.9608	0.1193	0.8	0.4846	1.8078	1.2712	4.1919	−0.0105	−0.453
云南	−9.3789	−4.1386	−0.2253	−1.633	0.1351	0.8868	0.43	1.6039	1.2002	3.8885	−0.0063	−0.2842
西藏	−7.7441	−3.7401	−0.198	−1.4368	0.2491	1.5896	0.2825	1.0814	1.0205	3.8437	−0.0056	−0.2658
陕西	−9.7604	−5.1225	−0.3331	−2.6635	0.2067	1.4817	0.4658	1.718	1.2471	4.6441	−0.0086	−0.3245
甘肃	−8.3725	−4.3472	−0.2691	−2.1397	0.2906	2.0235	0.2706	1.0113	1.1158	4.1673	−0.006	−0.2755
青海	−7.8872	−3.8993	−0.2232	−1.6734	0.2745	1.805	0.2586	0.9892	1.0502	3.9493	−0.0072	−0.344
宁夏	−8.9328	−4.7316	−0.2973	−2.4066	0.2648	1.8895	0.3347	1.234	1.1738	4.3875	−0.0011	−0.0458
新疆	−7.6002	−4.0112	−0.2198	−1.6206	0.3172	2.0503	0.2059	0.8306	1.0242	4.4493	−0.0111	−0.5504

表 4.1.1 显示，整体来看，在影响中国 31 个省域创新产出的因素中，S 和 U 未能通过 5%水平的变量显著性检验，表明科研机构和大学研发对区域创新产出的贡献不明显；企业研发除了广西、重庆、四川、贵州、云南、西藏以及陕西、甘肃、青海、宁夏、新疆等西南和西北省域外，均通过了 5%水平的显著性检验，也就是说，上海、浙江、江苏、天津、北京、河北、福建、广东、海南等沿海领域，黑龙江、吉林、辽宁、内蒙古等老工业基地，安徽、江西、河南、山西、湖南、湖北等中部地区的研发投入对创新具有明显的贡献，而人力资本在所有因素中具有最好的表现，全部 31 个省域均通过了 1%水平的显著性检验。此外，大学与企业的结合在 5%显著水平下不显著，没有有效地促进区域创新产出。

模型估计结果分析：企业研发支出反映了企业对创新活动的重视程度和研发资金投入的强度。其与专利之间的显著正相关关系表明，企业的研发支出对技术创新和产品开发活动具有显著的贡献，企业研发经费（对数）支出每增长 1%，将使得除了西南和西北地区的省域以外的十万人专利授权量（对数）增长约 0.55%～0.83%。相对于科研机构和大学的研发支出对专利的影响不明显，说明企业作为我国各个地区的创新主体，承担着专利创新和技术转化平台的主要角色，在区域创新活动中居于主导地位。人力资本与创新的回归系数在 1.02～1.38 之间，对区域创新产出具有最高的贡献，人力资本（对数）支出每增长 1%，将使得所有省域（对数）增长约 1.02%～1.38%，表明创新活动离不开掌握并积累了一定技能的劳动力以及受到良好教育的人力资本的支撑。

模型结果表明，即使控制了其他一些变量以及区域异质性差异对区域创新产出的影响，在区域创新产出活动空间集群倾向和相互作用中，企业研发和人力资本是省域创新产出最重要的投入，而科研机构、大学研发没有发挥应有的作用，大学和企业的结合也没有发挥应有的作用。但值得注意的是，人力资本变量由于累积的知识和技能进而通过发挥知识溢出机制影响区域创新行为。

4.2 空间杜宾模型

当解释变量的空间滞后项影响被解释变量时，就应该考虑建立空间杜宾模型。

4.2.1 模型

空间杜宾模型（SDM）是一个通过加入空间滞后变量而增强了的 SAR 模型，即

$$\boldsymbol{y}=\rho\boldsymbol{W}\boldsymbol{y}+\boldsymbol{X}\boldsymbol{\beta}+\boldsymbol{W}\overline{\boldsymbol{X}}\boldsymbol{\gamma}+\boldsymbol{\varepsilon} \tag{4.2.1}$$

式中，$n\times(Q-1)$矩阵 $\overline{\boldsymbol{X}}$ 是一个可变的解释变量矩阵，模型可简化为

$$\boldsymbol{y}=(\boldsymbol{I}-\rho\boldsymbol{W})^{-1}(\boldsymbol{X}\boldsymbol{\beta}+\boldsymbol{W}\overline{\boldsymbol{X}}\boldsymbol{\gamma}+\boldsymbol{\varepsilon}) \tag{4.2.2}$$

其中

$$\boldsymbol{\varepsilon}\sim N(0,\sigma^2\boldsymbol{I}) \tag{4.2.3}$$

式中，$\boldsymbol{\gamma}$ 是一个$(Q-1)\times 1$ 的参数向量，用以度量相邻区域的解释变量对因变量 $\boldsymbol{y}$ 的边际影响。与 $\overline{\boldsymbol{X}}$ 和 $\boldsymbol{W}$ 相乘，得到反映相邻区域平均观测值的空间滞后解释变量。如果

$\boldsymbol{W}$ 是稀疏的(有很多的 0 值),诸如 $\boldsymbol{W}\overline{\boldsymbol{X}}$ 之类的运算是无需耗费太多时间的。

通过定义 $\boldsymbol{Z}=[\boldsymbol{X},\overline{\boldsymbol{WX}}]$ 和 $\boldsymbol{\delta}=[\boldsymbol{\beta}',\boldsymbol{\gamma}']'$,该模型可以写为 *SAR* 模型,即

$$\boldsymbol{y}=\boldsymbol{\rho W y}+\boldsymbol{Z\delta}+\boldsymbol{\varepsilon} \tag{4.2.4}$$

或者

$$\boldsymbol{y}=(\boldsymbol{I}-\boldsymbol{\rho W})^{-1}\boldsymbol{Z\delta}+(\boldsymbol{I}-\boldsymbol{\rho W})^{-1}\boldsymbol{\varepsilon} \tag{4.2.5}$$

使用 SDM 模型的原因在于,当对区域样本数据进行空间回归建模的时候,同时存在下述两种情形:一是普通最小二乘回归模型的扰动项中有空间相关性,二是当处理区域样本数据的时候,会有一些与模型中的解释变量的协方差不为零的解释变量被忽略掉(LeSage and Fischer,2008)。

此外,空间杜宾模型之所以在空间回归分析领域占据重要的位置,是因为它囊括了众多应用广泛的模型。

(1)当 $\boldsymbol{\gamma}=0$ 的时候,它就包含了因变量的空间滞后因素,而排除了空间滞后解释变量的因素,从而变成了空间自回归模型,即

$$\boldsymbol{y}=\boldsymbol{\rho W y}+\boldsymbol{X\beta}+\boldsymbol{\varepsilon}$$

(2)当 $\boldsymbol{\rho}=0$ 时,即假设因变量之间的观测值不相关,但因变量与相邻区域的特性(以空间滞后解释变量的形式)有关,则该模型变为解释变量的空间滞后模型。

(3)最后,当 $\boldsymbol{\rho}=0$ 和 $\boldsymbol{\gamma}=0$ 的时候,该模型变为如下形式的标准最小二乘回归模型:

$$\boldsymbol{y}=\boldsymbol{X\beta}+\boldsymbol{\varepsilon}。$$

最后我们要注意的是,空间杜宾模型(4.2.1)的一般形式可写为

$$\boldsymbol{y}=\boldsymbol{\rho W}_1\boldsymbol{y}+\boldsymbol{X\beta}+\boldsymbol{W}_1\overline{\boldsymbol{X}}\boldsymbol{\gamma}+\boldsymbol{\varepsilon} \tag{4.2.6}$$

$$\boldsymbol{\varepsilon}=\boldsymbol{\lambda W}_2\boldsymbol{\varepsilon}+\boldsymbol{u} \tag{4.2.7}$$

$$\boldsymbol{u}\sim N(0,\boldsymbol{\sigma}_u{}^2\boldsymbol{I}) \tag{4.2.8}$$

式中,$n\times n$ 空间权重矩阵 $\boldsymbol{W}_1$ 和 $\boldsymbol{W}_2$ 可以一样。对于这个模型的一般形式的详细说明可以参考 LeSage 和 Pace(2009)。

4.2.2 实例

例 4.2.1 本例取自张浩然和衣保中(2012)的研究论文。在对基础设施及其空间外溢效应与全要素生产率的关系进行验证时,以城市全要素生产率(tfp)为被解释变量,选取各城市每平方公里等级以上公路通行里程(roaddens)、移动电话与总人口之比(mobile)、城市教育条件(edu)、城市医疗条件(hospital)、经济密度(dens)、外商直接投资(fdi)、第二产业增加值(ind)、第三产业增加值(ser)作为解释变量。选取 2003—2009 年中国城市面板数据,主要来源于历年的《中国区域经济年鉴》、《中国城市统计年鉴》和《中国统计年鉴》。

空间相关性检验结果表明,我国 266 个地级城市全要素生产率的 Moran's I 值始终在 0.1 以上波动,显著偏离随机分布。反映出临近城市的经济绩效存在明显的空间依赖性。进一步通过似然比检验和 Wald 检验判断空间杜宾模型(SDM)是否可以简化为空间滞后模型(SLM)和空间误差模型(SEM)。检验结果显示 Wald_spatial_lag 值和 LR_spatial_lag 值分别为 68.92 和 68.60，在 1%的水平上拒绝了 γ 为 0 的原假设。同时，W_spatial_error 值和 LR_spatial_error 值依次为 67.82 和 68.49，也拒绝了 $\gamma+\rho\beta$ 为 0 的原假设。这说明对于城市全要素生产率而言，空间杜宾模型更为适宜。经 Hausman 检验，选择固定效应模型。

由于空间相关性的存在，模型不再满足基本的假设条件，如果仍然运用 OLS 进行参数估计会得出有偏或无效的结果。依据 Lee 和 Yu(2010)以及 Elhorst(2010)的建议，采用极大似然法(QOLE)进行参数估计，运用 Matlab 和 Arcgis 软件实现。估计结果见表 4.2.1。

表 4.2.1　模型估计结果

	SDM 模型		SLM 模型		SEM 模型	
	估计值	t 值	估计值	t 值	估计值	t 值
lndens	0.2885***	3.14	0.1874**	2.14	0.2377***	2.63
hospital	0.0022***	3.83	0.0022***	3.72	0.0021***	3.65
edu	0.9431***	4.00	0.9795***	4.13	0.9970***	4.10
ind	0.0119***	13.15	0.0109***	12.92	0.0115***	13.17
ser	0.0068***	6.67	0.0062***	6.39	0.0066***	6.57
fdi	0.0002	0.34	0.0021***	4.02	0.0016***	2.90
lnroaddens	0.0138**	1.99	0.0165**	2.53	0.0157**	2.31
mobile	0.0231***	4.09	0.0229***	4.02	0.0222***	3.88
Wlndens	−0.9655	−1.31				
Whospital	0.0094*	1.90				
Wedu	−3.3893	−1.36				
Wind	−0.0083	−1.04				
Wser	0.0058	0.58				
Wfdi	0.0229***	6.49				
Wlnroaddens	0.053	1.05				
Wmobile	0.1697***	2.77				
ρ 或 λ	0.7250***	10.88	0.7960***	15.61	0.8180***	17.67
时间虚拟	包括		包括		包括	
Adjust—R^2	0.9708		0.9699		0.9685	
Log—L	2416.3731		2382.0738		2382.1263	
观察值	1862		1862		1862	

根据表 4.2.1 的估计结果，空间滞后回归系数 ρ 和空间误差回归系数 λ 都在 1%的水平上显著为正，这说明在以往研究中经常被忽视的区域间外部性对城市全要素生产率有

重要的影响。可见对我国城市全要素生产率进行研究时，不能忽视区位因素的存在和空间效应的影响。

综合SDM、SLM和SEM模型的估计结果和相应的检验，我们认为SDM模型所得到的结论是稳健的。回归结果表明等级以上公路密度的影响显著为正，说明良好的交通基础设施能够降低物流成本，提高分工的精细程度，带来市场规模效应。然而，道路密度的空间滞后项的回归系数尽管为正，但并不显著，表明交通基础设施在城市之间的地理溢出效应并不明显。其原因可能在于，一方面，交通基础设施投资的增加会通过网络经济改善临近区域的交通可达性，促进区域间的贸易和要素流动，提高临近区域的经济效率。另一方面，交通基础设施的改善提高了本地区资本和劳动力的边际产出，吸引其他区域优质生产要素流入，使经济资源在城市间进行了重新分配，从而对周边地区产生负向的溢出效应。同时，部分地区超前、过度的交通基础设施建设使道路投资的边际效率不断下降。城市间的公路收费问题也在一定程度上抑制了对临区道路的使用，降低了空间滞后项的统计显著性。

人均移动电话的回归系数在1%的水平上显著为正，这一结果与刘生龙(2010)等学者的研究结果是一致的。充分说明通信设施的快速发展降低了市场中的信息不对称问题，使经济主体更加有效地利用新技术和方法组织生产。信息基础设施的空间滞后项的影响也在1%的水平上显著为正，这意味着信息基础设施存在显著的空间网络外部性。相对于交通基础设施，信息基础设施对临区生产率的抑制作用并不明显，扩散效应远大于回流效应。

人力资本对本地全要素生产率具有显著的促进作用，表明教育质量的提升促进了知识的生产以及专业化人力资本的积累，使生产函数呈现报酬递增的特性。同时，人力资本对临近城市的影响为负，但并不显著，与张先锋等(2010)基于省区数据的研究结果基本一致。这表明人力资本的外溢效应主要局限在地级市范围以内。Rosenthal和Strange(2008)的研究表明人力资本的外溢效应在5英里范围内最为显著，此后迅速衰减，具有显著的空间局限性。而在本例的样本中，仅有湖北省的黄冈市和鄂州市距离不超过5英里。医疗条件及其空间滞后项的回归结果均显著为正，表明劳动者医疗水平的改善不仅能够延长有效劳动时间，提高工作效率，而且能够降低人力资本的折旧率，激励经济主体进行人力资本投资。

经济密度对城市全要素生产率具有显著的促进作用，说明人口集聚所产生的人力资本外部性、知识和技术的外溢以及本地市场效应能够显著地提高当地的全要素生产率。同时，人口密度对临近城市的影响为负，但并不显著，表明人口密度的生产效率效应仅仅局限在地级市范围以内。这一结论也在一定程度上为中心地理论和新经济地理学所阐述的集聚阴影效应(agglomeration shadows)提供了来自中国的证据。

产业结构的影响在1%的水平上显著为正，但第二产业的估计值明显高于第三产业。其原因可能在于我国仍然处于工业化中期，第二产业的快速发展有利于发挥我国的比较优势。当前制造业主要在东部沿海地区集聚，而中西部城市由于工业发展滞后，存在服务业比重虚高的现象。许多传统服务部门产品高度个性化，无法普遍应用机器设备，难以满足规模经济的基本要求。同时，产业结构的优化程度对临近地区经济绩效的影响并不显著。外商直接投资对本地区全要素生产率的影响为正，但并不显著。这表明 FDI 对本地区经济绩效的提升作用并不明显高于国内资本投入。同时，外商直接投资的空间滞后项显著为正，反映出通过 FDI 所引致的知识溢出和前后向关联效应显著提高了周边地区生产要素的边际产出，对临近城市全要素生产率产生了积极的影响。

例 4.2.2　该例取自王福军(2015)的研究论文。变量选取和数据说明如下：

被解释变量是技术创新(Patent)：已有的实证研究中通常将专利申请受理数量或者专利授权数量作为对技术创新水平的度量，但是考虑到专利申请受理量数据可能存在不准确性，申请质量很难得到保证，专利申请得到最终的授权需要经过一定严格的审批程序，因此相对于专利申请受理量，选取各省份的专利申请授权数量来表示其技术创新水平。

解释变量是产业集聚(LQ)：本例沿用 Henderson 等(1995)和 Greunz(2004)的做法，采用区位商对各省市的产业集聚水平进行衡量，具体计算方法参考柴志贤(2008)的相关研究。考虑到制造业为我国国民经济的支柱型产业、经济增长的主导部门以及城镇就业的主要渠道，故选取制造业的就业人数，计算得到各省份的区位商来对其产业集聚水平进行衡量。

借鉴已有文献的研究结果，选取以下变量为控制变量：

R&D：已有的实证研究中通常将 R&D 人员全时当量或者 R&D 经费内部支出来对 R&D 投入强度进行度量，但是考虑到本例选取的另一个变量是人力资本，为避免在计量建模时因选取 R&D 人员全时当量而导致多重共线性的产生，故本例选取各省份的 R&D 经费内部支出来衡量其 R&D 投入强度。

人力资本(HC)：孙浦阳(2013)在对产业集聚与劳动生产率之间的关系进行研究时，发现人力资本是影响产业集聚技术溢出效应的重要因素。借鉴了李谐、齐绍洲(2011)关于我国人力资本存量的计算方法。

FDI 和对外贸易(Trade)：一个国家或地区的对外开放度对技术发展有着重要影响，李小平(2004)和王滨(2010)的研究表明 FDI 和对外贸易均对技术创新有着显著的影响，故本例选取 FDI 和对外贸易对对外开放度进行衡量，为了消除因通货膨胀或紧缩带来的价格的不稳定性，分别选取外资依存度(外商投资企业投资总额与该省份 GDP 的比值)和外贸依存度(进出口贸易总额与该省份 GDP 的比值)对其进行衡量

经济发展水平(PGDP)：考虑到各个地区的不同经济发展水平与技术创新的经济环境有着一定的关系，进而可能会影响其技术创新水平(张海峰，2010)，我们在模型中用各地区的实际人均国民生产总值表示其经济发展水平，为消除价格因素的影响，并利用 GDP 指数对其进行平减(以 1997 年为基期)。

城镇化水平(Urban)：城市拥有着丰富的人力资本、更高的经济发展水平、更加丰富的社会网络资源等，这些因素都会对技术创新产生重要的影响，这也在柴志贤(2008)的研究中得到了证实，选取各个省份的非农业人口与总人口的比重来对其城镇化水平进行衡量。

选取的样本为 1997—2013 年间的我国 31 个省市的面板数据，主要来源于 Wind 数据库、《中国统计年鉴》、《中国科技统计年鉴》和国家统计局网站，同时借鉴相关的研究[邬

滋(2008),范剑勇(2014)等],对所有的指标数据进行取对数处理。主要借助于 Matlab 2012b 软件以及 Elhorst 提供的空间面板计量模型程序包完成模型计算①。

(1)空间相关性检验

在进行空间计量分析之前,首先要确定本例的被解释变量技术创新(即专利申请授权量)是否存在空间相关性,如果存在,则需要建立相应的空间计量经济学模型对本例所研究内容进行分析。一般而言,可以运用两种方法对其进行判断,一种是经验性分析,另一种是运用全局空间自相关性指标即 Moran's I 指数进行判断(刘满凤,唐厚兴,2010)。

(2)经验性判断

在我国,由于各个省份都有着独特的地理位置、传统文化、历史以及其他社会因素,因而各个省份也必然有着独特的经济和科技发展模式,即彼此之间存在着空间异质性。然而,随着我国区域经济协调发展,各个经济区(例如长三角、珠三角、海西等)的相继建立,不同省份之间在技术、人力、信息等方面的相互影响程度也将会越来越深入。因此,从经验上各个省份的技术创新将会存在着空间相关性。

(3)Moran's I 指数

根据我国各省市 1997—2013 年的技术创新水平,通过构建基于经纬度计算出的空间权重矩阵,采用 Moran's I 指数对其空间相关性进行了检验,结果如表 4.2.2 所示。

表 4.2.2　1997—2012 年我国技术创新水平的 Moran's I 值

年份	Moran's I	年份	Moran's I
1997	0.0736	2006	0.2003***
1998	0.3287***	2007	0.1907***
1999	0.1052**	2008	0.2218***
2000	0.1002**	2009	0.2159***
2001	0.1457***	2010	0.2342***
2002	0.1613***	2011	0.2545***
2003	0.1687***	2012	0.2574***
2004	0.1798***	2013	0.2615***
2005	0.1872***		

由表 4.2.2 可见,Moran's I 值均大于零,而且除了 1997 年之外的其余年份均通过了 5%显著性水平检验,说明我国各省份的技术创新之间存在显著的正向的空间相关性,这不仅验证了我们在经验性判断分析时所得出结论的正确性,也说明在以往研究中常常被忽略的区域间外部性是决定技术创新的一个重要因素,这也意味着在对我国技术创新进行研究时,不能忽略地理因素和空间效应的影响,即要在计量模型中纳入被解释变量的空间影响因子。

① 程序包来源:http://www.regroningen.nl/elhorst/software.shtml

(4)空间面板模型的选择与设定

为了能够正确地估计产业集聚与技术创新之间的相互关系,必须在不同的空间面板计量模型中选择一种最为合适的进行参数估计。首先对不包含空间交互作用的面板计量模型进行了估计,并计算出了 LM 统计量检验结果以及在空间和时间双固定效应模型下,空间固定效应和时间固定效应的联合显著性检验结果,结果如表 4.2.3 所示。

表 4.2.3　非空间面板模型的系数估计和 LM 检验

变量名称	混合估计模型	空间固定效应模型	时间固定效应模型	空间和时间固定效应模型
C	−7.243477 (0.000000)	——	——	——
lnLQ	0.450985 (0.000000)	0.422044 (0.000000)	0.430785 (0.000000)	6.157520 (0.000000)
lnR&D	0.677479 (0.000000)	0.684730 (0.000000)	0.525230 (0.000000)	18.115570 (0.000000)
lnHC	1.529802 (0.000000)	1.530704 (0.000000)	1.811900 (0.000000)	6.299473 (0.000000)
lnFDI	−0.088790 (0.043462)	−0.086687 (0.048990)	−0.202597 (0.000000)	−4.554855 (0.000007)
lnTrade	0.292806 (0.000000)	0.295315 (0.000000)	0.336531 (0.000004)	6.915348 (0.000000)
lnPGDP	0.273467 (0.000316)	0.259494 (0.000649)	0.363804 (0.000000)	5.583529 (0.000000)
lnUrban	−1.095241 (0.000000)	−1.105333 (0.000000)	−0.609520 (0.000010)	−4.566000 (0.000006)
R^2	0.9014	0.9015	0.8927	0.8915
LogL	−393.64131	−388.6101	−264.3237	−258.3548
LM spatial lag	157.4174 (0.000)	166.9775 (0.000)	52.9920 (0.000)	55.7592 (0.000)
LM spatial error	316.0604 (0.000)	32.6278 (0.000)	14.2722 (0.000)	15.4731 (0.000)
Robust LM spatial lag	29.0437 (0.000)	321.5932 (0.000)	90.0836 (0.000)	91.8728 (0.000)
Robust LM spatial error	187.6867 (0.000)	187.2436 (0.000)	51.3638 (0.000)	51.5867 (0.000)
空间固定效应 LR 检验	119.3708(0.0000)			
时间固定效应 LR 检验	260.5106(0.0000)			

我们根据表 4.2.3 中的固定效应联合显著性检验结果可以得到，空间和时间固定效应的 LR 检验在 1%显著性水平上均拒绝了原假设，即说明模型中应该同时包含空间和时间双固定效应，因此，LM 统计量检验结果也应该在空间和时间双固定效应模型的基础上计算得到。表 4.2.3 中的 LM 统计量检验均在 1%的显著性水平上拒绝了原假设，即 SAR 和 SEM 模型应该同时成立，那么，我们需要进一步估计空间面板杜宾模型(SDM)。

构建了如下所示的 SDM 模型：

$$\begin{aligned} \ln(Patent_{it}) &= \alpha + u_i + \lambda_t + \delta \sum_{j=1}^{31} W_{ij} \ln(Patent_{it}) + \beta \ln(LQ_{it}) + \\ &\gamma \ln(Z_{it}) + \theta \sum_{j=1}^{31} W_{ij} \ln(LQ_{it}) + \eta \sum_{j=1}^{31} W_{ij} \ln(Z_{it}) \end{aligned} \tag{4.2.9}$$

式中，Z 为控制变量，例如 R&D、人力资本等，δ、θ 和 η 分别为被解释变量、解释变量和控制变量空间滞后项的系数，W_{ij} 为空间权重矩阵。运用 Baltagi(2005)提出的中心化方法对所构建上述模型进行直接估计，估计结果见表 4.2.4 中的第 2 列，Lee 和 Yu (2010)认为运用这种直接估计方法将会使得其参数估计值产生偏误，针对 SDM 模型，我们对其进行了误差纠正(丁志国，2012)，具体的估计结果见表 4.2.4 中的第 3 列。

表 4.2.4　时间和空间效应并存的 SDM 模型估计结果

变量名称	空间和时间固定效应模型	空间和时间固定效应模型(误差修正)	空间和时间随机效应模型
$W\times\ln(Patent)$	0.433957 (0.000000)	0.487757 (0.000000)	0.407947 (0.000000)
$\ln(LQ)$	0.314132 (0.000019)	0.313302 (0.000044)	0.345021 (0.000001)
$\ln(R\&D)$	0.457005 (0.000000)	0.456211 (0.000000)	0.447990 (0.000000)
$\ln(HC)$	2.434135 (0.000000)	2.441301 (0.000000)	2.494386 (0.000000)
$\ln(FDI)$	−0.103218 (0.024022)	−0.101945 (0.032575)	−0.103320 (0.022551)
$\ln(Trade)$	0.151086 (0.005013)	0.149064 (0.007931)	0.155602 (0.003879)
$\ln(PGDP)$	0.433618 (0.000000)	0.434616 (0.000000)	0.445112 (0.000000)
$\ln(Urban)$	−0.549211 (0.001583)	−0.547559 (0.002529)	−0.542511 (0.001478)
$W\times\ln(LQ)$	−0.046686 (0.676633)	−0.068028 (0.559106)	−0.029148 (0.790986)
$W\times\ln(R\&D)$	−0.549211 (0.093789)	−0.124068 (0.030386)	−0.073990 (0.086489)

续表

变量名称	空间和时间 固定效应模型	空间和时间固定 效应模型(误差修正)	空间和时间 随机效应模型
$W\times\ln(HC)$	−2.072553 (0.000017)	−2.154166 (0.000018)	−2.175646 (0.000005)
$W\times\ln(FDI)$	−0.090985 (0.220437)	−0.079239 (0.305432)	−0.113556 (0.126978)
$W\times\ln(Trade)$	0.125013 (0.128018)	0.105186 (0.217735)	0.125505 (0.124833)
$W\times\ln(PGDP)$	−0.252288 (0.022999)	−0.271782 (0.018598)	−0.250707 (0.025553)
$W\times\ln(Urban)$	0.256907 (0.301504)	0.287501 (0.267056)	0.291048 (0.234443)
R^2	0.9563	0.9568	0.9168
LogL	−205.94392	−205.94392	−2176.0457
Wald test spatial lag	69.6096 (0.000000)	85.5112 (0.000000)	64.4307 (0.000000)
Wald test spatial error	31.7609 (0.000045)	27.2021 (0.000306)	33.6717 (0.000020)

为了最终确定合适的空间面板模型形式，我们还要分别计算出空间滞后和空间误差 Wald 检验统计量，分别用于判断 SDM 模型是否可以简化为 SAR 模型和 SEM 模型。我们由表 4.2.4 第 3 列中的两个 Wald 统计量检验结果可知，两者均通过了 1%的显著性水平检验，因此选取比 SAR 和 SEM 模型更广义形式的 SDM 模型进行实证分析是合适的。最后，通过 Hausman 检验可知，其统计值为 12.0533，其对应的 p 值为 0.6750，即不能拒绝存在随机效应的原假设，因此采用随机效应的 SDM 模型对本例进行分析更加有效。这可能是因为，随机效应相对固定效应而言，在空间单位个体相对较多的情况下，可以有效地避免自由度的降低，具体的估计结果见表 4.2.4 中的第 4 列。我们由估计结果可以看出，空间滞后被解释变量 $W\times\ln(Patent)$ 的系数为 0.408，且通过了 1%显著性水平检验，这再一次表明我国技术创新存在显著的空间溢出效应，某个省份的科技发展水平的提高将会对相邻省份的科技发展产生积极的影响，另外，根据其余空间滞后变量(包括解释变量和控制变量)的系数估计值以及显著性水平检验结果，可以发现如果在模型估计中忽略了这些变量的空间滞后项，将会因遗漏变量而造成估计结果偏误，这也意味着在建立计量模型对我国技术创新进行研究时，同时也要纳入这些变量的空间影响因子。

(5)直接效应与间接效应分析

LeSage 和 Pace(2009)指出利用空间回归模型的点估计方法来检验空间变量是否存在溢出效应而得到的结论是有偏误的，即解释变量的系数估计值并不代表真实的偏回归系数，他们提出需要将解释变量对被解释变量的影响按来源不同，利用求偏微分的方法将其系数估计值分解为直接效应和间接效应。我们根据表 4.2.4 中 SDM 的参数估计结果,并结合上述方法,分别得到了解释变量和控制变量发生变动时对技术创新产生的直接效应以及间接效应,估计结果如表 4.2.5 所示。

表 4.2.5　各变量对技术创新的直接效应和间接效应检验

变量名称	空间和时间固定效应模型			空间和时间固定效应模型(误差修正)			空间和时间随机效应模型		
	直接效应	间接效应	总效应	直接效应	间接效应	总效应	直接效应	间接效应	总效应
ln(*LQ*)	0.3219 (0.000)	0.1526 (0.339)	0.4745 (0.004)	0.3222 (0.000)	0.1665 (0.354)	0.4887 (0.011)	0.3581 (0.000)	0.1739 (0.270)	0.5320 (0.001)
ln(*R&D*)	0.4673 (0.000)	0.1726 (0.026)	0.6399 (0.000)	0.4687 (0.000)	0.1826 (0.033)	0.6513 (0.000)	0.4593 (0.000)	0.1748 (0.014)	0.6341 (0.000)
ln(*HC*)	2.3297 (0.000)	−1.6520 (0.024)	0.6777 (0.335)	2.3171 (0.000)	−1.7751 (0.029)	0.5420 (0.499)	2.3800 (0.000)	−1.8751 (0.009)	0.5049 (0.456)
ln(*FDI*)	0.1197 (0.009)	0.2254 (0.046)	0.3451 (0.004)	0.1193 (0.016)	0.2359 (0.059)	0.3552 (0.008)	0.1162 (0.011)	0.2504 (0.027)	0.3666 (0.002)
ln(*Trade*)	0.1756 (0.002)	0.3131 (0.011)	0.4887 (0.000)	0.1730 (0.003)	0.3189 (0.024)	0.4919 (0.001)	0.1720 (0.003)	0.2976 (0.010)	0.4696 (0.000)
ln(*PGDP*)	0.4279 (0.000)	−0.1121 (0.480)	0.3158 (0.038)	0.4261 (0.000)	−0.1134 (0.509)	0.3127 (0.064)	0.4377 (0.000)	−0.1129 (0.413)	0.3248 (0.017)
ln(*Urban*)	0.5597 (0.002)	−0.0423 (0.903)	0.5174 (0.122)	0.5425 (0.004)	−0.0446 (0.908)	0.4979 (0.181)	0.5405 (0.002)	−0.1330 (0.676)	0.4075 (0.077)

从表 4.2.5 中可以得知,产业集聚对技术创新的直接效应为 0.3581,且通过了 1%显著性水平的检验,这说明产业集聚对技术创新具有积极影响。洪群联(2013)提出产业集聚主要是通过以下四个方面促进了区域创新:显著的知识溢出效应、集聚区内企业与企业之间的竞争合作关系、集聚区内所独有的文化因素以及良好的创新环境。这与胡翠、谢世清(2014)以及范剑勇等(2014)得到的结论是一致的;然而,其间接效应并不显著,这可能是因为产业集聚的溢出效应是一个区域和地方现象,随着地理空间范围的扩大其溢出效应不再显著,谢露露(2013)在研究制造业的扩散与产业集聚效应时,发现产业集聚具有显著的本地效应,但并没有表现出明显的外溢效应。

R&D 对技术创新的直接效应为 0.4593,且通过了 1%显著性水平的检验,这说明各个省份的 R&D 投入对本省的技术创新具有显著的促进作用,这与其他学者的研究结论是一致的;值得我们关注的是其间接效应也显著为正,这说明我国各个省份的 R&D 投入具有溢出效应,即各省增加 R&D 投入不仅会促进本省技术创新水平的提高,还会促进其他相邻省份技术创新水平的提高,从而有利于我国整体技术创新水平的提高,这是一个互利共赢的博弈。

人力资本对技术创新的直接效应显著为正，即人力资本存量的增加会促进技术创新水平的提高，与其他学者得到的结论也是一致的；但是，其间接效应同时表现出显著为负，这与柏玲、姜磊（2013）的研究结论相似。这主要是因为我国人力资本存量总量在短时间内是相对固定的，某些省份的人力资本数量增加，必定会降低其他地区所拥有的人力资本数量，从而会降低其技术创新的能力，即间接效应为负。这与我国的实际情况是相符的，我国的人才主要集中于东部沿海经济发达地区，而中西部经济落后地区的人才相对匮乏，这主要是由于我国还没有建立完善的人才流动机制，一方面由于个人原因不愿意去偏远地区，另一方面由于户籍制度的限制，使得我国人才普遍流向于经济发达的东部沿海地区。因此，我国政府部门应该着力于解决上述问题，以充分发挥人力资本对我国技术创新水平的提升作用。

FDI 和对外贸易的直接效应和间接效应均显著为正。我国还是一个发展中国家，通过积极地实施引资战略以及开展与发达国家之间的对外贸易，使得我国获得了更多种类和更高质量的中间产品和资本设备，拓展交流渠道，扩大市场，学习发达国家先进的生产技术和管理方法，从而促进了我国技术创新水平的提高。值得我们注意的是，这两者的间接效应强度均比直接效应强度大，这说明各个省市在加大对外开放力度，对国外先进技术和管理方法进行学习、消化和吸收以提升自身的技术创新水平时，仅靠自身的对外开放是远远不够的，只有将自身置身于一个更加开放的环境中，才能够更好地发挥对外开放对技术创新的促进作用。

经济发展水平和城镇化率对技术创新水平的直接效应显著为正，这与柴志贤（2008）的结论相同。在我国，经济发展水平和城镇化率是相互影响的，一般而言，城镇化率水平高的省份，其经济发展水平也相对较高，拥有着完善的城市软环境与硬环境，众多的科研机构、高等学校以及相关中介机构等，这些都为技术创新提供了良好的基础条件，促进了这些省份的技术创新水平的提高；然而，其间接效应为负而且不显著，一方面，由于“竞争效应”的存在，这些省份对这些资源拥有越多，则其他相邻省份拥有的相对越少，从而对其技术创新产生了抑制作用，另一方面，由城镇化和经济发展所带来的“竞争效应”与上文分析的产业集聚效应一样，也是一个区域和地方现象，随着地理空间距离范围的扩大而不再显著。因此，各经济发展水平较高的省市在提高自身的技术创新水平时，也应该从人力、资金、政策等方面帮助其他相对落后的省市，使得我国各省市的技术创新得到协调发展，从而促进我国技术创新水平整体的提高。

4.3 空间误差修正模型

普通的误差修正模型（ECM）通过引入协整方程估计所得残差作为误差修正项，仅从时间角度反映了系统自身的误差修正机制。区别于普通的误差修正模型，空间误差修正模型（SpECM）进一步考虑了误差修正可能存在的空间外溢性，并用对应的协整方程估计所得残差的空间滞后项表示，从空间角度反映存在的空间误差修正机制。这部分内容详见张志强（2012）。

4.3.1 模型

当我们所分析的目标变量单整阶数并不相同时，采用协整检验的方法，分析变量之间是否存在稳定的长期关系。协整检验方面，Westerlund(2007)构建了误差修正模型状态下面板协整关系检验。具体而言，检验方法划分为两种类型，分别是基于单个个体的协整检验(G_a)和基于面板总体的协整检验(P_a)，面板协整检验的方程如下所示：

$$\Delta \ln A_{it} = c_i + \alpha_{0i}(\ln A_{i,t-1} - b_i \ln indep_{i,t-1}) + \sum_{j=1}^{pi}\alpha_{ij}\Delta \ln A_{i,t-j} + \sum_{j=-qi}^{pi}\gamma_{ij}\Delta \ln indep_{it-j} + \mu_{it} \tag{4.3.1}$$

其中 α_{ij}、γ_{ij} 分别代表被解释变量与解释变量滞后项前的回归系数，μ_{it} 代表随机误差项。$\ln indep_{i,t}$ 代表模型中的控制变量。Westerlund(2007)关于个体检验(G_a)的原假设是 $b_i = 0$，即目标变量之间不存在协整关系，面板的总体协整检验(P_{it})假设是误差修正系数 $b_i = b = 0$，即目标变量之间不存在协整关系。

当存在空间效应的影响时，变量之间的误差修正机制会发生明显的变化。融入空间因素作用下的误差机制如下：

$$\ln A_{it} = \alpha_i + \beta \ln indep_{it} + \theta(\ln A_{it})^* + \delta(\ln indep_{it})^* + \mu_{it} \tag{4.3.2}$$

其中$(\ln A_{it})^*$和$(\ln indep_{it})^*$分别代表相应变量的空间滞后项。如果在空间因素的作用下，被解释变量与其影响因素变量存在协整关系，则有 $\mu_{it} \sim I(0)$，即残差项是平稳序列。以模型(4.3.2)为基础，建立空间因素作用下的误差修正模型(SpECM)如下：

$$\Delta \ln A_{it} = \alpha_{i0} + \alpha_1 \Delta \ln A_{i,t-1} + \alpha_2 \Delta \ln indep_{i,t-1} + \alpha_3(\ln A_{it})^* + \alpha_4(\ln indep_{it})^* + \alpha_5 \hat{\mu}_{it-1} + \alpha_6 \hat{\mu}^*_{it-1} + e_{it} \tag{4.3.3}$$

其中 α_5，α_6 是反映空间效应影响的误差修正项，如果 α_5，α_6 均是小于零的数，则表明专利资本存量与其影响因素之间存在长期的协整关系。

4.3.2 估计方法

空间误差修正模型的估计方面，由于空间滞后项的存在，采用 OLS 回归会产生明显的估计偏差。空间面板的 Dunbin 模型估计，通常需构建极大似然函数，得到空间自回归系数及其标准差。空间滞后变量等内生性变量的存在，使得面板的 GMM 估计也能够提供参数的有效估计量，Kukenova 和 Monterio(2009)通过蒙特卡罗模拟的方法证实，空间 GMM 估计与空间 ML 估计相比，在小样本情况下，得到的参数估计量更为有效。因此对于 SpECM 模型可以使用 GMM 的估计方法。

4.3.3 例子

例 4.3.1 本例来源于张志强(2012)的研究论文。基于内生增长理论，本例构建了金融发展、研发创新与区域技术深化的实证研究框架，以面板协整和空间计量经济学方法，通过空间误差修正模型（SpECM）实证检验了中国金融发展的规模与效率的区域创新效应。基本模型如下：

$$\ln A_{it}=\beta_0+\beta_R\ln R_{it}+\beta_F\ln F_{it}+\beta_P\ln eff_{it}+\varepsilon_{it} \tag{4.3.4}$$

其中 ε_{it} 代表随机误差项，β_0 代表固定效应，$\ln R_{it}$ 代表研发投入的指标，如产业的R&D投入经费、从事R&D的人员，$\ln F_{it}$ 代表金融发展规模指标，$\ln eff_{it}$ 代表金融发展效率指标。

（1）特征变量的构建

知识与创新资本的特征变量 A_{it}。这里我们利用各个省份层面的专利申请数量，以永续盘存法估计创新产出的存量（以1986年为基年），通过 $A_{it}=(1-\delta)A_{it-1}+\dot{A}_{it}$ 得到各个省份的研究创新产出的资本存量 $\ln pstock_{it}$。这里 $\delta=5\%$［张海洋（2005），吴延兵（2008）］，研究年份为1986—2010年。研发投入方面采用《中国科技统计年鉴》中各个省份从事研发的人员的全时当量（hum_{it}）和各个地区研究与开发经费内部支出总额（$expen_{it}$）为研究与开发的投入指标。

将金融发展指标划分为金融发展规模指标与金融发展效率指标，金融发展规模指标如下：

$$F_{it}=Tloan_{it}/GDP_{it}s_{it}=Tdeposit_{it}/GDP_{it} \tag{4.3.5}$$

其中 $Tloan_{it}$ 代表企业信贷总额，$Tdeposit_{it}$ 代表城乡居民年末储蓄余额，GDP_{it} 代表省份 i 的GDP总量。

而金融发展效率指标参考Aziz和Duenwald（2002）及张军和金煜（2005）的研究方法，将发放给私人部门的银行信贷比例作为衡量区域金融发展效率的指标。以 F_{it} 为被解释变量，利用国有企业产值/工业总产值，定义为 $sout_{it}$ 解释变量，并引入个体固定效应 μ_i，以反映不同省份之间私营企业的发展水平的影响。估计时引入了残差的一阶自相关，以调整序列存在的自相关问题，ρ 为自相关系数，c 为常数项，如下所示：

$$F_{it}=c+\beta sout_{it}+\mu_i+\varepsilon_{it},\varepsilon_{it}=\rho\varepsilon_{it}+v_{it} \tag{4.3.6}$$

私人信贷的分配比例 eff_{it} 由以上公式中经过面板数据固定效应回归得到的 $\hat{F}_{it}$ 预测值减去 $\hat{\beta}sout_{it}$ 得到。

我们所分析的省份单元，包括29个省、市、自治区，重庆在1997年设立市，为了分析数据样本的连续性，这里我们将重庆的数据并入四川省。由于西藏自治区的相关统计数据存在大量的缺失值，因此我们对分析样本进行了剔除。

图4.3.1和图4.3.2描述了我们实证分析的特征性变量，即金融发展规模指标（F_{it}），金融发展效率指标（eff_{it}）与专利资本存量之间的相互关系。图4.3.1表明省域层面的金融发展规模指标与专利资本存量之间存在明显的正相关关系，然而，从图4.3.2来看，省域层面上的金融发展效率与专利资本之间存在负相关的关系。

表4.3.1表明，我们所分析的模型中的特征性变量，如金融发展效率与金融发展规模指标，存在明显的横截面相关性与空间相关性，所有的CD检验都拒绝了横截面相互独立的假设。专利申请存量、科研经费投入和科研人员数量等指标，都存在空间自相关性。这成为我们进一步采用空间计量经济模型估计的基础。

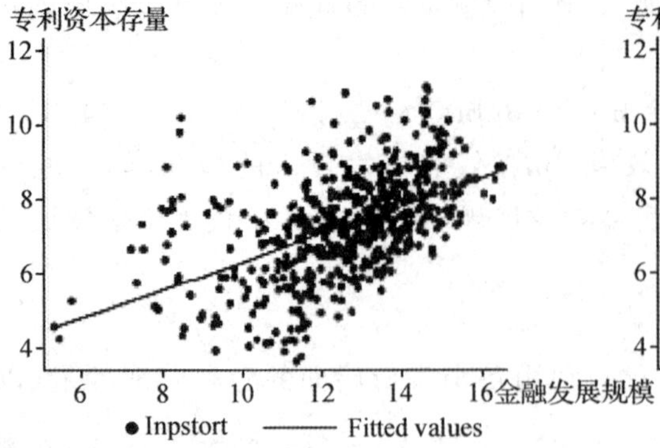

图 4.3.1　金融发展规模指标与专利资本存量

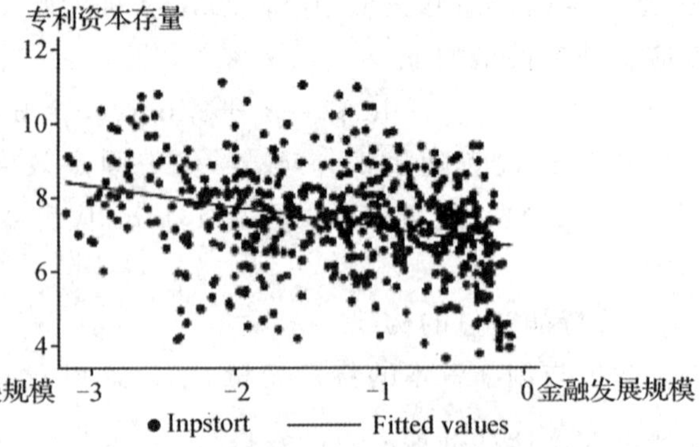

图 4.3.2　金融发展效率指标与专利资本存量

表 4.3.1　金融发展的效率与规模指标的空间相关性检验

变量	$\ln pstock_{it}$	$\ln \mathrm{expen}_{it}$	$\ln hum_{it}$	$\ln F_{it}$	$\ln eff_{it}$	$\ln manu_{it}$	$\ln commer_{it}$	$\ln MA_{it}$
CD 检验	18.42***	12.94***	11.43***	15.29***	10.22***	12.84***	10.24**	10.05***

注：*、**、*** 分别代表在 10%、5%和 1%的显著水平下显著。

(2)目标变量的平稳性检验

本例通过面板单位根检验的方法，检验了 h_{it}，F_{it}，eff_{it}，$manu_{it}$，$commer_{it}$ 数据序列的平稳性。由于我们实证研究的特征性变量存在明显的时间趋势，因此这里所有的检验都包含了时间趋势项和截距项。

面板单位根检验表明，$\ln pstock_{it}$，$\ln \mathrm{expen}_{ij}$，$\ln hum_{ij}$，$\ln F_{ij}$ 是一阶单整序列，$\ln eff_{it}$，$\ln manu_{it}$，$\ln commer_{it}$，$\ln MA_{it}$ 是平稳序列。然而，当我们考虑到横截面相关性时，根据单位根检验 CIPS 及 Bai 和 Ng 检验结果表明，$\ln eff_{it}$，$\ln commer_{it}$ 是一阶单整序列。

(3)金融发展与研发创新的协整检验

基于模型(4.3.4)和模型(4.3.6)，我们对于金融发展效率、金融发展规模与研发创新之间的协整关系进行了检验，检验结果分别如表 4.3.2 和表 4.3.3 所示。

表 4.3.2　金融发展与研发创新的面板协整检验

协整检验类型	检验	检验值	检验临界值	检验临界值 a
Westerlund(2007)协整检验	G_t	−9.762	0.0015***	0.0024***
	G_a	−2.964	0.0032***	0.0028***
	P_t	−7.656	0.0017***	0.0002***
	P_a	−2.256	0.00028***	0.0052***
Pedrioni(2004)协整检验	$\tilde{Z}_t$	4.512	0.683***	—
	$\tilde{Z}_p$	3.012	0.855***	—
	Z_t	−3.001	0.720***	—
	Z_ρ	−1.341	0.013	—

注：检验临界值 a 是通过 500 次自举得到的，Pedrioni(2004)面板协整检验中详细介绍了基于总体面板和基于面板横截面个体的各个检验统计量。*、**、*** 分别代表在 10%、5%和 1%的显著性水平下显著。

表 4.3.2 的 Westerlund 检验结果表明，在省域层面上，专利资本存量与金融发展的规模指标、金融发展的效率指标以及一个省份的市场潜能（MA）之间存在长期的协整关系，说明金融发展的规模与效率是影响省份层面上专利资本存量的重要因素。显然，从检验功效上来看，Pedroni（2004）的协整检验得到的相应的概率值都明显小于 Westerlund（2007）的面板协整检验的效率值。但从检验值来看，所有的检验都接受金融发展与研发创新之间存在协整关系的原假设。这进一步证实了协整检验结论的稳健性。

表 4.3.3 将显性的空间因素纳入误差修正模型的分析中。非空间 FEM 模型是非空间的固定效应模型，空间 SDM_ML 模型和空间 SDM_GMM 模型分别采用极大似然估计和广义矩估计方法对模型（4.3.6）进行了估计。从估计结果来看，在面板的固定效应条件下，得到的空间误差修正系数为正值，显然这与协整检验的结果相违背。充分考虑空间溢出效应的影响，即空间面板的 ML 估计和空间面板的 GMM 估计，得到的误差修正项的系数为负，这表明存在金融发展、研发创新之间的空间误差修正机制。进行空间面板的误差修正模型（SpECM）估计的同时，对残差进行了空间自相关检验，检验结果在表 4.3.3 的最后一列给出，非空间面板的固定效应估计的残差明显存在空间自相关，并且高度显著。空间面板的 ML 和 GMM 估计得到的残差都不存在空间自相关。空间面板的模型形式识别检验，即表 4.3.3 中的 LM 检验值表明，模型（4.3.6）的空间 Durbin 模型的拟合优度比广义空间模型更好，它能够揭示金融发展与研发创新之间的空间相互作用机制。空间误差修正系数方面，空间面板的 GMM 估计得到的参数估计明显优于空间 ML。误差修正的影响效应方面，省域层面上的研发投入水平、人力资本投入是影响创新产出的首要因素，其次是市场潜能和金融发展规模。空间误差修正模型的估计结果表明，空间邻近的省份在研发投入、金融发展的规模与效率等方面，具有显著的空间相互作用机制，这进一步证实了研发创新的空间溢出机制的存在。

表 4.3.3 空间影响效应下的面板协整检验

被解释变量 $\Delta\ln pstock_{it}$	非空间 FEM 模型	空间 SDM-ML 模型	空间 SDM-GMM 模型
$\Delta\ln expen_{it}$	0.232**	0.325***	0.462***
$\Delta\ln hum_{it}$	0.102**	0.212***	0.207**
$\Delta\ln F_{it}$	0.107***	0.152***	0.268***
$\Delta\ln eff_{it}$	−0.011***	−0.005**	−0.021**
$\Delta\ln manu_{it}$	0.014*	0.014*	0.048**
$\Delta\ln commer_{it}$	0.029***	0.024*	0.038**
$\Delta\ln MA_{it}$	0.102***	0.198**	0.208***
$\Delta^* \ln expen_{it}$	0.0002*	0.008*	0.011**
$\Delta^* \ln hum_{it}$	0.013**	0.0092*	0.020**
$\Delta^* \ln eff_{it}$	0.0013	0.0012	0.011**
$\Delta^* \ln manu_{it}$	0.0065	0.0001	0.065*
$\Delta^* \ln MA_{it}$	0.0037*	0.0123*	0.0018***

续表

被解释变量 $\Delta\ln pstock_{it}$	非空间 FEM 模型	空间 SDM-ML 模型	空间 SDM-GMM 模型
$u_{i,t-1}$	0.0065^{*}	-0.054^{*}	-0.174^{***}
$^{*}u_{i,t-1}$	0.0068	-0.0065^{***}	-0.211^{***}
残差的空间自相关检验	15.768^{***}	0.0024	0.0001
空间面板的模型识别的 LM 检验	—	165.08^{***} (0.00062)	170.54^{***} (0.0002)

注:所有加 * 的变量都代表空间滞后项。***、**、* 分别代表在 1%、5%和 10%的显著性水平下显著。

4.4 广义空间回归模型

广义空间回归模型混合了空间滞后模型和空间误差模型。

4.4.1 模型及估计

广义空间回归(spatial autocorrelation,SAC)模型的形式包括空间滞后条件和空间相关误差结构,如式(4.4.1)所示:

$$\begin{aligned} \boldsymbol{y} &= \boldsymbol{\rho} \boldsymbol{W}_1 \boldsymbol{y} + \boldsymbol{X\beta} + \boldsymbol{\mu} \\ \boldsymbol{\mu} &= \boldsymbol{\lambda} \boldsymbol{W}_2 \boldsymbol{\mu} + \boldsymbol{\varepsilon} \\ \boldsymbol{\varepsilon} &\sim N(0, \boldsymbol{\sigma}_\varepsilon^2 \boldsymbol{I}_n) \end{aligned} \tag{4.4.1}$$

模型中有一点要注意,$\boldsymbol{W}_1$ 可等于 $\boldsymbol{W}_2$。

对于自然对数似然函数,也可以构造一个稀疏矩阵算法,并且在这个与其他空间自回归模型中的形式相类似的稀疏矩阵算法上能继续求解。但有一点不同在于,不能轻易对 $\boldsymbol{\rho}$ 和 $\boldsymbol{\lambda}$ 设限。

SAC 模型的应用有三:(1)如果 SAR 模型的误差结构中存在空间依赖,那么 SAC 模型就是一个针对该类型误差依赖关系的合适的模型化方法(可用 LM 统计量来检验 SAR 模型的剩余误差和空间依赖关系)。(2)在 $\boldsymbol{W}_2$ 的值用二阶空间相邻矩阵表示,以被解释变量由于空间现象(如空间关联)的第二轮效应引致的、扰动结构具有高阶空间依赖的情形下。(3)用到矩阵 $\boldsymbol{W}_1$ 和 $\boldsymbol{W}_2$ 的例子中,$\boldsymbol{W}_1$ 代表一阶相邻矩阵,$\boldsymbol{W}_2$ 被构造为该地与该中心城市距离的对角矩阵。这种空间权重矩阵的结构说明仅仅相邻关系不能充分解释空间效应。在建模中,与中心城市的距离是一个很重要的因素。不过这样又产生新问题:应用距离权重矩阵来代替 $\boldsymbol{W}_1$ 吗?应用一阶向量矩阵来代替 $\boldsymbol{W}_2$ 吗?当然,将相似函数值与模型中使用两种结构估计的参数 $\boldsymbol{\rho}$ 和 $\boldsymbol{\lambda}$ 的统计意义作比较,也许会给出一个清晰的答案。该模型的对数似然函数如下:

$$
\begin{aligned}
&\boldsymbol{L}=\boldsymbol{C}-(n/2)\ln\boldsymbol{\sigma}^2+\ln(|\boldsymbol{A}|)+\ln(|\boldsymbol{B}|)-(1/2\boldsymbol{\sigma}^2)(\boldsymbol{e}'\boldsymbol{B}'\boldsymbol{B}\boldsymbol{e})\\
&\boldsymbol{e}=\boldsymbol{A}\boldsymbol{y}-\boldsymbol{X}\boldsymbol{\beta}\\
&\boldsymbol{A}=\boldsymbol{I}_n-\boldsymbol{\rho}\boldsymbol{W}_1\\
&\boldsymbol{B}=\boldsymbol{I}_n-\boldsymbol{\lambda}\boldsymbol{W}_2
\end{aligned}
\tag{4.4.2}
$$

通过运用 $\boldsymbol{\beta}$ 和 $\boldsymbol{\sigma}^2$ 的表达式对函数进行变换：

$$
\begin{aligned}
&\boldsymbol{\beta}=(\boldsymbol{X}'\boldsymbol{A}'\boldsymbol{A}\boldsymbol{X})-1(\boldsymbol{X}'\boldsymbol{A}'\boldsymbol{A}\boldsymbol{B}\boldsymbol{y})\\
&\boldsymbol{e}=\boldsymbol{B}\boldsymbol{y}-\boldsymbol{X}\boldsymbol{\beta}\\
&\boldsymbol{\sigma}^2=(\boldsymbol{e}'\boldsymbol{e})/n
\end{aligned}
\tag{4.4.3}
$$

考虑到(4.4.3)的表达式，在给定 $\boldsymbol{\rho}$ 和 $\boldsymbol{\lambda}$ 时可以对自然对数似然值进行计算。参数 $\boldsymbol{\beta}$ 和 $\boldsymbol{\sigma}^2$ 的值可以根据 $\boldsymbol{\rho}$、$\boldsymbol{\lambda}$、样本数据 $\boldsymbol{y}$ 和 $\boldsymbol{X}$ 进行计算。

4.4.2 实例

例 4.4.1 本例摘自郭庆旺和贾俊雪(2009)的研究论文。以我国 29 个省份 1986—2006 年间的现实数据为基础，利用空间计量模型估算省份财政支出政策反应函数，探究我国省级政府间策略互动行为及其形成机制。数据主要来源于《新中国五十五年统计资料汇编(1949—2004)》、历年的《中国统计年鉴》、《中国人口统计年鉴》和各省《统计年鉴》。

(1)模型设定

遵循已有研究的普遍做法，我们考虑如下形式的省份财政支出政策反应函数：

$$\boldsymbol{LG}=\boldsymbol{\rho}\boldsymbol{WLG}+\boldsymbol{X}\boldsymbol{\beta}+\boldsymbol{\varepsilon} \tag{4.4.10}$$

其中，$\boldsymbol{LG}$ 为省份财政支出向量，我们考虑财政总支出预算内支出，用基本建设、文教科卫和行政管理支出近似加以度量(贾俊雪、郭庆旺，2008)。所有财政支出变量均利用省份人口和商品价格指数折算为 1978 年为基期的人均实际值，并取自然对数。$\boldsymbol{W}$ 为空间权重矩阵，$\boldsymbol{WLG}$ 为省份财政支出向量的空间滞后项，$\boldsymbol{\rho}$ 为影响系数，反映了省份财政支出政策的相互影响。$\boldsymbol{\rho}$ 显著不为 **0**，意味着省级政府间存在着策略互动行为：$\boldsymbol{\rho}>\mathbf{0}$ 表明省级政府采取的是互补性策略；$\boldsymbol{\rho}<\mathbf{0}$ 表明省级政府采取的是替代性策略。$\boldsymbol{X}$ 为控制变量向量，$\boldsymbol{\varepsilon}$ 为误差项，方差为 $\boldsymbol{\sigma}^2$。

空间权重矩阵 $\boldsymbol{W}$ 度量了不同地区社会经济联系的紧密程度，反映了对于某一地区而言其他地区的重要性。采取先验设定的方法(Case 等，1993；Baicker，2005；Revelli，2005；Borck 等，2006)，并依据不同研究目的，考虑两类空间权重矩阵。

第一类空间权重矩阵主要从省份特征入手，目的在于识别哪些特征对于我国省级政府间策略互动行为更为重要，具体包括：①地理相邻空间权重矩阵，即依据两个省份是否拥有共同边界来设定空间权重矩阵，以考察地理因素的重要性。具体构造是，第 i 个省份和第 j 个省份若拥有共同边界，则空间权重 w_{ij} 取值为 1，否则取值为 0。②人均产出空间权重矩阵，即依据省份人均产出水平的相近程度设定空间权重矩阵，以考察经济发展水平的重要性。具体构造是，空间权重 $w_{ij}=1/|Ry_i-Ry_j|$，Ry_i 和 Ry_j 分别为样本期内第 i 个省份和第 j 个省份人均产出均值。

第二类空间权重矩阵主要从经济资源流动的角度入手，目的在于识别我国省级政府

间策略互动行为的形成机制。鉴于财政竞争的主要目的在于吸引有利于本地区发展的经济资源，因此我们可以依据这类空间权重矩阵模型的估算结果来识别财政竞争机制在我国省级政府间策略互动行为的形成中是否发挥了重要作用——如果采取这类空间权重设定得到的影响系数 $\boldsymbol{\rho}$ 相对更大或更显著，那么意味着经济资源流动是左右我国省级政府间策略互动行为的重要因素，即财政竞争机制是省级政府间策略互动行为的重要形成机制。具体包括：①人口流动空间权重矩阵，即依据省际人口流动规模设定空间权重矩阵，以考察劳动力资源流动的重要性。具体构造是，空间权重 $w_{ij}=PM_{ij}$，其中 PM_{ij} 为样本期内第 i 个省份和第 j 个省份之间的人口流动包括流入和流出总规模。②FDI 空间权重矩阵，即依据省份外商直接投资（FDI）金额与产出比值的相近程度设定空间权重矩阵，以考察资本流动的重要性。具体构造是，空间权重 $w_{ij}=1/|Fdir_i-Fdir_j|$，其中 $Fdir_i$ 为样本期内第 i 个省份外商直接投资（FDI）金额与产出比值的均值。具体估算中，我们将空间权重矩阵进行标准化处理，使矩阵每行元素的总和等于 1。

对于控制变量 $\boldsymbol{X}$，引入人均实际产出（以 1978 年为基期，并取自然对数）、人口密度（取自然对数）、少数民族人口比重和省份进出口总额与产出比值来捕捉对我国省级政府支出规模的影响。在我国，地方政府支出规模的发展变化除了与上述一般因素有关以外，更为重要的是经济转型和财政管理体制变革带来的地方政府职能、激励约束机制以及行为模式转变的影响。因此，我们进一步引入非公有制企业职工比重、财政分权和分税制改革时间哑变量以捕捉市场化进程和财政管理体制演进对我国省级财政支出规模的影响。同时，鉴于我国存在较为突出的财政纵向失衡，即各级政府的事权与财权不匹配问题，我们将财政分权区分为财政支出分权和财政收入分权并同时纳入回归方程。

（2）估算结果

在具体估算中，我们需要考虑两个技术问题：①空间滞后项 $\boldsymbol{WLG}$ 的内生性问题。由模型可知，$\boldsymbol{LG}=(\boldsymbol{I}-\boldsymbol{\rho W})^{-1}\boldsymbol{X\beta}+(\boldsymbol{I}-\boldsymbol{\rho W})^{-1}\boldsymbol{\varepsilon}$（$\boldsymbol{I}$ 为单位矩阵），故有 $E((\boldsymbol{WLG})\boldsymbol{\varepsilon}')=\boldsymbol{W}(\boldsymbol{I}-\boldsymbol{\rho W})^{-1}\boldsymbol{\sigma}_{\varepsilon}^{2}\neq 0$，即空间滞后项与误差项之间存在着相关性。②误差项空间自相关问题。现实经济中，地方财政支出政策会受到一些共同冲击如整个国家财政政策变化的影响，这会导致模型（4.4.10）中的扰动项具有空间自相关性，即 $\boldsymbol{\varepsilon}=\boldsymbol{\lambda W\varepsilon}+\boldsymbol{v}$，其中 $\boldsymbol{\lambda}$ 为空间自相关系数，$\boldsymbol{v}$ 为独立同分布的误差项。这两种形式的空间相关性问题都会导致 OLS 回归结果是有偏和非一致的（Anselin，1988；Anselin 和 Bera，1988）。

事实上，由 Moran's I 空间相关性和 LM 空间误差相关性检验可知，各模型在样本期内基本上都存在着两种形式的空间相关性，因此我们采用空间广义矩估计（Spatial GMM）加以校正（Anselin，1988；LeSage，1997）。同时，为了消除可能存在的解释变量内生性问题，我们对控制变量均采用滞后 1 期值。此外，为了便于比较，我们也给出省份预算内支出反应函数的 OLS 估算。表 4.4.1 给出了我国省份预算内财政支出反应函数的具体检验和估算结果。

对比表 4.4.1 中的 OLS 和空间 GMM 估算结果，可以看出在校正了空间相关性带来的估算偏差后，预算内支出空间滞后项的影响系数和统计显著性均出现明显变化：在地理相邻、人均产出和人口流动空间权重矩阵模型中，预算内支出空间滞后项的影响系数均为正值（大小在 0.103～0.206 之间），且具有很好的统计显著性，其中地理相邻和人口流动空间权重矩阵模型中预算内支出的相互影响更为突出；在 FDI 空间权重矩阵模型中，预算内支出空间滞后项的影响系数虽为负值，但并不具有统计显著性。这表明 1986—2006 年间，我国省级政府在预算内支出的使用上存在显著的策略互动行为，且主要采取的是互补性策略，而且这种策略互动行为在地理相邻省份之间表现得更为突出，在经济发展水平相近省份之间则相对较弱。进一步对比两类空间权重矩阵设定的估算结果，可以看出劳动力资源流动是影响我国省份预算内支出策略互动的一个最为重要的因素，这意味着财政竞争机制在预算内支出策略互动的形成中发挥了至关重要的作用，并突出表现为对劳动力的争夺。

表 4.4.1 省份预算内支出反应函数的估算结果

	OLS				GMM			
解释变量	模型 1a	模型 1b	模型 1c	模型 1d	模型 2a	模型 2b	模型 2c	模型 2d
常数项	−1.096 (0.19) ***	−1.099 (0.19) ***	−1.094 (0.19) ***	−1.087 (0.19) ***	−0.838 (0.117) ***	−1.031 (0.158) ***	−0.785 (0.115) ***	−0.864 (0.173) ***
预算内支出的空间滞后项	0.007 (0.003) ***	0.003 (0.004)	0.001 (0.003)	0.0003 (0.006)	0.151 (0.02) ***	0.103 (0.027) ***	0.206 (0.034) ***	−0.0004 −0.004
人均产出（取自然对数）	0.648 (0.04) ***	0.65 (0.04) ***	0.651 (0.04) ***	0.651 (0.04) ***	0.674 (0.042) ***	0.667 (0.042) ***	0.683 (0.044) ***	0.682 (0.044) ***
人口密度（取自然对数）	−0.009 (0.010)	−0.009 (0.010)	−0.009 (0.010)	−0.009 (0.010)	−0.021 (0.013) *	−0.014 −0.013	−0.023 (0.014) *	−0.013 (0.013)
少数民族人口比重	0.007 (0.001) ***	0.007 (0.001) ***	0.007 (0.001) ***	0.007 (0.001) ***	0.008 (0.001) ***	0.007 (0.001) ***	0.008 (0.001) ***	0.007 (0.001) ***
非公有制企业职工比重	0.024 (0.002) ***	0.024 (0.002) ***	0.024 (0.002) ***	0.024 (0.002) ***	0.021 (0.005) ***	0.025 (0.002) ***	0.023 (0.002) ***	0.024 (0.002) ***
经济开放度	−0.003 (0.001) ***	−0.003 (0.001) ***	−0.003 (0.001) ***	−0.003 (0.001) ***	−0.002 (0.001) ***	−0.003 (0.001) ***	−0.002 (0.001) ***	−0.003 (0.001) ***
财政支出分权	0.034 (0.003) ***	0.035 (0.003) ***	0.035 (0.003) ***	0.035 (0.003) ***	0.023 (0.003) ***	0.028 (0.003) ***	0.021 (0.003) ***	0.031 (0.003) ***
财政收入分权	−0.016 (0.002) ***	−0.016 (0.002) ***	−0.016 (0.002) ***	−0.016 (0.002) ***	−0.013 (0.002) ***	−0.015 (0.002) ***	−0.013 (0.002) ***	−0.015 (0.002) ***
财政支出分权分税制改革时间哑变量	−0.008 (0.002) ***	−0.008 (0.002) ***	−0.008 (0.002) ***	−0.008 (0.002) ***	−0.008 (0.002) ***	−0.008 (0.002) ***	−0.007 (0.002) ***	−0.008 (0.002) ***

续表

	OLS				GMM			
解释变量	模型 1a	模型 1b	模型 1c	模型 1d	模型 2a	模型 2b	模型 2c	模型 2d
财政收入分权分税制改革时间哑变量	0.003 (0.002)	0.003 (0.002)	0.003 (0.002)	0.003 (0.002)	0.004 (0.002)*	0.003 (0.002)	0.003 (0.002)	0.003 (0.002)
空间误差自相关系数	—	—	—	—	0.384 (0.037) ***	0.224 (0.04) ***	0.492 (0.036) ***	−0.176 (0.07) ***
Moran's I 空间相关性检验	—	—	—	—	18.7 ***	9.8 ***	18.6 ***	7.9 ***
LM 空间误差相关性检验	—	—	—	—	790.5 ***	831.1 ***	694.0 **	71.2 ***
有效样本数	609	609	609	609	609	609	609	609
R^2	0.909	0.909	0.908	0.908	0.95	0.921	0.94	0.914

注:模型 a、模型 b、模型 c 和模型 d 分别采用地理相邻空间权重矩阵、人均产出空间权重矩阵、人口流动空间权重矩阵和 FDI 空间权重矩阵。*、**、*** 分别代表在 10%、5%、1%的置信水平上显著,括号中数字为标准差。

4.5 动态空间回归模型

与非空间的面板数据计量模型类似,空间面板计量模型也分为静态模型和动态模型。静态空间面板计量模型考察连续(或不连续)若干时期内外生解释变量对被解释变量的影响,而动态空间面板模型将一阶(或多阶)滞后的被解释变量作为解释变量纳入模型中,以充分考察模型中除解释变量之外的其他因素对被解释变量的影响。

4.5.1 模型

面板数据的动态空间计量模型可用下式表示:

动态空间滞后模型

$$\boldsymbol{Y}_t=\boldsymbol{\tau}\boldsymbol{Y}_{t-1}+\boldsymbol{\rho}\boldsymbol{W}\boldsymbol{Y}_t+\boldsymbol{X}_t\boldsymbol{\beta}+\boldsymbol{\psi}_t \tag{4.5.1}$$

动态空间误差模型

$$\begin{aligned}\boldsymbol{Y}_t&=\boldsymbol{\tau}\boldsymbol{Y}_{t-1}+\boldsymbol{X}_t\boldsymbol{\beta}+\boldsymbol{\mu}+\boldsymbol{\psi}_t\\ \boldsymbol{\psi}_t&=\boldsymbol{\delta}\boldsymbol{W}\boldsymbol{\psi}_t+\boldsymbol{\varepsilon}_t\end{aligned} \tag{4.5.2}$$

其中,Y_t 表示由每个空间单元($i=1,\cdots,N$)的被解释变量在第 t 时期($t=1,\cdots,T$)观测值组成的 $N\times1$ 向量;解释变量 X_t 为 $N\times K$ 矩阵。标量 τ 和 $K\times1$ 向量 β 为模型的

响应参数。扰动项 $\boldsymbol{\mu}=(\mu_1,\cdots,\mu_N)'$，$\boldsymbol{\psi}_t=(\psi_{1T},\cdots,\psi_{NT})'$ 和 $\boldsymbol{\varepsilon}_t=(\varepsilon_{1t},\cdots,\varepsilon_{Nt})'$，其中 ε_{it} 为独立同分布，$E(\boldsymbol{\varepsilon}_t)=\mathbf{0}$，$E(\boldsymbol{\varepsilon}_t\boldsymbol{\varepsilon}_t{}')=\boldsymbol{\sigma}^2\boldsymbol{I}_N$。$\boldsymbol{I}_N$ 为 N 阶单位矩阵，$\boldsymbol{W}$ 为 $N\times N$ 非负空间权重矩阵，其对角线元素为 0，ρ 和 δ 为空间自相关系数。$\tau=0$，$\rho=0$ 时为非空间静态面板数据模型，$\tau=0$，$\rho\neq0$ 时为静态空间面板数据模型，$\tau\neq0$，$\rho\neq0$ 时为动态空间面板数据模型。

4.5.2 模型的估计

空间计量模型研究中，如果仍然采用普通最小二乘估计(OLS)，将会导致结果的有偏或不一致，极大似然法(ML)可以解决这一问题(Anselin，1988)。对于静态空间面板模型的估计，现有研究已较为成熟，前面几节已经详细介绍了。对于动态空间面板模型，由于估计技术的限制，造成其应用成果并不多见。这里对动态空间面板模型的极大似然估计作简单介绍。

在 Hepple(1978)提出空间动态面板数据模型之初，并未给出模型的估计结果。之后，有学者分别用动态(非空间)面板模型(Buettner，1999；彭建平、张建华，2007)和静态空间面板模型(Elhorst，2003；何江、张馨之，2006；符淼，2008，2009)进行实证研究，但都没有采用动态空间面板模型。2000 年以来，对动态空间面板模型的估计大致分为两类：一类是在进行估计之前将空间相关性剔除，然后使用传统的面板估计技术。剔除数据空间相关性的主要方法有 Griffith 法(Griffith，2000)和 Getis 法(Getis 和 Griffith，2002)。另一类是对传统 ML 估计方法进行改良。2005 年，J.Paul Elhorst 借鉴非空间动态面板模型的估计思想，提出用无条件 ML 方法(unconditional maximum likelihood estimation)估计动态空间面板模型。首先，用一阶差分消除固定效应，然后考虑用每个空间单元一阶差分观测值密度函数的乘积建立一阶差分模型的无条件似然函数。Hsiao 等(2002)证明运用这种方法当 $N\to\infty$，T 任意时可得到标量 τ 和参数向量 β 的一致估计量，极大似然估计相对 GMM 估计更加渐进有效。第一类可剔除空间相关性的影响，但对于空间因素对模型的影响程度并没有说明。鉴于此，借鉴 Elhorst(2005)的研究，采用无条件极大似然函数法对模型进行估计。

4.5.3 实例

例 4.5.1　本例取用李婧等(2010)的研究论文。运用动态空间面板模型探讨区域创新，利用 1998—2007 年中国大陆 30 个省级行政区域(西藏由于数据缺乏，将其略去)作为研究对象，原始数据来源于《中国统计年鉴》(1999—2008)和《中国科技统计年鉴》(1999—2008)。其中投入产出变量的原始数据来源于《中国科技统计年鉴》(1999—2008)；邻接权重矩阵中各区域间相邻关系根据国家地理信息系统网站提供的 1∶400 万电子地图得到，地理距离权重矩阵中各地区地理中心位置坐标由上述地图经 Geoda 软件计算得到，经济距离权重矩阵中各地区物质存量、人力资源距离权重矩阵中各种程度受教育人口数原始数据均来源于《中国统计年鉴》(1999—2008)。在探讨创新产出量的影响因素时，以专利项数(zl)为被解释变量，选取 R&D 人员投入(ry)、经费支出(jf)作为投入变量。采用创新产出的一阶滞后量表征除创新投入之外的其他潜在影响因素，同时考虑区域创新活动的空间相关性，建立区域创新产出的动态空间面板模型。表 4.5.1 给出了依据邻接权重(W_1)、地理距离权重(W_2)、经济距离权重(W_3)和人力资源距离权重(W_4)建立的区域创新动态空间面板计量模型地区固定效应的估计结果，分别记为模型 1、模型 2、模型 3 和模型 4。

表 4.5.1 区域创新动态空间面板模型估计结果

变量	模型 1	模型 2	模型 3	模型 4
$zl(-1)$	0.565*** (11.067)	0.685*** (13.075)	0.518*** (9.266)	0.509*** (26.649)
jf	−0.736 (−0.364)	−0.462*** (−2.625)	−0.427*** (−2.211)	−1.931*** (−2.657)
ry	0.879 (0.919)	−0.178 (−0.221)	0.504* (1.944)	−6.313*** (−66.410)
$1/2jf^2$	0.146 (0.330)	0.442 (1.155)	0.277 (0.634)	2.310*** (7.450)
$1/2ry^2$	−0.047 (−0.372)	0.019 (0.173)	−0.085 (−0.657)	1.462*** (114.393)
$jf \times ry$	0.038 (0.314)	0.027 (0.254)	0.227* (1.836)	−1.296*** (−26.559)
ρ	−0.001 (−0.010)	−0.349** (−1.838)	0.230** (−3.006)	0.27*** (28.371)
$Sigma^2$	0.048 (/)	0.041 (/)	0.043 (/)	0.050 (/)
$\log L$	0.008 (/)	−26.598 (/)	−7.522 (/)	164.678 (/)

注：括号内的为 T 值，* 表示显著性概率 $p \leqslant 0.1$，** 表示显著性概率 $p \leqslant 0.05$，*** 表示显著性概率 $p \leqslant 0.01$，/表示无内容。

从表 4.5.1 中可以看出：在考虑创新产出一阶滞后变量的动态空间面板模型中，邻接权重模型 1 的空间相关性不再显著，而地理距离模型 2 显示出显著为负的空间相关性(空间相关系数为−0.349)，这与静态模型中空间相关性的估计并不一致，说明仅仅用地理区位的邻接或邻近表征区域创新的空间相关特征是存在缺陷的，一个地区的创新生产活动依赖于其他地区，并不仅仅因为其二者地理位置的相互邻接与邻近，当加入一阶滞后变量后空间相关性发生变化，正说明了区域创新生产作为动态、连续的经济系统，创新环境等潜在因素对其的影响是至关重要的。由此，我们认为静态模型中仅仅用研发资本和人员投入作为自变量考察创新产出可能并未完全客观地反映实际情况，特别是动态模型中地理特征权重模型空间相关性符号发生变化，更反映出建立动态模型的必要性。

社会经济特征模型仍然显示出区域创新活动显著为正的空间相关性，但空间相关系数（分别为0.230和0.270）较静态模型有所降低。这可能是由于静态空间面板模型仅仅考虑创新投入而没有考虑其他因素对产出的影响，以至于将社会环境、制度因素等其他因素笼统地归结为空间相关性。而在动态模型中，用因变量的一阶滞后项表征这些潜在因素，将其对创新产出的影响从空间结构因素的影响中分离出以后，可以发现静态空间面板模型高估了社会经济特征空间相关对创新生产的影响。事实上，区域创新生产作为动态连续的系统性活动，其前一期（或多期）的创新投入与产出必然会通过社会环境、经济发展等途径表现出来，并且作用于后一期甚至若干期的创新生产活动。社会经济水平的日益提高、创新投入力度不断加大以及物质生产领域中的“干中学”效应等，都是促使区域创新生产活动不断发展的动力，而创新产出水平的提高，又会带来社会经济新的进步与发展，创新生产与外在环境形成了相互影响、相互促进的动力系统。另外，用滞后一期的创新产出作为自变量，其系数为正，也说明了除研发资本与人员投入外的其他外在环境因素（诸如文化环境、制度因素等）对创新产出显著正向的影响与贡献。因此，对于空间特征对创新活动影响的考量，使用动态空间计量模型可能更为可靠。

社会经济特征权重的模型3、模型4的空间相关系数相对较高，这也在一定程度上解释了区域创新的空间相关主要是由地区的社会经济特征引起。事实上，在我们设定的社会经济特征权重矩阵中，也同时包含了地区间地理距离的影响，这样的估计结果（空间相关系数）表明了地理区位因素与社会经济特征对区域创新生产的双重影响，而相对于地理区位来讲，一个地区的经济发展、人力资源水平等对区域创新活动的影响更为重要。因此，加快地区经济建设与人才培养，对区域创新工程建设的有效开展具有重要作用。

4.6 矩阵指数空间回归模型

经典的空间回归方法通常用一个外生的 $n \times n$ 阶权重矩阵设定 n 个观测之间的空间关系，该处理方法存在两个问题：第一，在经济背景下，空间结构可能由外部性或溢出效应引起，假设空间权重矩阵为外生的不符合实际。例如，在经济结构中，外部性和溢出效应意味着位于空间中某点的经济单元对其他经济单元产生了影响，其影响的大小和随距离衰减的程度都是我们关注的重要问题。第二，传统的空间自回归（SAR）模型及其各种拓展模型的极大似然估计涉及一个含参数的高阶行列式，其解析解难以表达，尤其当样本数据集非常庞大时，需要一些特定的技巧来处理（Barry和Pace，1999）。

LeSage和Pace提出用矩阵指数空间设定（matrix exponential spatial specification，MESS）来刻画相依性，即用指数衰减代替传统的空间几何衰减，并证明了MESS理论上的简洁性和计算上的高效性。其思想来源于Chiu等（1996）在协方差建模中采用的矩阵指数方法。该方法的优势之一在于能够灵活地满足空间计量经济建模的要求，用超参数来控制邻居数和空间影响的衰减程度,从而客观地刻画经济体对邻近经济体的空间影响范围和程度;另一优势在于矩阵指数设定产生了正定的协方差矩阵估计,从而消除了优化过程中需要求正定的限制,而且矩阵指数的逆具有简单的数学形式,在理论和数值计算上均具有优势。这部分内容详细见邱瑾和戚振江(2012)。

4.6.1 模型

LeSage 和 Pace(2007)利用 MESS 推导出易于最大化的对数似然函数,并给出了极大似然估计的封闭解,同时可以通过对一元多项式进行积分得到空间相依参数和回归系数的 Bayes 估计。LeSage 和 Pace(2007)提出的 MESS 模型如下

$$\boldsymbol{S}\boldsymbol{y}=\boldsymbol{X}\boldsymbol{\beta}+\boldsymbol{\varepsilon},\boldsymbol{\varepsilon}\sim N(0,\sigma^2 I_n) \tag{4.6.1}$$

其中,$\boldsymbol{S}$ 为正定的 $n\times n$ 阶矩阵,y 是因变量的 n 个观测,X 为解释变量的 $n\times k$ 阶观测矩阵,I_n 为 n 阶单位矩阵。令 $\boldsymbol{S}=\boldsymbol{I}_n-\boldsymbol{\rho}\boldsymbol{W}$,则得到传统的 SAR 模型。令

$$\boldsymbol{S}=\mathrm{e}^{\alpha\boldsymbol{W}}=\sum_{i=0}^{\infty}\frac{\boldsymbol{\alpha}^i}{i\,!}\boldsymbol{W}^i \tag{4.6.2}$$

则为 MESS 模型,其中 $\boldsymbol{W}$ 为 $n\times n$ 阶空间权重矩阵,α 为实数。由(4.6.2)式可见,$\boldsymbol{S}$ 施加了高阶邻接关系的递减式影响。比较 SAR 和 MESS 发现,后者实际上将前者高阶邻接关系的几何衰减替代为指数衰减。

由于 MESS 模型通过矩阵指数空间设定的形式引入了因变量的滞后项,模型中各回归系数不再是因变量关于各解释变量的偏导数。本质上,空间回归模型因涵盖了邻近地区的信息而拓展了信息集。Anselin 和 LeGallo(2006)研究空气污染点源的扩散效应、Kelejian 等(2006)考察一个国家的金融传染对其他国家的影响时都注意到如果模型中包含因变量的空间滞后项,那么需对参数进行特定的解释。

LeSage 和 Pace(2007)未对 MESS 模型的回归系数做出解释,我们将参考 LeSage 和 Pace(2009)对 SAR 模型提出的平均直接效应和平均间接效应,分析 MESS 模型解释变量的影响效应。为使模型具有一般性,假设引入解释变量空间滞后项的 MESS 模型如下:

$$\mathrm{e}^{\alpha\boldsymbol{W}}\boldsymbol{y}=\tau_n\beta_0+\boldsymbol{X}\boldsymbol{\beta}+\boldsymbol{W}\boldsymbol{X}\boldsymbol{\theta}+\varepsilon \tag{4.6.3}$$

其中,τ_n 为分量均为 1 的 n 维列向量。利用矩阵指数的性质(Chiu 等,1996),由(4.6.3)式可以得到:

$$y=\mathrm{e}^{-\alpha\boldsymbol{W}}\tau_n\beta_0+\mathrm{e}^{-\alpha\boldsymbol{W}}\boldsymbol{X}\boldsymbol{\beta}+\mathrm{e}^{-\alpha\boldsymbol{W}}\boldsymbol{W}\boldsymbol{X}\theta+\mathrm{e}^{-\alpha\boldsymbol{W}}\varepsilon \tag{4.6.4}$$

记 $\mathrm{e}^{-\alpha\boldsymbol{W}}\triangleq\boldsymbol{A}=(a_{ij})_{n\times n}$,$\mathrm{e}^{-\alpha\boldsymbol{W}}W\triangleq\boldsymbol{B}=(b_{ij})_{n\times n}$,则地区 j 的第 r 个解释变量对地区 i 产生的影响为

$$\frac{\partial y_i}{\partial X_{jr}}=a_{ji}\beta_r+b_{ji}\theta_r;i,j=1,\cdots,n;r=1,\cdots,k \tag{4.6.5}$$

一般当地区很多时,我们更关心的是能否用综合性指标来衡量各解释变量对地区服务业的影响效应。借鉴 LeSage 和 Pace(2009),第 r 个解释变量的平均总影响效应为:

$$Impact\,(r)_{total}=\frac{1}{n}\sum_{i=1}^{n}\sum_{j=1}^{n}(a_{ji}\beta_r+b_{ji}\theta_r)$$

$$=\frac{1}{n}(\boldsymbol{\tau}'_n\boldsymbol{A}\boldsymbol{\tau}_n\boldsymbol{\beta}_r+\boldsymbol{\tau}'_n\boldsymbol{B}\boldsymbol{\tau}_n\boldsymbol{\theta}_r) \tag{4.6.6}$$

第 r 个解释变量的平均直接影响效应为：

$$Impact\ (r)_{direct}=\frac{1}{n}\sum_{i=1}^{n}(a_{ii}\beta_r+b_{ii}\theta_r)=\frac{1}{n}[tr(\boldsymbol{A})\beta_r+tr(\boldsymbol{B})\theta_r] \tag{4.6.7}$$

第 r 个解释变量的平均间接影响效应为：

$$Impact\ (r)_{indirect}=Impact\ (r)_{total}-Impact\ (r)_{direct} \tag{4.6.8}$$

4.6.2 实例

例 4.6.1　本例取自邱瑾和戚振江(2012)的研究论文。以浙江省 69 个市县为例，发现浙江省各市县的服务业存在显著的空间相依性和空间异质性。以地区人均服务业产值(seroutput，万元/人)来衡量地区服务业发展水平，作为模型的被解释变量，选取人力资源投入指标、地区人口密度(popdensity，万人/平方公里)、地区人均使用外资额(foreigncap，万元/人)、地区人均工业产值(indoutput，万元/人)、地方财政支出占 GDP 的比例(fiscalexp)、地区人均全社会固定资产投资(assetinv，万元/人)作为解释变量。采取截面数据，选取 2008 年浙江省 69 个市县的数据进行分析，所有的数据均来自《2009 年浙江省统计年鉴》。

(1)浙江省服务业的空间相依性

令 $\boldsymbol{W}=\sum_{i=1}^{m}(\varphi^i N_i/\sum_{j=1}^{m}\varphi^j)$，其中 m 是最近邻邻居数，φ 是衰减系数，N_i 为基于浙江省 69 个市县的地理坐标计算的第 i 最近邻空间矩阵。表 4.6.1 列出了 MESS、OLS、FAR(一阶空间自回归)、SAR、SEM(空间误差模型)的估计结果，其中 FAR、SAR 和 SEM 中 W 均为按 ROOK 邻接进行标准化的地理空间权重矩阵。由 FAR 模型的估计结果可见，服务业增长确实存在空间自相关，相关系数较高，约为 0.57，但拟合优度仅为 0.7781，这说明遗漏了重要的解释变量。SAR 模型的拟合优度虽略高于 OLS 估计，但空间相关系数很小且不显著。同样，SEM 模型的空间误差相关系数也不显著。那么，浙江省服务业的发展是否不存在空间相依性，还是模型在空间权重矩阵 W 外生给定的前提假设下出现了估计偏误？

由表 4.6.1 中 MESS 模型的估计结果可见，矩阵指数空间设定系数在 1%的水平下显著，说明浙江省各市县服务业的空间相依性是统计显著的。同时，最近邻邻居数 m 约为 12。经计算，浙江省 69 个市县一阶邻接的邻居数均值约为 5，二阶邻接的邻居数均值约为 14。因此，最近邻邻居数 12 代表的空间联结结构拓展了一阶邻接关系，但未涉及所有的二阶邻接关系。这充分说明由模型本身估计的空间权重矩阵比外生给定有更好的适应性。

(2)浙江省服务业的空间异质性和空间结构

为进一步揭示浙江省服务业的空间结构，我们基于具有模型自适应性的空间权重矩阵 W 构造了 W 的 Moran 散点图(见图 4.6.1)。Moran 散点图反映了各市县与其邻近地区服务业均值之间的关系，识别了区域单元所属局部空间的集聚类型。结合 Moran 散点图的四个象限分布情况，所有市县按空间结构分为高—高地区、低—高地区、低—低地区和高—低地区四类。其中，高—高地区表示服务业发展水平高的市县被高水平发展区域所包围，低—高地区表示服务业发展水平低的市县被高水平发展区域所包围，低—低地区表示服务业发展水平低的市县被低水平发展区域所包围，高—低地区表示服务业发展水平高的市县被低水平发展区域所包围。

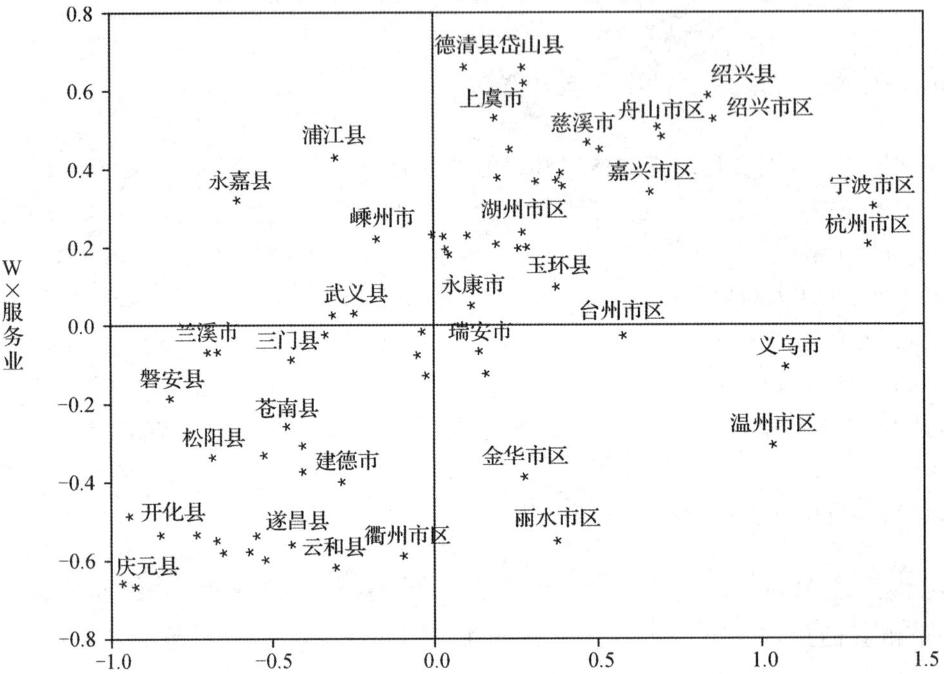

图 4.6.1　Moran 散点图

由图 4.6.1 可见，浙江省各市县与其邻近地区的服务业正相关，大部分观测值落在第一、三象限，仅有少数几个观测值落在第二、四象限。图 4.6.1 较清晰地勾勒出浙江省服务业的空间结构：东部沿海和长三角区域的市县及其周边地区的服务业水平较高，西部和南部山区的市县及其周边地区的服务业水平较低，中部和南部的服务业发展较不均衡，若干市县虽然自身服务业水平较高但辐射功能有待加强。

(3)MESS 模型各因素的影响效应分析

由表 4.6.1 中 MESS 模型的估计结果可见，除了人均实际使用外资额对服务业贡献不显著外，其他变量均对服务业有显著贡献。下面我们将利用 MESS 模型分解解释变量的影响效应，对各参数的估计结果及其空间溢出效应进行深入分析。

由(4.6.5)式可以分析某地区的服务业发展受本地区和其他地区解释变量的影响情况。以杭州市区为例，经计算，$a_{11}=1.004$，$b_{11}=0.0441$，$a_{21}=0.0245$，$b_{21}=0.1413$。因此，当本地区的人均工业产值增加 1%时，其服务业增加 0.425%，同时，当富阳市的人均工业产值增加 1%时，杭州市区的服务业增加 0.026%。由此体现了服务业发展的空间溢出效应，某个区域服务业影响因素的变化将潜在地影响其他区域的服务业。

表 4.6.1　回归结果比较

	OLS	FAR	SAR	SEM	MESS
Constant	−0.0967		−0.104	−0.029	−0.480
Seremployee	1.220***		1.288***	1.198***	1.270***
Inpopsensity	0.184***		0.188***	0.201***	0.159**
Inforeigncap	0.0006		0.010	0.006	0.016
Inindoutput	0.456***		0.457***	0.410***	0.418***
Fiscalexp	1.966**		1.964***	1.782**	1.491**
Inassetinv	0.256*		0.244***	0.295***	0.302***
$W\times seremployee$					−0.028
$W\times inpopdensity$					−0.008
$W\times$ infore*igncap*					0.080
$W\times inindoutput$					0.112
$W\times fiscal$exp					2.393
$W\times inassetinv$					−0.416**
$\rho/\lambda/\alpha$		0.5735***	−0.035	0.269	−0.183***
φ					0.804***
m					11.57***
R^2	0.8733	0.7781	0.8743	0.8752	0.8845

注：*、** 和 *** 分别表示在 1%、5%和 10%的水平下显著，下同。

为系统地理解模型的估计结果，这里根据(4.6.6)～(4.6.8)式计算了各解释变量对服务业的影响效应，结果见表 4.6.2。由表 4.6.2 可见，考虑空间相依性后，各因素对服务业的影响效应与 OLS 估计结果存在较大差异。首先，地区全社会固定资产投资对服务业的平均总影响效应为−0.1369，虽然它的平均直接影响效应为正，但平均间接影响效应为负且绝对值大于前者，说明这是一个抑制性因素。而在 OLS 估计下，地区全社会固定资产投资对服务业的影响显著为正。其次，服务业从业人员比例、人口密度、工业产值以及地方财政支出占 GDP 比例等因素对服务业的发展，无论是直接效应还是间接效应，都有积极的促进作用。此外，对比表 4.6.1 与 MESS 模型的估计结果发现，考虑空间相依性和空间异质性后，各因素的回归系数与 OLS 估计存在差异。MESS 模型中服务业从业人员比例、人口密度和工业产值的效应均高于 OLS 估计，而地方财政支出占 GDP 比例的系数低于 OLS 估计，说明 OLS 估计存在偏误。

表 4.6.2 MESS 模型解释变量的影响效应

	Seremployee	Lnpopdensity	Lnforeigncap	Lnindoutput	Fiscalexp	Lnassetinv
平均直接影响效应	1.2748	0.1596	0.0161	0.4196	1.4967	0.2857
平均间接影响效应	0.2502	0.0313	0.0031	0.0823	0.2937	0.4226
平均总影响效应	1.5250	0.1909	0.0192	0.5019	1.7904	0.1369

综上分析，利用 MESS 模型有效识别了经典的 SAR 和 SEM 模型不易识别的服务业发展的空间相依性，同时更科学地估计了服务业发展影响因素的空间溢出效应。

第5章　半参数空间滞后模型

许多经济问题有多个相互影响的内生变量，同时其空间个体还具有空间相关性。例如地区收入与就业率是相互影响的内生变量，一地区的收入既受相邻地区收入的影响，也受本地区和相邻地区就业率的影响；类似地，一地区的就业率既受相邻地区就业率的影响，也受本地区和相邻地区收入的影响。反映这种经济现象的计量经济模型的理论研究和应用目前局限于参数模型[Kelejian 和 Prucha(2004)；Jackson，(2009)；Gebremariam 等(2009，2010)；Jeanty 等(2010)]。

随着空间计量经济学的发展，我国越来越多的学者[吴玉鸣(2006)，陈德湖等(2012)]致力于研究空间计量经济模型，他们无论在估计方法方面还是在实证研究方面，均是从空间线性参数模型出发来进行研究的，但是在实际生活中，经济系统各变量之间不仅仅存在线性关系，还存在大量非线性关系。因此，近年来学者们开始围绕非参数空间滞后模型进行探索。

5.1 半参数横截面空间滞后模型

5.1.1 模型

设被解释变量为 Y，解释变量向量为($\boldsymbol{S}$，$\boldsymbol{P}$)，其中 $\boldsymbol{S}$ 是参数部分的 d_S 个解释变量，$\boldsymbol{P}$ 是非参数部分的 d_P 个解释变量。假定个体个数为 n。

设半参数横截面空间滞后模型为

$$Y_i=\rho\sum_{j\neq i}w_{ij}Y_j+\boldsymbol{S}'_i\boldsymbol{\alpha}+\sum_{j\neq i}w_{ij}\boldsymbol{S}'_j\boldsymbol{\gamma}+g(\boldsymbol{P}_i)+u_i,i=1,2,\cdots,n \quad (5.1.1)$$

其中 ρ 和 $\boldsymbol{\gamma}$ 为空间效应系数，$\boldsymbol{\alpha}$ 为系数，权数 w_{ij} 是根据个体 i 和个体 j 之间的距离(如地理上的距离，经济上距离，社会上的距离等)而定义的，$g(\cdot)$是未知函数，u_i 是均值为零，方差为 σ^2 且相互独立的随机变量。该模型的被解释变量除了受解释变量影响外，还受被解释变量的空间滞后项和解释变量的空间滞后项的影响，而且相关关系是一部分已知为线性的和另一部分为未知非线性的半参数函数形式。

记 $\widetilde{Y}_i=\sum_{j\neq i}w_{ij}Y_j$，$\widetilde{\boldsymbol{S}}_i=\sum_{j\neq i}w_{ij}\boldsymbol{S}_j$，将模型(5.1.1)表示为

$$Y_i=\rho\widetilde{Y}_i+\boldsymbol{S}'_i\boldsymbol{\alpha}+\widetilde{\boldsymbol{S}}'_i\boldsymbol{\gamma}+g(\boldsymbol{P}_i)+u_i,i=1,2,\cdots,n \quad (5.1.2)$$

其中：$\boldsymbol{\beta}=(\rho,\boldsymbol{\alpha}',\boldsymbol{\gamma}')'$是未知参数向量，$g(\cdot)$是未知函数，($\boldsymbol{S}_1$，$\boldsymbol{P}_1$，$Y_1$)，…，($S_n$，$P_n$，

Y_n)是在$R^{d_s+d_p+1}$上取值的随机变量向量序列。解释变量$\widetilde{Y}_i$是内生变量与随机误差项u_i相关,使得

$$E(\boldsymbol{S}_i u_i)\neq 0 \tag{5.1.3}$$

假定$d_p\leqslant 3$,设非参数函数m及其一阶、二阶导数有界连续,其估计的最优收敛速度为$n^{-2/(d_p+4)}$(d_p过大将会降低m估计的收敛速度)。

5.1.2 模型的估计及其性质

设$\boldsymbol{Z}_1,\cdots,\boldsymbol{Z}_n$是$R^d$上的随机变量向量,其中:$d=2d_s+d_p+2$,$\boldsymbol{Z}_i=(Z_{1i},\cdots,Z_{di})^T$。假设$E(\boldsymbol{Z}_i u_i|X_i,P_i)=0$,称$\boldsymbol{Z}_i$为工具变量向量。

设$f_P(\cdot)$是$\boldsymbol{P}_i=(P_{1i},\cdots,P_{dpi})^T$的密度函数,$f_P(p)>0$有凸支撑$\mathrm{supp}(f_P)\subset R^{dp}$,$f_P$是有界连续函数,其一阶导数连续;$E(Z_{ji}|\boldsymbol{P}_i=\boldsymbol{p})$、$E[(Z_{ji})^2|\boldsymbol{P}_i=\boldsymbol{p}]$和$E[Z_{ji}Z_{ki}(u_i)^2|\boldsymbol{P}_i=\boldsymbol{p}]$有界连续;设$K(\cdot)$是$d_p$维密度函数,令$K_{hn}(\boldsymbol{p})=h_n^{-dp}K(h_n^{-1}\boldsymbol{p})$,称$K$为核函数,$h_n$为窗宽,$K_{hn}(\cdot)$为核权函数,假定核函数$K$有紧支撑

$$\mathrm{supp}(K)\subset\prod_{i=1}^{dp}[-1,1]\subset R^{dp}$$

且

$$K(\boldsymbol{p})\geqslant 0,\int K(\boldsymbol{p})\mathrm{d}\boldsymbol{p}=1,\int K(\boldsymbol{p})\boldsymbol{p}\,\mathrm{d}\boldsymbol{p}=\boldsymbol{0},\int K(\boldsymbol{p})\boldsymbol{p}\boldsymbol{p}^T\mathrm{d}\boldsymbol{p}=\mu_2(K)\boldsymbol{I}$$

其中:$\mu_2(K)\neq 0$,$\boldsymbol{I}$为单位矩阵。

定义 5.1.1 给定$\boldsymbol{p}\in\mathrm{supp}(f_p)\subset R^{dp}$和窗宽$h$,记

$$\Theta_{\boldsymbol{p},h}=\{z:(\boldsymbol{p}+hz)\in\mathrm{supp}(f_p)\}\cap\mathrm{supp}(K)$$

若存在$h_0>0$,使得当$h\leqslant h_0$时,$\Theta_{p,h}=\mathrm{supp}(K)$,则称$\boldsymbol{p}$为$\mathrm{supp}(f_p)$的内点。否则称之为边界点。

(1)$E(\boldsymbol{P}_i u_i)=0$情形

定义 5.1.2 模型(1)参数分量的工具变量估计为

$$\hat{\boldsymbol{\beta}}_{\mathrm{IV}}=\left[\sum_{i=1}^{n}\boldsymbol{Z}_{\#i}(\boldsymbol{X}_i-\hat{\boldsymbol{m}}_1(\boldsymbol{P}_i))^{\mathrm{T}}\right]^{-1}\left[\sum_{i=1}^{n}\boldsymbol{Z}_{\#i}(Y_i-\hat{m}_1(\boldsymbol{P}_i))\right] \tag{5.1.4}$$

其中$\boldsymbol{\beta}=(\rho,\boldsymbol{\alpha}',\boldsymbol{\gamma}')'$,$\boldsymbol{X}_i=(\widetilde{Y}_i,\boldsymbol{S}'_i,\widetilde{\boldsymbol{S}}'_i)'$,$\boldsymbol{Z}_{\#i}=(Z_{1i},\cdots,Z_{2d_s+1i})'$,$\hat{\boldsymbol{m}}_1(\boldsymbol{P}_i)$和$\hat{m}_2(\boldsymbol{P}_i)$分别是$m_1(\boldsymbol{P}_i)=E[\boldsymbol{X}_i|P_i]$和$E[Y_i|\boldsymbol{P}_i]$的局部线性估计。

模型(5.1.2)非参数分量的工具变量估计为

$$\hat{g}_{\mathrm{IV}}(\boldsymbol{P}_i)=\hat{m}_2(\boldsymbol{P}_i)-\hat{\boldsymbol{m}}'_1(\boldsymbol{P}_i)\hat{\boldsymbol{\beta}}_{\mathrm{IV}} \tag{5.1.5}$$

定理 5.1.1 当$h_n=c\cdot n^{-1/(dp+4)}$时

$$\sqrt{n}(\hat{\boldsymbol{\beta}}_{\mathrm{IV}}-\boldsymbol{\beta})\xrightarrow{L}N(\boldsymbol{0},\sigma^2(\boldsymbol{\Gamma})^{-1}\boldsymbol{V}(\boldsymbol{\Gamma}')^{-1}) \tag{5.1.6}$$

其中:$\boldsymbol{V}=E[\boldsymbol{Z}_{\#i}\boldsymbol{Z}'_{\#i}]$,$\boldsymbol{\Gamma}=E[\boldsymbol{Z}_{\#1}(\boldsymbol{X}_i-E(\boldsymbol{X}_i|\boldsymbol{P}_i))']$。

证明:由叶阿忠(2008)的定理18.1推得。

由定理5.1.1可知,参数分量估计的收敛速度为$n^{-1/2}$,与经典线性回归模型参数估

计的收敛速度一致。

定理 5.1.2　设 $\boldsymbol{p}\in \mathrm{supp}(f_p)\subset R^{dp}$ 为内点，则当 $h_n=c\cdot n^{-1/(d_p+4)}$ 时

$$n^{2/(d_p+4)}[\hat{g}_{\mathrm{IV}}(\boldsymbol{p})-g(\boldsymbol{p})]\xrightarrow{L}N\left(\frac{c^2}{2}\mu_2(K)\mathrm{tr}\{\boldsymbol{H}_g(\boldsymbol{p})\},\frac{R(K)\sigma^2}{c^{dp}f_P(\boldsymbol{p})}\right)\tag{5.1.7}$$

其中：$\mathrm{tr}\{\boldsymbol{H}_g(\boldsymbol{p})\}$ 为矩阵 $\boldsymbol{H}_g(\boldsymbol{p})=\left[\dfrac{\partial^2 g(\boldsymbol{p})}{\partial p_i\partial p_j}\right]_{dp\times dp}$ 的对角元素之和。

证明：由叶阿忠(2008)的定理 18.2 推得。

由定理 5.1.2 可知，非参数分量估计的收敛速度为 $n^{-2/(dp+4)}$，达到了非参数函数估计的最优收敛速度。

(2)$E(\boldsymbol{P}_i\boldsymbol{u}_1)\neq 0$ 情形

定义 5.1.3　模型(5.1.2)参数分量的工具变量估计为

$$\hat{\boldsymbol{\beta}}_{\mathrm{IV}*}=\left[\sum_{i=1}^{n}Z_{\#i}(X_i-\hat{\boldsymbol{m}}_1(Z_{*i}))'\right]^{-1}\left[\sum_{i=1}^{n}Z_{\#i}(Y_i-\hat{\boldsymbol{m}}_2(Z_{*i}))\right]\tag{5.1.8}$$

其中 $\hat{\boldsymbol{m}}_1(Z_{*i})$ 和 $\hat{m}_2(Z_{*i})$ 分别是 $\hat{\boldsymbol{m}}_1(Z_{*i})=E[X_i|Z_{*i}]$ 和 $\hat{m}_2(Z_{*i})=E[X_i|Z_{*i}]$ 的局部线性估计，$Z_{*i}=(Z_{2d_s+2i},\cdots,Z_{di})'$。

模型(5.1.2)非参数分量的工具变量估计为

$$\hat{g}_{\mathrm{IV}*}(\boldsymbol{p})=\boldsymbol{e}_1'(\boldsymbol{Z}'_*\boldsymbol{W}_p\Phi_p)^{-1}\boldsymbol{Z}'_*\boldsymbol{W}_p[\boldsymbol{Y}-\boldsymbol{X}'\hat{\boldsymbol{\beta}}_{\mathrm{IV}*}]\tag{5.1.9}$$

$\boldsymbol{W}_p=diag\{K_{h_n}(\boldsymbol{P}_1-\boldsymbol{p}),\cdots,K_{h_n}(\boldsymbol{P}_n-\boldsymbol{p})\}$，$\Phi_p=(\boldsymbol{P}_{p1},\boldsymbol{P}_{pn})'$，$\boldsymbol{P}_{pi}=(1,(\boldsymbol{P}_i-\boldsymbol{p})')'$，$\boldsymbol{Z}_*=(Z_{*1},Z_{*2},\cdots Z_{*n})'$，$\boldsymbol{Y}=(Y_1,Y_2,\cdots Y_n)'$，$\boldsymbol{X}=(X_1,X_2,\cdots X_n)'$。

定理 5.1.3　在条件 1 下，当 $\boldsymbol{h}_n=\boldsymbol{c}\cdot\boldsymbol{n}^{-1/(d_p+4)}$ 时

$$\sqrt{n}(\hat{\boldsymbol{\beta}}_{\mathrm{IV}*}-\boldsymbol{\beta})\xrightarrow{L}N(0,\sigma^2(\Gamma_*)^{-1}V(\Gamma'_*)^{-1})\tag{5.1.10}$$

其中：$\Gamma_*=E[Z_{\#i}(X_i-E(X_i|Z_{*i}))']$。

证明：由叶阿忠(2008)中式(19.8)可推得。

定理 5.1.4　设 $\boldsymbol{p}\in \mathrm{supp}(f_P)\subset R^{dp}$ 为内点，则当 $\boldsymbol{h}_n=\boldsymbol{c}\cdot\boldsymbol{n}^{-1/(d_p+4)}$ 时

$$n^{2/(d_p+4)}[\hat{g}_{\mathrm{IV}*}(\boldsymbol{p})-g(\boldsymbol{p})]\xrightarrow{L}N\left(\frac{c^2}{2}\mu_2(K)a(\boldsymbol{p}),c^{-d_p}R(K)b(\boldsymbol{p})\right)\tag{5.1.11}$$

其中 $a(\boldsymbol{p})=f_P(\boldsymbol{p})\mathrm{tr}\{H_g(\boldsymbol{p})\}B(\boldsymbol{p})g(\boldsymbol{p})$，$b(\boldsymbol{p})=f_P(\boldsymbol{p})B(\boldsymbol{p})f(\boldsymbol{p})B(\boldsymbol{p})'$，$F(\boldsymbol{p})=E(u_i^2Z_{*i}Z'_{*i}|P_i=\boldsymbol{p})$，$B(\boldsymbol{p})=(B_1(\boldsymbol{p}),B_2(\boldsymbol{p}))$，$B_1(\boldsymbol{p})=[A_11(\boldsymbol{p})-A_12(\boldsymbol{p})(A_{22}(\boldsymbol{p}))^{-1}A_{21}(\boldsymbol{p})]^{-1}$，$B_2(\boldsymbol{p})=-(A_11(\boldsymbol{p}))^{-1}A_{12}(\boldsymbol{p})[(A_{22}(\boldsymbol{p})-A_{21}(\boldsymbol{p})(A_{11}(\boldsymbol{p}))^{-1}A_{12}(\boldsymbol{p})]^{-1}$，$A_{11}(\boldsymbol{p})=f_P(\boldsymbol{p})l_0(\boldsymbol{p})$，$A_{12}(\boldsymbol{p})=\psi_0(\boldsymbol{p})D'_{fp}(\boldsymbol{p})+f_P(\boldsymbol{p})D'_{\psi 0}(\boldsymbol{p})$，$A_{21}(\boldsymbol{p})=f_P=(\boldsymbol{p})\psi_1(\boldsymbol{p})$，$A_{22}(\boldsymbol{p})=\psi_1(\boldsymbol{p})D_{fp}(\boldsymbol{p})+f_P(\boldsymbol{p})D'_{\psi 1}(\boldsymbol{p})$，$[\psi_0(\boldsymbol{p}),(\psi_1(\boldsymbol{p}))']'=\psi(\boldsymbol{p})=E(Z_{*i}|\boldsymbol{P}_i=\boldsymbol{p})$。

证明：由叶阿忠(2008)中式(19.14)可推得。

5.1.3 实例

例 5.1.1　本例取自叶阿忠、陈生明和冯烽(2015)的研究论文。历年国家统计年鉴是抽查调整数据，与人口普查数据相比，无法合理反映我国人口城镇化水平。伴随第六次

全国人口普查数据的完成，运用最新数据才能衡量当前我国省份间人口城镇化水平差异。因此，该例以省份为分析单位，利用第六次全国人口普查数据中地区城镇常住人口数据与地区常住总人口数来计算人口城镇化率(URB)。鉴于第六次全国人口普查数据是2010年人口数据，采用2010年统计年鉴中的30个省、市和自治区(西藏因部分数据缺失，予以删除)数据来分析大陆地区的城镇化水平和它的空间差异及影响因素。其他数据来源于2011年《中国统计年鉴》、2011年《中国人口统计年鉴》。数据说明如下：

GDP表示人均地区生产总值，代表区域经济发展水平，因为Northam(1975)认为经济发展与城镇化水平存在模糊的正线性关系。周一星(1982)认为经济发展水平与城镇化水平之间是明显的对数关系。

SER表示人均第三产业产出，非农产业的发展为城镇化提供了产业基础，是城镇化的核心动力。赵新平和周一星(2002)认为在中后期城镇化的根本动力是服务业的发展与新兴产业的创新。

INR表示人均第二产业产出，特别在初期城镇化的根本动力是工业发展，Leris等(1989)也揭示了工业化与城镇化的正相关关系。

FDI表示地区人均外商投资，李小健等(2000)认为引进外资和对外贸易促进我国城镇化，外资利用的不平衡对城镇化的区域差异具有重要影响。

URR表示各地区城乡收入差距，吴先华(2011)认为人口城镇化与城乡收入差距呈长期稳定的负向关系，缩小城乡收入差距是促进城乡统筹发展的重要途径。

借鉴Zhang(2002)与曹广忠和刘涛(2010)的研究，将所有解释变量取对数，以消除异方差性。首先，对城镇化水平(URB)、对数的人均服务产出(LNSER)、对数的人均工业产出(LNINR)进行空间相关性检验分析。由表5.1.1的结果表明，URB、LNSER、LNINR的Moran's I值都大于0.38，这表示了城镇化、服务业和工业化呈现出明显的空间正相关性。

表5.1.1　我国城镇化、服务业和工业化水平的Moran's I值

变量名称	URB	LNSER	LNINR
Moran's I	0.3978	0.3830	0.4106

考虑到服务业和工业产出不仅在区域内部促进了城镇化进程，而且还可能对临近区域的城镇化产生影响。同时，针对人均地区生产总值(LNGDP)与城镇化的非线性关系，在模型中进行非参数处理，建立半参数空间滞后模型：

$$\begin{aligned} URB = {} & \rho W \cdot URB + \beta_2 \ln INR + \beta_3 \ln FDI + \beta_4 \ln URR + \\ & \alpha_1 W \cdot \ln SER + \alpha_2 W \cdot \ln INR + G(\ln GDP) + \varepsilon \end{aligned} \tag{5.1.12}$$

其中α_j、ρ、β_i为空间效应系数，$G(\cdot)$是未知函数，W是空间权重，采用比较常用的二进制邻接矩阵来确定空间权重矩阵，依据两个省份是否拥有共同边界来设定空间权重矩阵：第i个省份和第j个省份若拥有共同边界，则空间权重w_{ij}取值为1，否则取值为0。即$W=(w_{ij})$：

$$w_i j = \begin{cases} 1, \text{当区域 } i \text{ 与 } j \text{ 相邻接} \\ 0, \text{其他} \end{cases} \tag{5.1.13}$$

采用线性回归模型、空间滞后模型以及本节的半参数空间滞后模型进行实证分析，并对三者结果进行比较分析，计算结果见表 5.1.2。

表 5.1.2　三种模型拟合效果比较

	线性回归模型	空间滞后模型	半参数空间滞后模型
C	0.166177	略	略
ln*SER*	0.386261***	0.388055***	0.235182**
ln*GDP*	0.314205*	−0.279723**	
ln*INR*	0.116208	0.092945*	0.053561
ln*FDI*	0.032649***	0.039838***	0.036210**
ln*URR*	−0.151133**	−0.205649***	−0.151374***
W · ln*SER*		0.092509*	0.084987*
W · ln*INR*		−0.016970	−0.007540
W · *URB*		−0.458995*	−0.408088*
R-squared	0.948820	0.944800	0.982527

注：***、** 和 * 分别表示在 1%、5%和 10%的水平上显著。

线性回归模型和空间滞后模型的结果表明：(1)对数人均服务产业产出(ln*SER*)对城镇化水平有很强的正的影响力。对数人均第二产业产出(ln*INR*)对城镇化水平的影响不显著，这说明了我国城镇化的动力已经从工业化驱动转到服务业驱动，进一步验证了赵新平(2002)的说法。(2)对数人均外商投资(ln*FDI*)对城镇化的影响一直显著为正，这说明外商投资的提高会推动城镇化的发展，符合李晓健等(2000)的观点。各地区城乡收入差距与人口城镇化呈明显的负向关系，也符合了吴先华(2011)的观点。(3)对数人均地区生产总值(ln*GDP*)对城镇化的影响不明显，既可能是正向关系，也可能是负向关系，可能的原因是 ln*GDP* 与 *URB* 之间的关系是非线性的。

那么，经济增长和人口城镇之间没有关系吗？显然不是，本例尝试使用半参数空间滞后模型来做进一步的调整，采用 Epanechnikov 核函数和固定窗宽局部线性工具变量估计，并通过 R、EViews、Matlab 和 Gauss 软件来实现半参数空间滞后模型估计。

半参数空间滞后模型的估计结果表明：半参数空间滞后模型的 R^2 明显高于前两个方程，说明它的拟合效果最好，能够更好地解释各变量对城镇化的影响。同时，进一步证实了外商投资和服务产业推动城镇化的发展，城乡收入差距扩大将抑制人口城镇化发展。对数人均服务产业产出(ln*SER*)对城镇化水平的影响为 0.235182，对数人均第二产业产出(ln*INR*)对城镇化水平的影响为 0.053561，也说明了现阶段服务产业对城镇化发展的影响强于第三产业对城镇化的影响。服务业集聚对该省的城镇化具有促进作用，工业集聚和邻近省份的城镇化对该省的城镇化具有抑制作用，进一步验证了马鹏等(2010)的说法。

另外，经济增长对城镇化的非线性影响是本例研究的另一重点。半参数空间滞后模型中 $G(\cdot)$ 的导数图（图 5.1.1）可以直观反映经济增长对省域城镇化的非线性影响，其中横坐标表示人均地区生产总值（ln*GDP*）；纵坐标表示其对城镇化率的导数，即每提高 1% 的人均地区生产总值对城镇化率的增量。

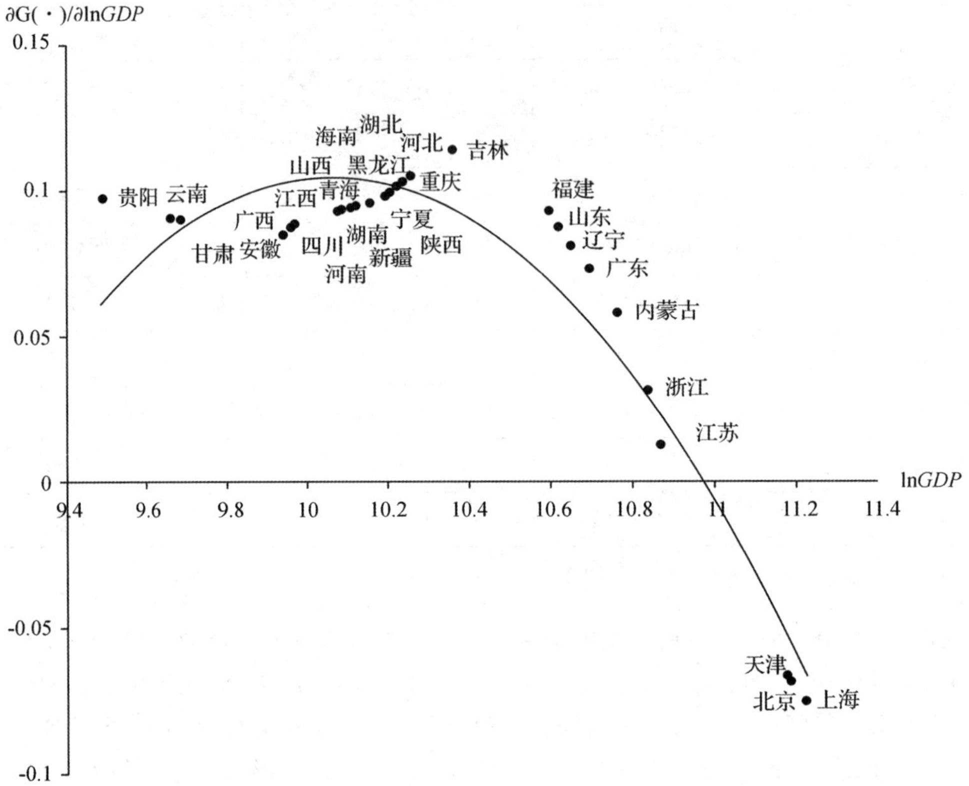

图 5.1.1　经济增长对城镇化率的导数图

该散点图总体上呈现倒 U 形状，可以明显看出经济增长对不同区域城镇化的影响力度不同：(1)在经济欠发达地区（云南、贵州、四川等地区），经济增长对城镇化的促进作用相对较低。可能是因为这些地区经济较落后，城市的基础设施相对不完善、社会保障制度仍不健全等因素制约了经济增长对城镇化的促进效果。(2)ln*GDP* 在[10，10.6]这个中间区域的偏导数很大，主要原因是这些地区大多数位于中部地区和靠近沿海的经济较发达地区，它们经济发达、交通便利，与周边省份联系紧密，同时城市的基础设施、社会保障等相对较完善。因此，当经济进一步增长，城市会涌入更多的农村人口，以享受更好的教育、就业医疗、养老公共服务等方面。(3)在经济特发达的沿海地区（如上海、天津等），经济增长对城镇化的促进效果明显开始减弱，甚至是负向的，这是因为这些地区普遍已经有很高的城镇化水平，存在高房价、高污染、生活和工作压力持续增大等严重问题，导致越来越多的城镇人口，为了消除焦虑，减缓压力，移居到其他二线城市，寻找另一种相对轻松的生活方式。因此，即便经济进一步增长和居民收入提高，这些地区城镇化水平也可能不升反降。

例 5.1.2　本例取自郭炬、叶阿忠和陈泓（2012）的研究论文。以中国 2008 年区域技术创新能力相关数据为基础进行比较分析，相关数据来源于中国科技部网站，空间矩阵 **W** 是一个二元对称的矩阵，以Rook相邻规则作为判定基础。回归结果如下：

$$\begin{aligned} Linno = & -0.007153596 + 0.2195597WLinno + 0.1266901Lapp + \\ & 0.1019919Ltra - 0.01593059Linv + m(Lgra) + \varepsilon \end{aligned} \tag{5.1.14}$$

其中 *Linno* 代表区域技术创新水平，*Lapp* 代表专利申请，*Linv* 代表 R&D 投入，*Ltra* 代表技术转让，*Lgra* 代表专利授权。式(5.1.14)给出，区域技术创新水平的空间滞后项系数为 0.2195597，在方程系数显著的前提下，表明区域技术创新水平具有正的相关性，呈现空间聚集现象。

图 5.1.2 是根据方程做出的各变量相互关系 3D 图。从图 5.1.2A 中可以看出，曲面在 *Linno* 和 *Lgra* 组成的平面投影呈一条抛物线，且方向是向上的，表明 *Linno* 和 *Lgra* 之间存在正向非线性关系，技术创新水平随专利授权数量的增加而增加。而曲面在 *Linno* 和 *Linv* 组成的平面投影呈一条向上的斜线，表明 *Linno* 和 *Linv* 之间存在明显的负向线性关系，技术创新水平随研发投入的增加而减小。

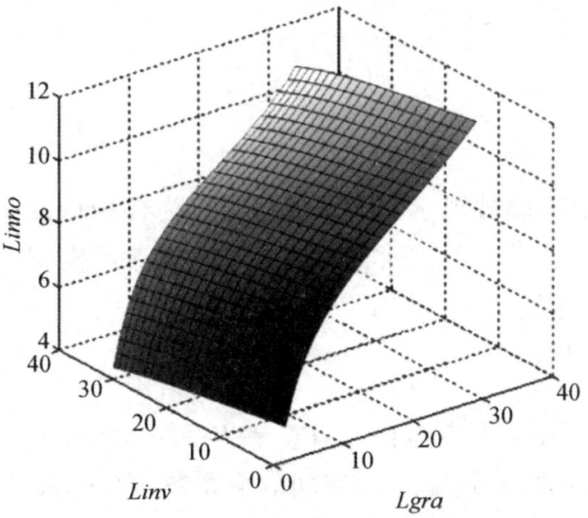

图 5.1.2A *Linno* 和 *Lgra*、*Linv* 3D 图

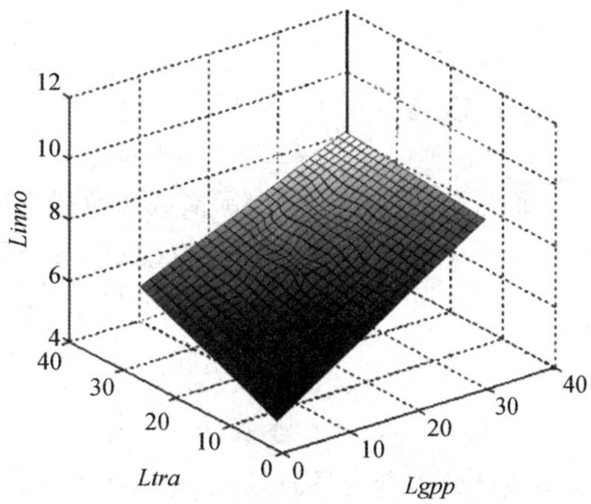

图 5.1.2B *Linno* 和 *Ltra*、*Lapp* 3D 图

从图 5.1.2B 中可以看出，曲(平)面在 *Linno* 和 *Ltra* 组成的平面投影呈一条向上斜线，表明 *Linno* 和 *Ltra* 之间存在正向线性关系，技术创新水平随技术转让收入的增加而增加。而曲(平)面在 *Linno* 和 *Lapp* 组成的平面投影呈一条向上斜线，表明 *Linno* 和 *Lapp* 之间存在正向的线性关系，区域技术创新水平随专利申请数量的增加而增加。

通过表 5.1.3 对三种模型的比较，发现在变量显著性水平上，空间模型都在 1%水平下显著，表明各变量选取是适当的。在空间性指标上，*WLinno* 在半参数空间模型上比空间模型(5%水平下)更显著(1%水平下)，说明半参数模型可以更好地反映技术创新的空间集聚性。模型拟合效果上，半参数模型 R^2 最大，其次是空间模型，最后是传统计量模型。表明空间滞后模型在处理空间相关性问题时，比传统计量模型更具有优势，而加入半参数方法，可以使模型更符合客观现实。

表 5.1.3 传统计量模型、空间滞后模型、空间滞后半参数模型拟合效果比较

	传统计量模型(OLS)	空间滞后模型(SLM)	空间滞后的半参数模型(SLSM)
C	0.0000097***	0.0000000***	0.0000000***
WLinno	—	0.0471587**	0.0099468***
Lapp	0.0012718***	0.0001193***	0.0045253***
Linv	0.0206205**	0.0008712***	0.0000260***
Ltra	0.0018303***	0.0000101***	0.0000000***
Lgra	0.5227471	0.7177728	—
R-square	0.929241	0.937360	0.944294

5.2 半参数面板空间滞后模型

5.2.1 模型

面板数据模型可以揭示横截面数据模型所不能被观察到的个体特殊行为,因而,被广泛应用于微观经济和区域经济领域的实证研究。设半参数面板固定影响空间滞后模型为

$$Y_{it}=\alpha_i+\rho\sum_{j\neq i}w_{ij}Y_{jt}+\boldsymbol{S}'_{it}\gamma_0+\sum_{j\neq i}w_{ij}\boldsymbol{S}'_{jt}\gamma_1+g(\boldsymbol{P}_{it})+u_{it},$$
$$i=1,2,\cdots,n,t=1,2,\cdots,T \tag{5.2.1}$$

其中 Y_{it} 为被解释变量,$\boldsymbol{S}_{it}=(S_{1it},\cdots S_{d_sit})'$ 是解释变量向量,$\boldsymbol{P}_{it}=(P_{1it},\cdots,P_{d_pit})'$ 为非参数部分解释变量向量,α_i 为个体影响,γ_0 为系数,ρ 和 γ_1 为空间效应系数,$g(\cdot)$ 是未知函数,u_{it} 是均值为零,方差为 σ^2 且相互独立的随机变量。该模型的因变量除了受个体特殊行为 α_i 和解释变量的影响,还受因变量的空间滞后项和解释变量的空间滞后项的影响。若 $Eg(\boldsymbol{P}_{it})\neq 0$,则可将其归入 α_i,所以,不妨设 $Eg(\boldsymbol{P}_{it})=0$。

记 $\widetilde{Y}_{it}=\sum_{j\neq i}w_{ij}Y_{jt}, S_{it}=\sum_{j\neq i}w_{ij}S_{jt}, \widetilde{P}_{it}=\sum_{j\neq i}w_{ij}P_{jt}$,则模型(5.2.1)可写成

$$Y_{it}=\alpha_i+\boldsymbol{X}'_{it}\boldsymbol{\beta}+g(\boldsymbol{P}_{it})+u_{it} \tag{5.2.2}$$

其中:$\boldsymbol{\beta}=(\rho,\gamma'_0,\gamma'_1)'$,$\boldsymbol{X}_{it}=(\widetilde{\gamma}_{it},S'_{it},\widetilde{S}'_{it})'$。$(S_{1t},P_{1t},Y_{1t}),\cdots,(S_{nt},P_{nt},Y_{nt})$ 是在 $R^{d_s+d_p+1}$ 上取值的随机变量向量序列。解释变量 $\boldsymbol{X}_{it}$ 是内生变量且与随机误差项 u_{it} 相关,使得

$$E(\boldsymbol{X}_{it}\boldsymbol{u}_{it})\neq 0 \tag{5.2.3}$$

假定 $d_p\leqslant 3$,关于非参数函数 g 的假设同前。设 $\boldsymbol{Z}_{1t},\cdots,\boldsymbol{Z}_{nt}$ 是 R^d 上的随机变量向量,其中:$d=2d_s+d_p+4$,$\boldsymbol{Z}_{it}=(Z_{1it},\cdots,Z_{dit})'$。假设 $E(\boldsymbol{Z}_{it}\boldsymbol{u}_{it})=0$,$E(\boldsymbol{Z}_{it}\boldsymbol{u}_{it}\mid\boldsymbol{X}_{it},\boldsymbol{P}_{it})=0$,称 $\boldsymbol{Z}_i$ 为工具变量向量。

设 $f_{\boldsymbol{P}}(\cdot)$ 是 $P_{it}=(P_{1it},\cdots,P_{d_pit})'$ 的密度函数,$f_P(p)>0$ 有凸支撑 $\mathrm{supp}(f_P)\subset$

R^{d_p}。

$(S_{1t},P_{1t},Y_{1t}),\cdots,(S_{nt},P_{nt},Y_{nt})$是在 $R^{d_s+d_p+1}$ 上取值的随机变量向量序列。解释变量 X_{it} 是内生变量且与随机误差项 u_{it} 相关,使得

$$E(\boldsymbol{X}_{it}\boldsymbol{u}_{it})\neq 0 \tag{5.2.4}$$

假定 $d_p\leqslant 3$,设非参数函数 g 及其一阶、二阶导数有界连续,其估计的最优收敛速度为 $n^{-2/(d_p+4)}$(d_p 过大将会降低 g 估计的收敛速度)。设 $Z_{1t},\cdots,Z_{nt}$ 是 R^d 上的随机变量向量,其中:$d=2d_s+d_p+2$,$\boldsymbol{Z}_{it}=(Z_{1it},\cdots,Z_{dit})'$。假设 $E(\boldsymbol{Z}_{it}\boldsymbol{u}_{it})=0$,$E(\boldsymbol{Z}_{it}\boldsymbol{u}_{it}|\boldsymbol{X}_{it},\boldsymbol{P}_{it})=0$,称$\boldsymbol{Z}_i$ 为工具变量向量。

设 $f_P(\cdot)$是$\boldsymbol{P}_{it}=(P_{1it},\cdots,P_{d_pit})'$的密度函数,$f_P(p)>0$ 有凸支撑 $\mathrm{supp}(f_P)\subset R^{d_p}$。

5.2.2 工具变量估计

(1)$E(\boldsymbol{P}_{it}\boldsymbol{u}_{it})=0$ 情形

定义 5.2.1 模型(5.2.1)参数分量 $\boldsymbol{\beta}$ 的工具变量估计为

$$\hat{\boldsymbol{\beta}}_{\mathrm{IV}}=\left[\sum_{i=1}^{n}\sum_{t=1}^{T}\boldsymbol{Z}_{\#it}(\boldsymbol{X}_{it}-\hat{m}_1(\boldsymbol{P}_{it}))'\right]^{-1}\left[\sum_{i=1}^{n}\sum_{t=1}^{T}\boldsymbol{Z}_{\#it}(\boldsymbol{Y}_{it}-\hat{m}_2(\boldsymbol{P}_{it}))\right] \tag{5.2.5}$$

其中$Z_{\#it}=(Z_{1it},\cdots,Z_{2d_s+1it})'$,$\hat{m}_1(\boldsymbol{p})$和 $\hat{m}_2(\boldsymbol{p})$分别是$m_1(\boldsymbol{p})=E[X_{it}|P_{it}=\boldsymbol{p}]$和 $m_2(\boldsymbol{p})=E[Y_{it}|P_{it}=\boldsymbol{p}]$的局部线性估计。

模型(5.2.1)参数分量 α_i 的工具变量估计为

$$\hat{\alpha}_i=\overline{Y}_i-\overline{X}'_i\hat{\boldsymbol{\beta}}_{\mathrm{IV}}$$

其中 $\overline{Y}_i=\frac{1}{T}\sum_{t=1}^{T}Y_{it}$,$\overline{X}'_i=\frac{1}{T}\sum_{t=1}^{T}\overline{X}_{it}$。

模型(5.2.1)非参数分量的工具变量估计为

$$\hat{g}_{\mathrm{IV}}(\boldsymbol{p})=\hat{m}_2(\boldsymbol{p})-\hat{m}'_1(\boldsymbol{p})\hat{\boldsymbol{\beta}}_{\mathrm{IV}}-\hat{\alpha}_i \tag{5.2.6}$$

定理 5.2.1 当 $h_n=c\cdot n^{-1/(d_p+4)}$时

$$\sqrt{n}(\hat{\boldsymbol{\beta}}_{\mathrm{IV}}-\boldsymbol{\beta})\xrightarrow{L}N(\boldsymbol{0},\sigma^2(\Gamma)^{-1}V(\Gamma')^{-1}) \tag{5.2.7}$$

其中:$V=E[\boldsymbol{Z}_{\#it}\boldsymbol{Z}'_{\#it}]$,$\Gamma=E[\boldsymbol{Z}_{\#it}(\boldsymbol{X}_{it}-E(\boldsymbol{X}_{it}|\boldsymbol{P}_{it}))']$。

证明:由叶阿忠(2008)的定理 18.1 推得。

由定理 5.2.1 可知,参数分量估计的收敛速度为 $n^{-1/2}$,与经典线性回归模型参数估计的收敛速度一致。

定理 5.2.2 设 $\boldsymbol{p}\in\mathrm{supp}(f_P)\subset R^{d_p}$ 为内点,则当 $h_n=c\cdot n^{-1/(d_p+4)}$时

$$n^{2/(d_p+4)}[\hat{g}_{\mathrm{IV}}(\boldsymbol{p})-g(\boldsymbol{p})]\xrightarrow{L}N\left[\frac{c^2}{2}\mu_2(K)\mathrm{tr}\{H_g(\boldsymbol{p})\},\frac{R(K)\sigma^2}{c^{d_p}f_P(\boldsymbol{p})}\right] \tag{5.2.8}$$

其中:$\mathrm{tr}\{H_g(\boldsymbol{p})\}$为矩阵$H_g(\boldsymbol{p})=\left[\frac{\partial^2 g(\boldsymbol{p})}{\partial p_i\partial p_j}\right]_{d_p\times d_p}$的对角元素之和。

证明:因为

$$n^{2/(d_p+4)}[\hat{g}_{\mathrm{IV}}(\boldsymbol{p})-g(\boldsymbol{p})]=n^{2/(d_p+4)}[\hat{m}_2(\boldsymbol{p})-\hat{m}'_1(\boldsymbol{p})\hat{\boldsymbol{\beta}}_{\mathrm{IV}}-g(\boldsymbol{p})-\alpha_i]-n^{2/(d_p+4)-1/2}n^{1/2}(\hat{\alpha}_i-\alpha_i)$$

由于参数估计 $\hat{\alpha}_i$ 的收敛速度为 $n^{-1/2}$ 且 $2/(d_p+4)-1/2<0$，所以，

$$n^{2/(d_p+4)-1/2}n^{1/2}(\hat{\alpha}_i-\alpha_i)\xrightarrow{L}0$$

再由叶阿忠(2008)的定理 18.2 可知

$$n^{2/(d_p+4)}[\hat{m}_2(p)-\hat{m}'_1(\boldsymbol{p})\hat{\beta}_{\mathrm{IV}}-g(\boldsymbol{p})-\alpha_i]\xrightarrow{L}N(\frac{c^2}{2}\mu_2(K)\mathrm{tr}\{H_g(\boldsymbol{p})\},\frac{R(K)\sigma^2}{c^{d_p}f_P(\boldsymbol{p})})$$

综合前述，可获得式(5.2.8)。

由定理 5.2.2 可知，非参数分量估计的收敛速度为 $n^{-2/(d_p+4)}$，达到了非参数函数估计的最优收敛速度。

(2)$E(\boldsymbol{P}_{it}\boldsymbol{u}_{it})\neq0$ 情形

定义 5.2.2 模型(5.2.1)参数分量的工具变量估计为

$$\hat{\boldsymbol{\beta}}_{\mathrm{IV}*}=\left[\sum_{i=1}^{n}\sum_{t=1}^{T}\boldsymbol{Z}_{\#it}(\boldsymbol{X}_{it}-\hat{m}_1(\boldsymbol{Z}_{*it}))'\right]^{-1}\left[\sum_{i=1}^{n}\sum_{t=1}^{T}\boldsymbol{Z}_{\#it}(\boldsymbol{Y}_{it}-\hat{m}_2(\boldsymbol{Z}_{*it}))\right]\tag{5.2.9}$$

其中$\hat{m}_1(\boldsymbol{Z}_{*it})$和$\hat{m}_2(\boldsymbol{Z}_{*it})$分别是$m_1(\boldsymbol{Z}_{*it})=E[\boldsymbol{X}_{it}|\boldsymbol{Z}_{*it}]$和 $m_2(\boldsymbol{Z}_{*it})=E[\boldsymbol{Y}_{it}|\boldsymbol{Z}_{*it}]$的局部线性估计，$\boldsymbol{Z}_{*it}=(Z_{2d_s+2it},\cdots,Z_{dit})'$。

模型(5.2.1)参数分量 α_i 的工具变量估计为

$$\hat{\alpha}_i=\overline{Y}_i-\boldsymbol{X}'_i\hat{\boldsymbol{\beta}}_{\mathrm{IV}*}$$

模型(5.2.1)非参数分量的工具变量估计为

$$\hat{g}_{\mathrm{IV}*}(\boldsymbol{p})=\boldsymbol{e}'_1(\boldsymbol{Z}'_*\boldsymbol{W}_p\boldsymbol{\Phi}_p)^{-1}\boldsymbol{Z}'_*\boldsymbol{W}_p[Y-\boldsymbol{X}'\hat{\boldsymbol{\beta}}_{\mathrm{IV}*}]-\hat{\boldsymbol{\alpha}}_{i*}\tag{5.2.10}$$

其中$\boldsymbol{W}_p=diag\{K_{h_n}(\boldsymbol{P}_{11}-\boldsymbol{p}),\cdots,K_{h_n}(\boldsymbol{P}_{1T}-\boldsymbol{p}),\cdots,K_{h_n}(\boldsymbol{P}_{n1}-\boldsymbol{p}),\cdots,K_{h_n}(\boldsymbol{P}_{nT}-\boldsymbol{p})\}$，$\boldsymbol{\Phi}_p=(\boldsymbol{P}_{p11},\cdots\boldsymbol{P}_{p1T},\cdots,\boldsymbol{P}_{pn1},\cdots,\boldsymbol{P}_{pnT})'$，$\boldsymbol{P}_{pit}=(1,(\boldsymbol{P}_{it}-\boldsymbol{p})')'$，$\boldsymbol{Z}_*=(Z_{*1T},\cdots,Z_{*1T},\cdots,Z_{*n1},\cdots,Z_{*nT})'$，$\boldsymbol{Y}=(Y_{11},\cdots,Y_{1T},\cdots,Y_{n1},\cdots,Y_{nT})'$，$\boldsymbol{X}=(X_{11},\cdots,X_{1T},\cdots,X_{n1},\cdots,X_{nT})$。

定理 5.2.3 在条件 1 下，当 $h_n=c\cdot n^{-1/(d_p+4)}$ 时

$$\sqrt{n}(\hat{\boldsymbol{\beta}}_{\mathrm{IV}*}-\boldsymbol{\beta})\xrightarrow{L}N(0,\sigma^2(\boldsymbol{\Gamma}_*)^{-1}\mathbf{V}(\boldsymbol{\Gamma}'_*)^{-1})\tag{5.2.11}$$

其中：$\boldsymbol{\Gamma}_*=E[\boldsymbol{Z}_{\#it}(\boldsymbol{X}_{it}-E(\boldsymbol{X}_{it}|\boldsymbol{Z}_{*it}))']$。

证明：由叶阿忠(2008)中式(19.8)可推得。

定理 5.2.4 设 $\boldsymbol{p}\in\mathrm{supp}(f_P)\subset R^{d_p}$ 为内点，则当 $h_n=c\cdot n^{-1/(d_p+4)}$ 时

$$n^{2/(d_p+4)}[\hat{g}_{\mathrm{IV}*}(\boldsymbol{p})-g(\boldsymbol{p})]\xrightarrow{d}N(\frac{c^2}{2}\mu_2(K)a(\boldsymbol{p}),c^{-d_p}R(K)b(\boldsymbol{p}))\tag{5.2.12}$$

其中$a(\boldsymbol{p})=f_P(\boldsymbol{p})\mathrm{tr}\{H_g(\boldsymbol{p})\}B(\boldsymbol{p})g(\boldsymbol{p})$，$b(\boldsymbol{p})=f_P(\boldsymbol{p})B(\boldsymbol{p})F(\boldsymbol{p})B(\boldsymbol{p})'$，

$F(\boldsymbol{p})=E(u_{it}^2Z_{*it}Z'_{*it}|P_{it}=\boldsymbol{p})$，$B(\boldsymbol{p})=(B_1(\boldsymbol{p}),B_2(\boldsymbol{p}))$，

$B_1(\boldsymbol{p})=[A_{11}(\boldsymbol{p})-A_{12}(\boldsymbol{p})(A_{22}(\boldsymbol{p}))^{-1}A_{21}(\boldsymbol{p})]^{-1}$，

$B_2(\boldsymbol{p})=-(A_{11}(\boldsymbol{p}))^{-1}A_{12}(\boldsymbol{p})[A_{22}(\boldsymbol{p})-A_{21}(\boldsymbol{p})(A_{11}(\boldsymbol{p}))^{-1}A_{12}(\boldsymbol{p})]^{-1}$，

$A_{11}(\boldsymbol{p})=f_P(\boldsymbol{p})\psi_0(\boldsymbol{p})$，$A_{12}(\boldsymbol{p})=\psi_0(\boldsymbol{p})D'_{fP}(\boldsymbol{p})+f_P(\boldsymbol{p})D'_{\psi_0}(\boldsymbol{p})$，

$A_{21}(\boldsymbol{p})=f_P(\boldsymbol{p})\psi_1(\boldsymbol{p}),A_{22}(\boldsymbol{p})=\psi_1(\boldsymbol{p})D_{f_P}(\boldsymbol{p})+f_P(\boldsymbol{p})D'_{\psi_1}(\boldsymbol{p}),$

$[\psi_0(\boldsymbol{p}),(\psi_1(\boldsymbol{p}))']'=\psi(\boldsymbol{p})=E(\boldsymbol{Z}_{*it}|\boldsymbol{P}_{it}=\mathbf{p})$。

证明:类似定理 5.2.2 的证明并应用叶阿忠(2008)中式(19.14)可推得。

(3)实例

例 5.2.1 本例取自冯烽和叶阿忠(2014)的研究论文。在传统 C-D 生产函数的基础上,建立如下三要素新古典生产函数半参数固定效应空间面板数据模型:

$$\ln Y_{it}=\rho\sum_{j\neq i}w_{ij}\ln Y_{jt}+\mu_i+\alpha\ln K_{it}+\beta\ln L_{it}+G(\ln E_{it})+\varepsilon_{it}\qquad(5.2.11)$$

式(5.2.11)中,Y_{it}、K_{it}、L_{it}、E_{it}分别为地区 i 时期 t 的实际 GDP、固定资本存量、劳动力投入、能源消耗;μ_i 为反映地区经济增长个体行为的固定效应参数;w_{ij}为根据地区 i 与地区 j 之间的距离而定义的空间权重;ρ 为反映地区经济空间溢出效应的空间系数;$G(\cdot)$是未知函数;ε_{it}为服从 $N(0,\delta^2)$的随机扰动;$t=1,\cdots,T$。该模型的被解释变量 lnY 除了受解释变量影响外,还受其空间滞后项的影响,而且相关关系是一部分已知为线性关系和另一部分为未知的非参数函数之和的形式。

采用 1995—2011 年中国 29 个省区的面板数据,考虑到统计数据的一致性和可获性,将重庆市与四川省的数据合并计算,西藏、台湾、香港和澳门不包括在研究的样本中。需要使用的各省区数据包括:省区生产总值、生产总值指数、年末就业人数、固定资本形成总额、固定资本投资价格指数、生产用能源消耗总量,其中各省区的生产总值、生产总值指数、年末就业人数、固定资本形成总额、固定资本投资价格指数的数据来源于国泰安数据库,各省区生产用能源消耗总量由该省区能源消耗总量减去生活用能源消耗总量得到,其中各省区能源消耗总量和生活用能源消耗总量根据历年《中国能源统计年鉴》分地区能源平衡表各种能源消耗量及各能源折算标准煤系数计算得到,其中 2001 年海南和 2001—2002 年宁夏的能源消耗总量数据采用插值法补全。省区产出以该省区生产总值表示,资本投入以固定资本投入表示,劳动力投入以年末就业人数表示,能源投入以生产用能源消耗总量表示。由于没有资本存量的统计数据,因此本例沿用张军(2004)的方法及结果估算各地区的固定资本存量,取资本折旧率为 9.6%。省区生产总值和固定资本存量均以 1995 年为基年的可比价格计算。

考察四种参数空间面板模型并将其与半参数个体固定效应空间滞后模型进行比较,具体估计结果及 Hausman 检验结果列于表 5.2.1。

据表 5.2.1,空间滞后模型较空间误差模型的拟合效果好,进一步对空间滞后模型的个体效应进行 Hausman 检验,其检验统计量为 493.836,相应的 p 值小于 0.01,因此,在 1%的显著性水平下拒绝了个体随机效应的原假设,从而可以认为,在四种参数模型中应当选择个体固定效应空间滞后模型。

进一步将参数个体固定效应空间滞后模型与半参数个体固定效应空间滞后模型进行比较,均方误差和拟合优度均表明后者优于前者。值得注意的是,尽管参数个体固定效应空间滞后模型各变量的系数都是显著的,但是模型的空间滞后项的系数为 0.540,均大于资本、劳动力、能源要素投入的系数,即周边省区的经济增长比本省区要素投入对本省区经济增长的影响大,这有悖于经济增长理论常识。出现这一统计结果的原因是模型中的非线性关系归入到空间滞后项与被解释变量的关系中进行解释，因而夸大了空间溢出效应的作用。

表 5.2.1　Huansman 检验及模型参数估计结果

变量	参数模型				半参数个体固定效应空间滞后模型
	空间滞后模型		空间误差模型		
	个体固定效应	个体随机效应	个体固定效应	个体随机效应	
c	−0.234 (0.9813)	−0.427** (0.044)	−0.956 (0.956)	−1.097** (0.044)	—
$W\ln Y$ 或 $W\varepsilon$	0.540*** (0.000)	0.520*** (0.000)	−0.008 (0.884)	−0.014 (0.822)	0.0531*** (0.000)
$\ln K$	0.317*** (0.000)	0.329*** (0.000)	0.690*** (0.000)	0.693*** (0.000)	0.7445*** (0.000)
$\ln L$	0.084*** (0.004)	0.117*** (0.000)	0.278*** (0.000)	0.302*** (0.000)	0.2407*** (0.000)
$\ln E$	0.051*** (0.000)	0.052*** (0.000)	0.105*** (0.000)	0.099*** (0.000)	—
MSE	0.0570	0.3723	0.9207	0.9582	0.0368
拟合优度	0.9708	0.9253	0.8825	0.8801	0.9765
对数似然值	811.545	683.934	553.368	473.226	—
Hausman 检验统计量	493.836*** (0.000)		3.595 (0.463)		—

表 5.2.1 中的最后一列给出了半参数个体固定效应空间滞后模型的系数估计结果，结果表明中国省区经济发展中存在显著的空间效应，邻近省区的经济发展对本省经济的发展具有促进作用，并且资本、劳动力对经济增长具有显著的正向影响。半参数个体固定效应空间滞后模型的非参数部分偏导数的估计结果即为各省区历年产出关于生产性能源投入的弹性系数（$\partial G/\partial \ln E_{it}$）估计结果（见图 5.2.1）。由图 5.2.1 可知能源产出弹性并非不变的常数，而是随能源投入量的变化而变化的，即能源产出弹性是随时空而变化的。通过将各省区历年能源产出弹性系数估计值取平均值，可估计出全国样本期内的能源产出弹性系数为 0.108。这表明能源已经成为现代经济生产中基本的投入要素，但是从各投入要素的系数看，资本要素的系数最大，劳动力要素次之，能源消耗对经济增长的产出弹性相对较小。

例 5.2.2　本例取自陈晓玲（2015）的研究论文。考虑到我国不同地区发展不平衡，自主创新程度不同，国内生产总值也随着经济的发展呈现出地区不同效应，为了将地区之间的影响引入模型，本例选取 1997—2012 年中国 30 个省（直辖市、自治区）的面板数据作

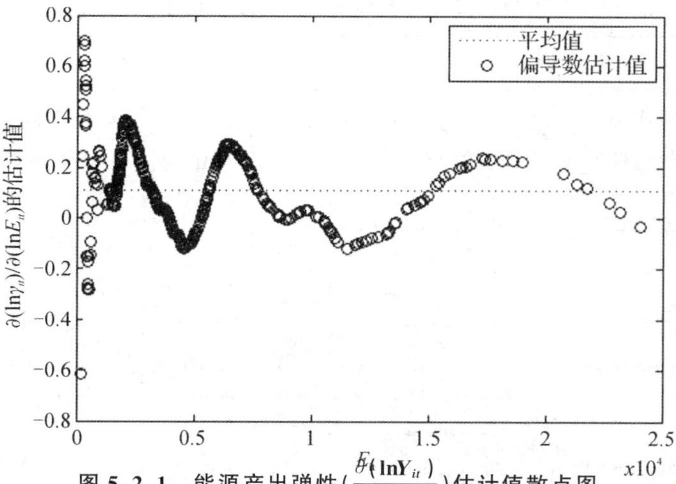

图 5.2.1　能源产出弹性($\frac{\partial(\ln Y_{it})}{\partial(\ln E_{it})}$)估计值散点图

为样本数据，西藏因部分数据缺失予以剔除。借鉴李国平、陈晓玲(2007)的做法，在考察FDI空间相关性对其区域分布影响的同时，还将考察市场容量、自主创新以及知识产权保护对FDI地区选择的影响，再考虑到知识产权保护水平对外商直接投资水平的非线性影响，建立半参数空间滞后模型为：

$$\ln FDI_{it}=\alpha_i+\rho W\ln FDI_{it}+\beta_1\ln GDP_{it}+\beta_2\ln RD_{it}+G(IP_{it})+u_{it} \quad (5.2.14)$$

其中 FDI_{it} 为外商直接投资水平；GDP_{it} 为经济发展水平；RD_{it} 为自主创新水平；IP_{it} 为知识产权保护水平。

根据 Hausman 检验结果可知，在 1%的显著性水平上都拒绝了模型是随机效应的原假设，故应选择个体固定效应模型。假定知识产权保护水平是外生的，即 $E(IP_{it}u_{it})=0$。分别采用普通面板回归模型、空间回归模型和半参数空间滞后模型进行估计(见表 5.2.2)，其中后者模型的估计采用本节的方法，并对三者的回归结果进行比较分析。

前四个回归结果显示：①市场容量大小影响系数显著为正，且都在 5%的水平上显著，分别表示为市场容量每增加 1%，将引起外商投资额分别增加 0.547778，0.589372，0.462052，0.473881，各系数表示为 FDI 关于市场容量的弹性，由此可见都具有较大的促进作用。因为市场容量反映了一个地区的市场规模，许多外资企业都想占领当地市场，因此，具有较大市场容量的地区能够吸引更多的 FDI。②自主创新影响系数显著为正，且都在 10%的水平上显著，但是，相比较于市场容量的影响效应，其“拉动效应”会略小一些。③空间溢出效应在 10%的水平上显著为正，这表明空间溢出效应是引进外商直接投资不可忽视的重要影响因素，进一步揭示了地区间溢出效应对地区引进外资的作用机制：外商直接投资具有很强的聚集效应，一个地区相邻省市的外资企业越多，新的外资就越倾向于投资该地区；此外，外商直接投资额较高的地区通常具有较高的经济发展水平、较大的经济规模和优越的自主创新能力，这就直接带动了相邻省市的外资引入，即外商直接投资额高的省份会对周围地区外资引进产生正的辐射作用，带动邻近地区经济的发展。

表 5.2.2　五种模型拟合效果比较

	面板回归模型		空间回归模型		半参数空间滞后模型
	普通固定效应模型	普通随机效应模型	固定影响空间滞后模型	随机影响空间滞后模型	
截距项	0.802191*** (0.0000)	0.526546*** (0.0048)	略	略	略
IP	0.003103 (0.9410)	−0.058411 (0.1361)	0.113048 (0.506196)	−0.022814 (0.893936)	见导数图
$\ln GDP$	0.547778*** (0.0000)	0.589372** (0.0000)	0.462052*** (0.000000)	0.473881*** (0.000000)	0.0955*** (0.0000)
$\ln RD$	0.095711* (0.0559)	0.163205*** (0.0008)	0.079730* (0.079372)	0.106960** (0.021194)	0.884*** (0.0000)
$W\ln FDI$			0.104987* (0.052310)	0.126990** (0.016160)	0.0195*** (0.0000)
$\bar{R}^2$	0.953794	0.678178	0.9574	0.9545	0.9679
Hausman	37.353181*** (0.0000)		−274.2505*** (0.0000)		

注：***、**和*分别表示在1%、5%和10%的统计水平上显著。

①前四个回归结果显示代表知识产权保护水平指标的IP_{it}对外商直接投资的影响在10%显著性水平下均不显著。由知识产权保护水平IP_{it}对外商直接投资$\ln FDI_{it}$的导数图(见图5.2.2)可以看出,知识产权保护水平对外商直接投资的影响是非线性的。我国针对FDI的最优知识产权保护水平IP_{it}^*接近于1.165,总体的趋势呈现出“先扬后抑”的特征。当知识产权保护水平低于IP_{it}^*时,知识产权保护水平(IP_{it})对外商直接投资($\ln FDI_{it}$)的导数值为正,但随着知识产权保护水平越来越高,知识产权保护对外商直接投资的促进作用将越来越小,但是知识产权保护的正效应还是大于负效应。随着知识产权保护水平的不断提高,当知识产权保护水平高于IP_{it}^*时,知识产权保护水平(IP_{it})对外商直接投资($\ln FDI_{it}$)的导数值转为负数,并且“知识产权过度保护”会日趋严重,此时国内过度的知识产权保护将对企业自主创新产生不利影响,研发人员不能通过引进消化吸收再创新这条路径,在较短的时间内进行自主创新,无疑增加了企业的研发成本以及人力资本投入,与此同时,还增加了企业进行自主创新的难度。这将不利于区域外商直接投资。这说明知识产权保护水平存在一个最优值,当知识产权执法强度不断增加,其带来的国内优越的引进消化再创新途径势必会提升母国研发人员的自主创新水平,但当知识产权保护水平超过最优值后,过度的知识产权保护反而会对外商直接投资的引进产生不利影响。②自主创新对外资的引进具有“拉动效应”,其系数相较于固定影响空间滞后模型

的0.078上升至0.884,结合我国的现实发展状况,较大的自主创新影响效应更能说明客观事实。自主创新能力每提升1%,对FDI的引进很可能带来0.884%的变化量。说明我国善于应用创新的知识和新技术、新工艺,采用新的生产方式和经营管理模式,不断推动经济结构的创新,促使经济可持续性增长,为吸引外资创造了更有利的条件。

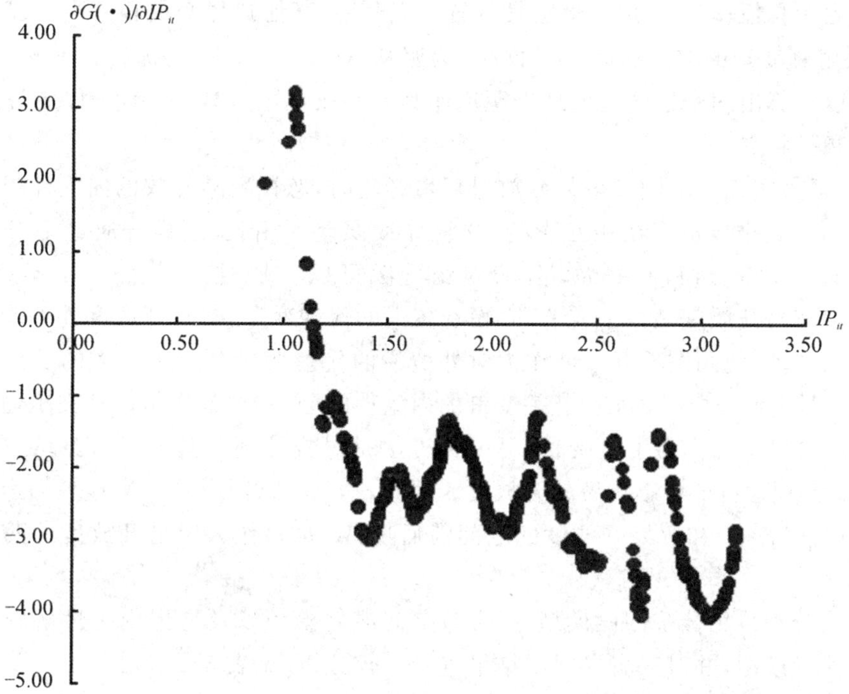

图5.2.2 知识产权保护水平 IP_{it} 对外商直接投资 $\ln FDI_{it}$ 的导数图

例5.2.3 本例取自陈生明和叶阿忠(2014)的研究论文。为了研究对外贸易和碳排放量之间的非线性影响,在借鉴李锴和齐绍洲(2011)的研究时,除了在基本模型所选取的解释变量外,另外增加带有空间权重的重工业比重、研发强度和经济增长作为解释变量以校正可能存在的内生性问题。根据空间相关性的形式不同,空间计量模型大致可分为空间误差模型(SEM)与空间滞后模型(SLM)。结合对这两种空间计量模型LM检验值(见表5.2.3)的比较,发现空间滞后模型优于空间误差模型。根据Hausman检验结果可知,在1%的显著性水平上拒绝了模型是随机效应的原假设,故选择个体固定效应模型。同时针对贸易开放度(*open*)对碳排放系数可能存在的非线性影响,为了更准确地表述二者之间的关系,对模型采用非参数的方法。故采用了半参数面板固定影响空间滞后模型。

表5.2.3 检验统计量及统计值

检验统计量	LM(lag)	LM(error)	Hausman
统计值 (p 值)	17.3138*** (0.000)	16.3703*** (0.000)	565.545*** (0.000)

注:***、** 和 * 分别表示在1%、5%和10%的水平显著。

$$\ln c_{it} = \alpha_i + \rho \boldsymbol{W} \ln c_{it} + \beta_1 heavy_{it} + \beta_2 rd_{it} + \beta_3 \ln gdp_{it} + \gamma_1 \boldsymbol{W} heavy_{it} + \gamma_2 \boldsymbol{W} rd_{it} + \gamma_3 \boldsymbol{W} \ln gdp_{it} + G(open_{it}) + u_{it} \quad (5.2.13)$$

式中:$G(open_{it})$为非参数部分;$open_{it}$为非参数中的解释变量,表示贸易开放度;$\ln c_{it}$表示取对数的 CO_2 排放量;$heavy_{it}$表示重工业比重;rd_{it}表示研发强度;$\ln gdp_{it}$表示取对数的地区生产总值;α_i、β_i 和 γ_i 分别是各省区截距项、其他解释变量和其空间滞后项的系数;ρ 是被解释变量的空间滞后项系数;u_{it}为服从 $N(0,\delta^2)$的随机扰动。$\boldsymbol{W}$ 是空间权重,利用经纬度计算出两个地区间的地理距离作为空间权重矩阵 $\boldsymbol{W}$ 的元素,以更好适应于我国地域辽阔的特点。

目前,很多实证文献研究贸易开放对环境影响时,忽视贸易开放的内生性问题。贸易开放($open$)与碳排放量存在相互影响,这将导致误差项相关,造成普通最小二乘法和固定效应估计结果有偏和不一致,但工具变量法可以克服这一缺点。Frankel&Romer(1999)认为贸易开放度是一个较差的、噪音较大的代理变量,贸易开放度并不能全部反映对外贸易的变动,使用贸易开放度作为对外贸易的代理变量会产生很大的实证误差。故需要寻找工具变量来控制和解决有关变量的内生性问题,一种方法是许多文献通常采用的将滞后期或空间滞后作为工具变量;另一种方法是寻找外部工具变量。黄玖立和李坤望(2006)考虑到地理特征会影响贸易开放度。因此,本例将试图寻找一个地理因素变量即海外市场可达性(fma)和贸易开放度的空间滞后项($Wopen$)作为贸易开放度的两个工具变量。

同样将分别采用传统回归模型、半参数空间滞后模型以及考虑内生性解释变量的半参数空间滞后模型,并对三者的回归结果进行比较分析(见表 5.2.4)。

表 5.2.4　三种模型拟合效果比较

解释变量	模型 1 传统回归模型	模型 2 半参数空间滞后模型	模型 3 考虑内生性解释变量的 半参数空间滞后模型
截距项	3.262011*** (3.577808)	略	略
$open$	0.138815 (1.638294)		
$heavy$	0.377658* (1.815434)	1.876636*** (9.483471)	2.01732*** (9.929999)
rd	−13.52311*** (1.815434)	−17.52222*** (−8.196558)	−22.6796*** (−12.322)
$\ln gdp$	0.678874*** (6.582145)	1.023478*** (42.54009)	0.999372*** (36.84819)
$W\ln c$		0.655274*** (6.620163)	0.841177*** (7.893784)

续表

	模型 1	模型 2	模型 3
Wheavy		−2.482902*** (−6.679432)	−2.719293*** (−6.088633)
Wrd		23.71594*** (5.733531)	33.72493*** (6.375704)
*W*ln*gdp*		−0.730478*** (−10.06497)	−0.836874*** (−10.27981)
均方误差	0.101923	0.026990	0.028257

注：***、** 和 * 分别表示在 1%、5%和 10%的水平显著。

表 5.2.4 中模型 1 的回归结果表明：经济增长(ln*gdp*)对碳排放有显著的促进作用，表明经济增长每提高 1%，区域碳排放将增长约 0.69%。而重工业比重(*heavy*)也在 10%水平上显著为正，这是因为经济增长和重工业发展都需要消耗大量能源，导致碳排放的增加。研发投入(*rd*)对碳排放的估计系数显著为负，表明了科研创新有利于降低产品碳含量，可减少生产过程中的碳排放量。这些结果都符合大多数文献[陈诗一(2009)，姚西龙等(2012)，杨子晖(2011)等]的预期。同时，对外贸易(*open*)对碳排放影响非显著，可能的原因是他们存在非线性关系。另外，传统的空间滞后模型缺乏引入解释变量的空间溢出，存在对现实的拟合不足，空间影响因素的引入可以提高模型的可信度，因而本例尝试使用半参数空间滞后模型来做进一步的调整。

模型 2 利用 Epanechnikov 核函数和固定窗宽局部线性工具变量估计，半参数面板固定影响空间滞后模型比传统回归模型具有更小的均方误差值，这说明它具有更高的拟合优度，能够更好地解释碳排放的变化。模型 2 进一步论证了经济增长(ln*gdp*)和重工业(*heavy*)对碳排放的促进作用和研发强度对碳排放的抑制效果。而碳排放的空间滞后项的系数值显著为正，表明碳排放水平区域间存在明显的正相关性，并呈现空间聚集。重工业的空间溢出效应(*Wheavy*)对碳排放的影响显著为负，这表明邻近省份的重工业水平的提高对本省的碳排放量起到抑制的作用，因为周边地区的重工业发展导致本省的重工产业迁移至周边，进而有利于本省的碳排放的减少。经济增长的空间溢出效应(*W*ln*gdp*)也显著为负，这表明邻近省份的经济发展有利于本省碳排放量的减少，通过借鉴周边省份经济高速健康发展的经验，有利于本省产业优化，最大限度上减少碳排放。研发投入的空间滞后项(*Wrd*)对碳排放的影响明显为正，一个合理的解释是当前中国各省份间缺乏充分且有效的交流，技术创新领先省份出于对核心竞争力的保护，未能达到技术共享，因此相对落后的省份很难从中获益，高耗能等粗放型产业难以转型，无法有效抑制碳排放的增加。

模型 3 考虑到解释变量(*open*)的内生性问题，采用海外市场可达性(*fma*)和贸易开放度的空间滞后项(*Wopen*)作为贸易依存度的工具变量。相较于模型 2，模型 3 的 *rd* 的斜率项从 −17.52 减少至 −22.68，*Wrd* 的系数值却从 23.72 增加 33.72，其他解释变量的系数基本一致，工具变量法对研发投入及其溢出效应对碳排放的影响的低估作出了修正，进一步说明了研发投入对降低中国碳排放起到至关重要的作用，但当前中国各省份间存在缺乏深度技术交流问题，技术溢出未能有效抑制碳排放的增加。

导数散点图(如图 5.2.3)是半参数空间滞后模型的另一优势。它可以更直观地呈现对外贸易与省域碳排放非线性关系。其中横坐标表示贸易开放度($open$)；纵坐标表示其对碳排放的导数$\partial \hat{G}(\cdot)/\partial open$，即每提高一个单位的贸易开放度引起碳排放的变化。从散点图可以明显看出：①在贸易开放度较低时导数值为正数，说明在 21 世纪初期中国产业活动碳排放的明显增长与中国对外贸易的增长趋势之间具有很强的正相关性，这是因为此时对外贸易的产业集中为资源密集型及劳动密集型，该产业特征表现为技术含量低、能源消耗大，环境污染严重等，因此出口的增加进一步增加了中国的碳排放。②但在贸易开放度达到 1(即进出口总额等于地区生产总值)以后，导数值开始急剧减小，特别在贸易开放度达到 1.2 左右以后，导数值呈现负值，并趋向 0，表明对外贸易开始抑制碳排放的增加。主要原因是随着中国对外贸易的不断深入，节能减排措施的不断深化，通过引进国外先进生产技术，我国经济增长方式由粗放型逐步转向为集约型，出口产品对碳排放的影响系数呈逐渐降低趋势。另一方面是境外投资者寻找到了新的市场，将高耗能、高污染、技术含量低的劳动密集型产业转向人力资源成本更低的东南亚国家。因此现阶段对外贸易开始不再驱动中国碳排放的增加，甚至已经起到抑制的作用。

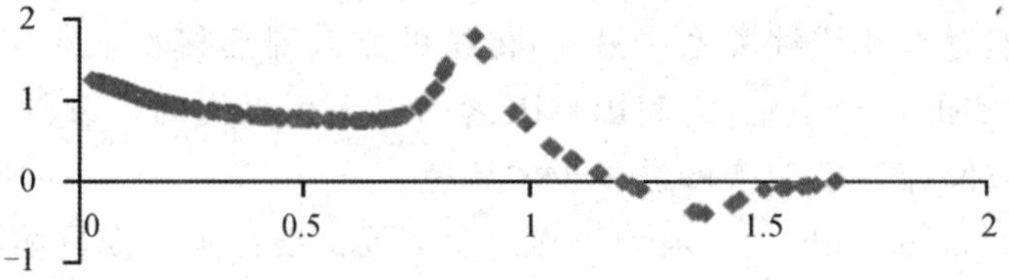

图 5.2.3　地区贸易开放(*open*)对碳排放(lnc)的导数散点图

例 5.2.4　该例取自郑万吉(2015)的研究论文。根据 LM 检验，LMlag(136.086***)＞LMerror(52.801***)，R-LMlag(91.049***)＞R-LMerror(7.765***)，说明建立空间滞后模型较之误差模型更为合适。根据 Halkos 等的研究，政府分权与碳排放之间存在着非线性关系，构建模型如下：

$$\ln C_{it}=\alpha_i+\rho W\ln C_{it}+\beta_1 Open_{it}+\beta_2 Heavy_{it}+\beta_3 Rd_{it}+$$
$$\gamma_1 WOpen_{it}+\gamma_2 WHeavy_{it}+\gamma_3 WRd_{it}+G(Df_{it})+\mu_{it} \quad (5.2.14)$$

其中 $\ln C_{it}$ 为人均碳排放的对数形式，$Open_{it}$ 为贸易开放度，$Heavy_{it}$ 为重工业产值占比，Rd_{it} 为研发强度，$G(Df_{it})$ 为非参数项解释变量，其中 Df_{it} 为财政分权度；α_i 为个体影响，ρ、β_p 和 $\gamma_p(p=1,2,3)$ 为空间效应系数，μ_{it} 为白噪声，$G(\cdot)$ 为未知函数形式；$\boldsymbol{W}$ 是根据各省区省会城市的经纬度计算得出基于空间地理距离的权重矩阵；μ_{it} 为服从 $N(0,\sigma^2)$ 的随机扰动。已有文献表明，在考虑外贸开放度对环境的影响时，要格外注意外贸的内生性问题[Frankel，Rose(1999)；Copeland，Taylor(2005)]。因此，采用其空间滞后项作为贸易开放度的工具变量控制和解决内生误差。另外，模型中还加入所有变量带空间权重的滞后项以矫正可能存在的内生性问题。

下面分别估计了三种财政分权指标(支出、收入和平均)的面板模型(PM)、面板空间滞后模型(PSLM)以及半参数面板空间滞后模型(S-PSLM)等三种模型的结果(见表 5.2.5)。而根据 Hausman 检验结果，我们可以(1%显著水平)确定在传统面板模型与面板空间滞后模型中选择固定效应模型比较合适，进而将此结论沿用到半参数面板空间滞后模型中，即认为选用固定效应的半参数面板空间滞后模型较为合适。

表 5.2.5　三种指标三种模型拟合结果对比表

解释变量	模型系列 1(Dfexp)			模型系列 2(Dfinc)			模型系列 3(Dfmean)		
	PM	PSLM	S-PSLM	PM	PSLM	S-PSLM	PM	PSLM	S-PSLM
_cons	−0.534 *** (−3.487)	/	0.003 (0.153)	−1.160 *** (−5.756)	/	−0.003 (−0.150)	−0.547 *** (−3.532)	/	0.003 (0.337)
Df	0.143 *** (17.377)	0.073 *** (6.766)	见图 5.2.4	0.321 *** (5.120)	0.265 *** (5.995)	见图 5.2.4	0.259 *** (16.903)	0.137 *** (7.247)	见图 5.2.4
Open	0.246** (1.760)	0.150 (1.205)	0.097 (1.190)	0.254 *** (9.575)	0.034 (0.279)	0.064 (1.321)	0.183 (1.505)	0.139 (1.128)	0.082 (0.121)
Heavy	2.345 *** (6.764)	1.457 *** (4.419)	2.316 *** (7.241)	3.90 *** (6.473)	1.294 *** (3.799)	2.012 *** (8.640)	2.161 *** (6.049)	1.291 *** (3.892)	2.284 *** (7.289)
R&D	22.142 *** (5.351)	3.128 (0.681)	−1.419 *** (−4.851)	48.982 *** (9.305)	3.837 (0.837)	−1.197 * (−1.760)	24.927 *** (6.012)	3.670 (0.806)	−1.182 *** (−4.720)
W_lnc		0.419 *** (6.851)	0.760 *** (8.411)		0.580 *** (11.302)	0.613 *** (10.130)		0.421 *** (7.024)	0.753 *** (9.200)
W_Open		0.205 (0.925)	−0.486 *** (−4.165)		−0.120 (−0.541)	−0.545 *** (−7.162)		0.149 (0.679)	−0.406 *** (−3.520)
W_heavy		0.681* (1.747)	−1.355 *** (−3.141)		1.080* (1.719)	−1.434 *** (−4.745)		0.796 (1.236)	−1.326 *** (−2.960)
W_R&D		20.768 *** (2.605)	8.330 (1.416)		29.617 *** (3.851)	8.333 (1.241)		20.817 *** (2.644)	5.445 (0.970)
Hausman	26.405 ***	55.642 ***	/	38.222 ***	62.732 ***	/	41.254 ***	62.765 ***	/
MSE	0.0284	0.0240	0.0159	0.0527	0.0281	0.0181	0.0292	0.0205	0.0177

注：模型 PM 为传统面板模型，PSLM 为面板空间滞后模型，S-PSLM 为半参数面板空间滞后模型；模型系列 1 表示 *Df*＝Dfexp 情况下的三种模型，模型系列 2 表示 *Df*＝Dfinc 情况下的模型，模型系列 3 表示 *Df*＝Dfmean 情况下的模型；Hausman 检验给出的是原假设为模型设定为随机影响模型的 Chi-square 值。***、** 和 * 分别表示在 1%、5%和 10%的统计水平上显著。

比较表5.2.5中的结果，所有传统面板模型加入空间效应后均方误差都有所下降，且半参数空间模型的均方误差又是三者之中最小的，可见半参数空间模型在解释因变量的变化上具有一定优越性。由传统模型到半参数模型，研发强度（R&D）的系数由正的显著到负的显著，这可能是由于传统面板模型中R&D存在严重的内生性问题，而空间模型对此做出了调整。实证过程采用局部线性工具变量估计的方法，可以得出导数图（图5.2.4）以分析具体的作用方式与程度。

横向对比实证结果，可以发现收入指标、支出指标以及平均指标所对应的模型结果中，变量对于碳排放增速的效应在大小上有少许差异，在影响方向上却是相一致的，模型的结果具有一定的稳健性。根据支出模型中的S-PSLM得到如下模型结果：

$$\begin{aligned}\ln \widetilde{C}_{it} = \alpha_i + 0.76W\ln C_{it} + 0.097Open_{it} + 2.316Heavy_{it} - \\ 1.419Rd_{it} - 0.486WOpen_{it} - 1.355WHeavy_{it} + \\ 8.33WRd_{it} + \hat{G}(Df_{it})\end{aligned} \tag{5.2.15}$$

由（5.2.15）式可得：①碳排放的空间滞后项$W\ln C_{it}$系数为0.760，且在1%水平下显著，说明在区域碳排放存在正的空间相关关系，即邻近省份的碳排放增长率上升，会对本省自身碳排放增长率产生推动作用。这与Moran's I（0.2465）为正得出的结论一致。②R&D研发投入会有效抑制碳排放的增长，这与很多学者得出的结论一致；而周边省份的研发投入并不影响本地区的碳排放增长，表现出省份之间存在着技术交流壁垒，抑制了技术外溢。③外贸开放度对于碳排放的影响并不显著，这点与一些学者Ang（2009）根据宏观时间序列所得出的结论不同。因为出口商品的种类与地区资源禀赋紧密联系，大量出口能耗型商品的地区还在少数，大部分地区商品出口以劳动力密集型的中低端产品及服务业为主，这些地区产业与含碳能源的消耗关联度相对较小；另外空间效应项负系数反映出，得益于周边省份外贸行业的发展，区域外贸产业由粗放型转向集约型，区域合作进一步分工化，地区产业结构得以进一步优化，提高生产效率的同时，抑制了碳排放的增长。④重工业的发展对碳排放增加的贡献度占据了很大比重。遗憾的是，由于使用的是碳排放量的对数指标，所以传统研究中，研发投入引致资源利用率提高与能源消费结构优化进而减少碳排放这一路径不能得到验证。正如蔡昉等（2008）所指出的，不同区域间由于生产要素禀赋与环境承载能力不同，会出现污染性产业转移的现象。重工业比重的空间滞后项显著为负，说明周边省份重工业发展，很可能导致本土重工业为追求规模经济与减轻环境压力等原因向外转移，抑或是借助周边省份先进重工业生产技术等调整自身粗放的生产模式。

图5.2.4为财政分权支出指标对碳排放增速的边际效应散点图。横坐标为财政分权度Df_{it}，纵坐标为财政分权对碳排放增速的边际效应$\partial G(\cdot)/\partial Df_{it}$。该图显示了不同财政分权水平下，财政

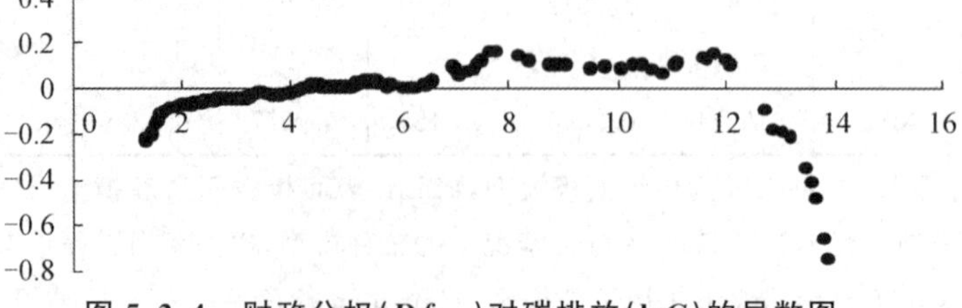

图5.2.4　财政分权（Df_{exp}）对碳排放（$\ln C$）的导数图

分权提高一个单位所带来的碳排放增速的变化率。

由图 5.2.4 可知：财政分权对于碳排放增速的边际影响呈现出一种“倒 U 形”曲线。当财政分权度较小的时候，财政分权度对于碳排放的影响为负。而随着财政分权度的提高，这种边际效应逐渐增加，由负转正，然后达到一个相对稳定的水平，此时财政分权对于碳排放的促进作用达到最大。随后这种边际效应又逐渐减小，最终由正转负。这种“倒 U 形”特点说明，在地方政府实际财政权力较小的时候，即地方的公共服务与商品支出相当一部分通过中央预算统筹管理时期，地方政府的社会管理负担较轻，乐于改善公共环境；随着地方政府财政实际权力的逐步增大，此时恰是中国经济飞速发展的时期，2005—2011 年 GDP 年均增长率 11%，伴随着“保八”及“软着陆”等等的口号，地方政府发展经济不遗余力。在这样的大背景下，环境污染问题暂时让道；而随着经济增速降缓，环境问题日益严重，地方政府又不得不开始加大投资与管理力度。从这个角度出发，“先污染，后治理”的路线并没有实质改变。

5.2.3 两阶段最小二乘估计

设 $d_p=1$ 且非参数部分解释变量与随机误差项相关，$E(\boldsymbol{P}_{it}\boldsymbol{u}_{it})\neq 0$。设$\boldsymbol{Z}_{1t},\cdots,\boldsymbol{Z}_{nt}$是 R^d 上的随机变量向量，其中：$d=d_{\#}+d_{*}$，$d_{\#}\geqslant 2d_s+1$，$d_{*}\geqslant 2$，$\boldsymbol{Z}_{it}=(\boldsymbol{Z}'_{\#it},\boldsymbol{Z}'_{*it})'$，$\boldsymbol{Z}_{\#it}=(Z_{\#1it},\cdots,Z_{\#d\#it})'$，$\boldsymbol{Z}_{*it}=(Z_{*1it},\cdots,Z_{*d*it})'$。假设 $E(\boldsymbol{Z}_{it}\boldsymbol{u}_{it})=\boldsymbol{0}$，$E(\boldsymbol{Z}_{it}\boldsymbol{u}_{it}|\boldsymbol{X}_{it},\boldsymbol{P}_{it})=0$，称$\boldsymbol{Z}_i$ 为工具变量向量。

定义 5.2.3　模型(5.2.1)参数分量的两阶段最小二乘估计为

$$\hat{\boldsymbol{\beta}}_{\mathrm{TSLS}}=[\boldsymbol{\Psi}'\boldsymbol{Z}_{\#}(\boldsymbol{Z}'_{\#}\boldsymbol{Z}_{\#})^{-1}\boldsymbol{Z}'_{\#}\boldsymbol{\Psi}]^{-1}\boldsymbol{\Psi}'\boldsymbol{Z}_{\#}(\boldsymbol{Z}'_{\#}\boldsymbol{Z}_{\#})^{-1}\boldsymbol{Z}'_{\#}\boldsymbol{\Lambda} \tag{5.2.18}$$

其中 $\boldsymbol{\Psi}=[X_{11}-\hat{\boldsymbol{m}}_1(Z_{*11}),\cdots,X_{1T}-\hat{\boldsymbol{m}}_1(Z_{*1T}),\cdots,X_{n1}-\hat{\boldsymbol{m}}_1(Z_{*n1}),\cdots,X_{nT}-\hat{\boldsymbol{m}}_1(Z_{*nT})]'$，$\boldsymbol{Z}_{\#}=(Z_{\#1T},\cdots,Z_{\#1T},\cdots,Z_{\#n1},\cdots,Z_{\#nT})'$，$\boldsymbol{\Lambda}=[Y_{11}-\hat{m}_2(Z_{*11}),\cdots,Y_{1T}-\hat{m}_2(Z_{*1T}),\cdots,Y_{n1}-\hat{m}_2(Z_{*n1}),\cdots,Y_{nT}-\hat{m}_2(Z_{*nT})]'$。

其中$\hat{m}_1(Z_{*it})$和 $\hat{m}_2(Z_{*it})$分别是$m_1(Z_{*it})=E[X_{it}|Z_{*it}]$和 $m_2(Z_{*it})=E[Y_{it}|Z_{*it}]$的局部线性估计。

模型(5.2.1)参数分量 α_i 的两阶段最小二乘估计为

$$\hat{\alpha}_i=\overline{Y}_i-\boldsymbol{X}'_i\hat{\boldsymbol{\beta}}_{\mathrm{TSLS}} \tag{5.2.19}$$

其中 $\overline{Y}_i=\frac{1}{T}\sum_{t=1}^{T}Y_{it}$，$\overline{X}_i=\frac{1}{T}\sum_{t=1}^{T}\overline{X}_{it}$。

模型(5.2.1)非参数分量的两阶段最小二乘估计为

$$\begin{aligned}\hat{g}_{\mathrm{TSLS}}(\boldsymbol{p})=&\boldsymbol{e}_1^{\mathrm{T}}[(\boldsymbol{Z}_*^{\mathrm{T}}\boldsymbol{W}_p\boldsymbol{\Phi}_p)^{\mathrm{T}}(\boldsymbol{Z}_*^{\mathrm{T}}\boldsymbol{W}_p\boldsymbol{Z}_*)^{-1}\boldsymbol{Z}_*^{\mathrm{T}}\boldsymbol{W}_p\boldsymbol{\Phi}_p]^{-1}\\&(\boldsymbol{Z}_*^{\mathrm{T}}\boldsymbol{W}_p\boldsymbol{\Phi}_p)^{\mathrm{T}}(\boldsymbol{Z}_*^{\mathrm{T}}\boldsymbol{W}_p\boldsymbol{Z}_*)^{-1}\boldsymbol{Z}_*^{\mathrm{T}}\boldsymbol{W}_p[\boldsymbol{Y}-\boldsymbol{X}^{\mathrm{T}}\hat{\boldsymbol{\beta}}_{2\mathrm{SLS}}]-\hat{\boldsymbol{\alpha}}_i\end{aligned} \tag{5.2.20}$$

其中$W_p=diag\{K_{h_n}(\boldsymbol{P}_{11}-\boldsymbol{p}),\cdots,K_{h_n}(\boldsymbol{P}_{1T}-\boldsymbol{p}),\cdots,K_{h_n}(\boldsymbol{P}_{n1}-\boldsymbol{p}),\cdots,K_{h_n}(\boldsymbol{P}_{nT}-\boldsymbol{p})\}$，$\Phi_p=(\boldsymbol{P}_{p11},\cdots\boldsymbol{P}_{p1T},\cdots,\boldsymbol{P}_{pn1},\cdots,\boldsymbol{P}_{pnT})'$，$\boldsymbol{P}_{pit}=(1,(\boldsymbol{P}_{it}-\boldsymbol{p})')'$，$\boldsymbol{Z}_*=(Z_{*11},\cdots,Z_{*1T},\cdots,Z_{*n1},\cdots,Z_{*nT})'$，$\boldsymbol{Y}=(Y_{11},\cdots,Y_{1T},\cdots,Y_{n1},\cdots,Y_{nT})'$，$\boldsymbol{X}=(X_{11},\cdots,X_{1T},\cdots,X_{n1},\cdots,X_{nT})$。

定理 5.2.5 在条件 1 下，当 $h_n = c \cdot n^{-1/(d_p+4)}$ 时

$$\sqrt{n} D_{\mathrm{TSLS}}^{-1/2}(\hat{\boldsymbol{\beta}}_{\mathrm{TSLS}} - \boldsymbol{\beta}) \xrightarrow{L} N(0, \sigma^2 I) \tag{5.2.21}$$

其中 $D_{2\mathrm{SLS}} = (\boldsymbol{\Gamma}^{\mathrm{T}} \boldsymbol{Y}^{-1} \boldsymbol{\Gamma})^{-1} \boldsymbol{\Gamma}^{\mathrm{T}} \boldsymbol{Y}^{-1} \boldsymbol{V}_n \boldsymbol{Y}^{-1} \boldsymbol{\Gamma} (\boldsymbol{\Gamma}^{\mathrm{T}} \boldsymbol{Y}^{-1} \boldsymbol{\Gamma})^{-1}$，$\boldsymbol{Y} = E[\boldsymbol{Z}_{\# it} \boldsymbol{Z}'_{\# it}]$，$\boldsymbol{\Gamma} = E[\boldsymbol{Z}_{\# it}(\boldsymbol{X}_{it} - m_1(\boldsymbol{Z}_{*it}))']$，$\boldsymbol{V}_n = \mathrm{Var}[n^{-1/2} \boldsymbol{Z}'_{\#} \boldsymbol{U}]$，$\boldsymbol{U} = (u_{11}, \cdots, u_{1T}, \cdots, u_{n1}, \cdots, u_{nT})'$。

证明：由叶阿忠(2008)中式(19.10)可推得。

定理 5.2.6 设 $\boldsymbol{p} \in \mathrm{supp}(f_P) \subset R^{d_p}$ 为内点，则当 $h_n = c \cdot n^{-1/(d_p+4)}$ 时

$$n^{2/5}[\hat{g}_{\mathrm{TSLS}}(p) - g(p)] \xrightarrow{L} N\left(\frac{c^2}{2}\mu_2(K) a_{\mathrm{TSLS}}(p), c^{-1} R(K) b_{\mathrm{TSLS}}(p)\right) \tag{5.2.22}$$

其中 $a_{\mathrm{TSLS}}(p) = f_P(p) \mathrm{tr}\{\mathrm{H}_g(p)\} B_{\mathrm{TSLS}}(p) \psi(p)$，$b_{\mathrm{TSLS}}(p) = f_P(p) B_{\mathrm{TSLS}}(p) F(p) B_{\mathrm{TSLS}}(p)'$，$B_{2\mathrm{SLS}}(p) = B_1^{\mathrm{TSLS}}(p)(\psi(p))'(\Phi(p))^{-1} - B_2^{\mathrm{TSLS}}(p)[\psi(p) D'_{fP}(p) + f_P(p) D'_{\psi}(p)]'(f_P(p)\Phi(p))^{-1}$，$\psi(p) = E(Z_{*it} \mid P_{it} = p)$，$\Phi(p) = E[Z_{*it} Z'_{*it} \mid P_{it} = p]$，$B_1^{\mathrm{TSLS}}(p) = [A_{11}^{\mathrm{TSLS}}(p) - A_{12}^{\mathrm{TSLS}}(p)(A_{22}^{\mathrm{TSLS}}(p))^{-1} A_{21}^{\mathrm{TSLS}}(p)]^{-1}$，$B_2^{\mathrm{TSLS}}(p) = -(A_{11}^{\mathrm{TSLS}}(p))^{-1} A_{12}^{\mathrm{TSLS}}(p)[A_{22}^{\mathrm{TSLS}}(p) - A_{21}^{\mathrm{TSLS}}(p)(A_{11}^{\mathrm{TSLS}}(p))^{-1} A_{12}^{\mathrm{TSLS}}(p)]^{-1}$，$A_{11}^{\mathrm{TSLS}}(p) = f_P(p)\psi(p)'\Phi(p)^{-1}\psi(p)$，$A_{12}^{\mathrm{TSLS}}(p) = (A_{21}^{\mathrm{TSLS}}(p))' = \psi(p)'(\Phi(p))^{-1}[g(p) D'_{fP}(p) + f_P(p) D'_{\psi}(p)]$，$A_{22}^{\mathrm{TSLS}}(p) = [\psi(p) D'_{fP}(p) + f_P(p) D'_{\psi}(p)]'(f_P(p)\Phi(p))^{-1}[\psi(p) D'_{fP}(p) + f_P(p) D'_{\psi}(p)]$

证明：因为

$$n^{2/5}[\hat{g}_{\mathrm{TSLS}}(p) - g(p)] = n^{2/5}[\hat{g}_{\mathrm{TSLS}}(p) + \hat{\alpha}_i - g(p) - \alpha_i] - n^{2/5-1/2} n^{1/2}(\hat{\alpha}_i - \alpha_i)$$

由于参数估计 $\hat{\alpha}_i$ 的收敛速度为 $n^{-1/2}$ 且 $2/(d_p+4) - 1/2 < 0$，所以，

$$n^{2/(d_p+4)-1/2} n^{1/2}(\hat{\alpha}_i - \alpha_i) \xrightarrow{L} 0$$

由叶阿忠(2008)的式(19.18)可知

$$n^{2/5}[\hat{g}_{\mathrm{TSLS}}(p) + \hat{\alpha}_i - g(p) - \alpha_i] \xrightarrow{L} N\left(\frac{c^2}{2}\mu_2(K) a_{\mathrm{TSLS}}(p), c^{-1} R(K) b_{\mathrm{TSLS}}(p)\right)$$

综合前述，可获得式(5.2.22)。

例 5.2.5 本例取自叶娟惠(2014)的研究论文。李稻葵等(2009)根据刘易斯二元经济模型阐释了劳动收入份额与经济发展间的“U”形假说，因此我们在研究劳动收入份额时使用线性回归会使估计结果不够准确。另外，从外商直接投资和劳动收入份额的变化趋势可以发现它们之间的非线性关系，如图 5.2.5 所示，下方是劳动收入份额趋势线，上方是外商直接投资趋势线。因此为了更加准确地研究外商直接投资与劳动收入份额之间的非线性关系，本例将外商直接投资作为模型的非参数部分的解释变量。

基于上面的分析，建立如下的半参数空间滞后模型：

$$\begin{aligned} LS_{it} = \gamma_i + \rho \sum_{j \neq i} w_{ij} LS_{jt} + a_1 EDU_{it} + a_2 KTY_{it} + \\ a_3 STATE_{it} + m(FDI_{it}) + \varepsilon_{it} \end{aligned} \tag{5.2.23}$$

应用本节的估计方法，包含地理空间权重矩阵和经济空间权重矩阵的模型检验与参数估计的结果如表 5.2.6 所示。

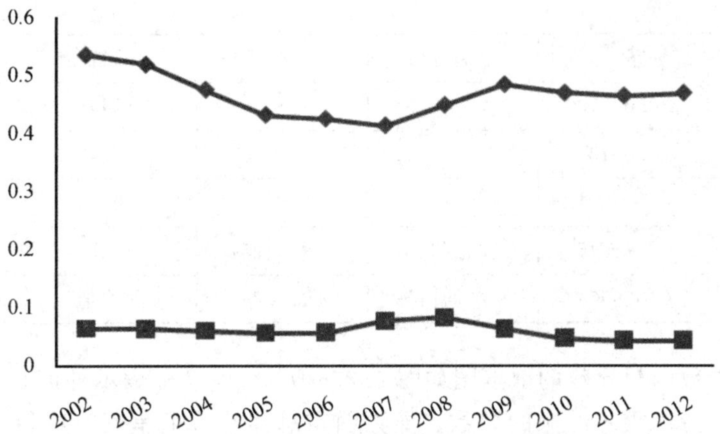

图 5.2.5　外商直接投资与劳动收入份额的关系

表 5.2.6　模型检验与参数估计结果(半参数空间滞后模型)

	地理空间权重矩阵	经济空间权重矩阵
变量	系数估计值(p 值)	系数估计值(p 值)
C	0.004618	0.009445
$STATE$	0.086327(0.094225)	0.077626(0.137394)
KTY	0.056476(0.000265)	0.050528(0.001027)
EDU	0.014730(0.003471)	0.011788(0.019833)
$W\times LS$	0.868993(0.000000)	0.872996(0.000000)
R-squared	0.9125	0.9099
log-likelihood	540.35621	540.84896
LR 检验统计值	184.1580(0.0000)	171.3659(0.0000)

使用地理空间权重矩阵的模型中各地区空间的固定影响 γ_i 值如表 5.2.7 所示。

表 5.2.7　模型中各地区空间的固定影响值(地理空间权重矩阵)

东部省份	γ_i	中部省份	γ_i	西部省份	γ_i
河北	0.011247	河南	0.050134	西藏	0.000881
海南	0.069842	湖南	0.014741	广西	0.067593
福建	0.046118	安徽	0.022518	贵州	0.011797
北京	0.048032	湖北	−0.009759	新疆	−0.023139
辽宁	0.009006	江西	−0.006526	宁夏	0.049485
广东	−0.004381	山西	−0.042271	重庆	0.024221
江苏	0.017361	吉林	0.015163	云南	−0.049903
浙江	−0.035120	黑龙江	−0.063566	甘肃	−0.021292
上海	0.025920			青海	−0.044542

续表

东部省份	γ_i	中部省份	γ_i	西部省份	γ_i
天津	－0.065136			四川	－0.007252
山东	－0.051344			内蒙古	－0.012022
				陕西	－0.047802
总和	0.071545	总和	－0.01957	总和	－0.05198
平均值	0.006504	平均值	－0.00245	平均值	－0.00433

计算出非参数函数导数的散点图如图 5.2.6 所示，横坐标表示外商直接投资(FDI)，纵坐标表示其对劳动收入份额的导数。导数图在总体趋势上呈现“U”形，可以明显看出外商直接投资对不同区域的影响力度不同。在经济欠发达地区，外商直接投资对劳动收入份额的促进作用比较大，而在经济发展比较快的地区，外商直接投资对劳动收入份额的促进作用比较小。

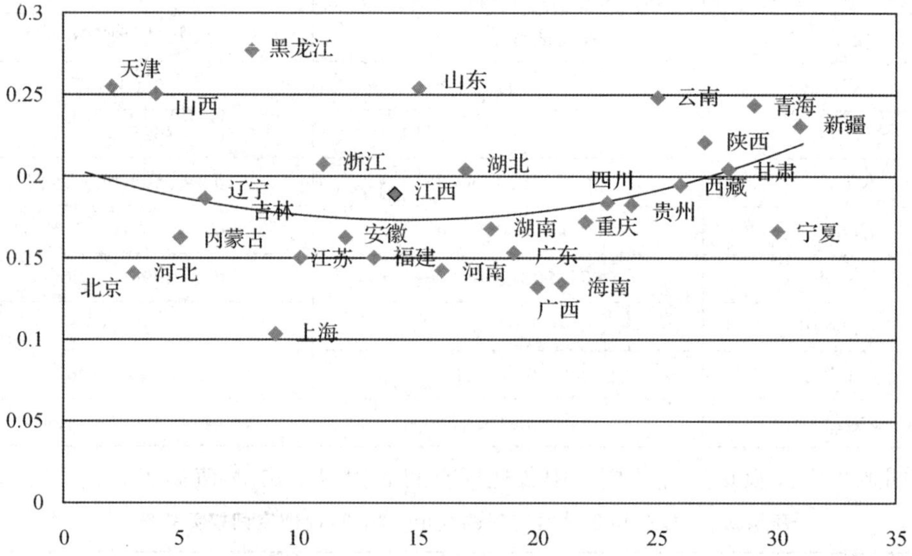

图 5.2.6　外商直接投资的导数图

由半参数空间滞后模型回归结果表 5.2.6 可以看出，基于地理空间权重矩阵模型的回归系数估计值相比于经济空间权重矩阵来说更加显著，因此，从统计意义上来说，地理空间权重矩阵更适合。各变量的参数估计值在 10％显著水平下都拒绝了系数不显著的原假设，这表明各系数都是统计显著的。空间效应系数为 0.868993，说明相邻各省(市)的劳动收入份额存在相互作用。人力资本(EDU)对劳动收入份额的影响系数为 0.014730，说明提高我国的教育水平有助于劳动收入份额的提高。资本产出比(KTY)对劳动收入份额影响的系数为 0.056476，这表明提高资本产出比有助于提高劳动收入份额。国有资本(STATE)对劳动收入份额的影响系数为 0.086327，这表明提高国有资本的比重有助于提高劳动收入份额。

从模型估计的固定影响参数的结果来看，各个不同省（市）的固定影响参数表现出比较大的不同。分区域来看，东部省（市）的固定影响参数平均值为正数，中部省份的固定影响参数平均值为负数，西部省（市）的固定影响参数平均值为负数。所以，外商直接投资对劳动收入份额的影响存在区域性的差异。

例 5.2.6　本例取熊开亮（2012）的研究论文。进行知识空间相关性的实证分析前需要确定知识产出与投入的变量，文献中常常以专利授权数、新产品销售收入或统计的创新数量来代表知识产出，以研发支出和研发的人数来度量知识投入（吴延兵，2006）。该例也主要参考这些，以三种专利授权数来代表知识产出，以科技投入的费用、科技活动人员全时当量和知识存量作为知识生产的投入。

该例的数据主要来源于《中国 2009 年统计年鉴》和《中国 2009 年科技统计年鉴》，采用年度数据。为了提高数据的可比性及避免模型中随机误差项的异方差性，所有数据均取对数。其中 $\ln y$ 表示对专利数取对数，$\ln K$ 表示对科技投入费用取对数，$\ln L$ 表示对科技活动人员全时当量取对数，$\ln A$ 表示对知识存量取对数，$\ln zc$ 表示对政府科技支出取对数。

关于知识的投入产出的研究文献有很多，但大多采取线性或非线性模型（Griliches，1979；Jaffe，1989；Jefferson 等，2004），该例采用半参数空间滞后模型，其中非参部分的变量 z 为各地区政府投入的科技费用的空间滞后项，因为一个地区的政府科技支出会受到另一个地区的政府科技投入的影响，而它与专利产出的关系又不明确。另外在模型中还加入知识存量的空间滞后项 $\boldsymbol{W}\ln A$，因为知识存量也存在空间上的相关性。

本例选择的空间矩阵 $\boldsymbol{W}$ 是一个二元对称的矩阵，它遵循的判定规则是 Rook 相邻规则，根据上述的要求，采用本节估计方法得到的回归结果如下：

$$\begin{aligned}\ln y = & -\underset{(0.4662916)}{0.0203} + \underset{(0.0987333)}{0.1022}\boldsymbol{W}\ln y - \underset{(0.0000000)}{1.1956}\ln L + \underset{(0.0000000)}{1.0569}\ln K + \\ & \underset{(0.0000000)}{0.9473}\ln A - \underset{(0.0347001)}{0.046}\ln \boldsymbol{W}A + \hat{m}(z) \qquad (5.2.22)\end{aligned}$$

非参数函数 $m(z)$ 导数的估计为：

$$\begin{aligned}\hat{m}'(z) = & (\boldsymbol{I} - 0.1022\boldsymbol{W})\hat{E}'(\ln y \mid z) + 1.1956\hat{E}'(\ln L \mid z) - \\ & 1.0569\hat{E}'(\ln K \mid z) - 0.9473\hat{E}'(\ln A \mid z) + \\ & 0.046\hat{E}'(\ln \boldsymbol{W}A \mid z) \qquad (5.2.23)\end{aligned}$$

由于各变量都取了对数，所以各系数都表示其对应的变量对专利产出的弹性。从回归结果来看，专利的空间滞后项的系数为 0.1022，并且通过在 10% 的显著性水平下的检验，这说明各个地区的专利产出具有正的相关性，这与其他文献的结果基本一致（吴玉鸣，2006；邓明、钱争鸣，2009）；解释变量科技费用及知识存量的系数分别为 1.0569、0.9437，这说明它们对专利产出具有很大的作用，知识产出主要是靠资本来推动的，这与付淼（2009）得出的结果一样，他认为资本的投入比人力的投入有更大的产出弹性，这与普通产品的生产类似，他还说明资本投入之所以有这么大的产出弹性，是因为中国还处于缺少 R&D 资本的时期，其资源的稀缺导致产出弹性比较大。然而本例中科技人员全时当量和知识存量滞后项的系数为负数，这有可能是因为科技人员并没有被合理利用，导致了人力资源的浪费，使科技人员对专利的产出没有起到积极的作用，并且各地区对其相邻地区以往的知识存量存在一种竞争关系，使得各地区的专利存量的空间滞后项对专利产出是负的作用。本例中的回归结果与其他文献还是有比较大的差异，虽然科技费用的产出弹性和付淼(2009)的R&D资本的产出弹性都比较大，但本例中的要更大，这可能有三种原因：第一，模型的设定不一样，本例中加入了非参部分及解释变量的空间滞后项；第二，这里得出的科技人员全时当量的系数为负数，这使得科技费用的系数变得很大；第三，数据的处理不同，对于知识存量的计算所选取的各年份的数据不同也会使结果产生差异，而且"知识生产过程与其他生产过程相比一个最显著的特点是，其生产函数所描述的投入—产出关系只能是一种随机概率关系，即知识生产过程中的投入—产出关系是不确定的，谁也不能保证投入多少科学家，投入多少研究资源，就一定能产生多少知识创新，一定能转化为多少经济价值"(袁志刚，1996)。

非参数函数导数的散点图如图5.2.7。图5.2.7的横坐标表示各地政府投入的科技费用的空间滞后项的对数，纵坐标表示其对专利产出的弹性，从散点图可以看出它总体上大概是一个向下倾斜的状态，这说明在目前的情况下，相邻的地区政府对科技的投入越多，本地区专利产出就越少，它们存在一个负向的关系，这可能是因为国家对科技的整体投入存在一个总量，各地区存在一种竞争关系，一个地区科技投入过多，可能会在一定程度上减少其他地区的政府科技投入，这就导致了一个地区的专利产出与其相邻地区的政府科技支出是一个反向的关系，但从图中还可以看出，大概在[0,60]和[60,90]两个小的区域内，这两者却是一种正向关系，这可能是因为在这个区间内，各地区的专利存在的溢出作用比较强，导致相邻地区政府对科技的投入对本地区的专利产出有一定的促进作用，这说明国家还是有可能使各地区的政府科技投入资金与其相邻地区的专利产出有一个正向的关系，从而达到生产出更多专利的目的。

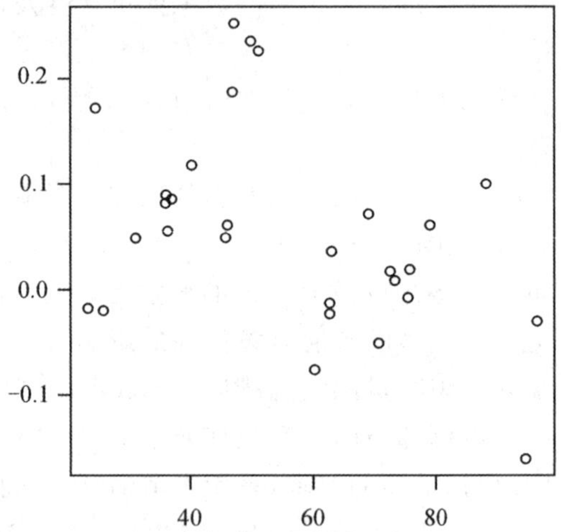

图5.2.7 导数的估计图

例5.2.7 本例取自胡乐琼(2015)的研究论文。为了研究OFDI逆向技术溢出效应对我国技术创新能力的非线性影响效果，在参数模型设定的基础上，引入通过OFDI逆向技术溢出获取的国外研发资本存量的非参数部分变量，构造面板半参数空间滞后模型来捕捉这一非线性关系：

$$\ln PAT_{it}=\alpha_i+\rho \mathbf{W}\ln PAT_{it}+\alpha\ln RDK_{it}^{d}+\beta\ln RDL_{it}+\mathrm{G}(\ln RDK_{it}^{f})+\mu_{it} \tag{5.2.26}$$

其中，PAT表示我国技术创新产出，即我国技术创新能力；RDK^{d}表示国内研发资本存量；RDK^{f}表示通过对外直接投资渠道获取的国外研发资本存量；RDL表示研发人力投入。式中$G(\ln RDLK_{it}^{f})$表示非参数部分。

半参数空间滞后模型回归结果如表5.2.8，$G(\ln RDLK_{it}^{f})$的导数图如图5.2.8。

表 5.2.8　半参数空间滞后模型估计

变量	系数	t 值	p 值
$\ln RDK_{it}^{d}$	0.2722508	0.0931268	0.003
$\ln RDK_{it}^{f}$	偏导数图	—	—
$\ln RDL_{it}$	0.7180767	0.087149	0.000
$\boldsymbol{W}\ln PAT_{it}$	0.1609901	0.0466682	0.001
Log-l	−82.629061		

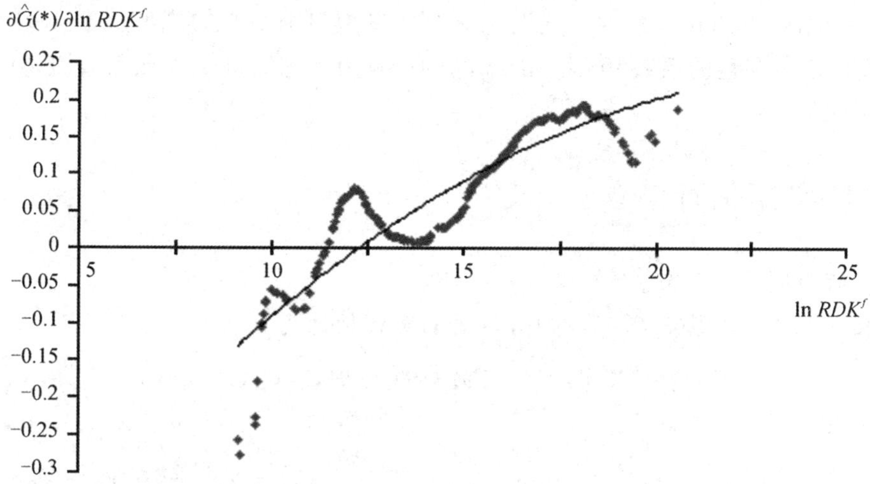

图 5.2.8　G($\ln RDLK_{it}^{f}$)的导数图

从半参数空间滞后模型的估计结果来看，国内研发资本存量和研发人力投入对国内技术创新能力的提升具有显著的促进作用，这与前文的普通面板模型和空间滞后模型回归结果是一致的，这说明国内 R&D 和研发人员投入是提升我国技术创新能力的两个不可或缺的重要因素。同时可以发现国内 R&D 且人力资本影响大于国内研发资本存量，国内 R&D 资本存量每增加 1%，促进国内专利授权量数量增加 0.2722508%；研发人力投入每增加 1%，促进国内专利授权量数量增加 0.7180767%。这与我国目前的研发投入实情是相符的，我国的研发基础薄弱，研发资本投入不足，科研机构和企业主要依靠积聚人才来提高技术创新水平。$\boldsymbol{W}\ln PAT_{it}$ 系数在 1%水平上显著为正，且对技术创新能力的贡献率为 0.1609901，再一次说明各地区之间的技术创新活动在空间分布上并非是随机的，而是存在着明显的空间相关性，因而在分析技术创新能力时这种空间溢出效应是不容忽视的。

从图 5.2.8 可以看出通过 OFDI 渠道得到的国外研发资本存量对我国技术创新能力提升的非线性影响。即随着 $\ln RDK_{it}^{f}$ 的不断增加，$\ln RDK_{it}^{f}$ 对我国技术创新能力影响呈从负的影响到正的影响逐渐变化的趋势。当 $\ln RDK_{it}^{f} \leqslant 11.378438$ 时，$\ln RDK_{it}^{f}$ 对我国的技术创新能力的影响为负的，即通过 OFDI 逆向溢出获得的国外研发资本存量对我国的技术创新能力的提升产生抑制作用。通过数据分析发现，$\ln RDK_{it}^{f}$在这个水平的地区主要是西藏、贵州、青海等西部地区。这些地区 $\ln RDK_{it}^{f}$ 较小且没有超过门槛值，主要源于这些区域经济水平低、对外开放十分不充分、学习吸纳技术的能力远远不够。不仅不能有效地消化吸收 OFDI 带来的逆向技术溢出效应反而会因为 OFDI 的投资输出一定的资金和优质人才，对当地的技术创新产出产生了一定的"挤出效应"。当 $\ln RDK_{it}^{f}$ 值$\geqslant$ 11.480262 时，$\ln RDK_{it}^{f}$ 对我国技术创新能力的影响变为正的，且随着其值的变大，$\ln RDK_{it}^{f}$对我国技术创新能力的影响也变大。通过数据分析发现，$\ln RDK_{it}^{f}$超过门槛值的地区分布广泛，东中西部地区均有。这说明随着我国经济发展水平的提高，对中西部经济发展的政策倾斜，使得中西部这些地区均具有了一定的消化吸收能力，具备了吸收 OFDI 逆向技术溢出效应的基本条件。从图 5.2.8 还发现目前 $\ln RDK_{it}^{f}$的系数小于 0.2，小于国内 R&D 资本存量的系数，因此 $\ln RDK_{it}^{f}$的影响力度还需进一步加深，且是具有进一步加深的可能的。

5.2.4 广义矩估计

本节假设同 5.2.2 节。

定义 5.2.4 模型(5.2.1)参数分量的 GMM 估计为

$$\hat{\boldsymbol{\beta}}_{\mathrm{GMM}}=[\boldsymbol{\Psi}'\boldsymbol{Z}_{\#}(\hat{\boldsymbol{V}}_n)^{-1}\boldsymbol{Z}'_{\#}\boldsymbol{\Psi}]^{-1}\boldsymbol{\Psi}'\boldsymbol{Z}_{\#}(\hat{\boldsymbol{V}}_n)^{-1}Z'_{\#}\boldsymbol{\Lambda} \tag{5.2.27}$$

其中 $\boldsymbol{\Psi}=[X_{11}-\hat{m}_1(Z_{*11}),\cdots,X_{1T}-\hat{m}_1(Z_{*1T}),\cdots,X_{n1}-\hat{m}_1(Z_{*n1}),\cdots,X_{nT}-\hat{m}_1(Z_{*nT})]'$，$\boldsymbol{Z}_{\#}=(Z_{\#1T},\cdots,Z_{\#1T},\cdots,Z_{\#n1},\cdots,Z_{\#nT})'$，$\hat{\boldsymbol{V}}_n-\boldsymbol{V}_n\xrightarrow{p}0$，$\boldsymbol{V}_n=\mathrm{Var}[n^{-1/2}\boldsymbol{Z}'_{\#}\boldsymbol{U}]$，$\boldsymbol{U}=(u_{11},\cdots,u_{1T},\cdots,u_{n1},\cdots,u_{nT})'$，$\boldsymbol{\Lambda}=[Y_{11}-\hat{m}_2(Z_{*11}),\cdots,Y_{1T}-\hat{m}_2(Z_{*1T}),\cdots,Y_{n1}-\hat{m}_2(Z_{*n1}),\cdots,Y_{nT}-\hat{m}_2(Z_{*nT})]'$。

其中$\hat{m}_1(Z_{*it})$和 $\hat{m}_2(Z_{*it})$分别是$m_1(Z_{*it})=E[X_{it}\mid Z_{*it}]$和 $m_2(Z_{*it})=E[Y_{it}\mid Z_{*it}]$的局部线性估计。

模型(5.2.1)参数分量 α_i 的 GMM 估计为

$$\hat{\boldsymbol{\alpha}}_i=\overline{\boldsymbol{Y}}_i-\boldsymbol{X}'_i\hat{\boldsymbol{\beta}}_{\mathrm{GMM}} \tag{5.2.28}$$

其中 $\overline{Y}_i=\dfrac{1}{T}\sum_{t=1}^{T}Y_{it}$，$\overline{X}_i=\dfrac{1}{T}\sum_{t=1}^{T}\overline{X}_{it}$ 。

模型(5.2.1)非参数分量的 GMM 估计为

$$\hat{g}_{\mathrm{GMM}}(p)=\boldsymbol{e}_1^{\mathrm{T}}[(\boldsymbol{Z}_*^{\mathrm{T}}\boldsymbol{W}_p\boldsymbol{\Phi}_p)^{\mathrm{T}}\hat{\overline{\boldsymbol{V}}}_n^{-1}\boldsymbol{Z}_*^{\mathrm{T}}\boldsymbol{W}_p\boldsymbol{\Phi}_p]^{-1}$$
$$(\boldsymbol{Z}_*^{\mathrm{T}}\boldsymbol{W}_p\boldsymbol{\Phi}_p)^{\mathrm{T}}\hat{\overline{\boldsymbol{V}}}_n^{-1}\boldsymbol{Z}_*^{\mathrm{T}}\boldsymbol{W}_p[\boldsymbol{Y}-\boldsymbol{X}^{\mathrm{T}}\hat{\boldsymbol{\beta}}_{\mathrm{GMM}}]-\hat{\boldsymbol{\alpha}}_i \tag{5.2.29}$$

其中$W_p=diag\{K_{h_n}(P_{11}-p),\cdots,K_{h_n}(P_{1T}-p),\cdots,K_{h_n}(P_{n1}-p),\cdots,K_{h_n}(P_{nT}-p)\}$，$\boldsymbol{\Phi}_p=(P_{p11},\cdots P_{p1T},\cdots,P_{pn1},\cdots,P_{pnT})'$，$\boldsymbol{P}_{pit}=(1,(P_{it}-p)')'$，$\boldsymbol{Z}_*=(Z_{*1T},\cdots,Z_{*1T},\cdots,Z_{*n1},\cdots,Z_{*nT})'$，$\boldsymbol{Y}=(Y_{11},\cdots,Y_{1T},\cdots,Y_{n1},\cdots,Y_{nT})'$，$\boldsymbol{X}=(X_{11},\cdots,X_{1T},\cdots,X_{n1},\cdots,X_{nT})$，$\hat{\overline{\boldsymbol{V}}}_n-\overline{\boldsymbol{V}}_n\xrightarrow{p}0$，$\overline{\boldsymbol{V}}_n=\mathrm{Var}[n^{2/5}\cdot n^{-1}\boldsymbol{Z}_*^{\mathrm{T}}\boldsymbol{W}_p\boldsymbol{U}]$。

定理 5.2.7 当 $h_n=c\cdot n^{-1/5}$时

$$\sqrt{n}D_{\mathrm{GMM}}^{-1/2}(\hat{\beta}_{\mathrm{GMM}}-\beta)\xrightarrow{L}N(0,\sigma^2 I) \tag{5.2.30}$$

其中$D_{\mathrm{GMM}}=(\boldsymbol{\Gamma}^{\mathrm{T}}\boldsymbol{V}_n^{-1}\boldsymbol{\Gamma})^{-1}$，$\Gamma=E[\boldsymbol{Z}_{\#it}(\boldsymbol{X}_{it}-m_1(\boldsymbol{Z}_{*it}))']$，$\boldsymbol{V}_n=\mathrm{Var}[n^{-1/2}\boldsymbol{Z}'_{\#}\boldsymbol{U}]$。

证明：由叶阿忠(2008)中式(19.12)可推得。

定理 5.2.8　设 $p\in\mathrm{supp}(f_P)\subset R$ 为内点，则当 $h_n=c\cdot n^{-1/5}$时

$$n^{2/5}[\hat{g}_{\mathrm{GMM}}(p)-g(p)]\xrightarrow{L}N(\frac{c^2}{2}\mu_2(K)a_{\mathrm{GMM}}(p),c^{-1}R(K)b_{\mathrm{GMM}}(p)) \tag{5.2.31}$$

其中

$a_{\mathrm{GMM}}(p)=f_P(p)\mathrm{tr}\{H_g(p)\}B_{\mathrm{GMM}}(p)\psi(p)$，

$b_{\mathrm{GMM}}(p)=f_P(p)B_{\mathrm{GMM}}(p)F(p)B_{\mathrm{GMM}}(p)'$，$F(p)=E(u_{it}^2 Z_{*it}Z'_{*it}\mid P_{it}=p)$

$B_{\mathrm{GMM}}(p)=B_1^{\mathrm{GMM}}(p)(\psi(p))'\overline{V}_n^{-1}-B_2^{\mathrm{GMM}}(p)[\psi(p)D'_{fP}(p)+f_P(p)D'_{\psi}(p)]'\overline{V}_n^{-1}$，

$B_1^{\mathrm{GMM}}(p)=[A_{11}^{\mathrm{GMM}}(p)-A_{12}^{\mathrm{GMM}}(p)(A_{22}^{\mathrm{GMM}}(p))^{-1}A_{21}^{\mathrm{GMM}}(p)]^{-1}$，

$B_2^{\mathrm{GMM}}(p)=-(A_{11}^{\mathrm{GMM}}(p))^{-1}A_{12}^{\mathrm{GMM}}(p)[A_{22}^{\mathrm{GMM}}(p)-A_{21}^{\mathrm{GMM}}(p)(A_{11}^{\mathrm{GMM}}(p))^{-1}A_{12}^{\mathrm{GMM}}(p)]^{-1}$，

$A_{11}^{\mathrm{GMM}}(p)=f_P(p)\psi(p)'\overline{V}_n^{-1}\psi(p)$，

$A_{12}^{\mathrm{GMM}}(p)=(A_{21}^{\mathrm{GMM}}(p))^{\mathrm{T}}=\psi(p)'\overline{V}_n^{-1}[\psi(p)D'_{fP}(p)+f_P(p)D'_{\psi}(p)]$，

$A_{22}^{\mathrm{GMM}}(p)=[\psi(p)D_{fP}^{\mathrm{T}}(p)+f_P(p)D_{\psi}^{\mathrm{T}}(p)]^{\mathrm{T}}\overline{V}_n^{-1}[\psi(p)D_{fP}^{\mathrm{T}}(p)+f_P(p)D_{\psi}^{\mathrm{T}}(p)]$。

证明：因为

$n^{2/5}[\hat{g}_{\mathrm{GMM}}(p)-g(p)]=n^{2/5}[\hat{g}_{\mathrm{GMM}}(p)+\hat{\alpha}_i-g(p)-\alpha_i]-n^{2/5-1/2}n^{1/2}(\hat{\alpha}_i-\alpha_i)$

由于参数估计 $\hat{\alpha}_i$ 的收敛速度为$n^{-1/2}$且 $2/(d_p+4)-1/2<0$，所以，

$$n^{2/(d_p+4)-1/2}n^{1/2}(\hat{\alpha}_i-\alpha_i)\xrightarrow{L}0$$

由叶阿忠(2008)的式(19.22)可知

$$n^{2/5}[\hat{g}_{\mathrm{GMM}}(p)+\hat{\alpha}_i-g(p)-\alpha_i]\xrightarrow{L}N(\frac{c^2}{2}\mu_2(K)a_{\mathrm{GMM}}(p),c^{-1}R(K)b_{\mathrm{GMM}}(p))$$

综合前述，可获得式(5.2.31)。

例 5.2.8　本例取自张枝招(2014)的研究论文。借鉴齐建国(2002)、夏杰长(2000)和俞会新、薛敬孝(2002)的分析，使用人均可支配收入、对外贸易、工业化率、技术进步、产业结构和城镇化率共 6 个自变量，构建劳动就业的如下模型：

$$\begin{aligned}\ln Employ_{it}=&\alpha_i+\rho W\cdot\ln Employ_{it}+\beta_1 W\cdot\ln DispoIncome_{it}+\\&\beta_2 W\cdot\ln ForeignTrade_{it}+\beta_3 W\cdot\ln dustRate_{it}+\\&\beta_4 W\cdot\ln TechProgress_{it}+\\&\beta_5 W\cdot\ln ThirdIndustryprop_{it}+\\&g(\ln UrbanRate_{it})+u_{it};i=1,2,\cdots,N,t=1,2,\cdots,T\end{aligned} \tag{5.2.30}$$

其中 $Employ_{it}$ 为劳动就业，$DispoIncome_{it}$ 为人均可支配收入，$ForeignTrade_{it}$ 为对外贸易水平对数，$IndustRate_{it}$ 为工业化率，$TechProgress_{it}$ 为技术水平，$ThirdIndustryprop_{it}$ 为产业结构，$UrbanRate_{it}$ 为城镇化率，除城镇化率被设置为非参数部分解释变量以外，其余影响因素被设为空间变量。$G(\cdot)$为未知函数，而 u_{it} 表示模型的噪音项，α_i

表示模型的空间个体影响项。

利用本节估计方法，通过 Matlab 软件、R 软件和 Stata 软件共同计算的结果如下表 5.2.9 所示。

空间个体影响项 α_i 的估计由于各个省份的值都不一样，因而在此就不再加入以上列表中，并且这一结果对模型最终估计结论的影响不大。

从表 5.2.9 可以看出估计结果的各系数项都是显著的，并且出现了两个变量，即工业化率水平和产业结构的空间滞后项是负向影响的，这个原因是多方面的，但这与很多研究中出现的这两项对劳动就业的影响不稳定的结论是一致的。其他参数的估计结果与常识相符。

表 5.2.9　半参空间模型参数项系数估计

变量	变量系数	显著性水平
$W \cdot \ln Employ_{it}(\rho)$	0.3077602	0.000
$W \cdot \ln DispoIncome_{it}(\beta_1)$	0.2583596	0.003
$W \cdot \ln ForeignTrade_{it}(\beta_2)$	0.0446115	0.072
$W \cdot \ln IndustRate_{it}(\beta_3)$	−0.4169105	0.000
$W \cdot \ln TechProgress_{it}(\beta_4)$	−0.1233637	0.002
$W \cdot \ln ThirdIndustryprop_{it}(\beta_5)$	−0.5540415	0.001

对该非参数项与被解释变量之间估计的真实变动关系，运用非参数 Lowess 估计方法估计出的结果如下图 5.2.9 所示。从图中可以看出两者之间变动的关系大致出现了两个拐点，在城镇化率水平比较低的区域和城镇化率水平总体比较高的区域里面都出现了城镇化率水平对劳动就业比较大的提升作用，而在其他区域城镇化率对劳动就业的提升作用整体不显著，图 5.2.9 中大体可以看出城镇化大概从 20%到 40%的区间和从 50%到 70%的区间对劳动就业具有显著的拉动作用。

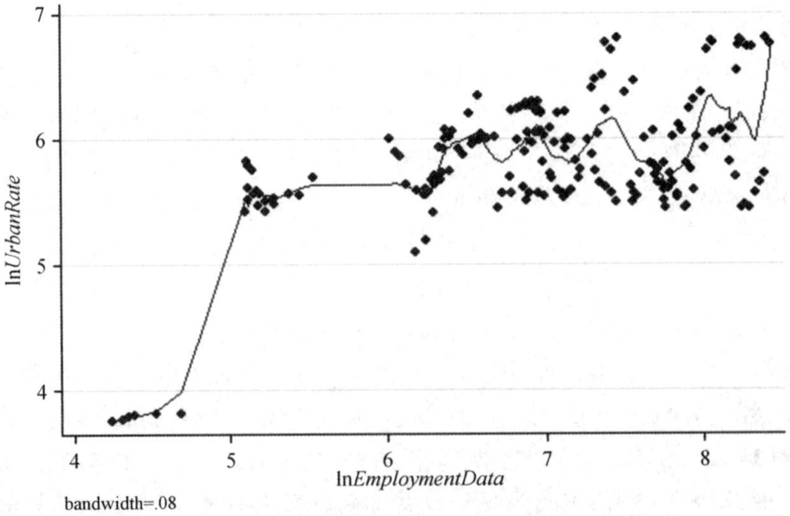

图 5.2.9　城镇化率的非参估计量与劳动就业之间的估计图

而对模型中估计出的非参数项的导数值 $g'(\ln UrbanRate)$ 与劳动就业之间的真实变动关系拟合图则如图 5.2.10 所示。可见城镇化率的偏导值对劳动就业的影响效应多数都处于 $X=0$ 轴的上方，也就是说城镇化率对劳动就业整体呈现一种正向的拉动作用。并且由图中可以看出城镇化率在几个区域对劳动就业的拉升作用尤其明显，而加上总体呈现出的一种正向拉动作用，这些都与图 5.2.9 中真实值的拟合图的估计结论相一致。也就是说城镇化率有条件的对劳动就业呈现一种正向的拉动关系，但两者之间并不呈现某一参数化的特征。

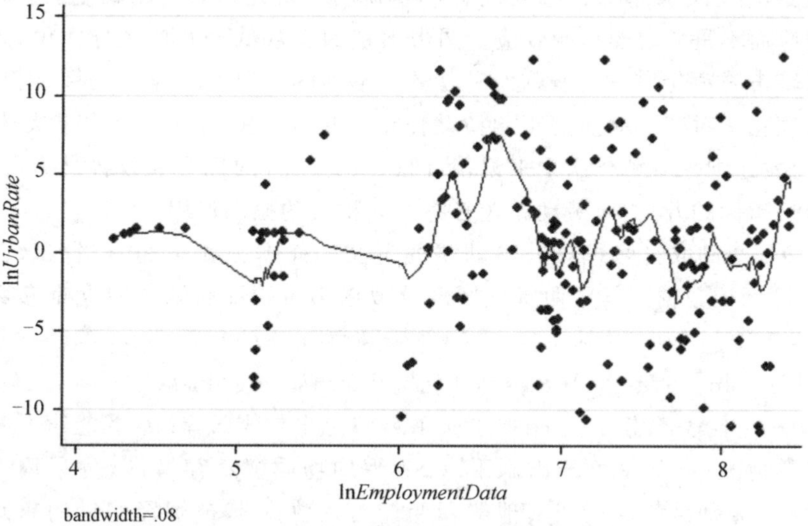

图 5.2.10　非参数函数导数估计图

通过以上运用半参数空间计量的研究方法对城镇化率与劳动就业情况之间的相关关系进行估计后可知，它们之间是呈现一种非线性的关系，这符合我们当初进行检验的预期。从图 5.2.10 可知城镇化率与劳动就业情况之间大体呈现一种振荡上升互相影响的关系，即随着城镇化率的上升，在一定条件和范围内会促进劳动就业的改善，但是当城镇化率达到一定程度之后又会出现一个下降的趋势，但总体来说是一种上升的趋势，即劳动就业情况与城镇化率之间呈现一种正向的关系，也就是说随着城镇化工作的不断推进，城镇化率不断上升之后，对于劳动就业的改善起到了一定的促进作用。

在图形中出现的一段城镇化率上升而劳动就业数量反而下降的情况，主要是由于数据点中的天津、北京和上海三个直辖市的数据，其城镇化率均在 80%附近或者高于 80%，但由于直辖市本身的特点，以及总体人口数量和劳动就业数量没有其他省份多，导致城镇化率的提高，没有带来相应的劳动就业数量。但另一方面从统计数据可以看出，此三个直辖市的劳动就业情况是相当理想的，根据 2012 年的数据北京市的失业率是 1.3%，天津市的失业率是 3.6%，而上海市的失业率是 3.1%，均低于当年全国平均水平的城镇失业率 4.1%。也就是说是由于总人口和直辖市的特殊性导致此三个样本点，没有出现在解释变量与被解释变量向上相关的路径上，而是向下逆转了，所以长期对于其他省份而言，城镇化率与劳动就业数量的确存在着正向的相关关系。

而从图形的半参数部分图中可以看出，我国的城镇化率从20%到40%和从50%提到70%这两个阶段对劳动就业的提升作用尤其迅速和明显。这就启示我们一方面要加大对西藏、云南等城镇化水平还不到40%的地方的城镇化建设的支持，另一方面则加大对总体城镇化建设的支持和推动，把目前我们的城镇化水平从52.57%提升到70%以上，而这两个阶段的提升，都将带来巨大的劳动就业福利，因为劳动就业情况的改善本身对处于一定社会环境中的公民来说毫无疑问是一种巨大的社会福利提升。

根据导数图的分析结果可以看出，城镇化率对劳动就业的导数值大体都处于 $x=0$ 线的上方，也就是说导数值大体都要大于0，这说明城镇化率对劳动就业的影响大体是正向的促进效应而不是负向的抑制效应。图中出现的少数低于0值的导数值，跟前述讲的少数几个直辖市城镇化率偏高但总人口数量却不多的情况有一定的关联。因而，总体的结论支持城镇化率对劳动就业的正向拉动作用。我国当前的城镇化水平大体处于52%的水平，相对发达国家城镇化水平来说，我们还有着巨大的提升和改善潜力，并且随着城镇化比率这一指标的升高，对劳动就业必将产生积极的拉动作用。

例 5.2.9 本例取自张楠(2015)的研究论文。样本为我国30个省(区、市)2004—2012年的省际面板数据。其中西藏地区部分数据不可得而排除。建立半参数空间滞后模型如下：

$$\ln y_{it}=\alpha_i+\rho W\ln y_{it}+\beta_1\ln k_{it}+\beta_2\ln h_{it}+g(\ln el_{it})+u_{it} \tag{5.2.31}$$

其中，下标 i 代表省份，t 代表时期；$g(\ln el_{it})$ 为非参数部分；el_{it} 为教育基尼系数衡量的教育不平等情况；y_{it} 为平均产出水平；k_{it} 为平均物质资本存量；h_{it} 为平均人力资本水平；α_i、β_1、和 β_2 分别是截距项和其他解释变量的系数；ρ 是被解释变量的空间滞后项系数；u_{it} 为服从 $N(0,\sigma^2)$ 的随机扰动。W 是表示空间相关的空间权重矩阵。关于权重选择问题，学者们普遍认为考虑地理距离的方法更为科学。同时，李婧等(2010)认为更接近现实的情形是经济发展水平较高的空间单元会对经济水平较低空间单元产生更强的空间影响与辐射作用，因此，应该同时考虑地理距离和经济因素的空间嵌套矩阵能更好地反映空间交互作用。运用这两种的空间权重矩阵分别对模型进行估计，结果见5.2.10。

表 5.2.10 面板空间滞后模型及半参数空间滞后模型

	地理距离权重矩阵		地理经济嵌套权重矩阵		
	Two-way FE	RE	Two-way FE	RE	半参数模型
$\ln k$	0.264210*** (0.0000)	0.132366*** (0.0000)	0.264446*** (0.0000)	0.130106*** (0.0000)	0.0702589*** (0.0000)
$\ln h$	0.469853*** (0.0000)	0.221506*** (0.0000)	0.469924*** (0.0000)	0.206943*** (0.0000)	0.454662*** (0.0000)
$\ln el$	−0.140978* (0.0987)	0.010709 (0.8941)	−0.144175* (0.0899)	−0.002768 (0.9718)	图5.2.11
$W\ln y$	0.566980*** (0.0000)	0.320991*** (0.0010)	0.573969*** (0.0000)	0.481983*** (0.0000)	0.3952127*** (0.0000)
Constant	—	4.566018*** (0.0000)	—	2.941700 (0.000000)	—
R^2	0.9928	0.9893	0.9929	0.9898	

续表

	地理距离权重矩阵		地理经济嵌套权重矩阵		
	Two-way FE	RE	Two-way FE	RE	半参数模型
Log-l	479.89037	334.84354	460.59377	340.64947	
LR-test	934.3155	644.2219	882.9466	643.0580	
Hausman	−46.4950*** (0.0000)		−48.9542*** (0.0000)		

注：***、**、* 分别表示在1%、5%和10%的显著性水平下显著

空间模型估计的结果和普通面板回归结果相似。实物资本和人力资本对经济产出具有显著的促进作用。且在不同权重的空间滞后模型中系数估计结果相差甚微。同时，不论在双固定效应模型还是随机效应模型中，空间滞后项的系数估计均在1%的显著性水平下为正。表明空间溢出效应对我国地区经济发展的影响不可忽视。在验证潘文卿(2012)推断的同时，也揭示了地区间经济发展的空间溢出效应机制：区域间往往存在空间集聚效应，经济发展水平较高的地区一般具有较大的经济规模和较好的发展前景，对生产要素的需求和对最终产品的供给也较多，这就直接带动了相邻省市的经济发展，即该地区的经济增长会对相邻地区的经济发展产生正的辐射作用，进而拉动相邻地区的经济发展。此外，教育不平等的估计系数在各模型中均不能通过5%的显著性水平检验。

图5.2.11为教育不平等对经济产出的导数图。导数图显示了教育不平等对经济产出的非线性影响。图中横轴表示教育不平等水平，纵轴即为教育不平等对经济产出的导数。由导数图可以看出：①当教育均等水平较低(相对于 el 值较大)时，教育不平等会促进经济产出水平。即这种情况下，适当地提高教育不平等会增加经济的产出水平。教育均衡水平低的地区普遍教育程度低，其教育不平等是由于大多数人没有受正规教育造成的。提高其中部分人的教育水平可以增加经济产出水平，但显然这也会造成教育不平等程度的提高。这与 Petra Sauer，Martin Zagler(2014)研究的结论一致。②在大多数情况下，教育不平等水平会对经济产出起到抑制作用。以往研究中(如杨俊，李雪松(2007))大

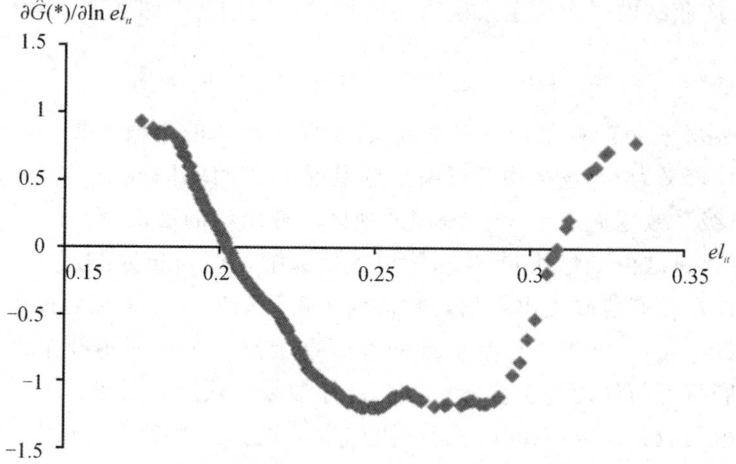

图5.2.11 教育不平等对经济产出的导数图

部分得出了类似的结论。这部分地区的教育不平等主要是由于初、高等教育不平衡所造成的。以牺牲质量为代价的存量增加，会拉大地区内教育差距，进而造成收入水平差异扩大，不利于经济的稳定发展。③教育较为平等时，教育不平等程度提高也会促进经济产出。这些地区普遍教育水平高。基础教育完善，教育不平等程度的提高主要是由于提高了部分人的高等教育水平。黄艳萍、刘榆等(2013)研究表明，在发达地区高等教育会通过技术创新促进经济的增长。

例 5.2.10 本例取自张玺(2015)的研究论文。城镇化建设对于稳定我国经济增长、转变经济发展方式、加快现代化建设都有着十分重要的意义。2013 年中国城镇化率达到 53.73%，超过世界平均水平，统计资料显示，我国的城镇化率指标正在以年均 1.15%的速度稳步增长。城镇化水平的提高和产业结构的升级都是经济发展过程中的必然规律，而新型城镇化建设又需要产业升级来支撑，特别是现代制造业、生产性服务业的发展是新型城镇化的强大动力。因此，考察产业结构升级与城镇化进程的关系，对于合理规划产业布局，制定产业政策，从我国国情出发，因势利导，建设可持续发展的新型城镇化都有重要的意义。

采用年度数据，考虑到数据的可得性，选择样本区间为：2007—2013 年。数据主要来自中国官方资料：①《中国统计年鉴》；②《新中国 50 年统计资料汇编》；③中经网统计数据库。最终进行分析的数据是 2007—2013 年中国 31 个省、直辖市、自治区的面板数据。

各变量具体描述如下：

城镇化水平(UR)。城镇化是指人口向城镇聚集、城镇规模扩大以及由此引起的一系列社会经济变化的过程。城镇化过程也是经济社会结构的变迁过程，包括经济城镇化、产业结构城镇化、人口城镇化、空间城镇化和生活方式城镇化等多个方面。这里选取大多数学者采用的"城镇人口数占总人口的比例"，作为衡量城镇化发展水平的指标。

产业升级系数(upgrade)：苏雪串(2002)在《产业结构与城市化》一文中指出城镇化表现在生产方式上，就是产业结构的升级，即农业剩余劳动力向非农产业部门的转移。在制定城镇化发展战略时，应使产业结构升级与城镇化之间形成良性的互动机制。

为此，引入产业结构层次系数来说明各省域的产业结构升级水平，测算公式为：

$$upgrade=\sum_{i=1}^{3} q_i \times 1+q_2 \times 2+q_3 \times 3$$

其中 $upgrade$ 表示产业结构升级系数，q_i 为第 i 产业的产值比重。$upgrade$ 的取值范围为[1,3]，其含义为，产业结构升级系数越逼近 1，表明一国或地区产业结构的层次越低；产业结构升级系数越逼近 3，表明一国或地区产业结构的层次越高。

同时，为了尽量减少变量遗漏误差，将以下指标纳入控制变量：①政府行为(ln_gov)。文章使用各地地方政府财政支出额的对数形式来衡量政府在城镇化建设中的作用。②外商直接投资额(ln_fdi)。这里以对数形式的外商直接投资实际利用额作为自变量。这里将控制变量政府行为与外商直接投资设定为线性参数形式进入模型。

在借鉴徐敏(2014)研究城镇化进程推进因素的论文的基础上，分别构建普通面板数据模型、空间面板数据模型、半参数空间面板数据模型研究该问题。由于模型中变量城镇化率(UR)和产业结构升级系数均为比率形式的指标，这里参照吴福象、刘志彪(2008)城镇化群落驱动经济增长的机制研究中的方法，构建半对数化模型。苏雪串(2002)在《产业结构与城市化》一文中指出，产业结构升级与城镇化是相辅相成、相互影响的关系，但是通过对 1990—2014 年的全国数据进行格兰杰因果关系检验可以发现(见表 5.2.11)，从 20 世纪 90 年代开始，产业结构升级逐渐成为城镇化发展的外生性因素，即产业结构升级可以促进城镇化发展而城镇化发展对产业结构的升级影响并不显著。为此将产业结构升级指标作为解释变量进入模型会更加合理。

表 5.2.11　Granger 因果关系检验

年份	原假设	F-Statistic	P-Value
1990—2014	城镇化进程不是产业结构升级的 Granger 因果关系	1.167	0.334
	产业结构升级不是城镇化进程的 Granger 因果关系	2.436*	0.083

注：* 表示在 10%的水平上显著。

空间权重矩阵的设定借鉴 J.Q.斯图亚特(Stewart，1948)和 G.K.齐夫(Zipf，1946)研究中提到的城市引力公式 $G_{ij}=(M_i \times M_j)/D$ 来设定权重矩阵。M_i 表示 i 城市的城市质量指标，M_j 表示 j 城市的城市质量指标，其中 $M_i=\sqrt{GDP_i/P_i}$，GDP_i 表示研究对象样本区间内生产总值的平均值，P_i 表示研究对象样本区间内人口的平均值，D 是这两个城市之间的地理距离。与传统的 0-1 权重矩阵相比本例建立的引力空间权重矩阵能更好地体现城市间城镇化的空间相关关系。

通过绘制产业结构升级系数与城镇化率的散点图可以发现，产业结构升级系数变量与城镇化率变量之间存在着非线性的关系。且当产业结构升级系数大于 2.5 时，产业结构的升级对于城镇化进程起到明显的促进作用，而当产业结构升级系数位于 2.1～2.5 区间内时两者关系呈现出复杂的情况。为了更准确地捕捉两者之间的关系，避免模型的人为设定误差，采用半参数空间滞后面板数据模型，为此，构建了如下模型：

$$
\begin{aligned}
ur_{it} = &\rho \sum_{j-1}^{N} w_{ij} \ln(ur_{it}) + \beta_1 \ln(gov_{it}) + \beta_2 \ln(fdi_{it}) + \\
&G(upgrade_{it}) + \alpha_i + \varepsilon_{it}
\end{aligned}
\tag{5.2.32}
$$

其中非线性变量产业升级系数 upgrade 作为非参量。

分别采用传统的面板数据模型、空间滞后面板数据模型和半参数空间滞后面板数据模型对问题进行研究，并对三者的回归结果进行比较分析(见表 5.2.12)。

表 5.2.12　三种模型拟合效果比较

	模型 1	模型 2	模型 3
	普通面板	空间面板	半参数空间面板
Intercept	0.2103* [1.9064]		
Upgrade	−0.0717 [−1.4249]	−0.07584 [−1.6786]	
Ln_gov	0.1157*** [13.7363]	0.0767*** [5.8190]	0.05327*** [3.7067]

续表

	模型 1	模型 2	模型 3
	普通面板	空间面板	半参数空间面板
Ln_fdi	0.0148* [1.7835]	0.01362* [1.8271]	0.0366*** [3.1357]
$W\times Ur$		0.2989*** [2.9644]	0.0429** [1.3432]
Adj R-sq	0.7559	0.7599	0.9518
Log-Likelihood	624.491	628.418	630.268

注:[]为统计量所对应的 t 统计量。*** 表示在 1%的水平显著,** 表示在 5%的水平显著,* 表示在 10%的水平显著。

表 5.2.12 中模型 1 为普通的面板数据模型。面板数据可以揭示横截面数据所不能被观察到的个体特殊行为,因而被广泛应用于微观经济和区域经济领域的实证研究。通过 Hausman 检验(见表 5.2.13)我们判断出采用固定效应面板模型估计该数据更为合理。从回归结果中我们可以看出,政府的财政支出与外商直接投资额对城镇化的进程都有显著的正向影响。具体来说,政府财政支出每增加 1%,城镇化率可以提高 0.115%,而外商直接投资在提升城镇化率上的作用要弱于政府财政支出的作用,投资额每 1%的提升也能促进城镇化率提升 0.014%。而反观产业结构升级系数,其参数估计值在 10%的显著性水平下并不显著,并且系数为负。这与肖功为(2013)对中国产业结构优化升级引致的城镇化效应研究中得出的结论存在差异,肖功为通过面板分位数回归得出产业优化对于城镇化有显著的正向影响。导致这样的原因一方面可能与产业结构升级与城镇化进程存在非线性的关系有关,另一方面可能与模型设定时并没有考虑到城镇化进程的空间溢出作用有关。

表 5.2.13 Hausman 检验与空间效应检验结果

	Hausman 检验	Moran's I	LM(lag)	LM(err)
Model Ⅰ	88.6845*** [0.000]	—	—	—
Model Ⅱ	17.5553*** [0.000]	0.1267*** [0.000]	5.1340** [0.023]	4.2560** [0.0391]
Model Ⅲ	−23.1298*** [0.000]	0.1259*** [0.001]	11.9209*** [0.000]	10.3500*** [0.001]

注:[]为统计量所对应的 p 值。*** 表示在 1%的水平显著,** 表示在 5%的水平显著,* 表示在 10%的水平显著。

模型 2 在模型 1 的基础上增加了城镇化进程的空间溢出效应,采用空间计量模型估计参数。模型检验结果(见表 5.2.13)表明,采用固定效应的空间滞后模型更为合理。从回归结果中我们发现,与普通面板数据模型相比,政府财政支出作用的系数在 1%的显著性水平下成立，但其系数要明显小于普通面板数据模型所估计出来的参数，政府财政支出每增加 1%，城镇化率可以提高 0.076%，这显然更为合理。空间自相关系数为 0.299 且通过了显著性检验，说明某一省份的城镇化建设对相邻省份具有一定的辐射效果。这与徐敏(2014)得出的结论相同，认为中国的城镇化率存在空间的互动效应，相邻省域的城镇化率对本省的城镇化率有推动作用。可以看出，采用空间计量模型考虑该问题后，参数的估计量有了显著的变化，但是产业结构升级变量的系数仍不显著，这表明我们构建的线性计量模型在设定上还是存在偏误。

考虑到上文得出的产业结构对城镇化影响的结论与现有文献不符，模型 3 在模型 2 的基础上更进一步考虑到变量的非线性关系，故模型 3 将非线性变量产业结构升级系数设定为非参量，进行半参数空间面板模型估计。利用 Epanechnikov 核函数和固定窗宽局部线性法来实现半参数空间滞后模型估计。模型 3 与模型 2 相比在参数估计上略有差别，外商投资影响有显著增强，对城镇化进程的促进作用与财政政策作用相当，而模型的拟合优度有显著提升，达到了 0.95，这也证明了半参数模型在数据拟合上的优势。模型 3 通过导数图 5.2.12 进一步验证了产业结构升级系数与城镇化进程的非线性关系。

通过图 5.2.12 我们可以发现，导数图将产业结构系数划分为了三个区间，区间一：2.25～2.38、区间二：2.38～2.58、区间三：2.58～2.8。当产业结构升级系数在区间一和区间三时，产业结构对于城镇化进程可以起到促进作用，并且 2.58 到 2.8 这一区间所对应的产业结构对于城镇化进程的促进作用要更大。而当产业结构系数位于区间二时，相应的产业结构反而会对城镇化起到一定的抑制作用。导数图很好地证明了产业结构与城镇化之间的非线性关系。这也解释了为什么在普通面板数据模型与空间滞后面板数据模型中产业结构系数一直不显著且参数估计系数与现有文献存在较大差异的原因。由此可以看出，半参数空间滞后面板数据模型在模型的拟合优度、统计性质方面要优于前两个模型，更重要的是半参数模型对于解决变量之间存在非线性关系有其独到的优势。

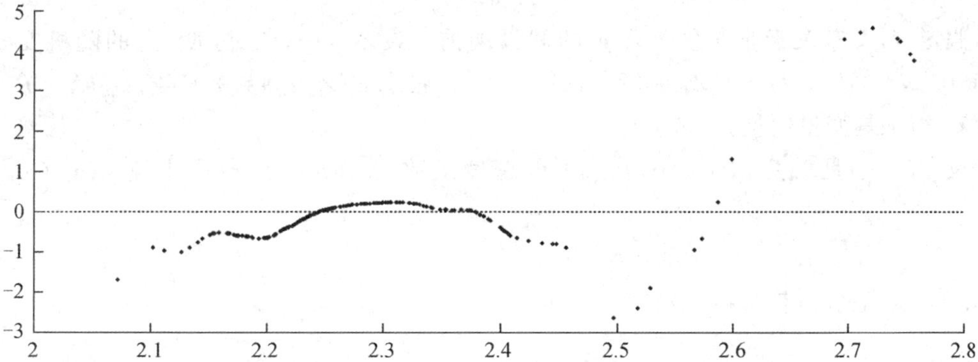

图 5.2.12　产业升级系数(upgrade)对城镇化率(ur)的导数散点图

5.3 半参数动态面板空间滞后模型

5.3.1 模型

动态模型在经济管理领域应用十分广泛，其原因是该模型既可分析经济个体的动态行为，又能控制观察不到的个体异质性。

设半参数动态面板联立方程固定影响空间滞后模型的某结构式方程为

$$\boldsymbol{Y}_{it}=\boldsymbol{\lambda}\boldsymbol{Y}_{i,t-1}+\boldsymbol{\alpha}_i+\boldsymbol{\rho}_1\sum_{j\neq i}\boldsymbol{w}_{ij}\boldsymbol{Y}_{jt}+\boldsymbol{\rho}_2\sum_{j\neq i}\boldsymbol{w}_{ij}\boldsymbol{Y}_{jt-1}+\boldsymbol{S}'_{it}\boldsymbol{\gamma}_0+$$
$$\sum_{j\neq i}\boldsymbol{w}_{ij}\boldsymbol{S}'_{jt}\boldsymbol{\gamma}_1+g(\boldsymbol{P}_{it})+\boldsymbol{u}_{it},i=1,2,\cdots,n,t=1,2,\cdots,T \quad (5.3.1)$$

其中 Y_{it} 为被解释变量，$\boldsymbol{S}_{it}=(S_{1it},\cdots S_{d_sit})'$ 是解释变量向量，$\boldsymbol{P}_{it}=(P_{1it},\cdots,P_{d_pit})'$ 为非参数部分解释变量向量，α_i 为个体影响，λ 和 γ_0 为系数，ρ_1、ρ_2 和 γ_1 为空间效应系数，$g(\cdot)$ 是未知函数，$\boldsymbol{u}_{it}$ 是均值为零，方差为 σ^2 且相互独立的随机变量。该模型的因变量除了受个体特殊行为 α_i 和解释变量的影响，还受因变量时间滞后项、空间滞后项和时间滞后项的空间滞后项和解释变量的空间滞后项的影响。若 $Eg(\boldsymbol{P}_{it})\neq 0$，则可将其归入 α_i，所以，不妨设 $Eg(\boldsymbol{P}_{it})=0$。

记 $\widetilde{Y}_{it}=\sum_{j\neq i}w_{ij}Y_{jt}$，$S_{it}=\sum_{j\neq i}w_{ij}S_{jt}$，$\widetilde{P}_{it}=\sum_{j\neq i}w_{ij}P_{jt}$，则模型(5.3.1)可写成

$$\boldsymbol{Y}_{it}=\boldsymbol{\alpha}_i+\boldsymbol{X}'_{it}\boldsymbol{\beta}+g(\boldsymbol{P}_{it})+\boldsymbol{u}_{it} \quad (5.3.2)$$

其中：$\boldsymbol{\beta}=(\lambda,\rho_1,\rho_2,\gamma'_0,\gamma'_1)'$，$\boldsymbol{X}_{it}=(Y_{i,t-1},\widetilde{Y}_{it},\widetilde{Y}_{i,t-1},S'_{it},\widetilde{S}'_{it})$。$(S_{1t},P_{1t},Y_{1t}),\cdots,(S_{nt},P_{nt},Y_{nt})$ 是在 $R^{d_s+d_p+1}$ 上取值的随机变量向量序列。解释变量 $\widetilde{Y}_{it}$ 是内生变量，与随机误差项 u_{it} 相关，使得

$$E(\boldsymbol{X}_{it}\boldsymbol{u}_{it})\neq 0 \quad (5.3.3)$$

假定 $d_p\leqslant 3$，关于非参数函数 g 的假设同前。设 $Z_{1t},\cdots,Z_{nt}$ 是 R^d 上的随机变量向量，其中：$d=2d_s+d_p+4$，$\boldsymbol{Z}_{it}=(Z_{1it},\cdots,Z_{dit})'$。假设 $E(\boldsymbol{Z}_{it}\boldsymbol{u}_{it})=0$，$E(\boldsymbol{Z}_{it}\boldsymbol{u}_{it}\mid\boldsymbol{X}_{it},\boldsymbol{P}_{it})=0$，称 $\boldsymbol{Z}_i$ 为工具变量向量。

设 $f_{\boldsymbol{P}}(\cdot)$ 是 $\boldsymbol{P}_{it}=(P_{1it},\cdots,P_{d_pit})'$ 的密度函数，$f_P(p)>0$ 有凸支撑 $supp(f_P)\subset R^{d_p}$。

5.3.2 模型估计

(1)$E(\boldsymbol{P}_{it}\boldsymbol{u}_{it})=0$ 情形

定义 5.3.1 模型(5.3.1)参数分量 β 的工具变量估计为

$$\hat{\boldsymbol{\beta}}_{\mathrm{IV}}=\left[\sum_{i=1}^{n}\sum_{t=1}^{T}\boldsymbol{Z}_{\#it}(\boldsymbol{X}_{it}-\hat{m}_1(\boldsymbol{P}_{it}))'\right]^{-1}\left[\sum_{i=1}^{n}\sum_{t=1}^{T}\boldsymbol{Z}_{\#it}(\boldsymbol{Y}_{it}-\hat{m}_2(\boldsymbol{P}_{it}))\right] \quad (5.3.4)$$

其中$\boldsymbol{Z}_{\#it}=(Z_{1it},\cdots,Z_{2d_s+3it})'$，$\hat{m}_1(p)$和$\hat{m}_2(p)$分别是$m_1(p)=E[X_{it}|P_{it}=p]$和$m_2(p)=E[Y_{it}|P_{it}=p]$的局部线性估计。

模型(5.3.1)参数分量$\boldsymbol{\alpha}_i$的工具变量估计为

$$\hat{\boldsymbol{\alpha}}_i=\overline{Y}_i-\boldsymbol{X}_i'\hat{\boldsymbol{\beta}}_{\mathrm{IV}}$$

其中$\overline{\boldsymbol{Y}}_i=\frac{1}{T}\sum_{t=1}^{T}\boldsymbol{Y}_{it}$，$\overline{\boldsymbol{X}}_i=\frac{1}{T}\sum_{t=1}^{T}\overline{\boldsymbol{X}}_{it}$。

模型(5.3.2)非参数分量的工具变量估计为

$$\hat{g}_{\mathrm{IV}}(\boldsymbol{p})=\hat{m}_2(\boldsymbol{p})-\hat{m}'_1(\boldsymbol{p})\hat{\boldsymbol{\beta}}_{\mathrm{IV}}-\hat{\boldsymbol{\alpha}}_i \tag{5.3.5}$$

定理 5.3.1　当$h_n=c\cdot n^{-1/(d_p+4)}$时

$$\sqrt{n}(\hat{\boldsymbol{\beta}}_{\mathrm{IV}}-\boldsymbol{\beta})\xrightarrow{L}N(0,\sigma^2(\boldsymbol{\Gamma})^{-1}\boldsymbol{V}(\boldsymbol{\Gamma}')^{-1}) \tag{5.3.6}$$

其中：$\boldsymbol{V}=E[\boldsymbol{Z}_{\#it}\boldsymbol{Z}'_{\#it}]$，$\boldsymbol{\Gamma}=E[\boldsymbol{Z}_{\#it}(\boldsymbol{X}_{it}-E(\boldsymbol{X}_{it}|\boldsymbol{P}_{it}))']$。

证明：由叶阿忠(2008)的定理 18.1 推得。

由定理 5.3.1 可知，参数分量估计的收敛速度为$n^{-1/2}$，与经典线性回归模型参数估计的收敛速度一致。

定理 5.3.2　设$p\in\mathrm{supp}(f_P)\subset R^{d_p}$为内点，则当$h_n=c\cdot n^{-1/(d_p+4)}$时

$$n^{2/(d_p+4)}[\hat{g}_{\mathrm{IV}}(\boldsymbol{p})-g(\boldsymbol{p})]\xrightarrow{L}N\left(\frac{c^2}{2}\mu_2(K)\mathrm{tr}\{H_g(\boldsymbol{p})\},\frac{R(K)\sigma^2}{c^{d_p}f_P(\boldsymbol{p})}\right) \tag{5.3.7}$$

其中：$\mathrm{tr}\{H_g(\boldsymbol{p})\}$为矩阵$H_g(\boldsymbol{p})=\left[\frac{\partial^2 g(p)}{\partial p_i\partial p_j}\right]_{d_p\times d_p}$的对角元素之和。

证明：略。

由定理 5.3.2 可知，非参数分量估计的收敛速度为$n^{-2/(d_p+4)}$，达到了非参数函数估计的最优收敛速度。

(2)$E(\boldsymbol{P}_{it}\boldsymbol{u}_{it})\neq 0$情形

定义 5.3.2　模型(5.3.1)参数分量的工具变量估计为

$$\hat{\boldsymbol{\beta}}_{\mathrm{IV}*}=\left[\sum_{i=1}^{n}\sum_{t=1}^{T}\boldsymbol{Z}_{\#it}(\boldsymbol{X}_{it}-\hat{\boldsymbol{m}}_1(\boldsymbol{Z}_{*it}))'\right]^{-1}\left[\sum_{i=1}^{n}\sum_{t=1}^{T}\boldsymbol{Z}_{\#it}(\boldsymbol{Y}_{it}-\hat{\boldsymbol{m}}_2(\boldsymbol{Z}_{*it}))\right] \tag{5.3.8}$$

其中$\hat{m}_1(Z_{*it})$和$\hat{m}_2(Z_{*it})$分别是$m_1(Z_{*it})=E[X_{it}|Z_{*it}]$和$m_2(Z_{*it})=E[Y_{it}|Z_{*it}]$的局部线性估计，$\boldsymbol{Z}_{*it}=(Z_{2d_s+4it},\cdots,Z_{dit})'$。

模型(5.3.1)参数分量α_i的工具变量估计为

$$\hat{\boldsymbol{\alpha}}_i=\overline{\boldsymbol{Y}}_i-\boldsymbol{X}_i'\hat{\boldsymbol{\beta}}_{\mathrm{IV}*}$$

模型(5.3.1)非参数分量的工具变量估计为

$$\hat{g}_{\mathrm{IV}*}(p)=\boldsymbol{e}_1'(\boldsymbol{Z}'_*\boldsymbol{W}_p[\boldsymbol{Y}-\boldsymbol{X}'\hat{\boldsymbol{\beta}}_{\mathrm{IV}*}]-\hat{\boldsymbol{\alpha}}_{i*} \tag{5.3.9}$$

其中$W_p=diag\{K_{h_n}(P_{11}-p),\cdots,K_{h_n}(P_{1T}-p),\cdots,K_{h_n}(P_{n1}-p),\cdots,K_{h_n}(P_{nT}-p)\}$，$\boldsymbol{\Phi}_p=(P_{p11},\cdots P_{p1T},\cdots,P_{pn1},\cdots,P_{pnT})'$，$\boldsymbol{P}_{pit}=(1,(P_{it}-p)')'$，$\boldsymbol{Z}_*=(Z_{*1T},\cdots,Z_{*1T},\cdots,Z_{*n1},\cdots,Z_{*nT})'$，$\boldsymbol{Y}=(Y_{11},\cdots,Y_{1T},\cdots,Y_{n1},\cdots,Y_{nT})'$，$\boldsymbol{X}=(X_{11},\cdots,X_{1T},\cdots,X_{n1},\cdots,X_{nT})$。

定理 5.3.3 在条件1下，当 $h_n = c \cdot n^{-1/(d_p+4)}$ 时

$$\sqrt{n}(\hat{\beta}_{IV*} - \beta) \xrightarrow{L} N(0, \sigma^2 (\Gamma_*)^{-1} V (\Gamma'_*)^{-1}) \quad (5.3.10)$$

其中：$\boldsymbol{\Gamma}_* = E[\boldsymbol{Z}_{\#it}(\boldsymbol{X}_{it} - E(\boldsymbol{X}_{it} | \boldsymbol{Z}_{*it}))']$。

证明：由叶阿忠(2008)中式(19.8)可推得。

定理 5.3.4 设 $p \in \mathrm{supp}(f_P) \subset R^{d_p}$ 为内点，则当 $h_n = c \cdot n^{-1/(d_p+4)}$ 时

$$n^{2/(d_p+4)}[\hat{g}_{IV*}(p) - g(p)] \xrightarrow{d} N(\frac{c^2}{2}\mu_2(K)a(p), c^{-d_p}R(K)b(p)) \quad (5.3.11)$$

其中 $a(p) = f_P(p)\mathrm{tr}\{H_g(p)\}B(p)g(p)$，$b(p) = f_P(p)B(p)F(p)B(p)'$，

$F(p) = E(u_{it}^2 \boldsymbol{Z}_{*it}\boldsymbol{Z}'_{*it} | P_{it} = p)$，$B(p) = (B_1(p), B_2(p))$，

$B_1(p) = [A_{11}(p) - A_{12}(p)(A_{22}(p))^{-1}A_{21}(p)]^{-1}$，

$B_2(p) = -(A_{11}(p))^{-1}A_{12}(p)[A_{22}(p) - A_{21}(p)(A_{11}(p))^{-1}A_{12}(p)]^{-1}$，

$A_{11}(p) = f_P(p)\psi_0(p)$，$A_{12}(p) = \psi_0(p)D'_{fP}(p) + f_P(p)D'_{\psi 0}(p)$，

$A_{21}(p) = f_P(p)\psi_1(p)$，$A_{22}(p) = \psi_1(p)D_{fP}(p) + f_P(p)D'_{\psi 1}(p)$，

$[\psi_0(p), (\psi_1(p))']' = \psi(p) = E(Z_{*it} | P_{it} = p)$。

证明：略。

5.3.3 实例

例 5.3.1 本例取自陈生明(2014)的研究论文。选取1997—2011年中国30个省(直辖市、自治区)的面板数据，西藏因部分数据缺失予以剔除，构建如下动态半参数面板空间滞后回归模型：

$$\ln y_{it} = \alpha_i + \rho \boldsymbol{W} \ln y_{it} + \beta_1 \ln y_{it-1} + \beta_2 \ln k_{it} + \beta_3 \ln h_{it} + G(p_{it}) + u_{it} \quad (5.3.11)$$

式中，下标 i 代表省份，t 代表时期；$G(p_{it})$ 为非参数部分，p_{it} 为人才外流水平；y_{it} 为平均产出水平；k_{it} 为平均物质资本存量；h_{it} 为平均人力资本水平；α_i、β_1、β_2 和 β_3 分别是各省区截距项和其他解释变量的系数；ρ 是被解释变量的空间滞后项系数；u_{it} 为服从 $N(0, \delta^2)$ 的随机扰动。$\boldsymbol{W}$ 是空间权重矩阵，采用比较常用的二进制邻接矩阵。

将分别采用普通固定效应模型、空间滞后模型和半参数空间滞后模型，并对三者的回归结果进行比较分析(见表5.3.1)。根据个体效应设定的不同，面板数据可分为固定效应与随机效应。由普通固定效应模型和空间滞后模型的 Hausman 检验结果可知，在1%的显著性水平上拒绝了模型是随机效应的原假设，故选择个体固定效应模型，并把它作为选择固定效应半参数空间滞后模型的依据。

普通固定效应模型和空间滞后模型的回归结果显示：①资本存量和人力资本对产出水平的影响系数显著为正，说明了古典增长理论仍适用于对中国经济持续增长现象的解释，即资本积累和人力资本是经济持续增长两个不可或缺的重要因素。②$\ln y_{it-1}$ 都在1%的水平上显著为正，人均产出对下一期人均产出的贡献高于70%，说明控制经济增长的累积效应明显，也进一步说明使用动态模型的必要性。③$\boldsymbol{W}\ln y_{it}$ 在1%的水平上显著为正，这表明空间溢出效应是中国地区经济发展不可忽视的重要影响因素，进一步验证了潘文卿(2012)的说法，同时揭示了地区间溢出效应对地区经济发展的作用机制：经济发展

水平较高的地区，具有较大的经济规模和可观的发展前景，其对生产要素的需求量也较高，这就直接带动了相邻省市的经济发展，即该地区的经济增长会对周围邻区经济发展产生正的辐射作用，带动邻区经济发展。

表 5.3.1　三种模型比较

	普通固定效应模型	空间滞后模型	半参数空间滞后模型
常数项	0.7627*** (0.0000)	0.1782*** (0.0011)	略
$\ln k_{it}$	0.0664*** (0.0000)	0.0328*** (0.0003)	0.0255*** (0.0020)
$\ln h_{it}$	0.1782*** (0.0011)	0.1270** (0.0115)	0.0920* (0.0751)
p_{it}	−0.0680 (0.4722)	0.0619 (0.4835)	见偏导数图
$\ln y_{it-1}$	0.7775*** (0.0000)	0.7352*** (0.0000)	0.9351*** (0.0000)
$\boldsymbol{W}\ln y_{it}$		0.1900*** (0.0000)	0.0542* (0.0634)
R^2	0.9985	0.9986	0.9986
Hausman	64.9249*** (0.0000)	−79.5379*** (0.0000)	

注：***、** 和 * 分别表示在 1%、5%和 10%的水平上显著。

前两个线性模型显示代表人才外流变量 p_{it} 对经济增长影响非显著。人才外流和经济增长之间没有关系吗？显然不是，半参数面板固定影响空间滞后模型除了保持传统模型相似的回归结果以外，还可以通过导数图来反映人才外流变量 p_{it} 对经济增长的非线性影响。

从导数图图 5.3.1 可以看出：①整体上，我国的最优人才外流水平 p^* 接近 0.055，当人才外流水平低于 p^* 时，偏导数值为正数，但随着人才外流水平越高，人才外流对经济增长的促进作用将越来越小。此时人才外流正效应大于负效应，因为国内高素质人才外流程度相对较低，由于人力资本激励效应和发达国家可观的经济收入及良好的生活环境的未来预期，激励了国内的公民，使他们加大对教育的投资，但受限于移民门槛，许多已完成高等教育却未能获得出国机会的人才留在国内，使我国的人力资本积累量增多，促进其经济增长。但随着人才外流的不断增加，当人才外流水平高于 p^* 时，偏导数值转为负数，并且“人才外流负效应”会日趋严重，人力资本不断减少，将不利于我国经济发展。这一结果与理论推断一致，人才外流存在一个最优值，当外流规模不断增加，其带来的人才回流及人力资本激励效应势必会提升母国的人力资本水平，但当外流水平超过最优值后，持续的外流反而会对经济发展产生不利影响。②以地理区域为划分标准，我国各省市的人才外流程度具有显著的差异性，截至 2011 年，东部沿海地区 11 个省市外流程度平均值已经高达 0.071，而中西部地区人才外流程度平均值仅有 0.0405，没有达到这一最优值 0.055 附近，这意味着全国中西部地区人才外流依旧偏低，因而鼓励人才国际流动将有利于中西部实体经济的进一步提升，是践行“西部大开发战略”的有效途径。东部沿海省份人才外流偏高，若不引起重视，将会削弱这些地区的人力资本水平，威胁我国经济发展。因此在审视人才外流与经济发展之间的关系时，要充分考虑区域因素，针对不同地区，政府要采用不同的引导人才国际流动政策。一方面，大多数东部省份的当务之急是要适当控制人才外流趋势，更多地吸引外流人才归国，利用其在海外获得的先进知识、雄厚的资本及专业领域的丰富经验，推动跨国公司在华投资，加速我国与国际经济接轨，进而提高各地区的人力资本水平，加速经济发展。另一方面，中西部地区应积极鼓励人才外流，为当地人民出国深造制定具有引导性的政策，刺激个人加大教育投入，进一步提高当地的人力资本积累，促进当地经济发展。

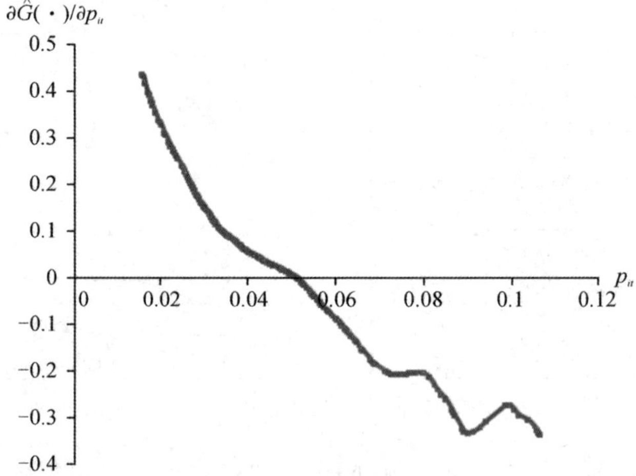

图 5.3.1 人才外流(p_{it})对经济增长($\ln y_{it}$)的导数图

例 5.3.2 本例取自吴继贵(2015)的研究论文。构建动态面板模型、空间动态面板模型和半参数空间动态面板模型。所涉及的变量包括：能源碳足迹($ECFP$)、人口(P)、人均财富(A)和技术水平(T)。其具体核算过程如下：①能源碳排放的环境影响主要应用碳足迹的概念进行测量。这主要是由于碳足迹越大，则表明地区的生态系统所需降解能源消费所产生二氧化碳的土地面积就越大。而在一定的林地资源的条件下，各地区的固碳能力有限。因此，若地区的能源碳排放增加，该地区经济发展过程中，其生态环境所面临的碳压力亦会随之上升。能源碳足迹的计算大致可以分为 3 步：首先，中国化石能源的消费主要包括煤炭、焦炭、煤油、燃料油、原油、柴油、汽油和天然气。由于各种能源的热转化率的不同，必须参照《中国能源统计年鉴 2013》中的转换系数，将各类能源的消费量转换为标准煤，并根据 IPCC 提供的核算方法将能源消费量转化为二氧化碳产生量 $C_i = \sum_{j=1}^{8} E_{ij}\zeta_j$ ，其中 C_{it} 表示 i 省第 t 年的二氧化碳排放总量，E_{ij} 表示 i 省第 j 种能源的消费数量，ζ_j 表示第 j 种能源的二氧化碳排放系数。最后，借鉴卢娜等(2011)的做法，将汇总后的能源消费所产生二氧化碳排放总量转化为林地面积，即能源碳足迹 $ECFP_i=\frac{C_i}{\xi_{cl}}$，其中 $ECFP_{it}$ 表示 i 省第 t 年的能源消费的碳压力，ξ_{cl} 表示能源消费的碳排放和林地面积转换的系数比，取 $6.49t/hm^2$。②人口数量主要包括除西藏外中国30个省市的人口数量；人均财富则用 $A_{it}=\frac{GDP_{it}}{P_{it}}$ 计算获取。③用能源效率指标衡量技术水平 T，即 $T_{it}=\frac{GDP_{it}}{EC_{it}}$。

上述变量所涉及的数据均可以从相关统计年鉴中获取，具体而言：①各地区历年的能源消费量可以从《中国能源统计年鉴》中获得；②各类能源的碳系数可以从IPCC指南中获得；③各省市人口数量和GDP产值可以分别从历年《中国统计年鉴》中获取。此外，由于电力的来源较为复杂，既包括化石能源也包括新能源。这里的二氧化碳的核算并不包括电力消费所产生的二氧化碳排放。

此外，空间关系权重(W)的设定将直接对空间模型的估计结果产生显著的影响。目前，空间权重的设置方法大致可以划分为：二分权重、地理权重、经济权重和混合权重。根据Queen准则构建二分空间权重，以反映临近区域之间的空间依赖。

以中国30个省市为分析单元，借助Arcgis10.0软件和地理信息探索平台，应用反距离加权插值法分析了1990—2012年间中国能源消费的碳排放总量、碳产出效率和碳排足迹的空间分布和演变情况。

就全国而言，1990—2012年间，我国能源消费的碳排放总量(见图5.3.2)呈现出“十字”形分布，即以长江中下游地区为基准，黄河中下游陕西段为中轴，将我国能源消费的碳排放划分为四大区块，且呈现出南北和东西差异巨大的空间格局。其中，碳排放总量较大的地区主要分布在“十字”的东北地区和部分西南地区，区域集聚显著的空间现象。具体而言，北方地区的山西、河南、山东、河北、辽宁和内蒙古东部地区、西南地区的四川和南部地区的湖北、湖南和广东，均位于“蓝色”碳阴影的笼罩下。这些地区均为中国人口稠密、工业聚集和经济较为发达的地区。然而，即便在“十字”的东北角，能源消费的碳排放呈现片状分布，但是局部地区依然呈现出“空洞”现象，例如内蒙古东部偏北地区、吉林、黑龙江局部地区以及京津地区。其中，内蒙古和黑龙江地区均为人口较为稀少且工业发展相对滞后的地区。京津地区是我国人口稠密和经济发达地区，然而与周边地区相比较，京津地区的能源消费的碳排放量相对较少，甚至呈现出减弱的趋势。在1990—2010年期间，空洞的地区被吞并，并逐渐消失。这种现象表明，我国能源消费的碳排放总量依然处于上升阶段。同时，也暗示我国区域内部在发展过程中存在“碳泄漏”的现象。此外，值得一提的是，在1990—2012年期间，广东省和四川省的能源消费的碳排放分别走过了增强和减弱的历程。

在1990—2012年间，我国单位碳排放的GDP产出(见图5.3.3)，即碳排放的产出效率，由南往北呈现出产出效率递减的带状分布区间的现象。随着时间的变化，色带逐渐向西北方向推移，且蓝色部分的色带呈现出扩大的趋势。同时，能源消费碳排放的产出效率大致可以划分为两个阶段：第一阶段为东部沿海地区扩张阶段(1990—2000年)。该阶段主要表现为南部地区的碳产出效率逐渐向东部地区扩张。具体而

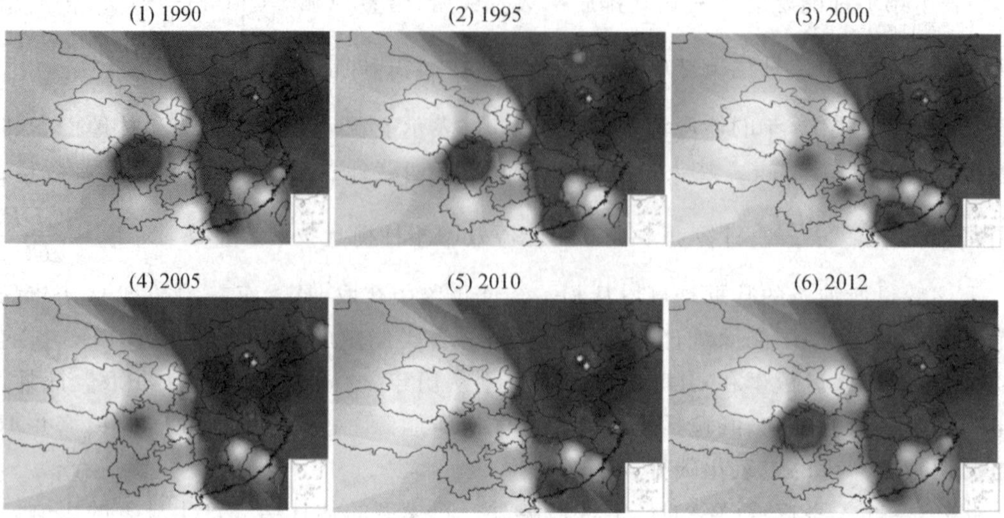

图 5.3.2 1990—2012 年中国能源碳排放量的空间分布及演化的可视化表达

言，1990 年东部地区的碳产出效率较高的地区为两广地区，而 2000 年则扩展至福建、浙江以及江苏一带。第二阶段为东部沿海地区向内陆地区扩张阶段(2005—2012 年)。该阶段最为显著的特征为能源消费的碳产出效率向内陆地区扩展。截至 2012 年，其覆盖的内陆地区涵盖了湖南、江西、重庆、四川、安徽、湖北以及京津冀等地区。上述现象表明，在空间层面，我国能源消费的碳排放产出效率的范围呈现出扩张趋势，并以带状分布的形式进行集聚。

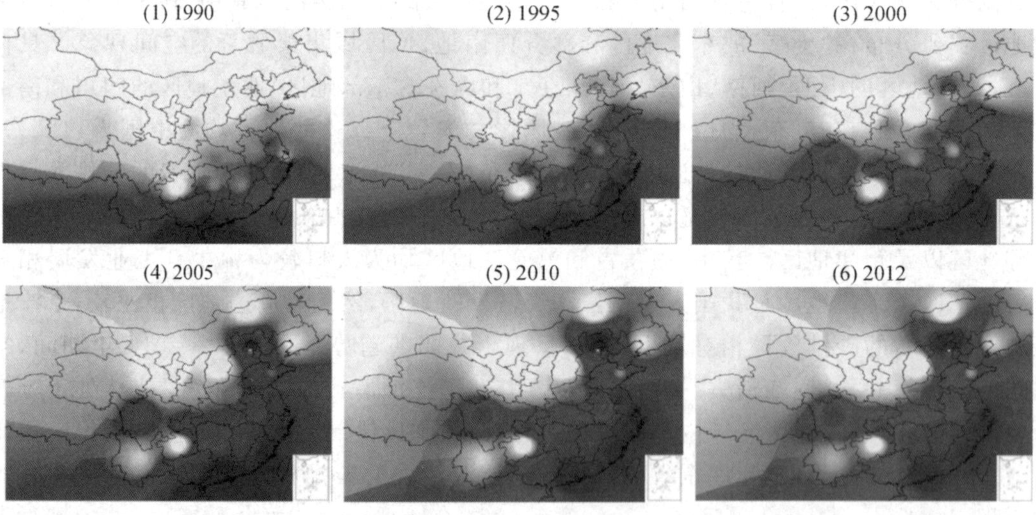

图 5.3.3 1990—2012 年中国单位碳排放的 GDP 产出空间分布及演化可视化表达

图 5.3.4 显示，在 1990—2012 年间，我国能源消费碳足迹的空间分布呈现出空间聚集性和非均衡性。具体而言，我国能源碳足迹较大的地区主要集中于北方地区以及长三角地区，例如甘肃、宁夏、河北、内蒙古东部和辽宁等地区的能源碳足迹较大，而南部地区能源碳足迹相对较小。从时间上看，我国能源碳足迹的分布在 2005 年之前呈现出扩大的

趋势，而在 2005 年后则表现出缩小的趋势，即 2005 年前碳足迹较大的地区扩大到了山东和江苏等地区，而 2005 年之后江苏和山东地区的碳足迹均有所减小。此外，不同地区的能源消费的碳足迹的变化情况也存在差异。例如，1990—2012 年间，甘肃和宁夏地区的碳足迹均表现出增大的情况，而北京地区和上海地区的碳足迹则表现出减小的趋势。

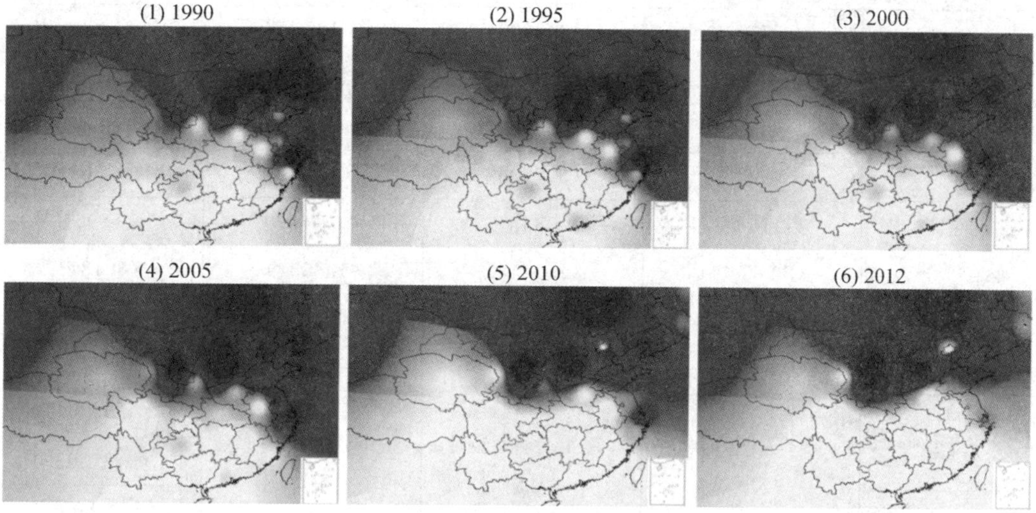

图 5.3.4 1990—2012 年中国能源消费碳足迹的空间分布及演化的可视化表达

同时，比较图 5.3.2、图 5.3.3 和图 5.3.4 也可发现以下几个方面的现象：①比较图 5.3.2 和图 5.3.3，可以发现碳产出效率越高的地区，其碳排放总量相对较低。而碳产出效率越低的地区，其碳排放总量就越高。②比较图 5.3.2 和图 5.3.4，能源碳足迹越大的地区，其碳排放总量相对较大。反之，则相对较小。③比较图 5.3.3 和图 5.3.4，能源碳足迹和碳产出效率之间的空间分布表现出相反的趋势，即碳产出效率较高的地区，其碳足迹就相对较小，而碳产出效率较低的地区，其碳足迹就相对较大。上述几方面的现象暗示，提高能源消费的碳效率是降低碳排放量和减小碳排放足迹的有效手段。

根据环境 EKC 理论，人均收入和碳排放总量之间存在倒"U"形关系，也就是非线性关系。DPD，SDPD 和 SSDPD 模型的估计结果如表 5.3.2 所示。通过对三个动态面板模型估计结果的比较，可以发现 SSDPD 模型的估计系数显著性明显优于参数模型的结果。具体而言，SSDPD 模型 1 中大部分系数的估计均为显著，而 DPD 和 SDPD 模型中 $ECFP_{i,t-1}$ 和 $W\times ECFP_{it}$ 估计结果均不显著。该结果表明局部线性估计具有明显的优越性，即通过选择合理的窗宽和适合的核密度函数进行拟合非线性关系，能够较好地克服传统的参数估计过程中关于变量的线性关系拟合所造成的偏误和估计结果的不显著。

表 5.3.2 DPD、SDPD 和 SSDPD 模型的估计结果

变量	DPD 模型	SDPD 模型	SSDPD 模型①	SSDPD 模型②
$ECFP_{n,t-1}$	−0.0136	1.0975***	0.8850***	0.9001***
	(−1.2404)	(39.2139)	(14.5756)	(45.3586)

续表

变量	DPD 模型	SDPD 模型	SSDPD 模型①	SSDPD 模型②
$W\times ECFP_{n,t-1}$	——	−0.0752*	−0.6519***	−0.6064***
	——	(−1.7370)	(−2.6204)	(−8.9302)
A	0.9779***	3.7206	0.1375**	0.1308***
	(20.5832)	(0.3642)	(1.9957)	(5.5669)
P	0.03601***	0.0639***	0.0852**	0.0921***
	(2.8359)	(3.7206)	(0.0359)	(4.3899)
T	1.1769***	0.0837**	0.1259*	0.1896***
	(20.7657)	(2.1218)	(1.8852)	(6.1871)
$W\times ECFP_{n,t}$	NA	0.1279	0.6517***	0.6787***
	——	(1.5234)	(2.6760)	(9.4789)
$W\times P$	NA	NA	NA	−0.0497***
				(−2.6039)
$W\times T$				−0.1805***
				(−4.8362)
Sigma	0.2208	0.0092	0.0906	0.0803

注：* 表示10%的显著性水平；** 表示5%的显著性水平；*** 表示1%的显著性水平，对应系数括号的数值为 t 统计量。

在不考虑外生变量的空间溢出情况下，即在 SSDPD 模型 1 的估计框架下，$ECFP_{i,t-1}$，$W\times ECFP_{it}$ 和 $W\times ECFP_{i,t-1}$ 估计系数分别为 0.8850、0.6517 和 −0.6519，且均为显著。该结果表明能源碳足迹不仅来自时间方面的影响，还来自周边地区的能源碳的碳排放对环境所造成的压力。从时间的角度，上一期的估计结果碳排放足迹能够对当期的碳足迹造成正向影响。从空间角度，周边地区的能源碳排放足迹也会当地的生态环境产生负面影响。

比较二者可发现时间层面的影响大于空间方面的影响，即二者贡献率分别为 57.59%和 42.41%，总贡献差距达 15.18%。该结果提示，碳排放的环境影响主要来源于地区自身的能源消费情况，其次为周边地区碳溢出影响。尤其是碳溢出的存在亦验证了图 5.3.4 的结论，即能源碳足迹存在空间集聚性和外溢性。出现此种现象的原因具有复杂的社会经济背景。具体而言，地区经济发展的不平衡性，使得能源消费“碳泄漏(carbon leak)”的条件得以存在。以京津冀地区为例，与周边地区相比较，北京和天津地区的碳排放总量和碳足迹相对较低，而河北、山西和辽宁地区能源碳排放总量和碳足迹均相对较高。这主要是由于北京和天津地区的产业转移和产业升级的结果。北京地区将高污染和高能耗的产业向河北和辽宁地区进行转移，而当地则重点发展服务业和高新技术产业。周边地区在承接京津地区的产业转移过程中，无疑会增大地区能源碳足迹，增加经济发展的环境压力。况且，这些地区自身的产业结构本身就存在"高能耗和高排放"的特点。因此，容易陷入"污染—治理—转移—污染"的怪圈中。"碳泄漏"现象也解释了图 5.3.2 和图 5.3.4 中，京津地区的"空洞"现象。从时空角度，$W \times ECFP_{i,t-1}$的估计系数为负数。从时间维度进行考虑空间关系，周边地区对当地的能源碳压力具有一定的抑制作用。由此可见，在不同的时间维度中，空间关系能够随时间的变动而产生一定的变化。

根据 SSDPD 模型 1 的估计结果，在样本区间内，富裕程度、人口数量和能源效率对能源碳压力的形成均产生正效应。具体而言，人口数量的弹性系数为 0.0852，即人口数量每增加一个单位，就能够给环境带来 0.0825 单位的碳压力；人均财富每增加一个单位，则能够给环境带来 0.1375 单位的碳压力；而现阶段能源效率每增加一个单位则能够给生态环境带来 0.1259 单位的压力。从影响程度上看，人均财富＞能源效率＞人口数量。然而，在 SSDPD 模型 2 中则为能源效率＞人均财富＞人口数量。该结果提示，当前的公民收入和能源效率水平，是导致中国能源碳排放压力上升的主要原因。这符合现有的经济理论和能源"回弹效应"理论，即收入增加会扩大消费能力，而消费能力的增强势必会导致资源的耗竭，增加生态环境的压力。其次，技术进步在促进能源效率上升的时候，也会导致能源消费量的增加，继而增加碳排放。实际上，改革开放 30 多年来，我国 GDP 实现了两位数的快速增长，人均收入也实现了翻番。收入的增加以及巨大的人口数量，形成了规模巨大的能源消费市场。同时，即使在生产效率(TFP)取得一定突破的情况下，能源消费量也依旧表现出了持续上升的势头。这直接导致了我国能源碳排放的环境压力的上升。况且，与发达国家相比，我国依然维持着较低的能源效率和较高的能源强度。因此，经济总量在扩大的同时，若不尽可能提高能源的使用效率和能源消费的规模，控制能源使用量，将无法缓解当前我国能源消费对生态环境所产生的碳压力。

在考虑外生变量的空间溢出情况下，即在 SSDPD 模型 2 的框架下探讨人口和能源效率对能源碳压力的空间影响。在 SSDPD 模型 2 中，$W \times P$ 的系数为负数。该结果表明一地人口数量的增加能够降低周边地区生态环境的碳压力。$W \times T$ 的系数也为负数，该结果意味着一地的能源效率的提高，能够促使周边地区的生态环境碳压力降低。出现此种现象的原因可能是由于地区的人口增加和能源效率的上升，会影响周边地区对能源资源的需求。例如，迫使周边地区能源消费转向人口增加较的地区和能源效率较高的地区转移，继而导致周边地区能源消费降低，造成周边地区的环境碳压力下降。

在 SSDPD 模型中应用非参数局部线性估计，能够估计非参数部分的导数，并能够直观地展示碳富裕程度和碳排放压力之间的非线性关系。此处给出了中国 30 个省市(见图 5.3.5(1))、东部(见图 5.3.5(2))、中部(见图 5.3.5(3))和西部(见图 5.3.5(4))地区的能源碳足迹对 WA_{2it} 的导数(PDS)的散点图和非参数拟合曲线。根据图 5.3.5 中的图组可以发现以下几个有意思的现象：从图 5.3.5(1)～(4)可以发现，地区间的收入和能源碳压力之间存在非线性溢出，且地区富裕程度对地区能源碳足迹的溢出呈现出具有规律性的曲线，并且和环境 EKC 曲线具有惊人的相似性。具体而言，就全国范围内(见图 5.3.5(1))，地区富裕程度对周边地区能源碳足迹的溢出弹性的非参数拟合曲线，近似服从"N"

形分布的情况；与全国的趋势不同，东部地区富裕程度对能源碳压力溢出弹性的非参数拟合曲线呈现出显著的“U”形曲线；中部地区则呈现出“W”形曲线；西部地区的则为倒写的“L”形曲线。上述结果表明，地区富裕程度对能源碳足迹的溢出弹性轨迹具有显著的非线性影响。此种差异的存在，提示相关行政主管部门在制定环保政策时，需要考虑地区居民的收入溢出效应，同时还需要考虑其溢出所处的阶段以及行动轨迹，并做出适时调整。

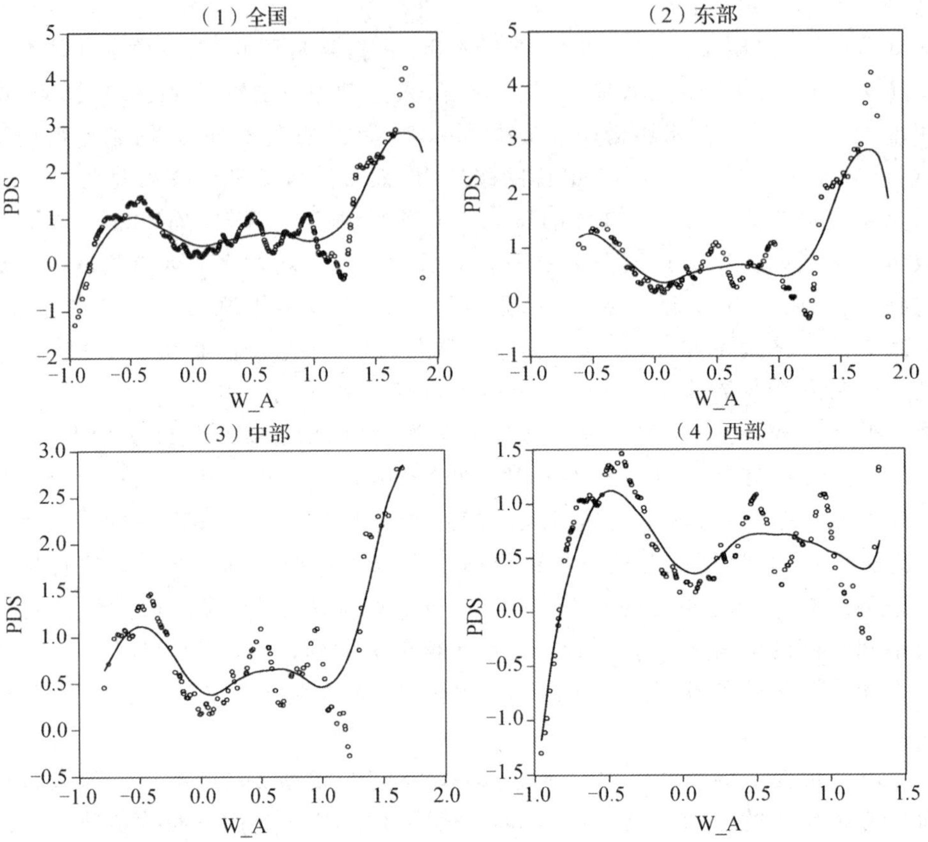

图 5.3.5　全国、东、中和西部地区导数图

与 SDPD 模型一样，SSDPD 模型同样能够估计出个体效应(根据估计的结果 30 省市的个体效应均为负数，为了体现数值大小，此处进行取绝对值处理)。按照东部、中部和西部地区的省市顺序，可以绘制出能源碳排放环境影响的个体效应雷达分布图(见图 5.3.6)。根据图 5.3.6，我国能源碳排放环境影响的个体效应存在显著的地区差异。具体而言，从山西省到新疆地区的覆盖面积显著大于北京至海南地区所覆盖的面积。东部、中部和西部地区的能源碳排放的环境影响差距较大。这主要是西部地区的草地、林地面积相对较少，气候条件相对较差以及产业结构以传统产业为主，导致地区的生态对能源消费的碳排放的承载能力相对较差。而中、东部地区，林地面积覆盖面相对较大，产业结构相对较为合理。因此，该地区生态环境对能源碳排放的承载能力相对较强。此外，地区内部也存在差异，例如，东部地区的上海和江苏地区与其他地区存在显著的差异；中部地区的山西和安徽地区与中部其他省份存在明显的差异；西部地区的陕西、宁夏和新疆地区与西部地区的其他省份也存在显著的个体差异。

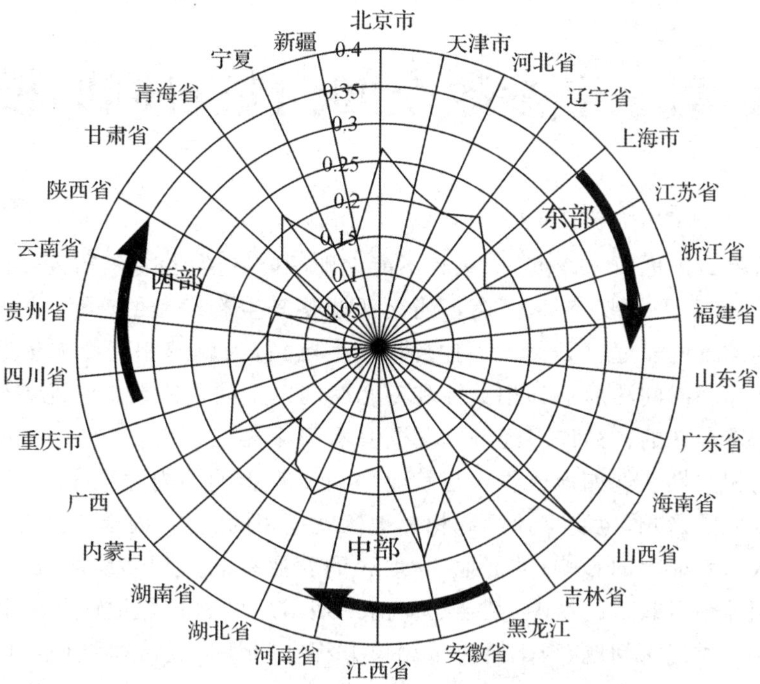

图 5.3.6　动态半参数空间面板估计的个体效应分布情况

第6章 半参数空间向量自回归模型

当商品价格或家庭收入改变时，家庭不能立即调整其消费水平，需要一段时间才做出反应。类似地，产品需求改变时，厂商不能立即调整其生产产品的产量，也需要一段时间来调整。距离越近的家庭（厂商），他们的消费（生产）行为就越相互影响。这种每个空间个体的不同指标在时间滞后上的相关性和每个时间上空间个体在空间地理位置上的相关性的现象是普遍存在的。而许多经济问题既具有多个相互影响的内生变量，又具有空间相关性和时间相关性。例如地区收入与就业率是相互影响的内生变量，一地区的收入既受相邻地区收入的影响，也受本地区和相邻地区就业率的影响，甚至还受前一期本地区和相邻地区收入和就业率的影响；类似地，一地区的就业率既受相邻地区就业率的影响，也受本地区和相邻地区收入的影响，甚至还受前一期本地区和相邻地区收入和就业率的影响。学者研究这类经济问题，很不情愿采用单方程空间计量经济模型而不能反映内生变量间的相互关系，或者采用多方程回归模型而不能反映空间个体的空间相关性。显然，应用向量自回归模型或者面板向量自回归模型的脉冲响应函数也不能反映来自某个内生变量的冲击对系统每个内生变量在时间上和空间上的共同影响。反映这种经济现象的空间向量自回归模型的理论和应用研究近年在国际上刚刚起步，目前局限于参数模型的研究（Beenstock 和 Felsenstein，2007；Giacinto，2010）。

参数模型的优点是能从有限的数据中很容易地把参数估计出来，但其精确性依赖于参数模型假设的正确性。非参数模型的优点在于它避免了参数模型假设所带来的致命性错误，但其不足是需要非常大的数据量，且模型估计的收敛速度比较慢，低于参数估计的收敛速度。半参数模型保留了两者的优点且减弱了两者缺点的影响，因而受到了国际学界的高度重视。由于半参数空间向量自回归模型综合了向量自回归模型、面板数据模型、空间计量经济模型和半参数回归模型的内容，其复杂性和难度都超过了这些计量经济模型。该模型对我国经济问题的研究和探索具有重要意义，例如，分析 FDI 的空间技术溢出效应时，某个外资来源国投资的冲击对各区域技术进步和经济增长在时间上和空间上有怎样的影响？对东部、中部和西部地区各有什么不同的影响？FDI 与企业劳动生产率等如何在空间上和时间滞后上相互影响？再如分析技术联盟企业的技术能力与技术联盟状态变量（合作实力、相互依赖性、冲突等）在空间上和时间滞后上的相互影响。再如外资企业的技术引进与内资企业技术自主创新在空间上和时间滞后上的相互影响关系。又如上海的经济发展必然带动苏州、杭州等周边地区的经济发展。反过来，上海周边地区的经济发展，对上海经济提供更多的支持和服务，使上海更具吸引力，从而促进上海经济进一步发展，所以，区域的经济发展存在空间上和时间滞后上的相互影响关系。该模型的应用对于提高我国家庭和企业微观个体行为的空间和时间相关性和城市、省际和区域之间的空间和时间相关性的学术研究水平并制定相关政策具有较大的现实意义。

与传统的向量自回归模型不同,空间向量自回归模型考虑了空间层面的影响。空间向量自回归模型既包括了截面数据模型,也包括面板数据模型。其中,截面数据模型主要用以反映地区间空间个体属性间的相互影响,而不体现空间个体属性在时间层面的关系。但是,面板数据模型所体现的关系既包括了空间个体属性在空间维度的相互影响,又包含了其在时间维度的相互作用。而半参数模型,则在此基础之上将空间个体属性的非线性作用纳入考虑范畴。根据模型所反映空间个体属性的侧重点不同,该部分内容将半参数空间向量自回归模型划分为基于横截面数据的半参数空间向量自回归模型(CSSVAR)和半参数空间结构向量自回归模型(CSSSVAR),以及基于面板数据的半参数空间向量自回归模型(PSSVAR)和半参数结构向量自回归模型(PSSSVAR)。

6.1 横截面数据半参数空间向量自回归模型

6.1.1 模型

设 y_{ki} 是横截面第 i 个个体的第 k 个内生变量,x_{ji} 是横截面第 i 个个体参数部分的第 j 个外生变量。$\boldsymbol{z}_i$ 是横截面第 i 个个体非参数部分的外生变量向量。设半参数空间横截面数据向量自回归模型第 k 个内生变量的方程为

$$\begin{aligned} y_{ki}=&\delta_{k1}^{1}\tilde{y}_{1i}^{1}+\cdots+\delta_{kK}^{1}\tilde{y}_{Ki}^{1}+\cdots+\delta_{k1}^{q1}\tilde{y}_{1i}^{q1}+\cdots+\delta_{kK}^{q1}\tilde{y}_{Ki}^{q1}+\\ &\gamma_{k1}^{0}x_{1i}+\cdots+\gamma_{kQ}^{0}x_{Qi}+\gamma_{k1}^{1}\tilde{x}_{1i}^{1}+\cdots+\gamma_{kQ}^{1}\tilde{x}_{Qi}^{1}+\cdots+\gamma_{k1}^{q2}\tilde{x}_{1i}^{q2}+\\ &\cdots+\gamma_{kQ}^{q2}\tilde{x}_{Qi}^{q2}+G_k(\boldsymbol{z}_i,\tilde{\boldsymbol{z}}_i^{1},\cdots,\tilde{\boldsymbol{z}}_i^{q3})+u_{ki}\\ &k=1,\cdots,K;i=1,\cdots,N \end{aligned} \tag{6.1.1}$$

其中 $\tilde{y}_{li}^{1}=\sum\limits_{j\neq i}w_{ij}y_{lj}$ 是空间一阶滞后项,$\tilde{y}_{li}^{r}=\sum\limits_{j\neq i}w_{ij}\tilde{y}_{lj}^{r-1}(r=2,\cdots,q_1)$ 是空间 r 阶滞后项,$\tilde{x}_{hi}^{1}=\sum\limits_{j\neq i}w_{ij}x_{hj}$,$\tilde{x}_{hi}^{r}=\sum\limits_{j\neq i}w_{ij}\tilde{x}_{hj}^{r-1}(r=2,\cdots,q_2)$,$\tilde{\boldsymbol{z}}_i^{1}=\sum\limits_{j\neq i}w_{ij}\boldsymbol{z}_j$,$\tilde{\boldsymbol{z}}_i^{r}=\sum\limits_{j\neq i}w_{ij}\tilde{\boldsymbol{z}}_j^{r-1}(r=2,\cdots,q_3)$。$(\delta_{k1}^{r},\cdots,\delta_{kK}^{r})$和$(\gamma_{k1}^{r},\cdots,\gamma_{kK}^{r})$分别为内生变量和外生变量第 r 阶空间滞后的空间效应系数向量,$(\gamma_{k1}^{0},\cdots,\gamma_{kQ}^{0})$是外生变量系数向量,权数 w_{ij} 是根据个体 i 和个体 j 之间的距离(如地理上的距离、经济上距离、社会上的距离等)而定义的,$G(\cdot)$是未知函数,u_{ki}是噪音。该模型的每个内生变量除了受外生变量影响外,还受内生变量和外生变量的空间若干阶滞后项的影响,而且相关关系是一部分已知的线性关系和另一部分未知的半参数函数的关系。当 $G_k(\boldsymbol{z}_i,\tilde{\boldsymbol{z}}_i^{1},\cdots,\tilde{\boldsymbol{z}}_i^{q3})=G_k(\boldsymbol{z}_i)+\tilde{\boldsymbol{z}}_i^{1\prime}\boldsymbol{\delta}_1+\cdots\tilde{\boldsymbol{z}}_i^{q3\prime}\boldsymbol{\delta}_{q3}$ 或类似的形式也可以同样的处理。

假设 $u_{k1},\cdots,u_{kN}$ 独立同分布,且 $u_{ki}\sim N(0,\sigma_k^2)(i=1,\cdots,N)$,$\mathrm{cov}(u_{ki},u_{lj})=\sigma_{kl}(k\neq l)$。

6.1.2 模型估计

模型(6.1.1)估计拟采用的方法和步骤如下：

记 $\boldsymbol{\delta}_k=(\delta_{k1}^1,\cdots,\delta_{kK}^1,\cdots,\delta_{k1}^q,\cdots,\delta_{kK}^q)'$，$\boldsymbol{\gamma}_k=(\gamma_{k1}^0,\cdots,\gamma_{kQ}^0,\gamma_{k1}^1,\cdots,\gamma_{kQ}^1,\cdots,\gamma_{k1}^q,\cdots,\gamma_{kQ}^q)'$，$\boldsymbol{\delta}=(\boldsymbol{\delta}_1',\cdots,\boldsymbol{\delta}_K')'$，$\boldsymbol{\gamma}=(\boldsymbol{\gamma}_1',\cdots,\boldsymbol{\gamma}_K')'$。

先假定参数 δ，γ 已知，将模型(6.1.1)移项得到如下模型：

$$y_{ki}-\delta_{k1}^1\tilde{y}_{1i}^1-\cdots-\delta_{kK}^1\tilde{y}_{Ki}^1-\cdots-\delta_{kK}^q\tilde{y}_{Ki}^q-\gamma_{k1}^0x_{1i}-\cdots-\gamma_{kQ}^0x_{Qi}-\gamma_{k1}^1\tilde{x}_{1i}^1-$$
$$\cdots-\gamma_{kQ}^1\tilde{x}_{Qi}^1-\cdots-\gamma_{k1}^q\tilde{x}_{1i}^q-\cdots-\gamma_{kQ}^q\tilde{x}_{Qi}^q=G_k(\boldsymbol{z}_i,\tilde{\boldsymbol{z}}_i^1,\cdots,\tilde{\boldsymbol{z}}_i^q)+u_{ki} \tag{6.1.1a}$$

利用局部线性估计方法得到 $G_k(\cdot)$ 的初步估计 $\hat{G}_k(\cdot;\boldsymbol{\delta},\boldsymbol{\gamma})$，将之代入模型(6.1.1a)得到如下参数模型：

$$y_{ki}-\delta_{k1}^1\tilde{y}_{1i}^1+\cdots+\delta_{kK}^1\tilde{y}_{Ki}^1+\cdots+\delta_{kK}^q\tilde{y}_{Ki}^q+\gamma_{k1}^0x_{1i}+\cdots+\gamma_{kQ}^0x_{Qi}+\gamma_{k1}^1\tilde{x}_{1i}^1+$$
$$\cdots+\gamma_{kQ}^1\tilde{x}_{Qi}^1+\cdots+\gamma_{k1}^q\tilde{x}_{1i}^q+\cdots+\gamma_{kQ}^q\tilde{x}_{Qi}^q+\hat{G}_k(\boldsymbol{z}_i,\tilde{\boldsymbol{z}}_i^1,\cdots,\tilde{\boldsymbol{z}}_i^q;\boldsymbol{\delta},\boldsymbol{\gamma})+v_{ki}$$

利用广义矩估计方法得到参数的估计 $\hat{\boldsymbol{\delta}}$ 和 $\hat{\boldsymbol{\gamma}}$。接着，得到 $G_k(\cdot)$ 的最终估计：

$$\hat{G}_k(\cdot)=\hat{G}_k(\cdot;\hat{\boldsymbol{\delta}},\hat{\boldsymbol{\gamma}})$$

和模型(6.1.1)的随机误差项的估计：

$$\hat{u}_{ki}=y_{ki}-\hat{\delta}_{k1}^1\tilde{y}_{1i}^1-\cdots-\hat{\delta}_{kK}^1\tilde{y}_{Ki}^1-\cdots-\hat{\delta}_{k1}^q\tilde{y}_{li}^q-\hat{\delta}_{kK}^q\tilde{y}_{Ki}^q-\gamma_{k1}^0x_{1i}-\cdots-\hat{\gamma}_{kQ}^0x_{Qi}-$$
$$\hat{\gamma}_{k1}^1\tilde{x}_{1i}^1-\cdots-\gamma_{kQ}^1\tilde{x}_{Qi}^1-\cdots-\hat{\gamma}_{k1}^q\tilde{x}_{1i}^q-\cdots-\hat{\gamma}_{kQ}^q\tilde{x}_{Qi}^q=\hat{G}_k(\boldsymbol{z}_i,\tilde{\boldsymbol{z}}_i^1,\cdots,\tilde{\boldsymbol{z}}_i^q)$$

最后，获得 σ_k^2 和 σ_{kl} 的估计：

$$\hat{\sigma}_k^2=\frac{1}{N-1}\sum_{i=1}^{N}\hat{u}_{ki}^2,\hat{\sigma}_{kl}=\frac{1}{N-1}\sum_{i=1}^{N}\hat{u}_{ki}\hat{u}_{li},$$

利用 AIC 等信息量以及模型识别条件和非参数分量估计的维数诅咒问题综合确定模型的空间滞后阶数 q_1,q_2,q_3 的选择问题。

6.1.3 时空脉冲响应函数

因为脉冲响应函数与外生变量无关，不失一般性，将模型(6.1.1)简化为

$$y_{ki}=\delta_{k1}^1\tilde{y}_{1i}^1+\cdots+\delta_{kK}^1\tilde{y}_{Ki}^1+\cdots+\delta_{k1}^q\tilde{y}_{1i}^q+\cdots+\delta_{kK}^q\tilde{y}_{Ki}^q+u_{ki},k=1,\cdots,K;i=1,\cdots,N \tag{6.1.1b}$$

记 $\boldsymbol{y}_l=(y_{l1},\cdots,y_{lN})'$，$\tilde{\boldsymbol{y}}_l^r=(\tilde{y}_{l1}^r,\cdots,\tilde{y}_{lN}^r)'$，则 $\tilde{\boldsymbol{y}}_l^1=\boldsymbol{W}\boldsymbol{y}_l$，$\tilde{\boldsymbol{y}}_l^r=\boldsymbol{W}\tilde{\boldsymbol{y}}_l^{r-1}$。于是，$\tilde{\boldsymbol{y}}_l^r=\boldsymbol{W}^r\boldsymbol{y}_l$。因为 $\tilde{y}_{li}^1=\sum_{j\neq i}w_{ij}y_{lj}=\boldsymbol{e}_i'\boldsymbol{W}\boldsymbol{y}_l$，用向量和矩阵将模型(6.1.1b)表示如下：

$$\boldsymbol{y}_k=(\delta_{k1}^1\boldsymbol{W}+\cdots+\delta_{k1}^{q1}\boldsymbol{W}^{q1})\boldsymbol{y}_1+\cdots+(\delta_{kK}^1\boldsymbol{W}+\cdots+\delta_{kK}^{q1}\boldsymbol{W}^{q1})\boldsymbol{y}_K+\boldsymbol{u}_k,k=1,\cdots,K$$

其中 $\boldsymbol{W}=(w_{ij})$ 是 $N\times N$ 空间距离矩阵，$\boldsymbol{u}_k=(u_{k1},\cdots,u_{kN})'$。

更简洁地表示如下：

$$(\boldsymbol{I}-\boldsymbol{A})\boldsymbol{y}=\boldsymbol{u}$$

其中 $A=\begin{pmatrix} \delta_{k1}^{1}\boldsymbol{W}+\cdots+\delta_{k1}^{q1}\boldsymbol{W}^{q1} & 0 & \cdots & 0 \\ 0 & \delta_{k2}^{1}\boldsymbol{W}+\cdots+\delta_{k2}^{q1}\boldsymbol{W}^{q1} & \cdots & 0 \\ \vdots & \vdots & \vdots & \vdots \\ 0 & 0 & \cdots & \delta_{kK}^{1}\boldsymbol{W}+\cdots+\delta_{kK}^{q1}\boldsymbol{W}^{q1} \end{pmatrix}$ 是 $KN\times KN$ 矩阵，$\boldsymbol{I}$ 是 $KN\times KN$ 单位矩阵，$\boldsymbol{y}=(\boldsymbol{y}'_1,\cdots,\boldsymbol{y}'_K)'$ 和 $\boldsymbol{u}=(\boldsymbol{u}'_1,\cdots,\boldsymbol{u}'_K)'$ 是 $KN\times 1$ 向量。

假定矩阵 $\boldsymbol{I}-\boldsymbol{A}$ 的逆存在，则

$$\boldsymbol{y}=(\boldsymbol{I}-\boldsymbol{A})^{-1}\boldsymbol{u}$$

记 $\boldsymbol{\Phi}=(\boldsymbol{I}-\boldsymbol{A})^{-1}$。当 $\mathrm{cov}(u_{ki},u_{lj})=0(k\neq l)$ 时，则正交化新息 $v_{ki}=u_{ki}$。此时，正交化的脉冲响应函数 $\frac{\partial y_{lj}}{\partial v_{ki}}$ 可以用矩阵 $\boldsymbol{\Phi}$ 中的元素表示。当 $\mathrm{cov}(u_{ki},u_{lj})\neq 0(k\neq l)$ 时，利用 Cholesky 分解技术将 $u_1,\cdots,u_K$ 进行线性变换，转换为正交化新息 $v_1,\cdots,v_K$。继而，获得正交化的脉冲响应函数 $\frac{\partial y_{lj}}{\partial v_{ki}}$。它反映来自第 k 个(内生变量)方程第 i 个个体的“新息”(正交化随机误差项)的一个标准差冲击对第 j 个个体的第 l 个内生变量的影响。

利用模型(6.1.1)的估计可获得正交化的脉冲响应函数的估计。因为 Cholesky 分解依赖于内生变量的顺序，在实际应用中可采用经典的处理方法(Greene，2003)排序。同时，在正交化的脉冲响应函数估计的基础上还可以估计出其置信区间。此外，将系统中每个内生变量的波动按其成因分解为与各方程正交化新息相关联的若干组成部分，从而得到方差分解。可以动态了解每个正交化新息扰动对模型预测均方误差的相对作用。与脉冲响应函数分析类似，方差分解的结果也依赖于内生变量的顺序，内生变量的排序原则同前。

6.1.4 实例

例 6.1.1　本例来自吴继贵(2015)的研究论文。单方程模型无法完全反映各个变量之间的相互作用关系。因此，需要建立联立方程模型研究碳排放、经济增长、外商投资和技术进步之间的关系。同时，随着空间计量理论的发展，探索经济增长、外商直接投资、技术进步和碳排放在空间层面的“冲击—响应”关系成为可能。由于在经济活动中经济变量之间往往存在一定的非线性关系。普通参数估计模型可能难以满足研究的需要。而半参数模型融合了参数模型和非参数模型的优点，估计结果具有更好的稳健性。基于上述原由，此处将经济增长、外商直接投资、技术进步和碳排放到内生框架，并采用 SCCVAR 模型和空间脉冲响应函数，估算变量间的数量关系。

(1)计量检验和模型构建

CI 为碳排放强度，其测算方式表示为 $CI=\frac{CO_2}{GDP}$。$AGDP$ 为人均 GDP，其测算方式为 $AGDP=\frac{GDP}{POP}$，$Open$ 为对外开放水平，用对外贸易总额占 GDP 比值进行测量，TFP

为技术进步，用 Malmquist DEA 模型进行测算，其测算方式为 $TFP = SC \times PC \times TP$，$POP$ 为人口数量。其中，SC 表示规模效率，PC 表示纯技术效率，TP 表示技术增长率。其中，测算碳排放的能源消费量的数据主要来源于《中国能源统计年鉴 2013》。GDP、POP、TFP 和 FDI 的数据主要来源于《中国统计年鉴 2013》。TFP 的数据是通过使用 Malmquist DEA 模型测算获得。其中，投入变量为人力资本和物质资本，而产出变量为 GDP。人力资本测算所需的受教育人数，主要来源于《2013 年中国人口和就业统计年鉴》。

①Moran 检验

为了检验碳排放、经济增长、技术进步和外国直接投资之间是否存在空间相关性，此处采用 Moran 检验。根据图 6.1.1，CI（碳排放强度）、AGDP（人均 GDP）、TFP（技术进步）、FDIS（外商投资强度）的 Moran 值分别为 0.3416、0.4244、0.1831 和 0.1253，且其相应的 P 值分别为 0.0010、0.0971、0.0001 和 0.0598。这意味着在 1%的显著性水平上，均无法拒绝各变量没有空间相关性的原假设，也就是说，上面所有的变量都是空间相关的。

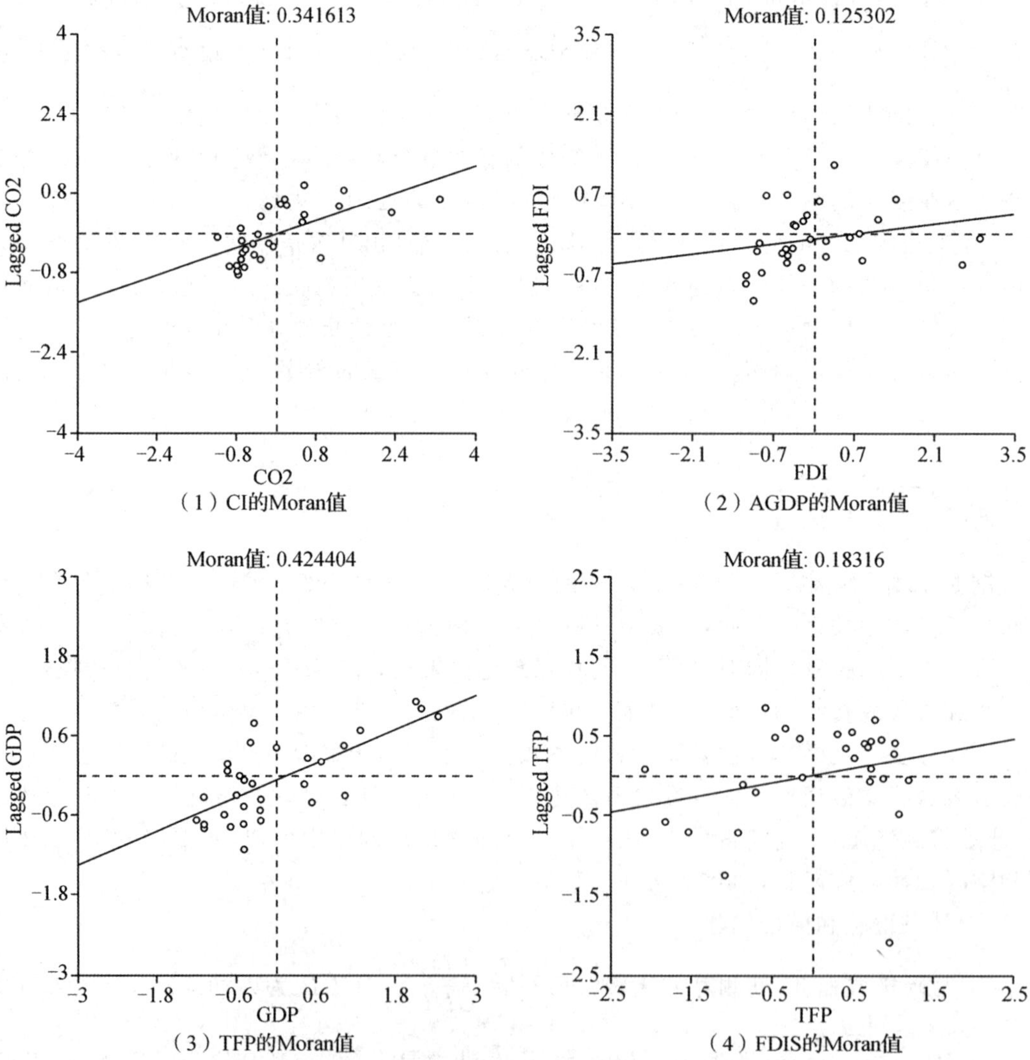

图 6.1.1 CI，AGDP，TFP 和 FDIS 的 Moran 散点图

②非参数项的确定

根据图 6.1.2，除了 *POP* 变量之外，*CI*、*AGDP*、*TFP*、*FDIS* 和 *Open*（对外开放水平）变量之间存在非线性关系。

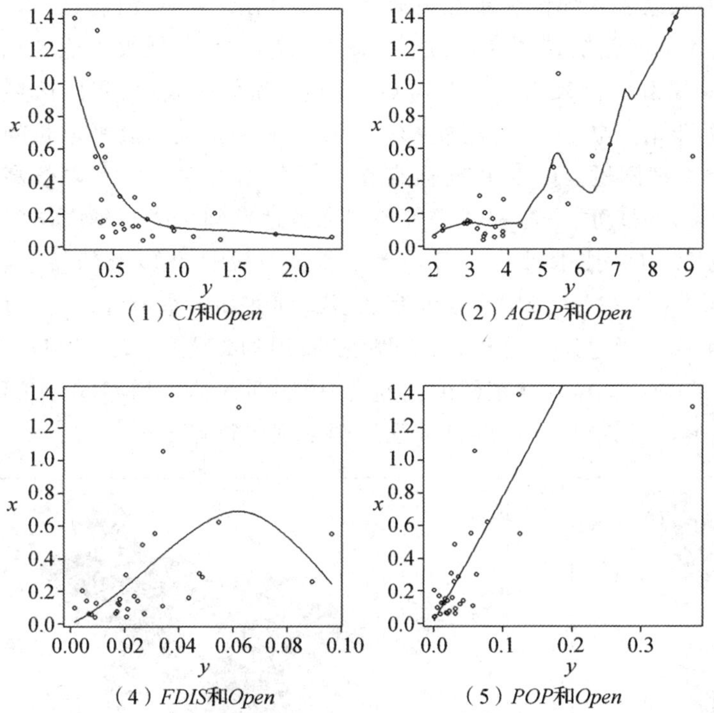

（1）*CI*和*Open*　（2）*AGDP*和*Open*　（3）*TFP*和*Open*　（4）*FDIS*和*Open*　（5）*POP*和*Open*

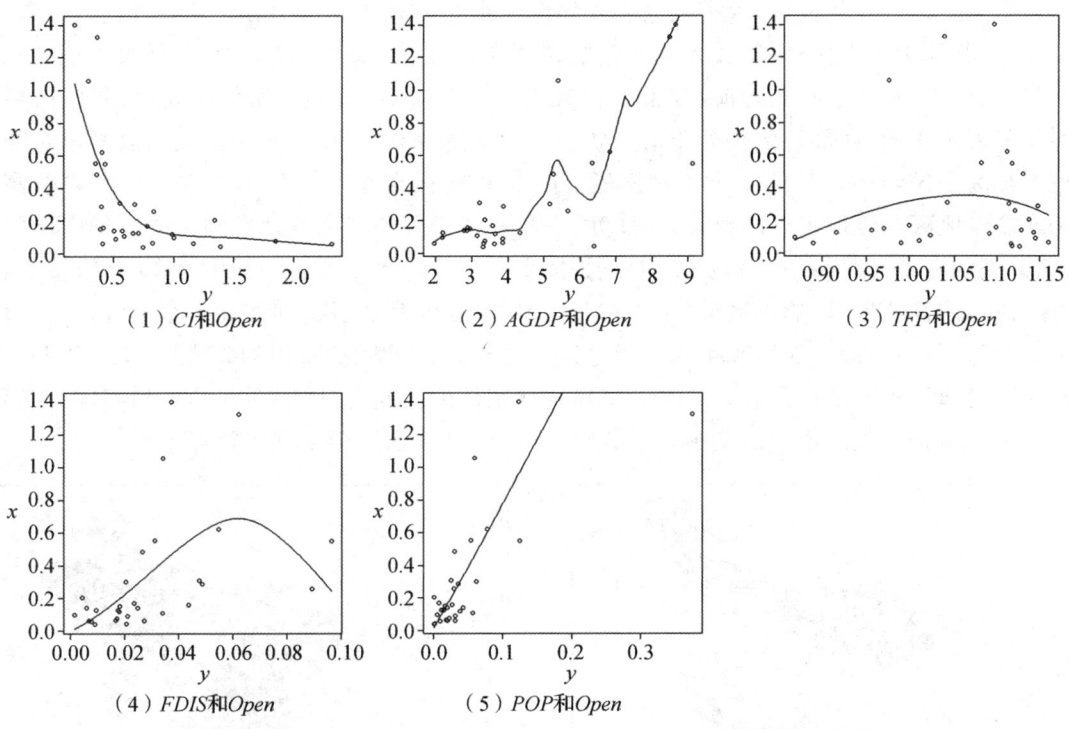

图 6.1.2　*CI*、*AGDP*、*TFP*、*FDI* 和 *Open* 变量之间的非线性关系

③模型的构建

根据 AIC 信息准则的检验结果，此处建立了具有二阶空间滞后的半参数空间向量自回归模型（见式(6.1.7)）。

$$\begin{pmatrix} CI \\ AGDP \\ TFP \\ FDIS \end{pmatrix} = \begin{pmatrix} \theta_{11} & \theta_{12} & \cdots & \theta_{14} \\ \theta_{21} & \theta_{22} & \cdots & \theta_{24} \\ \cdots & \cdots & \cdots & \cdots \\ \theta_{41} & \theta_{42} & \cdots & \theta_{44} \end{pmatrix} \times \begin{pmatrix} CI^1 \\ AGDP^1 \\ TFP^1 \\ FDIS^1 \end{pmatrix} + \begin{pmatrix} \delta_{11} & \delta_{12} & \cdots & \delta_{14} \\ \delta_{21} & \delta_{22} & \cdots & \delta_{24} \\ \cdots & \cdots & \cdots & \cdots \\ \delta_{41} & \delta_{42} & \cdots & \delta_{44} \end{pmatrix} \times \begin{pmatrix} CI^2 \\ AGDP^2 \\ TFP^2 \\ FDIS^2 \end{pmatrix} + \gamma_k POP + G_k(Open) + u \tag{6.1.7}$$

其中 *CI*、*AGDP*、*TFP* 和 *FDIS* 为内生变量，各变量的上标分别表示为其相应的空间滞后阶数，*POP* 为外生变量，$G(Open)$为非参数项，θ_{ij} 和 δ_{ij} 为各变量相应的系数。

④热点分析

空间热点地区主要是指，具有高属性值区域的集聚，反之则为冷点低值集聚。通常情况下，可以采用 G 统计量探索空间个体属性的集聚特征。通过使用 ArcGIS 10.0 软件，可以模拟出碳强度、人均 GDP、FDI 强度和技术进步空间分布特征（见图 6.1.3）。A. 碳强度的热点和冷点集聚区域可以划分为两大部分。其中热点地区主要位于内蒙古、宁夏和青海地区。这些地区的能源消费结构主要依靠煤炭，并且其能源效率低于中国东部和南部的一些地区。冷点地区则主要位于广东、福建、江苏、安徽和广西地区。与高碳强度区相比，这些冷点地区的经济相对发达，技术水平相对较高，碳排放强度表现出低值的空间集聚。B. 人均 GDP 的集聚大致可以划分为三类，即高收入集聚区、中等收入集聚区和低收入集聚区。具体而言，大多数高收入地区聚集在沿海地区，如北京、天津、河北、山东、辽宁、江苏和上海地区；中等收入地区包括吉林、内蒙古、河南、安徽和浙江；低收入地区包括贵州、四川、重庆、广西、青海、甘肃和云南地区。人均 GDP 的空间分布表明，我国区域经济发展不平衡，西部地区仍处于落后状态。因此解决东部、中部和西部地区公平增长问题将成为中国经济增长的一个关键问题。C. FDI 同样存在空间集聚的现象。大多数高 FDI 热点地区主要位于东部地区，如江苏、上海和辽宁等地。冷点地区则主要位于中国的西部，例如青海、四川和甘肃地区。D. 技术进步也呈现一个空间异质性和聚合的特点。技术进步的高值区域（热点区域）位于东部，特别是在北京、天津、河北和山东地区，而低值地区则主要包括青海、四川和重庆。通过以上分析，可以发现，我国的碳强度、人均 GDP、FDI 强度和技术进步存在较大的空间差异。就东部地区而言，中国西部的人均 GDP、FDI 强度和技术进步表现出冷点集聚，而西部地区的碳排放强度则呈现出热点集聚。

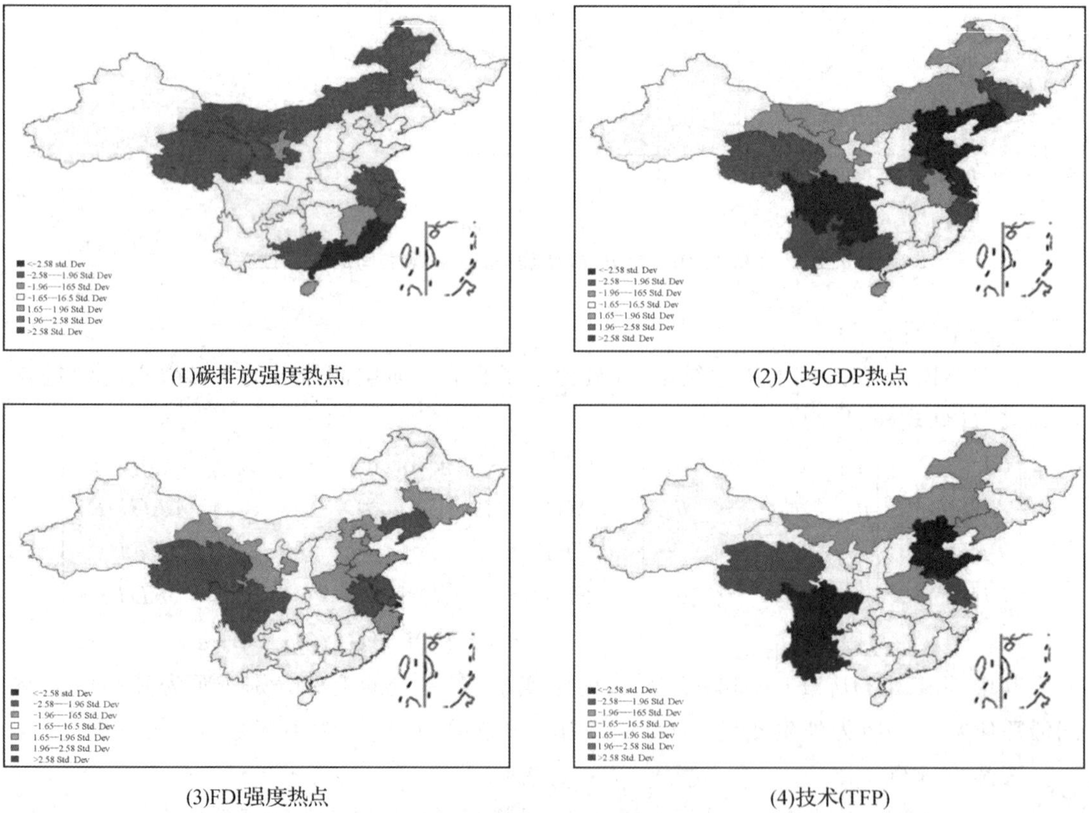

(1)碳排放强度热点　(2)人均GDP热点

(3)FDI强度热点　(4)技术(TFP)

图 6.1.3　各变量的热点图

注：西藏、香港、澳门、台湾、南海因数据缺失剔除。

⑤估计结果

通过 MATLAB 以及 R 软件，获得了方程(6.1.7)的估计结果。其中，参数部分的估计结果如表 6.1.1 所示，而非参数部分的估计结果如图 6.1.8 所示。

表 6.1.1　模型的估计结果

	CI	*AGDP*	*TFP*	*FDIS*
CI^1	0.36019	-0.39750	0.10879	-0.03051
	0.54637	0.86516	0.11956	0.01327
	0.66000	-0.46000	0.91000	-2.30000
$AGDP^1$	0.15258	-0.85088	0.00525	-0.00112
	0.12242	0.22981	0.02698	0.00380
	1.25000	-3.70000	0.19000	-0.29000
TFP^1	-1.73239	3.65440	-0.34165	0.05781
	1.04688	1.79634	0.20780	0.02694
	-1.65000	2.03000	-1.64000	2.15000
$FDIS^1$	-0.21733	39.84189	1.48929	-0.40767
	8.20356	20.35167	2.67655	0.37211
	-0.03000	1.96000	0.56000	-1.10000
CI^2	0.64262	5.14933	-0.13846	0.08621
	0.71972	1.33474	0.17346	0.02423
	0.89000	3.86000	-0.80000	3.56000
$AGDP^2$	0.19405	0.48968	0.08725	-0.02124
	0.14515	0.37772	0.04559	0.00653
	1.34000	1.30000	1.91000	-3.25000
TFP^2	-0.27202	-8.48846	0.19095	-0.07214
	0.93766	2.22826	0.19760	0.03386
	-0.29000	-3.81000	0.97000	-2.13000
$FDIS^2$	-14.16059	91.08542	-8.30260	3.64019
	15.50776	35.33963	3.99190	0.74635
	-0.91000	2.58000	-2.08000	4.88000
POPI	-0.12773	1.74386	-0.00581	0.02366
	0.39424	0.79731	0.08313	0.01377
	-0.32000	2.19000	-0.07000	1.72000
C	-0.01022	-0.12881	0.00105	-0.00085
	0.05764	0.12543	0.01414	0.00220
	-0.18000	-1.03000	0.07000	-0.39000

注：单元格中第一行为各变量的估计值，第二行为各变量的标准误，第三行为各变量的 Z 统计值。

⑥脉冲响应分析

基于 SCCVAR 的脉冲响应函数，可以得到碳强度、人均 GDP、TFP 和外商投资强度在空间层面的相互扰动情况。由于冲击源相对较多，为了分析方便，此处选择以北京为中心所构成的空间一阶 Queen 邻近和二阶 Queen 邻近空间区域为研究对象，研究在北京地区碳排放强度、经济增长、外商投资强度以及技术进步的冲击下，北京地区的一阶邻近地区(天津和河北)和二阶邻近地区(山西、内蒙古、辽宁、山东和河南)相应变量的响应情况。

图 6.1.4 为在北京地区碳排放强度的冲击下，天津、河北、山西、内蒙古、辽宁、山东和河南地区碳排放强度的响应情况。其中，对来源于北京地区的碳排放强度的冲击，天津地区碳排放强度产生了正向响应(0.01594)，而河北、山西、内蒙古、辽宁、山东和河南地区均表现不同幅度的负面响应。该模拟结果表明，北京地区的碳排放强度的上升，将对天津地区的碳排放产生负面影响。但是，却能够在不同程度上抑制河北、山西、内蒙古、辽宁、山东和河南地区的碳排放强度的上升。

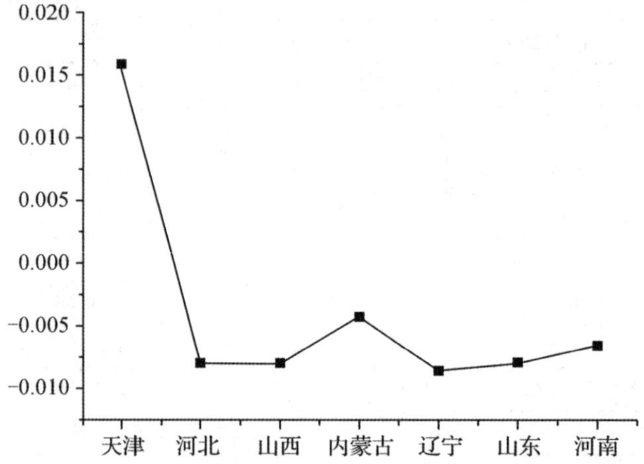

图 6.1.4　北京碳排放强度冲击下其他地区碳排放强度的响应情况

图 6.1.5 为在北京地区人均 GDP 的冲击下，天津、河北、山西、内蒙古、辽宁、山东和河南地区人均 GDP 的响应情况。除了天津以外，其他地区均对来自北京地区经济增长的冲击表现出负面的响应。众所周知，北京不仅是政治中心，还是中国的经济中心。集经济和政治资本于一身的北京，更容易在其经济发展过程中产生“马太效应”，抽夺周边地区优质的经济资源。虽然这在某种程度上有益于北京地区的经济增长，但是却妨碍了其他地区，

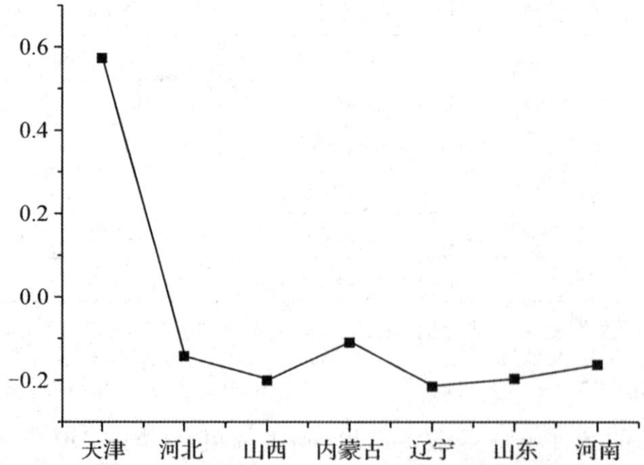

图 6.1.5　北京人均 GDP 冲击下其他地区人均 GDP 的响应情况

尤其是欠发达地区的经济增长。这主要是由于，受“马太效应”的影响，支撑北京周边地区经济增长所需的人才和资金的流失，在一定程度上对周边地区的经济增长产生了负面的影响。

图 6.1.6 为北京地区的技术进步冲击下，其他地区技术进步的响应情况。在北京地区 TFP 的冲击下，天津和河北地区的技术进步表现出了负向响应，而山西、内蒙古、辽宁、山东和河南地区的 TFP 均表现出正向响应。该结果表明，在一阶空间邻近条件下，北京地区的技术进步对周边地区的技术进步具有负向的溢出作用。然而，在二阶空间邻近的条件下，北京地区的技术进步具有明显的正向溢出。这主要是由于，在一阶空间邻近的条件下，北京地区凭借其独特的区位优势，对天津和河北地区的人力资本和物质资本形成巨大的吸引力。这在一定程度上对一阶邻近区域的技术进步产生了负面影响。然而，二阶邻近地区则为经济实力相对较弱的地区，与北京地区的产业存在一定的梯度关系，因此北京地区的产业转移反而能够给这些地区带来技术进步。其次，由于距离较远，北京地区对这些地区的人力资本和金融等资本的吸引力不如天津和河北地区来得强烈。因此，这些地区反而能够从北京地区的技术溢出中获益。

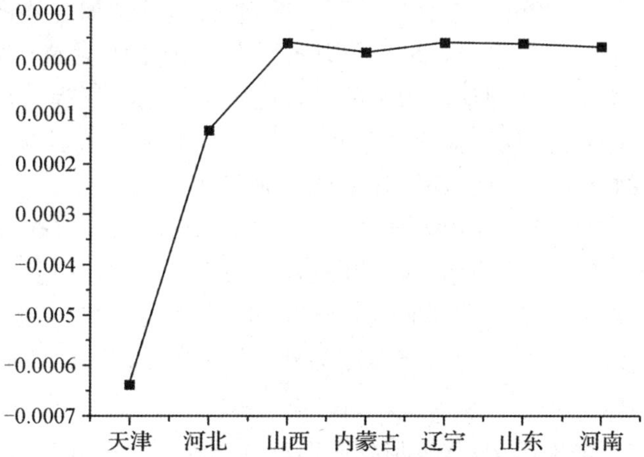

图 6.1.6　北京 TFP 冲击下其他地区 TFP 的响应情况

图 6.1.7 为北京地区 FDIS 的冲击下，天津、河北、山西、内蒙古、辽宁、山东和河南地区的外商投资强度的响应情况。在北京地区的外商直接投资的冲击下，其一阶邻近地区和二阶邻近地区的外商投资强度均表现出正向响应。该结果表明，北京地区的外商投资强度的上升，能够对周边地区的外商投资产生积极的影响。同时，这意味着北京周边邻近地区可以受益于北京地区巨大的国际影响力，所带来的区域投资期望和投资环境的改善。由此，可以获得这样的启示：为了提高吸引外商投资的能力，地区在经济发展的过程中可以培养一批具有较大国际影响力的大都市，扩大地区的知名度，继而改善地区的投资环境和条件，吸引外部资本的进入。

⑦导数分析

图 6.1.8 为导数的空间分布。$\partial\hat{G}_1(\cdot)/\partial Open$、$\partial\hat{G}_2(\cdot)/\partial Open$、$\partial\hat{G}_3(\cdot)/\partial Open$、$\partial\hat{G}_4(\cdot)/\partial Open$ 依次为 CI，$AGDP$，TFP，$FDIS$ 对 $Open$ 的导数。应用分位图可以较为直观地分辨各个变量关于对外开放度非参数估计导数的空间分布特点：A. 碳排放强度对

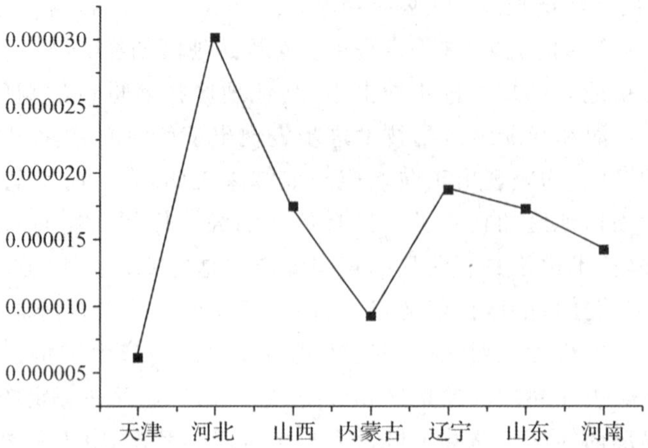

图 6.1.7　北京 FDIS 冲击下其他地区 FDIS 的响应情况

对外开放度的非参数估计导数值均为负数。其中，中国东部地区的弹性绝对值较小，比如天津、江苏、上海、浙江、福建和广东地区。而中部和西部地区，如内蒙古、陕西、山西、贵州和湖南地区的弹性绝对值较大。这表明，对外开放程度的增加对减小碳排放强度具有积极作用。并且，其对中部和西部地区的碳减排效应较东部地区更为明显，因为中国大部分中部和西部地区更容易通过能源输出转移碳排放。然而，制造业较为发达的东部地区需要进口和消耗大量的资源。因此，经济发展模式的不同，导致了东部地区的对外开放度的增加所带来的碳减排效应并不如中西部地区来得明显。B. 人均 GDP 对对外开放度的非参数估计导数值均为负数。这表明，对外开放程度的提升，将对各地区经济增长产生积极影响。其中，中国大部分东部地区，如天津、江苏、上海、福建和广东地区的经济增长对对外开放水平表现出较大的弹性，而中部和西部地区，如内蒙古、山西、陕西、湖南和贵州地区则表现出较小的弹性。C. 技术进步对对外开放度的非参数估计导数值既存在正值也存在负值。其中，在东部地区中，导数值较高的地区主要分布在北京、上海、山东和辽宁等地，而东部其他地区的导数值均偏小，少数地区甚至表现出负值。而中部和西部地区的技术进步对对外开放水平的弹性均为正值，且分布较为集中。其中，重庆、安徽、江西和新疆等地区的导数值较大。该现象表明，提高对外开放水平对东部地区所带来的技术进步效应，不如中部地区和西部地区的技术进步效应明显。中部和西部地区的对外开放水平的提高，不仅促进其经济发展，还带来了显著的技术进步。D. 外商直接投资关于对外开放水平非参数估计偏导数的空间分布表明，弹性较大的地区主要位于中国中部和西部地区，如新疆、四川、广西、安徽和江西等地区。然而，弹性较小的地区则主要分布于东部沿海地带，如浙江、福建和山东等地区。该结果表明，提升中部和西部地区的对外开放水平对外商投资的吸引作用，将比东部地区产生更显著的效果。

⑧结论

该部分内容采用了 CSSVAR 模型进行探讨，碳排放强度、经济增长、技术进步、外商直接投资和对外开放水平之间的关系。发现主要包括以下几个方面：A. 碳排放强度、人均 GDP、技术进步、外商直接投资强度均表现出较为明显的空间相关性。同时，碳排放强度、人均 GDP、技术进步、外商直接投资强度与对外开放水平分别表现出非线性关系。B.

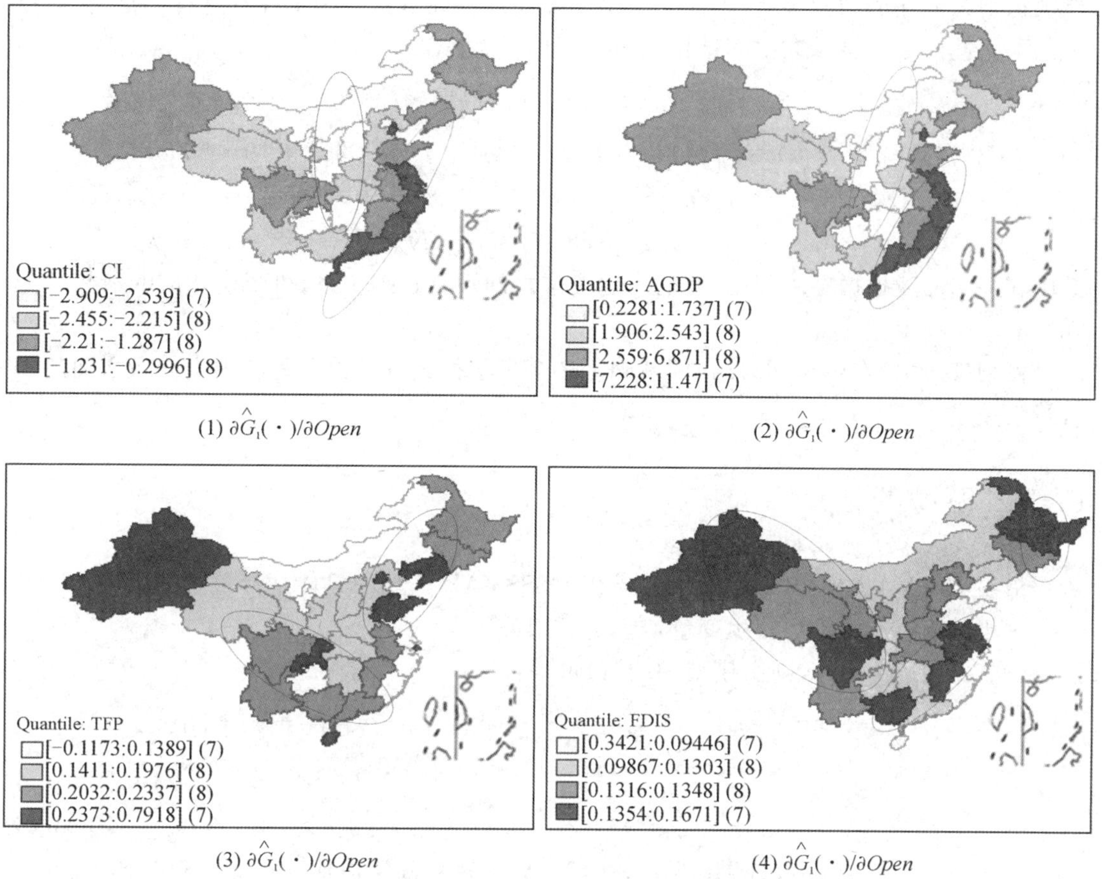

图 6.1.8　*CI*、*AGDP*、*TFP*、*FDIS* 对 *Open* 的导数分位图

注：西藏、香港、澳门、台湾、南海因数据缺失剔除。

空间脉冲响应的结果表明：a. 除天津地区外，在北京的碳排放强度的正向冲击下，其他地区的碳排放强度表现出负向响应；b. 除天津地区外，在北京地区的人均 GDP 冲击下，其他地区的经济增长均表现出负向响应；c. 与此同时，对来自北京地区技术进步的冲击，其一阶邻近地区表现出负向响应，而二阶邻近地区则表现出正向响应。C. 非参数函数导数分析表明中国内陆地区可以在提升对外开放水平中受益。更特别的，中国东部地区通过提升对外开放水平来降低碳排放强度和促进经济增长更显著，然而，中部和西部地区就技术进步和外商直接投资而言，提升对外开放水平受益更多。

6.2 横截面数据半参数空间结构向量自回归模型

6.2.1 模型

CSSVAR 模型有自身的局限性，即不考虑经济理论，产生的脉冲响应因为“新息”不能被识别为内在的结构误差，因而无法给出任何结构性解释。为了弥补这种不足，我们提出如下横截面数据半参数空间结构向量自回归模型 CSSSVAR：

$$\begin{aligned} y_{ki} = & \beta_{k1} y_{1i} + \cdots + \beta_{kK} y_{Ki} + \delta_{k1}^{1} \tilde{y}_{1i}^{1} + \cdots + \delta_{kK}^{1} \tilde{y}_{Ki}^{1} + \cdots + \delta_{k1}^{q1} \tilde{y}_{1i}^{q1} + \cdots + \delta_{kK}^{q1} \tilde{y}_{Ki}^{q1} + \\ & \gamma_{k1}^{0} x_{1i} + \cdots + \gamma_{kQ}^{0} x_{Qi} + \gamma_{k1}^{1} \tilde{x}_{1i}^{1} + \cdots + \gamma_{kQ}^{1} \tilde{x}_{Qi}^{1} + \cdots + \gamma_{k1}^{q2} \tilde{x}_{1i}^{q2} + \cdots + \gamma_{kQ}^{q2} \tilde{x}_{Qi}^{q2} + \\ & G_k(\boldsymbol{z}_i, \tilde{\boldsymbol{z}}_i^{1}, \cdots, \tilde{\boldsymbol{z}}_i^{q3}) + u_{ki} \end{aligned} \tag{6.2.1}$$

$$k=1,\cdots,K; i=1,\cdots,N$$

其中 $\beta_{kk}=0$。若根据经济理论，有的内生变量之间没有直接关系，可限制相应的参数 β 为零。

模型(6.2.1)在模型(6.1.1)的基础上还多了根据经济理论获得的内生变量之间的经济行为关系。

6.2.2 模型的估计

借鉴 CSSVAR 模型的估计思想，给出 CSSSVAR 模型的具体估计过程如下：

由于$\boldsymbol{z}_i, \tilde{\boldsymbol{z}}_i^{1}, \cdots, \tilde{\boldsymbol{z}}_i^{q3}$ 是外生变量，与 u_{ki}不相关。

倘若给定 β，δ 和 γ，则由模型(6.2.1)可得：

$$\begin{aligned} G_k(\boldsymbol{z}_i, \tilde{\boldsymbol{z}}_i^{1}, \cdots, \tilde{\boldsymbol{z}}_i^{q3}) = & E[y_{ki} - (\beta_{k1} y_{1i} + \cdots + \beta_{kK} y_{Ki} + \delta_{k1}^{1} \tilde{y}_{1i}^{1} + \cdots + \delta_{kK}^{1} \tilde{y}_{Ki}^{1} + \\ & \cdots + \delta_{k1}^{q1} \tilde{y}_{1i}^{q1} + \cdots + \delta_{kK}^{q1} \tilde{y}_{Ki}^{qi} + \cdots + \gamma_{k1}^{0} x_{1i} + \cdots + \gamma_{kQ}^{0} x_{Qi} + \\ & \gamma_{kQ}^{1} \tilde{x}_{Qi}^{1} + \cdots + \gamma_{k1}^{q2} \tilde{x}_{1i}^{q2} + \cdots + \gamma_{kQ}^{q2} \tilde{x}_{Qi}^{q2}) | \boldsymbol{z}_i, \tilde{\boldsymbol{z}}_i^{1}, \cdots, \tilde{\boldsymbol{z}}_i^{qi}] \end{aligned} \tag{6.2.2}$$

将 $E[y_{ki} || \boldsymbol{z}_i, \tilde{\boldsymbol{z}}_i^{1}, \cdots, \tilde{\boldsymbol{z}}_i^{qi}]$写为$\hat{y}_{ki}$，然后可以通过局部线性估计方法得到非参数项 G_k (·)的初步估计：

$$\begin{aligned} \hat{G}_k(\boldsymbol{z}_i, \tilde{\boldsymbol{z}}_i^{1}, \cdots, \tilde{\boldsymbol{z}}_i^{q3}; \beta, \delta, \gamma) = & \hat{y}_{ki} - (\beta_{k1} \hat{y}_{1i} + \cdots + \beta_{kK} \hat{y}_{Ki} + \delta_{k1}^{1} \hat{\tilde{y}}_{1i}^{1} + \cdots + \delta_{kK}^{1} \hat{\tilde{y}}_{Ki}^{1} + \cdots + \\ & \delta_{k1}^{q1} \hat{\tilde{y}}_{1i}^{q1} + \cdots + \delta_{kK}^{q1} \hat{\tilde{y}}_{Ki}^{q1} + \gamma_{k1}^{0} x_{1i} + \cdots + \gamma_{kQ}^{0} \hat{x}_{Qi} + \gamma_{k1}^{1} \hat{\tilde{x}}_{1i}^{1} + \cdots + \\ & \gamma_{kQ}^{1} \hat{\tilde{x}}_{Qi}^{1} + \cdots + \gamma_{k1}^{q2} \hat{\tilde{x}}_{1i}^{q2} + \cdots + \gamma_{kQ}^{q2} \hat{\tilde{x}}_{Qi}^{q2}) \end{aligned} \tag{6.2.3}$$

然后，将公式(6.2.3)减去公式(6.2.1)可得，

$$\begin{aligned} y_{ki} - \hat{y}_{ki} = & \beta_{k1}(y_{1i} - \hat{y}_{1i}) + \cdots + \beta_{kK}(y_{Ki} - \hat{y}_{Ki}) + \delta_{k1}^{1}(\tilde{y}_{1i}^{1} - \hat{\tilde{y}}_{1i}^{1}) + \\ & \cdots + \delta_{kK}^{1}(\tilde{y}_{Ki}^{1} - \hat{\tilde{y}}_{1i}^{1}) + \cdots + \delta_{k1}^{q1}(\tilde{y}_{1i}^{q1} - \hat{\tilde{y}}_{1i}^{q1}) + \\ & \cdots + \delta_{kK}^{qi}(\tilde{y}_{Ki}^{qi} - \hat{\tilde{y}}_{Ki}^{qi}) + \cdots + \gamma_{k1}^{0}(x_{1i} - \hat{x}_{1i}) + \\ & \cdots + \gamma_{kQ}^{0}(x_{Qi} - \hat{x}_{Qi}) + \gamma_{kQ}^{1}(\tilde{x}_{Qi}^{1} - \hat{\tilde{x}}_{Qi}^{1}) + \\ & \cdots + \gamma_{k1}^{q2}(\tilde{x}_{1i}^{q2} - \hat{\tilde{x}}_{1i}^{q2}) + \cdots + \gamma_{kQ}^{q2}(\tilde{x}_{Qi}^{q2} - \hat{\tilde{x}}_{Qi}^{q2}) \end{aligned} \tag{6.2.4}$$

通过 GMM 估计方法，可以获得 β，δ 和 γ 的参数估计结果。然后得到 G_k(·)的最终估计：

$$\hat{G}_k(\boldsymbol{z}_i, \tilde{\boldsymbol{z}}_i^{1}, \cdots, \tilde{\boldsymbol{z}}_i^{q3}) = \hat{G}_k(\boldsymbol{z}_i, \tilde{\boldsymbol{z}}_i^{1}, \cdots, \tilde{\boldsymbol{z}}_i^{q3}; \hat{\beta}, \hat{\delta}, \hat{\gamma}) \tag{6.2.5}$$

对模型(6.2.1)的脉冲函数和方差分解的计算同模型(6.1.1)。因此,此处就不予重复赘述。

6.2.3 实例

例 6.2.1　本例来自吴继贵(2015)的研究论文。资本的积累水平直接关系到我国国民经济的健康发展。改革开放以来,我国国民经济发展迅猛,并取得了令世人瞩目的成就,为我国后续经济的快速发展积累了大量的物质资本、人力资本和R&D资本。以往的理论和经验研究表明,物质资本、人力资本和R&D资本均具备空间集聚特性和外溢特性。而我国是一个幅员辽阔的国家,地区间社会经济的发展存在不平衡性,即东部地区经济普遍较为发达,中部次之,而西部地区的经济发展水平则普遍较低。正是由于此种不平衡性的存在,驱动经济发展所需的资本要素容易在空间上表现出集聚和外溢。同时,我国在区域经济一体化的进程中,区域间在资本积累方面,既存在竞争又存在合作的关系。前者表现为资本的负向外溢,而后者表现为资本的正向外溢。实际上,当区域间的竞争与合作并存的情况下,资本积累空间外溢性和集聚性将变得更为复杂。因此,在区域经济发展存在不均衡的条件下以及区域一体化进程加快的大背景下,弄清楚区域间资本积累的空间集聚和溢出规律,将能够为促进区域间经济的协调发展,提供科学的理论依据和数据支持,为区域间经济发展政策的制定提供一定的参考和借鉴。

(1)变量与模型构建

①变量与数据说明

模型所涉及的变量包括R&D存量(*RD*)、物质资本存量(*KC*)、人力资本存量(*LC*)和对外开放度(*Open*)。其中,R&D资本存量主要采用了永续盘存法。同时,考虑到我国R&D区域差异性,此处借鉴了王孟欣(2011)的做法将东部、中部和西部地区的R&D折旧率分别设为:18%、15%和12%;物质资本存量的计算主要参考了单豪杰方法,采用永续盘存法计算获得,折旧率设为10.196%[①];由于教育在人力资本的形成过程中起着至关重要的作用,教育和人力资本的形成具有很强的正相关关系。因此,人力资本存量的计算主要采用教育年限法;对外开放度则采用进出口总额占GDP的比值进行衡量。此外,空间关系矩阵则根据Queen准则进行构建。其中,一阶Queen邻近表示某区域具有共同边界或者共同顶点的邻近,而二阶Queen邻近表示某区域周边具有共同边界和定点的邻近,即邻近的邻近。由此,可以构造出中国31个省市的一阶Queen邻近和二阶Queen邻近,具体如图6.2.1所示。此外,需要说明的是,除*Open*变量外,其他变量在估计前均进行了对数化处理。上述变量在构造过程中所涉及的数据主要来源于《中国统计年鉴》、《中国科技统计年鉴》以及《中国人口与就业统计年鉴》。

---

①　物质资本同样采用永续盘存法,折旧率选择主要参考单豪杰计算的平均折旧率,取值为10.196%。

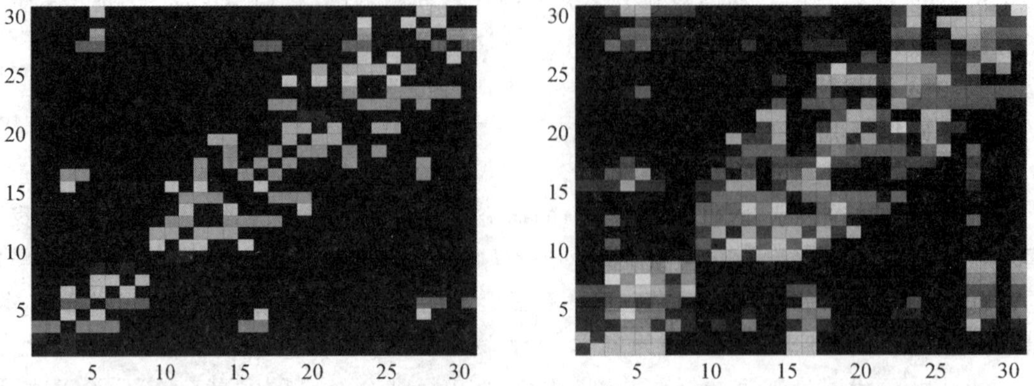

图 6.2.1　基于 Queen 准则的空间一阶邻近和二阶邻近的空间关系矩阵

②模型构建

构建以 RD、KC 和 LC 为内生变量，$Open$ 为非参数外生变量的横截面半参数空间结构向量自回归模型。该模型既考虑了地区自身资本积累的影响，又考虑到了一阶空间邻近和二阶空间邻近地区的资本积累所产生的影响。

$$\begin{cases} RD_{1i}=\beta_{12}KC_{1i}+\beta_{13}LC_{1i}+\sigma_{11}\widetilde{RD}_{1i}+\sigma_{12}\widetilde{KC}_{1i}+\sigma_{13}\widetilde{LC}_{1i}+ \\ \qquad \theta_{11}\widetilde{\widetilde{RD}}_{1i}+\theta_{12}\widetilde{\widetilde{KC}}_{1i}+\theta_{13}\widetilde{\widetilde{LC}}_{1i}+G_1(Open_i)+u_1 \\ KC_{2i}=\beta_{11}RD_{2i}+\beta_{13}LC_{2i}+\sigma_{11}\widetilde{RD}_{2i}+\sigma_{12}\widetilde{KC}_{2i}+\sigma_{13}\widetilde{LC}_{2i}+ \\ \qquad \theta_{11}\widetilde{\widetilde{RD}}_{2i}+\theta_{12}\widetilde{\widetilde{KC}}_{2i}+\theta_{13}\widetilde{\widetilde{LC}}_{2i}+G_2(Open_i)+u_2 \\ LC_{3i}=\beta_{11}RD_{3i}+\beta_{12}KC_{3i}+\sigma_{11}\widetilde{RD}_{3i}+\sigma_{12}\widetilde{KC}_{3i}+\sigma_{13}\widetilde{LC}_{3i}+ \\ \qquad \theta_{11}\widetilde{\widetilde{RD}}_{3i}+\theta_{12}\widetilde{\widetilde{KC}}_{3i}+\theta_{13}\widetilde{\widetilde{LC}}_{3i}+G_3(Open_i)+u_3 \end{cases} \tag{6.2.6}$$

其中，$\widetilde{RD}_{ki}$、$\widetilde{KC}_{ki}$ 和 $\widetilde{LC}_{ki}$ 表示第 i 个个体，第 k 个内生变量的一阶空间滞后，而 $\widetilde{\widetilde{RD}}_{ki}$ $\widetilde{\widetilde{KC}}_{ki}$ $\widetilde{\widetilde{LC}}_{ki}$ 是第 i 个个体，第 k 个内生变量的二阶空间滞后。需要说明的是，模型(6.2.6)中内生变量的空间滞后阶数，主要根据 AIC 准则进行判定。同时，在模型(6.2.6)中，若将 RD、KC 和 LC 移到向量方程的左侧，便可获得由三者所构成的向量系数矩阵 $\boldsymbol{\beta}$。若将其求逆矩阵后，并通过矩阵运算将其移到向量方程右侧后，便可获得模型(6.2.7)。

$$\begin{pmatrix} RD_{li} \\ KC_{2i} \\ LC_{3i} \end{pmatrix}=\begin{pmatrix} 1 & -\beta_{12} & -\beta_{13} \\ -\beta_{21} & 1 & -\beta_{23} \\ -\beta_{31} & -\beta_{32} & 1 \end{pmatrix}^{-1}\times\begin{pmatrix} \sigma_{11} & \sigma_{12} & \sigma_{13} \\ \sigma_{21} & \sigma_{22} & \sigma_{23} \\ \sigma_{31} & \sigma_{32} & \sigma_{33} \end{pmatrix}\times\begin{pmatrix} \widetilde{RD}_{li} \\ \widetilde{KC}_{2i} \\ \widetilde{LC}_{3i} \end{pmatrix}+$$

$$\begin{pmatrix} 1 & -\beta_{12} & -\beta_{13} \\ -\beta_{21} & 1 & -\beta_{23} \\ -\beta_{31} & -\beta_{32} & 1 \end{pmatrix}^{-1}\times\begin{pmatrix} \theta_{11} & \theta_{12} & \theta_{13} \\ \theta_{21} & \theta_{22} & \theta_{23} \\ \theta_{31} & \theta_{32} & \theta_{33} \end{pmatrix}\times\begin{pmatrix} \widetilde{\widetilde{RD}}_{li} \\ \widetilde{\widetilde{KC}}_{2i} \\ \widetilde{\widetilde{LC}}_{3i} \end{pmatrix}+$$

$$\begin{pmatrix} 1 & -\beta_{12} & -\beta_{13} \\ -\beta_{21} & 1 & -\beta_{23} \\ -\beta_{31} & -\beta_{32} & 1 \end{pmatrix}^{-1} \times G(Open_i) + \begin{pmatrix} 1 & -\beta_{12} & -\beta_{13} \\ -\beta_{21} & 1 & -\beta_{23} \\ -\beta_{31} & -\beta_{32} & 1 \end{pmatrix}^{-1} \times \boldsymbol{u} \tag{6.2.7}$$

将各变量的系数矩阵与 $\boldsymbol{\beta}$ 矩阵的逆进行运算后，可以获得简化后的向量方程(6.2.8)，也就是实证分析部分需要估计的模型。

$$\begin{pmatrix} RD_{li} \\ KC_{2i} \\ LC_{3i} \end{pmatrix} = \begin{pmatrix} \gamma_{11} & \gamma_{12} & \gamma_{13} \\ \gamma_{21} & \gamma_{22} & \gamma_{23} \\ \gamma_{31} & \gamma_{32} & \gamma_{33} \end{pmatrix} \times \begin{pmatrix} \widetilde{RD}_{li} \\ \widetilde{KC}_{2i} \\ \widetilde{LC}_{3i} \end{pmatrix} + \begin{pmatrix} \eta_{11} & \eta_{12} & \eta_{13} \\ \eta_{21} & \eta_{22} & \eta_{23} \\ \eta_{31} & \eta_{32} & \eta_{33} \end{pmatrix} \times \begin{pmatrix} \widetilde{\widetilde{RD}}_{li} \\ \widetilde{\widetilde{KC}}_{2i} \\ \widetilde{\widetilde{LC}}_{3i} \end{pmatrix} + M(Open_i) + \boldsymbol{v} \tag{6.2.8}$$

在模型(6.2.8)中，$\boldsymbol{\gamma}=\boldsymbol{\beta}^{-1}\times\boldsymbol{\sigma}$，$\boldsymbol{\eta}=\boldsymbol{\beta}^{-1}\times\boldsymbol{\theta}$，$M(Open_i)=\boldsymbol{\beta}^{-1}\times G(Open_i)$，且 $\boldsymbol{v}=\boldsymbol{\beta}^{-1}\times\boldsymbol{u}$。

(2)实证分析

①非线性关系验证

为了确定对外开放度与其他变量间存在非线性关系，此处分别对 *RD*、*KC*、*LC* 和 *Open* 的曲线关系进行拟合。拟合结果(图 6.2.2)表明，R&D 资本、物质资本和人力资本与对外开放度，均存在不同程度的“U”形曲线关系。因此，将 *Open* 变量设为非参数项，较为符合估计模型的设定要求。

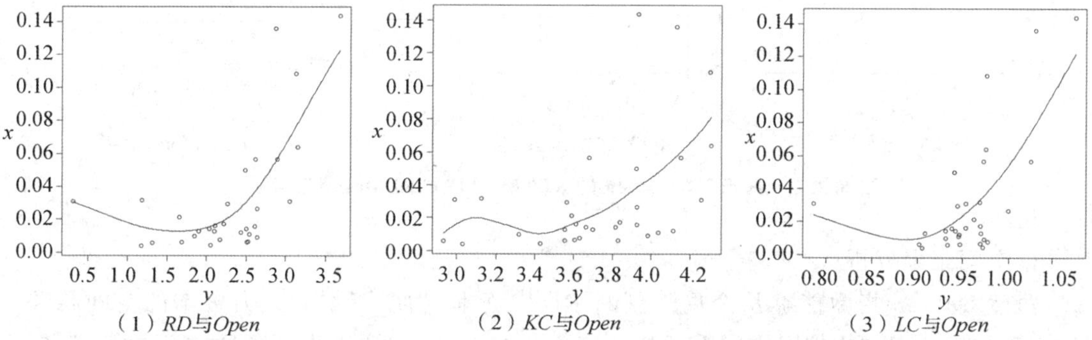

图 6.2.2　*RD*、*KC*、*LC* 和 *Open* 的拟合曲线

注：图中的 x 坐标轴表示对外开放度而 y 坐标轴依次分别对应 *RD*、*KC* 和 *LC*。

②空间相关性检验

考虑到所构建的模型既包括一阶的空间邻近关系，又包括二阶的空间邻近关系，因此有必要分别对基于一阶 Queen 和二阶 Queen 空间权重的 *RD*、*KC* 和 *LC* 变量向对应的 Moran's I 指数进行计算，以确定各类资本是否存在空间相关性。其中，基于一阶 Queen 空间权重的 *RD*、*KC* 和 *LC* 变量的 Moran's I 指数分别为 0.3577、0.3725 和 0.3136，且其所对应的 p 值分别为 0.0010、0.0012 和 0.0020(见图 6.2.3)。检验结果表明，在一阶 Queen 条件下，R&D 资本、物质资本和人力资本均表现出很强的空间相关性。在二阶 Queen 条件下，*RD*、*KC* 和 *LC* 变量的 Moran 指数分别为 0.1762、0.2034 和 0.1291，且其

对应的 p 值分别为 0.0015、0.0031 和 0.0263(见图 6.2.4)。虽然,在二阶 Queen 条件下,各资本的空间相关性较一阶 Queen 情况下有所减弱,但是依然表现出较高的显著性水平。

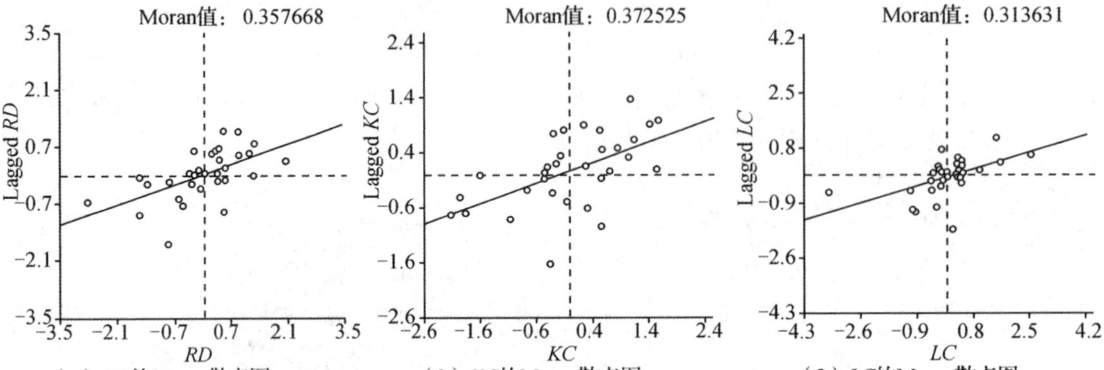

(1) RD的Moran散点图 (2) KC的Moran散点图 (3) LC的Moran散点图

图 6.2.3 基于一阶 Queen 的 *RD*、*KC* 和 *LC* 的 Moran 散点图

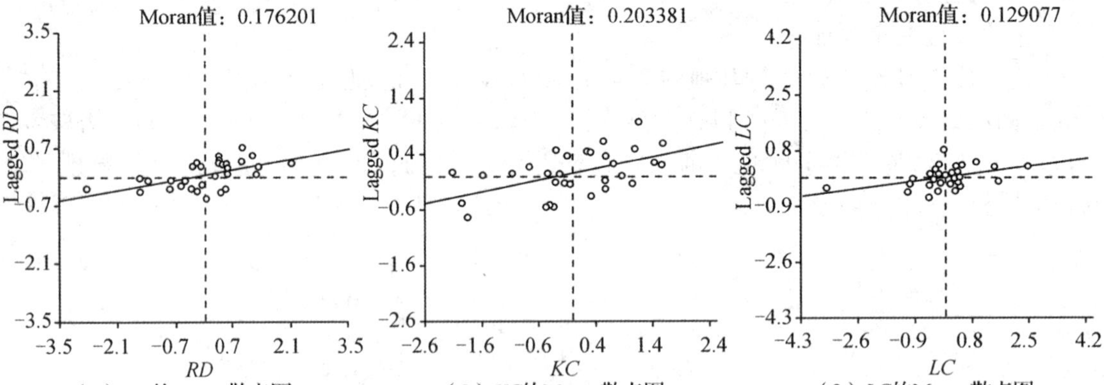

(1) RD的Moran散点图 (2) KC的Moran散点图 (3) LC的Moran散点图

图 6.2.4 基于二阶 Queen 的 *RD*、*KC* 和 *LC* 的 Moran 散点图

③空间集聚分析

虽然,Moran 指数能够从全局上判断 R&D 资本、物质资本和人力资本的空间相关性,但是却无法识别它们在空间上的集聚模式。然而,G 统计量弥补了这方面的不足,它能够识别出空间个体属性是存在高值集聚还是存在低值集聚,即所谓的热点(Hot Spot)和冷点(Cold Spot)区域。由图 6.2.5 可知:A. R&D 资本主要在上海、江苏、安徽和天津地区表现出高值集聚。这些地区的 R&D 投资也是我国较为活跃的地区。然而,新疆、青海、甘肃和四川地区的 R&D 资本积累则表现出低值集聚,R&D 投资的活跃度相对较低,是我国 R&D 投资的冷点区域。B. 物质资本的高值集聚主要分布在东部地区及其毗连区。这些地区包括上海、浙江、江苏、福建、山东、河南、安徽和江西地区的物质资本表现出明显的高值集聚。然而,物质资本的冷点地区则主要分布西部地区的新疆、甘肃和四川地区。C. 人力资本空间高值集聚地区主要位于天津和河北两地,范围相对较小。低值集聚区域主要位于西部地区,涵盖范围相对较大,主要包括新疆、青海、西藏、四川和广西地区,面积近乎覆盖了三分之一的中国国土面积。上述现象表明,我国 R&D 资本、物质资本和人力资本积累存在较为明显的空间分异的现象，即东部地区的资本积累水平较高，而西部地区的资本积累水平相对较为不足。根据 CD 生产函数，资本积累水平的高低将直接影响到地区的经济产出。由此可以看出，西部地区 R&D 资本、物质资本和人力资本的欠缺，是导致其经济发展始终落后中东部地区的发展重要原因。

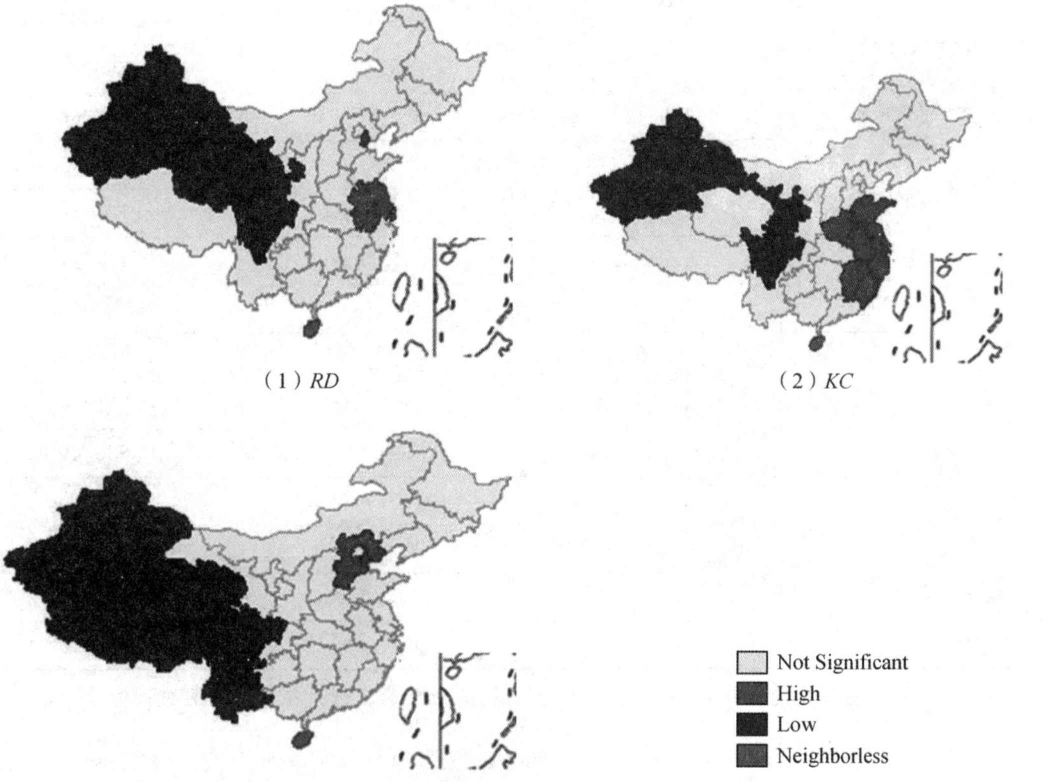

（1）*RD*　　（2）*KC*　　（3）*LC*

图 6.2.5　*RD*、*KC* 和 *LC* 的空间集聚图

④估计结果分析

通过结合使用 MATLAB 和 R 软件，给出了模型的参数部分和非参数部分的估计结果。其中，参数部分的估计结果如表 6.2.1 所示，而非参数部分的估计结果如图 6.2.6 所示。此处则着重对非参数部分的估计结果进行分析。

表 6.2.1　SCCSVAR 模型的估计结果

	RD	*KC*	*LC*
$\widehat{RD}$	1.965671	−0.808658	−0.421966
	0.330235	0.289384	0.035181
	5.952333	−2.794412	−11.994003
$\widehat{KC}$	−2.538607	1.145514	0.576622
	0.431539	0.420702	0.057718
	−5.882684	2.722864	9.990278

续表

	RD	KC	LC
$\widetilde{LC}$	−1.923153	0.868459	0.061724
	2.787435	1.965293	0.272309
	−0.689936	0.441898	0.226669
$\widetilde{\widetilde{RD}}$	−16.661733	8.897284	1.665309
	0.651747	0.641996	0.102766
	−25.564730	13.858784	16.204944
$\widetilde{\widetilde{KC}}$	23.286104	−12.907840	−2.311608
	0.849820	0.734627	0.130851
	27.401206	−17.570606	−17.665952
$\widetilde{\widetilde{LC}}$	−14.291737	10.535185	0.463880
	4.604998	3.458915	0.531273
	−3.103527	3.045806	0.873149
Constant	0.151794	−0.196744	0.284420
	0.023560	0.017691	0.002748
	6.442910	−11.121233	103.493280
R^2	0.942800	0.908500	0.865900

注：第一行为各变量的估计值，第二行为各变量的标准误，第三行为各变量的Z统计值。

在图6.2.6中，$\Delta G_1(Open)$、$\Delta G_2(Open)$和$\Delta G_3(Open)$分别为RD、KC和LC关于对外开放度$Open$的非参数函数导数图。为了能够弄清对外开放度对资本积累作用的空间分布规律，此处应用自然间断点法（nature breaks）对其进行分类。其中：A. RD关于$Open$的导数值较大的地区主要分布于北方东部沿海地区，如辽宁、河北和山东等地区和中部大部分地区，如河南、陕西、湖北、湖南和安徽等地区。这些地区对外开放度的提高有助于其R&D资本的积累。B. KC关于$Open$的导数值较大的地区相对较少，主要为河北、山东、河南和湖北地区。提高这些地区的对外开放水平能够对当地物质资本的积累起到较为明显的作用。C. LC关于对外开放度$Open$的导数值较大的地区主要位于东北三省，中部地区的内蒙古、山西、陕西和湖北地区，而东部地区则为天津。这些地区人力资本的积累对对外开放水平的敏感度相对较大。对外开放水平的提高，有助于这些地区人力资本的积累。同时，通过比较三者关于对外开放度导数的空间分位图亦可发现，在资本积累对对外开放度水平较为敏感的区域中（图(3)中颜色较深的部分），R&D资本和人力资本积累对对外开放水平的导数分布范围相对较广，分别包括10和8个省市，而物质资本积累的分布范围则相对较小，仅河北、山东、河南和湖北4个省份。因此，就空间维度而言，对外开放水平对物质资本积累的影响广度，显然不如其对R&D资本和人力资本来得明显。

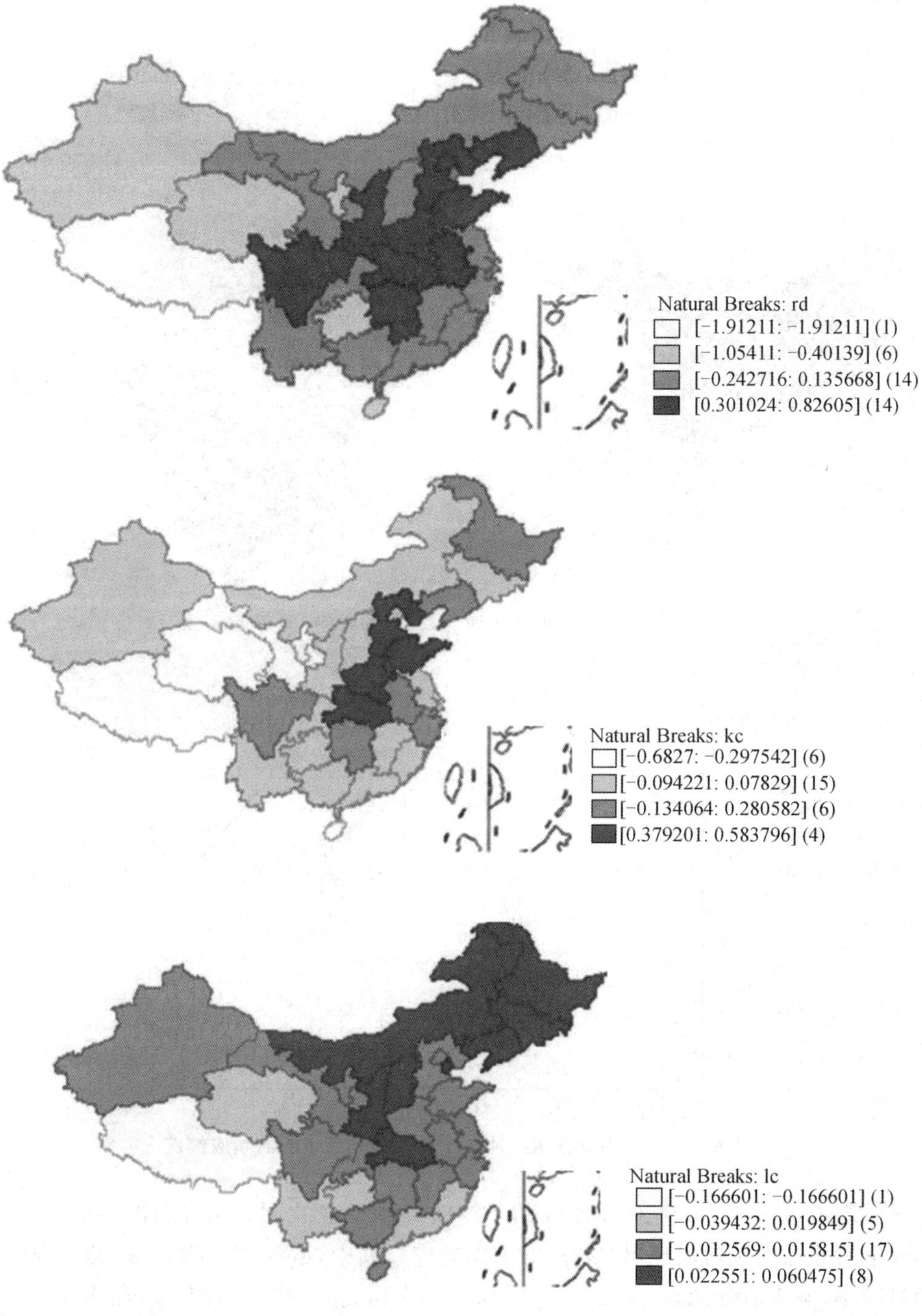

图 6.2.6　基于自然断点法的非参数部分的估计弹性空间分级图

⑤空间脉冲响应分析

脉冲响应主要以上海为中心的一阶 Queen 和二阶 Queen 空间邻近区域为研究对象，模拟上海资本冲击条件下，其一阶 Queen 和二阶 Queen 的空间邻近的响应情况（见图 6.2.7）。其中，此处一阶 Queen 邻近区域为江苏和浙江地区，而二阶 Queen 邻近区域由北往南依次为山东、安徽、江西和福建地区。

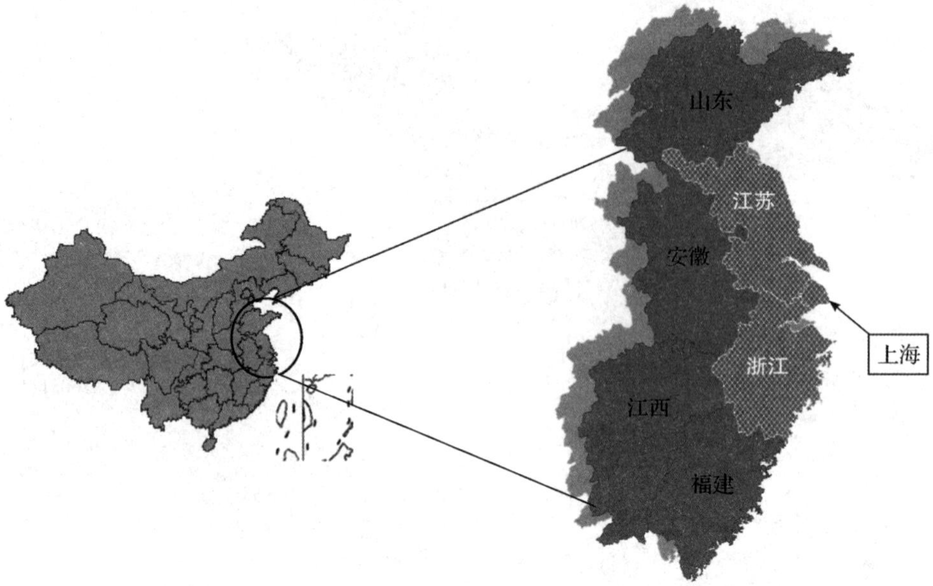

图 6.2.7　基于上海的一阶与二阶 Queen 空间邻近区域

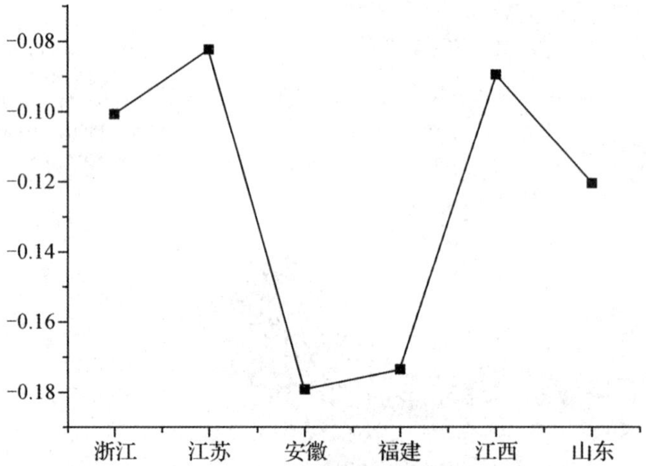

图 6.2.8　上海地区 ***RD*** 冲击下其周边地区 ***RD*** 的响应情况

根据图 6.2.8，在源自上海地区的 R&D 资本的正向冲击下，上海的一阶与二阶 Queen 空间邻近区域均表现出“U”形的负向响应。其中，浙江、江苏和江西的负向响应幅度相对较小，响应值分别为－0.10063、－0.08205 和－0.08951，而安徽、福建和山东的负向响应幅度相对较大，响应值分别为－0.17903、－0.17343 和－0.12065。该结果表明，上海地区 R&D 资本的积累存在负向的空间溢出效应，即上海的 R&D 资本的积累能够在不同程度上抑制周边地区 R&D 资本水平的提高。这主要是由于，上海地区凭借自身独特的地理区位、劳动者素质和产业条件，尤其是在上海自贸区的建立的条件下，其对高科技产业的吸引能力不断增强，在区域竞争中形成了独特的优势，对周边地区的 R&D 资源产生了较强的吸引力，尤其对其二阶 Queen 邻近的安徽、福建和江西地区的 R&D 资本所产生的吸引力最为明显。这些吸引又具体表现为上海周边地区 R&D 人才的流失、R&D 资金的流失和 R&D 成果的流失。该发现在一定程度上验证了齐红倩等人(2012)的研究结果，即上海地区的自主创新活动存在“技术洼地效应”。随着上海自贸区建设的推进，资本要素的流动将更为通畅。因此，在可预见的时期内，上海地区对 R&D 资本集聚效应依然较为明显，对 R&D 资本的集聚尚处于爬坡上升阶段，短期内难以逆转。

根据图 6.2.9，在来自上海地区物质资本的冲击下，上海的一阶与二阶 Queen 空间邻近区域的物资资本均表现出不同幅度的响应。其中，其一阶 Queen 空间邻近区域表现出负向响应，而二阶 Queen 空间邻近区域则表现正向响应。具体而言，上海地区的物质资本的积累，能够对其毗连地区(浙江和江苏省)的物质资本产生一定的抑制作用，但是对其二阶 Queen 邻近的安徽、福建、江西和山东的物质资本则表现出正向的空间溢出效应。这主要是由于，在上海的一阶 Queen 邻近区域，即浙江和江苏地区的物质资本的积累存在一定的同质性，区域内对物质资本投资更多地表现为竞争关系。而上海地区具有良好的经济基础、开放的投资环境以及成熟的资本市场等优越条件，能够对周边的物质资本投资形成巨大的新引力，容易导致周边的物质资本向上海地区聚集。这在一定程度上抑制了浙江和江苏两地物质资本积累水平的提高。然而，与浙江和江苏地区不同的是，上海物质资本对处于上海二阶 Queen 邻近的安徽、福建、江西和山东地区表现为正向的空间外溢性，即对这些地区物质资本的扩散效应更为明显。出现此种现象的原因可能包括两个方面。首先，二阶 Queen 邻近地区的地理位置相对于一阶 Queen 邻近地区相对较远，这些地区的物质资本投资受上海的影响相对较小。同时，这些地区在各自所属的区域中的经济实力相对较强，因此其对周边的物质资本投资也存在较强的吸引力。其次，不像江苏、浙江与上海地区的经济发展实力相当，二阶 Queen 邻近地区的经济实力与上海地区的经济发展水平存在一定的差距，在区域的固定资产投资中更多表现为区域互补的关系。例如，上海地区在固定资产投资、研发和管理上占据较大的优势，而安徽、福建、江西和山东地区则在固定资产建设的人力和成本方面占据优势。因此，其与二阶 Queen 邻近地区在物质资本积累上表现出一定的互补和带动关系。

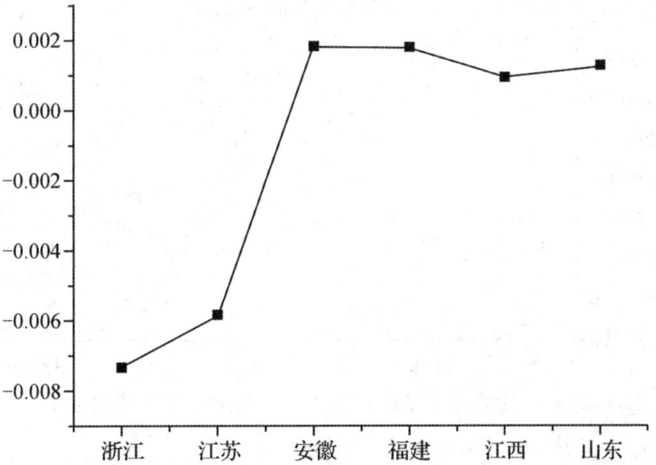

图 6.2.9　上海地区 *KC* 冲击下其周边地区 *FC* 的响应情况

根据图 6.2.10,在上海地区人力资本的冲击下,上海的一阶 Queen 邻近和二阶 Queen 邻近地区均表现出明显的正向响应,且响应强度随着距离上海邻近阶数增加而衰减。具体而言,在一阶 Queen 邻近范围内,上海对江苏和浙江地区的人力资本的溢出效应最为明显,其响应幅度分别位居第一和第二。在二阶 Queen 邻近范围内,上海地区对安徽和福建的人力资本溢出较为明显,山东次之,江西则最弱。该结果提示,上海地区的人力资本积累对周边地区,存在不同程度的扩散效应。这与上海的人口结构、经济圈建设、产业结构调整以及教育资源存在密切的关系。其中:A. 从上海的人口结构来看,上海地区的流动性人口数量巨大,这意味着上海地区的人力资本具备较高的溢出潜力。根据《上海统计年鉴 2013》发布的数据,2012 年上海流动人口数量达到 960 万,全市的常住人口和流动人口的比重达到 40.3%。而流动性人口的最大特征具有非稳定性,这部分人在上海地区学到技术和本领后,很可能会选择人才竞争相对较为缓和的周边地区进行发展。B. 从交通等基础设施的建设看,随着长三角快速交通网络的建设,逐渐形成了以上海为中心的"1 小时经济圈",并逐渐向"2 小时经济圈"和"3 小时经济圈"的方向发展。上海与浙江、江苏的经济发展日趋同日化和同城化,这在很大程度上促进了区域间的人口流动和交流,促进了上海地区人力资本的外溢。由此,也就可以解释为何上海的一阶 Queen 邻近地区人力资本响应幅度远大于二阶 Queen 邻近地区。C. 从产业结构调整发展战略上看,上海已经处于工业化后期,并向后工业化转变,其经济结构将逐步以服务业为主。同时,政府为了将上海建设成国际经济、金融、贸易和航运中心,上海市正逐渐将地区低端产业和部分高新技术产业向周边地区进行转移。而产业转移过程中,既能够拉动周边地区经济的增长,又能够通过"干中学"效应为周边地区的人力资本的积累做出贡献。D. 从教育资源上看,上海地区高校云集,是我国高等教育最为发达的地区之一。优质的教育资源能够培养出上海社会经济发展所需的人才。在为其周边地输送了大量高素质的人力资源的同时,上海地区的教育改革和人才培养模式的探索也为周边地区人才培养和教育改革也提供了一定的示范效应。

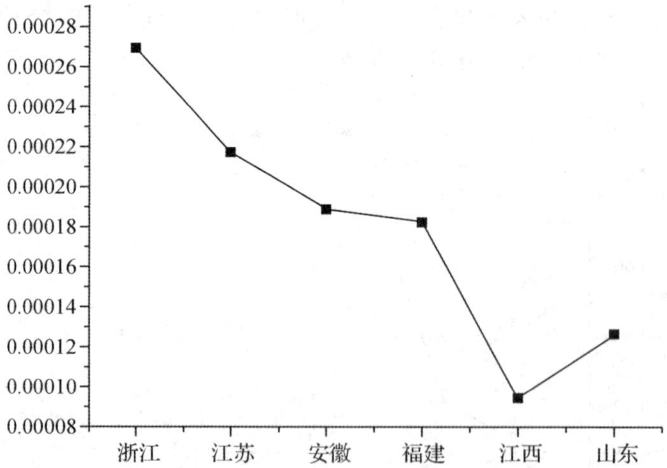

图 6.2.10　上海地区 *LC* 冲击下其周边地区 *LC* 的响应情况

(3)主要结论

在一系列检验的基础之上,构建了半参数结构向量自回归模型(SCCSVAR),并应用空间脉冲响应函数对上海的一阶 Queen 邻近和二阶 Queen 邻近地区的 R&D 资本、物质资本和人力资本的空间集聚性和外溢性进行了探索,并获得了以下几个主要结论:

①根据 Moran 检验的结果,R&D 资本、物质资本和人力资本均表现较为显著的空间相关性。同时,三者的空间相关性均随着空间权重阶数的增加而表现出减弱的趋势,即邻近阶数越高,R&D 资本、物质资本和人力资本的空间相关性则越弱。

②R&D 资本、物质资本和人力资本存在较为明显的空间分异现象,具体表现为东部地区和部分中部地区的资本积累表现出高值集聚,而大部分西部地区的资本积累则表现出低值集聚的现象。其中:①上海、天津和江苏等地是我国 R&D 资本投资的热点地区,而新疆、青海和甘肃等地是我国 R&D 资本投资的冷点区域;②上海、浙江、江苏、福建、山东和安徽等地区是我国物质资本积累的热点地区,而物质资本积累的冷点区域则主要位于新疆和甘肃等西部地区;3)人力资本积累的热点区域位于津冀两地,冷点区域涵盖了新疆、西藏以及青海等大部分西部地区。

③此外,根据空间脉冲响应函数模拟的结果,上海 R&D 资本、物质资本和人力资本对其一阶 Queen 邻近和二阶 Queen 邻近区域,存在不同的溢出模式。具体而言:1)上海地区的 R&D 资本的积累依然处于集聚阶段,其对周边地区的 R&D 资本积累产生了抑制作用,且其对安徽和福建地区 R&D 资本的抑制作用最为明显;2)上海地区对周边地区的物质资本积累既存在集聚效应又存在溢出效应。其中,在一阶 Queen 邻近条件下,上海对江苏和浙江地区的物资资本积累表现出集聚效应。然而,在二阶 Queen 邻近条件下,上海对安徽、福建、江西和山东的物质资本积累则表现出溢出效应;③上海地区对周边地区的人力资本积累均表现出明显的溢出效应。其中,其对一阶 Queen 邻近地区人力资本的空间溢出最为明显,而二阶 Queen 邻近地区次之。此种现象的出现与上海地区的人口结构、产业结构、教育体系以及区域一体化存在密切的联系。

6.3 面板数据半参数空间向量自回归模型

由于 CSSVAR 和 CSSSVAR 模型均为基于截面数据模型的估计,因此,二者均只反映个体属性在空间维度上的关系,而无法反映时间维度的动态变化。事实上,许多经济活动既存在空间维度的影响,也存在时间层面的动态演变。鉴于此,此处构建出了既能反映经济活动的空间维度关系,又能反映其时间维度关系的半参数面板数据空间向量自回归模型。

6.3.1 模型

在面板数据半参数空间和时间向量自回归模型(PSSVAR)中,设第 k 个内生变量的方程为

$$y_{kit}=\alpha_k+\alpha_{ki}+\psi_{kt}+\theta_{k1}^1 y_{1it-1}+\cdots+\theta_{kK}^1 y_{Kit-1}+\cdots+\theta_{k1}^p y_{1it-p}+\cdots+\theta_{kK}^p y_{Kit-p}+$$
$$\delta_{k1}^{01}\tilde{y}_{1it}^1+\cdots+\delta_{kK}^{01}\tilde{y}_{Kit}^1+\delta_{k1}^{11}\tilde{y}_{1it-1}^1+\cdots+\delta_{kK}^{11}\tilde{y}_{Kit-1}^1+\cdots+\delta_{k1}^{p1}\tilde{y}_{1it-p}^1+$$
$$\cdots+\delta_{kK}^{p1}\tilde{y}_{Kit-p}^1+\cdots+\delta_{k1}^{0q}\tilde{y}_{1it}^q+\cdots+\delta_{kK}^{0q}\tilde{y}_{Kit}^q+\delta_{k1}^{1q}\tilde{y}_{1it-1}^q+\cdots+\delta_{kK}^{1q}\tilde{y}_{Kit-1}^q+$$
$$\cdots+\delta_{k1}^{pq}\tilde{y}_{1it-p}^q+\cdots+\delta_{kK}^{pq}\tilde{y}_{Kit-p}^q+\gamma_{k1}^0 x_{1it}+\cdots+\gamma_{kQ}^0 x_{Qit}+\gamma_{k1}^1\tilde{x}_{1it}^1+$$
$$\cdots+\gamma_{kQ}^1\tilde{x}_{Qit}^1+\cdots+\gamma_{k1}^{q2}\tilde{x}_{1it}^{q2}+\cdots+\gamma_{kQ}^{q2}\tilde{x}_{Qit}^{q2}+G_k(z_{it},\tilde{z}_{it}^1,\cdots,\tilde{z}_{it}^{q3})+u_{kit}$$
$$k=1,\cdots,K;i=1,\cdots,N;t=1,\cdots,T \qquad (6.3.1)$$

其中 $\tilde{y}_{lit}^1=\sum_{j\neq i}w_{ij}y_{ljt}$，$\tilde{y}_{lit}^r=\sum_{j\neq i}w_{ij}\tilde{y}_{ljt}^{r-1}$，$\tilde{x}_{hit}^1=\sum_{j\neq i}w_{ij}x_{hjt}$，$\tilde{x}_{hit}^r=\sum_{j\neq i}w_{ij}\tilde{x}_{hjt}^{r-1}$，$\tilde{z}_{it}^1=\sum_{j\neq i}w_{ij}z_{jt}$，$\tilde{z}_{it}^r=\sum_{j\neq i}w_{ij}\tilde{z}_{jt}^{r-1}$，$\alpha_k$ 是常数项，α_{ki}是横截面上的个体固定影响，ψ_{kt}是时间上的时期固定影响。假定 $\sum_{i=1}^N\alpha_{ki}=0$，$\sum_{t=1}^T\psi_{kt}=0$，$E[G_k(z_{it},\tilde{z}_{it}^1,\cdots,\tilde{z}_{it}^{q3})]=0$。该模型的内生变量除了受反映个体差异的横截面上固定影响和反映时间上差异的固定影响外，还受内生变量时间若干阶滞后项和内生变量空间若干阶滞后项及其时间若干阶滞后项，以及外生变量及其空间若干阶滞后项的影响，而且相关关系是一部分已知的线性关系和另一部分未知的半参数函数的关系。

注：当 $G_k(z_{it},\tilde{z}_{it}^1,\cdots,\tilde{z}_{it}^{q3})=G_k(z_{it})+\tilde{z}_{it}^{1\prime}\delta_1+\cdots\tilde{z}_{it}^{q3\prime}\delta_{q3}$ 或类似的形式也可以同样处理。

假设 $u_{k1t},\cdots,u_{kNt}$ 独立同分布，且 $u_{kit}\sim N(0,\sigma_k^2)(i=1,\cdots,N,t=1,\cdots,T)$，$\mathrm{cov}(u_{kit},u_{ljt})=\sigma_{kl}(k\neq l,t=1,\cdots,T)$。

6.3.2 模型估计

模型(6.3.1)估计拟采用的方法和步骤如下：

记 $\alpha,\psi,\theta,\delta,\gamma$ 分别是模型(6.3.1)所有的 $\alpha,\psi,\theta,\delta,\gamma$ 元素构成的向量。将模型(6.3.1)的方程两边取条件数学期望，得到：

$$G_k(z_{it},\tilde{z}_{it}^1,\cdots,\tilde{z}_{it}^{q3})=E[y_{kit}-(\alpha_{ki}+\psi_{kt}+\theta_{k1}^1 y_{1it-1}+\cdots+\theta_{kK}^1 y_{Kit-1}+$$
$$\cdots+\theta_{k1}^p y_{1it-p}+\cdots+\theta_{kK}^p y_{Kit-p}+\delta_{k1}^{01}\tilde{y}_{1it}^1+\cdots+\delta_{kK}^{01}\tilde{y}_{Kit}^1+$$
$$\delta_{k1}^{11}\tilde{y}_{1it-1}^1+\cdots+\delta_{kK}^{11}\tilde{y}_{Kit-1}^1+\cdots+\delta_{k1}^{p1}\tilde{y}_{1it-p}^1+$$
$$\cdots+\delta_{kK}^{p1}\tilde{y}_{Kit-p}^1+\cdots+\delta_{k1}^{0q}\tilde{y}_{1it}^q+\cdots+\delta_{kK}^{0q}\tilde{y}_{Kit}^q+\delta_{k1}^{1q}\tilde{y}_{1it-1}^q+$$
$$\cdots+\delta_{kK}^{1q}\tilde{y}_{Kit-1}^q+\cdots+\delta_{k1}^{pq}\tilde{y}_{1it-p}^q+\cdots+\delta_{kK}^{pq}\tilde{y}_{Kit-p}^q+\gamma_{k1}^0 x_{1it}+$$
$$\cdots+\gamma_{kQ}^0 x_{Qit}+\gamma_{k1}^1\tilde{x}_{1it}^1+\cdots+\gamma_{kQ}^1\tilde{x}_{Qit}^1+\cdots+\gamma_{k1}^{q2}\tilde{x}_{1it}^{q2}+$$
$$\cdots+\gamma_{kQ}^{q2}\tilde{x}_{Qit}^{q2})\,|\,z_{it},\tilde{z}_{it}^1,\cdots,\tilde{z}_{it}^{q3}] \qquad (6.3.2)$$

记 $E[y_{kit}|z_{it},\tilde{z}_{it}^1,\cdots,\tilde{z}_{it}^{q3}]$的局部线性估计为 $\hat{y}_{kit}$，其他变量条件数学期望的局部线性估计的记号类似，则在参数 $\alpha,\psi,\theta,\delta,\gamma$ 已知下，$G_k(\cdot)$的初步估计为

$$\hat{G}_k(z_{it},\tilde{z}_{it}^1,\cdots,\tilde{z}_{it}^{q3};\alpha,\psi,\theta,\delta,\gamma)=\hat{y}_{kit}-(\alpha_{ki}+\psi_{kt}+\theta_{k1}^1\hat{y}_{1it-1}+\cdots+\theta_{kK}^1\hat{y}_{Kit-1}+$$
$$\cdots+\theta_{k1}^p\hat{y}_{1it-p}+\cdots+\theta_{kK}^p\hat{y}_{Kit-p}+\delta_{k1}^{01}\widehat{\tilde{y}}_{1it}^1+$$

$$
\begin{aligned}
&\cdots+\delta_{kK}^{01}\hat{\tilde{y}}_{Kit}^{1}+\delta_{k1}^{11}\hat{\tilde{y}}_{1it-1}^{1}+\cdots+\delta_{kK}^{11}\hat{\tilde{y}}_{Kit-1}^{1}+\\
&\cdots+\delta_{k1}^{p1}\hat{\tilde{y}}_{1it-p}^{1}+\cdots+\delta_{kK}^{p1}\hat{\tilde{y}}_{Kit-p}^{1}+\cdots+\delta_{k1}^{0q}\hat{\tilde{y}}_{1it}^{q}+\\
&\cdots+\delta_{kK}^{0q}\hat{\tilde{y}}_{Kit}^{q}+\delta_{k1}^{1q}\hat{\tilde{y}}_{1it-1}^{q}+\cdots+\delta_{kK}^{1q}\hat{\tilde{y}}_{Kit-1}^{q}+\\
&\cdots+\delta_{k1}^{pq}\hat{\tilde{y}}_{1it-p}^{q}+\cdots+\delta_{kK}^{pq}\hat{\tilde{y}}_{Kit-p}^{q}+\gamma_{k1}^{0}\hat{x}_{1it}+\\
&\cdots+\gamma_{kQ}^{0}\hat{x}_{Qit}+\gamma_{k1}^{1}\hat{\tilde{x}}_{1it}^{1}+\cdots+\gamma_{kQ}^{1}\hat{\tilde{x}}_{Qit}^{1}+\\
&\cdots+\gamma_{k1}^{q2}\hat{\tilde{x}}_{1it}^{q2}+\cdots+\gamma_{kQ}^{q2}\hat{\tilde{x}}_{Qit}^{q2})
\end{aligned}
\tag{6.3.3}
$$

将 $G_k(\cdot)$的初步估计代入模型(6.3.1),得到如下参数模型:

$$
\begin{aligned}
y_{kit}-\hat{y}_{kit}=&\theta_{k1}^{1}(y_{1it-1}-\hat{y}_{1it-1})+\cdots+\theta_{kK}^{1}(y_{Kit-1}-\hat{y}_{Kit-1})+\\
&\cdots+\theta_{k1}^{p}(y_{1it-p}-\hat{y}_{1it-p})+\cdots+\theta_{kK}^{p}(y_{Kit-p}-\hat{y}_{Kit-p})+\\
&\delta_{k1}^{01}(\tilde{y}_{1it}^{1}-\hat{\tilde{y}}_{1it}^{1})+\cdots+\delta_{kK}^{01}(\tilde{y}_{Kit}^{1}-\hat{\tilde{y}}_{Kit}^{1})+\delta_{k1}^{11}(\tilde{y}_{1it-1}^{1}-\hat{\tilde{y}}_{1it-1}^{1})+\\
&\cdots+\delta_{kK}^{11}(\tilde{y}_{Kit-1}^{1}-\hat{\tilde{y}}_{Kit-1}^{1})+\cdots+\delta_{k1}^{p1}(\tilde{y}_{1it-p}^{1}-\hat{\tilde{y}}_{1it-p}^{1})+\\
&\cdots+\delta_{kK}^{p1}(\tilde{y}_{Kit-p}^{1}-\hat{\tilde{y}}_{Kit-p}^{1})+\cdots+\delta_{k1}^{0q}(\tilde{y}_{1it}^{q}-\hat{\tilde{y}}_{1it}^{q})+\\
&\cdots+\delta_{kK}^{0q}(\tilde{y}_{Kit}^{q}-\hat{\tilde{y}}_{Kit}^{q})+\delta_{k1}^{1q}(\tilde{y}_{1it-1}^{q}-\hat{\tilde{y}}_{1it-1}^{q})+\\
&\cdots+\delta_{kK}^{1q}(\tilde{y}_{Kit-1}^{q}-\hat{\tilde{y}}_{Kit-1}^{q})+\cdots+\delta_{k1}^{pq}(\tilde{y}_{1it-p}^{q}-\hat{\tilde{y}}_{1it-p}^{q})+\\
&\cdots+\delta_{kK}^{pq}(\tilde{y}_{Kit-p}^{q}-\hat{\tilde{y}}_{Kit-p}^{q})+\gamma_{k1}^{0}(x_{1it}-\hat{x}_{1it})+\\
&\cdots+\gamma_{kQ}^{0}(x_{Qit}-\hat{x}_{Qit})+\gamma_{k1}^{1}(\tilde{x}_{1it}^{1}-\hat{\tilde{x}}_{1it}^{1})+\cdots+\gamma_{kQ}^{1}(\tilde{x}_{Qit}^{1}-\hat{\tilde{x}}_{Qit}^{1})+\\
&\cdots+\gamma_{k1}^{q2}(\tilde{x}_{1it}^{q2}-\hat{\tilde{x}}_{1it}^{q2})+\cdots+\gamma_{kQ}^{q2}(\tilde{x}_{Qit}^{q2}-\hat{\tilde{x}}_{Qit}^{q2})+\upsilon_{kit}
\end{aligned}
\tag{6.3.4}
$$

利用广义矩估计方法获得参数 θ,δ,γ 的估计$\hat{\theta},\hat{\delta},\hat{\gamma}$。将它们代入模型(6.3.1),然后,方程两边对 i 求平均,再对 t 求平均,就可以获得 α_k 的估计$\hat{\alpha}_k$。之后,若将 θ,δ,γ 和 α_k 的估计代入模型(6.3.1),且方程两边对 i 求平均,就可以获得 ψ_{kt} 的估计$\hat{\psi}_{kt}$。若将 θ,δ,γ 和 α_k 的估计代入模型(6.3.1),且方程两边对 t 求平均,就可以获得 α_{ki} 的估计$\hat{\alpha}_{ki}$。

之后,获得 $G_k(\cdot)$的最终估计

$$
\hat{G}_k(z_{it},\tilde{z}_{it}^{1},\cdots,\tilde{z}_{it}^{q3})=\hat{G}_k(z_{it},\tilde{z}_{it}^{1},\cdots,\tilde{z}_{it}^{q3};\hat{\alpha},\hat{\psi},\hat{\theta},\hat{\delta},\hat{\gamma})
\tag{6.3.5}
$$

然后,获得模型(6.3.1)随机误差项的估计。最后,类似模型(6.1.1)的方法获得 σ_k^2 和 σ_{kl} 的估计$\hat{\sigma}_k^2$ 和$\hat{\sigma}_{kl}$。

利用 AIC 等信息量以及模型识别条件和非参数分量估计的维数诅咒问题综合决定模型的空间滞后阶数 q_1,q_2,q_3 的选择问题。

此外,因为脉冲响应函数与固定影响和外生变量无关,不失一般性,将模型(6.3.1)简化为

$$
\begin{aligned}
y_{kit}=&\theta_{k1}^{1}y_{1it-1}+\cdots+\theta_{kK}^{1}y_{Kit-1}+\cdots+\theta_{k1}^{p}y_{1it-p}+\cdots+\theta_{kK}^{p}y_{Kit-p}+\\
&\delta_{k1}^{01}\tilde{y}_{1it}^{1}+\cdots+\delta_{kK}^{01}\tilde{y}_{Kit}^{1}+\delta_{k1}^{11}\tilde{y}_{1it-1}^{1}+\cdots+\delta_{kK}^{11}\tilde{y}_{Kit-1}^{1}+\cdots+\delta_{k1}^{p1}\tilde{y}_{1it-p}^{1}+
\end{aligned}
$$

$$\cdots+\delta_{kK}^{p1}\tilde{y}_{Kit-p}^{1}+\cdots+\delta_{k1}^{0q}\tilde{y}_{1it}^{q}+\cdots+\delta_{kK}^{0q}\tilde{y}_{Kit}^{q}+\delta_{k1}^{1q}\tilde{y}_{1it-1}^{q}+\cdots+\delta_{kK}^{1q}\tilde{y}_{Kit-1}^{q}+$$
$$\cdots+\delta_{k1}^{pq}\tilde{y}_{1it-p}^{q}+\cdots+\delta_{kK}^{pq}\tilde{y}_{Kit-p}^{q}+u_{kit}$$

类似于模型(6.1.1),可以获得正交化的脉冲响应函数和方差分解及它们的估计。

6.3.3 实例

例 6.3.1 本例取自陈晓玲(2015)的研究论文。外商直接投资是发展中国家经济增长和自主创新能力提升的重要推动力。自主创新能力是一个国家经济发展的推动力量,通过自主创新能力的培养,国家能够更好更快地吸取国外先进技术,发展高科技产业,优化产业结构,加速区域经济的发展以及技术的进步。而国内经济的不断繁荣发展也为我国自主创新能力的提升创造了良好的资金环境。由此可见,经济发展、自主创新与外商直接投资三者之间存在着相互的影响关系,至于它们之间的动态均衡关系如何,一直是经济学界广为关注的问题之一。

(1)半参数面板空间向量自回归模型的构建

①各变量的选取及数据说明

共收集了我国内陆 30 个省市的数据来估计模型(西藏由于数据不全而没有包含在考察范围之内),时间从 1997 年到 2012 年,各年份各变量数据均来自《中国统计年鉴》。本例经济增长(GDP)采用国内生产总值(亿元)数据;自主创新水平(RD)采用国家知识产权局三种专利申请量(国内部分)代表我国的自主创新能力,即发明、外观设计、实用新型专利申请量;外商直接投资(FDI)采用各地区外商投资企业年末登记的投资总额(亿元)数据。为了更好地进行实证研究,根据数据的可比性原则,本例首先根据人民币汇率将各省份各年度的 FDI 指标从美元表示的换算成用人民币表示的币值;其次,本例为了消除物价的影响按照 1997 年为基期的各省份居民消费价格指数对 GDP 进行了价格平减;最后鉴于知识产权保护对一国外商直接投资引进、经济增长、自主创新水平提升的作用主要在于专利,尤其是中国的各单行知识产权法立法和修改基本是同步的,专利法立法强度随时间的变化与其他知识产权单行法立法强度的变化基本一致。因此,以专利法立法强度代表整个知识产权立法强度,并且采用吉纳特—帕克方法测度我国知识产权立法强度。在吉纳特—帕克方法的基础上,采用柒江艺、阳立高、冯涛(2008)的做法,加入了执法力度进行修正,根据对执法强度影响的重要程度分别为法制化程度、经济发展水平、社会公众意识、国际社会的监督与制衡机制这四个变量指标赋予 0.3,0.25,0.25,0.2 的权重,将四个因素综合成执法力度。采用基于万有引力定律构造的空间邻接矩阵:

$$w_{ij}=\begin{cases}\dfrac{m_i m_j}{r_{ij}^2}, & i\neq j\\ 0, & i=j\end{cases} \tag{6.3.6}$$

其中,r_{ij} 代表地区 $Y_{it}=\{\ln GDP_{it},\ln FI_{it},GRP_{it}\}$ 与地区 Moran's I 之间的地理距离,通过 Matlab2012a 软件对两个地区的经纬度信息进行计算;Moran's I 为地区 Moran's I 的经济实力,本例以样本期内的实际 GDP 平均值来衡量。为了消除量纲的影响,邻接矩阵已经标准化使其行元素之和为 1。

②半参数面板空间向量自回归模型的构建

为了研究外商直接投资、自主创新与经济增长之间的相互影响关系，我们构建了半参数面板空间向量自回归模型来研究其时间及空间上的脉冲响应关系。半参数面板空间VAR模型是在面板数据空间VAR模型的基础上加入了非参项，将不确定的非线性的影响因素通过外生变量的形式加入到模型中。因此，将向量自回归模型、面板数据模型、空间模型与半参数模型结合起来研究，保留了参数函数收敛速度快的优点及非参数分量可有效避免参数模型假设所造成的模型设定错误的优点。对 GDP、RD、FDI 变量都取了自然对数，这样做既可以使其趋势线性化，还可以消除经济时间序列数据存在的异方差。根据面板数据的格兰杰非因果关系检验，我们可以得知 $\ln GDP$、$\ln RD$、$\ln FDI$ 为内生变量，不仅在时间上相互影响，在空间上也存在相互影响的关系。知识产权保护水平(IPR)与lnGDP、lnRD存在单向影响关系。根据文献得知知识产权保护为外生变量，因此，以此为参考将IPR作为非参数变量。建立的半参数面板空间向量自回归模型具体结构如下：

$$\begin{bmatrix}\ln FDI_{it}\\ \ln GDP_{it}\\ \ln RD_{it}\end{bmatrix}=\begin{bmatrix}\gamma_{11}&\gamma_{12}&\gamma_{13}\\ \gamma_{21}&\gamma_{22}&\gamma_{23}\\ \gamma_{31}&\gamma_{32}&\gamma_{33}\end{bmatrix}\begin{bmatrix}\ln FDI_{it-1}\\ \ln GDP_{it-1}\\ \ln RD_{it-1}\end{bmatrix}+\begin{bmatrix}\lambda_{11}&\lambda_{12}&\lambda_{13}\\ \lambda_{21}&\lambda_{22}&\lambda_{23}\\ \lambda_{31}&\lambda_{32}&\lambda_{33}\end{bmatrix}\begin{bmatrix}\ln FDI_{it-1}^{*}\\ \ln GDP_{it-1}^{*}\\ \ln RD_{it-1}^{*}\end{bmatrix}+$$

$$\begin{bmatrix}M_1(IPR_{it})\\ M_2(IPR_{it})\\ M_3(IPR_{it})\end{bmatrix}+\begin{bmatrix}\varphi_{1i}\\ \varphi_{2i}\\ \varphi_{3i}\end{bmatrix}+\begin{bmatrix}\lambda_{1t}\\ \lambda_{2t}\\ \lambda_{3t}\end{bmatrix}+\begin{bmatrix}\mu_{1it}\\ \mu_{2it}\\ \mu_{3it}\end{bmatrix}\quad i=1,\cdots,30;t=1,\cdots,16 \tag{6.3.7}$$

模型左边的Moran's I分别表示外商直接投资、经济增长、自主创新能力；模型右边的 $\ln FDI_{\mathrm{it}-1}$，$\ln GDP_{it-1}$，$\ln RD_{it-1}$ 为被解释变量时间滞后一期项，$\ln FDI_{\mathrm{it}-1}^{*}$，$\ln GDP_{it-1}^{*}$，$\ln RD_{it-1}^{*}$ 为被解释变量空间滞后一期项。其中，B，C 分别为时间滞后一期，空间滞后一期的系数矩阵。γ_{ij} 表示第 j 个时间滞后一期变量对第 i 个变量的系数；λ_{ij} 表示第 j 个空间滞后一期变量对第 i 个变量的系数。φ_{1i}，φ_{2i}，φ_{3i} 分别表示为第1，2，3个变量的横截面上的个体固定影响；λ_{1t}，λ_{2t}，λ_{3t} 分别表示为第1，2，3个变量的时间上的固定影响；μ_{1it}，μ_{2it}，μ_{3it} 分别表示为第1，2，3个变量的空间误差项。

基于三个变量都是内生变量，本例模型采用GMM方法进行估计，估计结果见表6.3.1。应用直接插入法选择窗宽，通过软件计算得出，然后通过导数图 $\partial\hat{M}_1(\cdot)/\partial IPR_{it}$，$\partial\hat{M}_2(\cdot)/\partial IPR_{it}$，$\partial\hat{M}_3(\cdot)/\partial IPR_{it}$（见图6.3.1）进行分析。

(2)面板半参数空间向量自回归模型的实证结果分析

为了更好地研究外商直接投资、自主创新与经济增长之间时间和空间上的脉冲响应关系，通过半参数面板空间向量自回归模型进行下面的研究。首先，对经济时间序列数据变量都取了自然对数，这样做既可以使其趋势线性化，还可以消除经济时间序列数据存在的异方差。外商直接投资、自主创新和经济增长都会随着时间的推移不断发生变化，时间序列数据有可能表现出一致或类似的变化趋势，即使变量数据之间没有任何有意义的关系，对它们进行回归分析可能会造成伪回归，因此，在进行模型分析之前，需要对相关变量序列进行平稳性检验。其次，一个地区的外商直接投资规模以及质量会影响该地区的经济增长和自主创新水平，该地区的经济增长很大程度上会受到该地区的自主创新水平和外商直接投资的引进的影响，与此同时该地区的自主创新水平也会影响该地区经济增长和外商直接投资的引进的影响。为了更好地说明统计上的相互影响关系，通过外商直接投资、自主创新、经济增长和知识产权保护水平的格兰杰非因果关系检验来验证，并且对外商直接投资、自主创新、经济增长做了空间相关性检验。再次，通过半参数空间向量自回归模型的结果，并且结合冲击源为不同变量、不同地区的脉冲响应图进行具体分析。最后，通过知识产权保护分别关于外商直接投资、自主创新和经济增长的导数图进行非线性关系的分析。

①单位根检验

为了更好地进行外商直接投资、自主创新、经济增长以及知识产权保护之间关系的研究，我们需要对这些经济数据进行平稳性检验，以避免这些变量数据自身的非平稳性影响实证结果的可靠性。因此，本例利用 Augmented Dickey-Fuller 的方法分别对各变量进行面板单位根检验，表 6.3.1 的检验结果均表明 ln*FDI*，ln*GDP*，ln*RD*，*IPR* 均为平稳时间序列。

表 6.3.1　各面板变量 ADF 检验结果

变量	ln*FDI*	ln*GDP*	ln*RD*	*IPR*	结果
统计量值 (P 值)	−3.834176*** (0.0028)	−3.887362*** (0.0023)	−5.042292*** (0.0000)	−5.990746*** (0.0000)	平稳

注：***、** 和 * 分别表示在 1%、5%和 10%的水平上显著，拒绝认为变量存在单位根的原假设。

②各变量面板数据格兰杰非因果关系检验

为了更好地研究经济增长、自主创新、外商直接投资以及知识产权保护水平之间的相互影响关系，我们有必要对其进行格兰杰非因果关系的检验。格兰杰非因果关系检验的实质是检验一个变量的滞后变量是否可以引入到其他变量方程中。面板数据的格兰杰非因果检验属于计量领域的前沿问题之一，目前尚未有标准的模式，借鉴文献（Hsiao，etc，2006）的检验方法。首先，估计出面板 VAR 的固定效应模型以及随机效应模型；其次，根据 Hausman 检验得知三个方程皆为固定效应模型好于随机效应模型；最后，采用固定效应模型进行 Wald 检验的结果来判断格兰杰非因果关系，其面板格兰杰非因果检验结果见表 6.3.2。

表 6.3.2　面板格兰杰非因果检验结果

被解释变量	ln*FDI*	ln*GDP*	ln*RD*	*IPR*
截距项	0.920556*** (0.000)	1.64317*** (0.000)	0.0868815*** (0.000)	−4.208161*** (0.000)
ln*FDI*(−1)		0.209968*** (0.000)	0.5484462*** (0.056)	0.0073597 (0.896)

续表

被解释变量		ln*FDI*	ln*GDP*	ln*RD*	*IPR*
ln*GDP*(−1)		0.5046502*** (0.000)		0.5676759*** (0.000)	1.32624*** (0.000)
ln*RD*(−1)		0.0961793** (0.052)	0.1881022*** (0.000)		0.4126725*** (0.000)
IPR(−1)		0.0407764 (0.310)	0.3387369*** (0.000)	0.3567748*** (0.000)	
Wald 检验	H_0	$C_3=0$	$C_2=0$	$C_2=0$	$C_2=0$
	F	46.14***	63.38***	54.57**	0.02
	结论	ln*GDP* 是 ln*FDI* 的 Granger 原因	ln*FD* 是 ln*GDP* 的 Granger 原因	ln*FDI* 是 ln*RD* 的 Granger 原因	ln*FDI* 不是 *IPR* 的 Granger 原因
Wald 检验	H_0	$C_4=0$	$C_4=0$	$C_3=0$	$C_3=0$
	F	3.81**	39.50***	4.01**	277.20***
	结论	ln*RD* 是 ln*FDI* 的 Granger 原因	ln*RD* 是 ln*GDP* 的 Granger 原因	ln*GDP* 是 ln*RD* 的 Granger 原因	ln*GDP* 是 *IPR* 的 Granger 原因
Wald 检验	H_0	$C_5=0$	$C_5=0$	$C_5=0$	$C_4=0$
	F	1.03	281.54***	96.13***	50.83***
	结论	*IPR* 不是 ln*FDI* 的 Granger 原因	*IPR* 是 ln*FDI* 的 Granger 原因	*IPR* 是 ln*FDI* 的 Granger 原因	ln*RD* 是 *IPR* 的 Granger 原因

注：***、**、* 分别表示系数估计值在 1%、5%、10% 的水平下显著，括号中为对应估计值的 P 值。C_1 为截距项，C_2，C_3，C_4，C_5 分别为 ln*FDI*，ln*GDP*，ln*RD*，*IPR* 时间滞后一期的系数。

由以上检验结果可知：ln*GDP*、ln*RD* 与 ln*FDI* 之间双向格兰杰因果关系揭示了上述变量长期的和交互的影响过程，这表明：A. *FDI* 进入东道国后能否较好地发挥其直接或间接作用会受到东道国经济发展水平、自主创新水平等多种因素的共同制约，这一结论与 Kokko(1994)，Borensztein 和 Narula(2004)等关于东道国“吸收能力”(absorptive capacities)的研究结论相吻合，说明了东道国一定的经济发展水平与自主创新能力水平是 *FDI* 的直接或者间接效应发挥所需要的内生基础。B. 外商直接投资和自主创新水平在促进经济增长的同时，也在经济增长的推动下不断发展。C. 外商直接投资和经济增长在促进自主创新水平的同时，也在自主创新能力提升后不断发展。沈坤荣，耿强(2001)通过实证研究发现 *FDI* 的增长率在 Granger 意义上构成经济增长率的原因。A. *IPR* 与 ln*GDP*、ln*RD* 存在双向 Granger 因果关系，表明了一国的知识产权保护对经济增长与自主创新的重要性，其经济的增长与自主创新能力的提升也加强了知识产权保护。B. *IPR* 与 ln*FDI* 不存在统计上的 Granger 因果关系，其可能的原因在于随着中国经济的不断发展，综合国力不断提升，国际竞争力逐渐加强，对外商直接投资的依赖性也逐渐减弱，其知识产权保护水平对外商直接投资存在不确定的影响关系。

③空间相关性检验

空间相关性检验是正确设定空间计量模型的基础，采用 Moran's I 进行检验，Moran's I 检验是建立在最小二乘回归基础上，原假设为空间滞后项的系数为 0，即不存在空间相关性。表 6.3.3 即为各变量 1997—2012 年的 Moran's I 值以及相应 P 值的结果。检验结果为 ln*GDP* 变量在 5%的显著性水平上每个时间段都拒绝了不存在空间相关的原假设，即认为 ln*GDP* 变量存在空间相关性；ln*RD* 变量在 10%的显著性水平上每个时间段都拒绝了不存在空间相关的原假设，即认为 ln*RD* 变量存在空间相关性；ln*FDI* 变量在 1%的显著性水平上每个时间段都拒绝了不存在空间相关的原假设，即认为 ln*FDI* 变量存在空间相关性。

表 6.3.3　各内生变量 Moran's I 值以及相应 P 值的结果

	1997	1998	1999	2000	2001	2002	2003	2004
ln*FDI*	0.526*** (0.0000)	0.368*** (0.0007)	0.363*** (0.0009)	0.346*** (0.0014)	0.353*** (0.0012)	0.365*** (0.0008)	0.387*** (0.0005)	0.386*** (0.0005)
ln*GDP*	0.240** (0.0146)	0.236** (0.0158)	0.238** (0.0154)	0.230** (0.0179)	0.228** (0.0188)	0.234** (0.0166)	0.234** (0.0166)	0.237** (0.0122)
ln*RD*	0.155* (0.0655)	0.162* (0.0594)	0.170* (0.0537)	0.166* (0.0559)	0.170* (0.0526)	0.198** (0.0329)	0.171* (0.0516)	0.184** (0.0418)
	2005	2006	2007	2008	2009	2010	2011	2012
ln*FDI*	0.386*** (0.0004)	0.412*** (0.0002)	0.437*** (0.0001)	0.409*** (0.0003)	0.397*** (0.0004)	0.368*** (0.0008)	0.370*** (0.0008)	0.364*** (0.0009)
ln*GDP*	0.217** (0.0228)	0.210** (0.0262)	0.206** (0.0281)	0.203** (0.0294)	0.206** (0.0280)	0.205** (0.0281)	0.203** (0.0294)	0.197** (0.0329)
ln*RD*	0.158* (0.0655)	0.168* (0.0548)	0.176** (0.0495)	0.198** (0.0344)	0.215** (0.0250)	0.239** (0.0158)	0.239** (0.0158)	0.235** (0.0166)

注：单元格中第一行为 Moran's I 值，括号内的为相应的 P 值。***、** 和* 分别表示在 1%、5%和 10%的水平上显著，拒绝原假设认为变量不存在空间相关性。

④半参数面板数据空间向量自回归模型结果分析

由半参数面板数据空间向量自回归模型结果中被解释变量为 ln*FDI* 的估计结果可以看出（见表 6.3.4），时间滞后一期的外商直接投资和自主创新对当期的外商直接投资的时间效应为−0.063、−0.039，表现为较低幅度地抑制外资的引进；前一期的经济发展水平对当期的外商直接投资的时间效应为 0.003，表现为微弱地促进外资的引进。空间滞后一期的外商直接投资、经济发展水平、自主创新对当期外商直接投资的影响系数分别为 0.465、−0.863、0.804，即邻近省份的外商直接投资和自主创新能力对当期的外商直接投资的空间效应较大且为正，表现为较大幅度地促进外资的引进，且自主创新的空间传递促进效应更显著；邻近省份的经济发展水平对当期的外商直接投资的空间效应较大且为负，表现为抑制外资的引进，说明经济发展水平是外商直接投资的重要因素。由被解释变量为 lnGDP 的估计结果可以看出，时间滞后一期的外商直接投资、经济发展水平、自主创新对当期经济发展水平的影响系数分别为 0.032、0.206、0.344，表现为推动经济的进一步发展，且经济发展水平和自主创新水平的促进效应更显著。空间滞后一期的外商直接投资、经济发展水平、自主创新对当期经济发展水平的影响系数分别为 0.100、−0.095、−0.021，即邻近省份的外商直接投资对当期的外商直接投资的空间效应为正，表现为推动经济的进一步发展，邻近省份的自主创新水平和经济发展水平对当期的经济发展水平的空间效应为负，表现为阻碍经济的增长，且经济发展水平的空间传递抑制效应更显著。由被解释变量为 lnRD 的估计结果可以看出，时间滞后一期的外商直接投资、经济发展水平、自主创新对当期自主创新水平的影响系数分别为 0.115、−0.047、0.047，即前一期的外商直接投资和自主创新水平对当期的自主创新的时间效应为正，表现为激励了自主创新能力；前一期的经济发展水平对当期的自主创新水平的时间效应为负，表现为抑制自主创新能力。空间滞后一期的外商直接投资、经济发展水平、自主创新对当期自主创新水平的影响系数分别为 0.048、−0.425、0.111，即邻近省份的外商直接投资和自主创新水平对当期的自主创新的空间效应为正，表现为提升自主创新能力，且自主创新的空间传递促进效应更显著；邻近省份的经济发展水平对当期的自主创新水平的空间效应较大且为负，表现为自主创新能力被抑制，说明经济发展水平是自主创新的重要影响因素，经济发展水平低的地区会制约当地自主创新能力的提升。

表 6.3.4　半参数面板空间向量自回归模型

被解释变量	ln*FDI*	ln*GDP*	ln*RD*
ln*FDI*(−1)	−0.062760302 −0.636436064	0.031906249 0.048631418	0.114768187 −0.535510141
ln*GDP*(−1)	0.002604461 0.134695491	0.20581287 1.59984969	−0.046605539 1.968444872
ln*RD*(−1)	−0.038913917 0.769420612	0.34359984 −0.575319612	−0.046530535 −0.423324435
ln*FDI**(−1)	0.465062105 2.339192371	0.100327565 0.929190162	0.047603343 0.32492673
ln*GDP**(−1)	−0.862675551 −2.288238188	−0.094905098 −0.46352443	−0.425057745 −1.530011416
ln*RD**(−1)	0.804034589 3.261319831	−0.020499134 −0.153102938	0.110664747 0.609145375
$\hat{M}_1(IPR_i t)$	其导数图见图 6.3.10(左)		
$\hat{M}_2(IPR_i t)$		其导数图见图 6.3.10(中)	
$\hat{M}_3(IPR_i t)$			其导数图见图 6.3.10(右)

注：单元格中第一行是估计系数，第二行是 t 值。

⑤时空脉冲响应分析

脉冲响应函数描述一个内生变量对误差冲击的反应。它描述的是在随机误差项上施加一个标准差大小的新息(innovation)冲击后对内生变量的当期值和未来值带来的影响，由此来判断变量间的时滞关系。为充分考虑三个内生变量之间的时间与空间的传递性，将半参数面板数据空间 VAR 模型应用到研究国内 30 个省市地区的外商直接投资、经济增长及自主创新之间相互影响关系中，相比于面板数据空间 VAR 模型，我们在分析过程中加入知识产权保护这一外生变量影响因素来研究对内生变量的单向非线性影响。半参数空间面板 VAR 的脉冲响应中的冲击源除了来自所有的内生变量之外，冲击发生在不同的横截面地区会导致不同的冲击效果，因为从一个省市地区发生的冲击会通过空间布局逐渐向外围扩散，而且不同的地方发生的冲击的扩散程度和方式都存在差别，与空间加权矩阵的具体设定和元素有关系，本例基于多方面的考虑，采用基于万有引力定律思想的经济地理空间权重矩阵。本例共研究了 30 个横截面，所以总共会有 90 个不同的冲击源，由于篇幅限制，将只挑选其中比较有代表性的一些冲击源城市来观察它们的冲击对外商直接投资、自主创新以及经济增长排名前四名的城市所带来的脉冲响应。基于此，本例挑选了外商直接投资水平和自主创新水平排名第一的江苏省和经济发展水平排名第一的广东省这两个代表性地区，观察冲击源发生在这些地区的时候，对其他地区产生的影响效果，其各自的时空脉冲函数图见图 6.3.1～图 6.3.9。

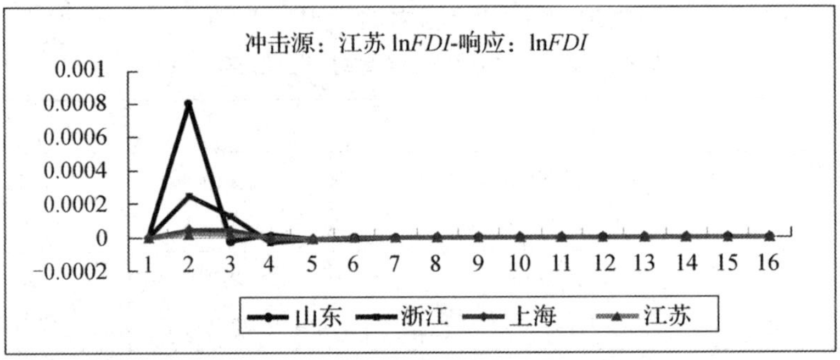

图 6.3.1　冲击源：江苏 ln*FDI*-响应：ln*FDI*

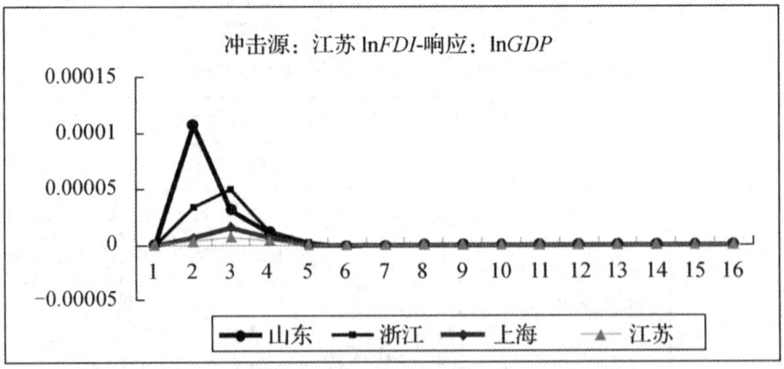

图 6.3.2　冲击源：江苏 ln*FDI*-响应：ln*GDP*

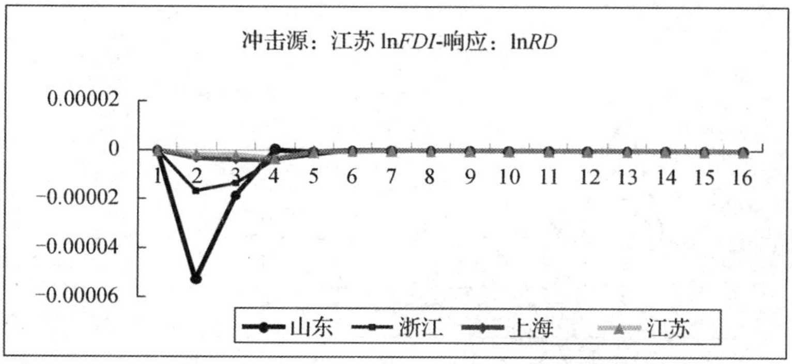

图 6.3.3　冲击源：江苏 ln*FDI*-响应：ln*RD*

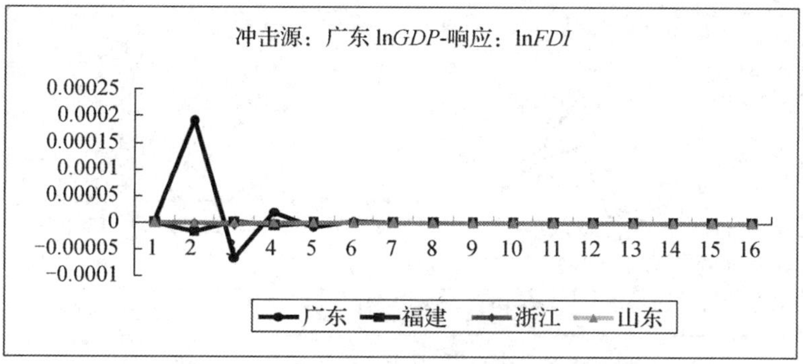

图 6.3.4　冲击源：广东 ln*GDP*-响应：ln*FDI*

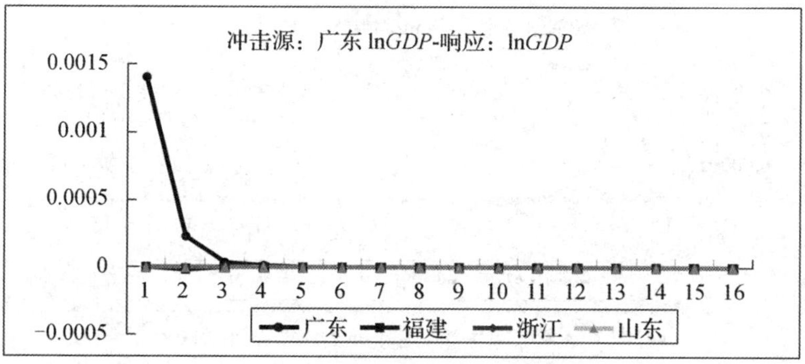

图 6.3.5　冲击源：广东 ln*GDP*-响应：ln*GDP*

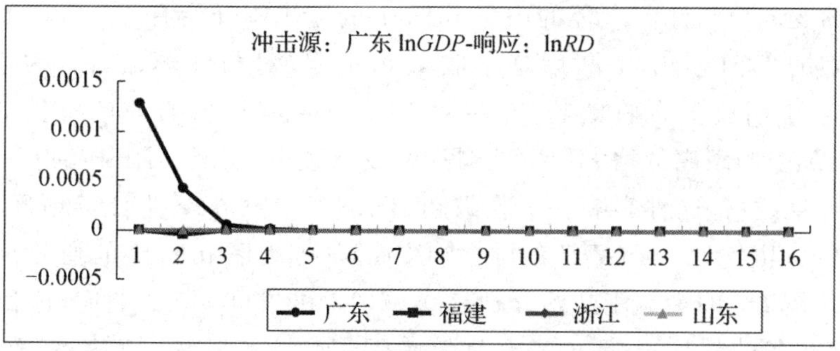

图 6.3.6　冲击源：广东 ln*GDP*-响应：ln*RD*

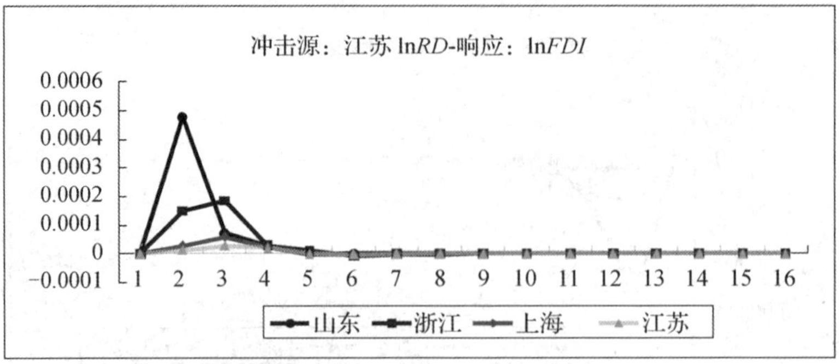

图 6.3.7 冲击源：江苏 ln*RD*-响应：ln*FDI*

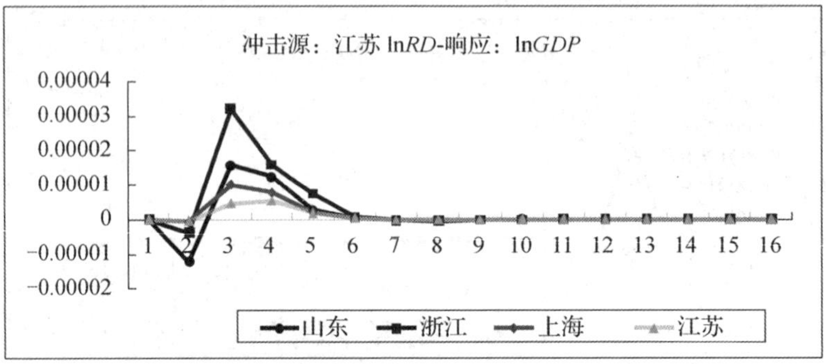

图 6.3.8 冲击源：江苏 ln*RD*-响应：ln*GDP*

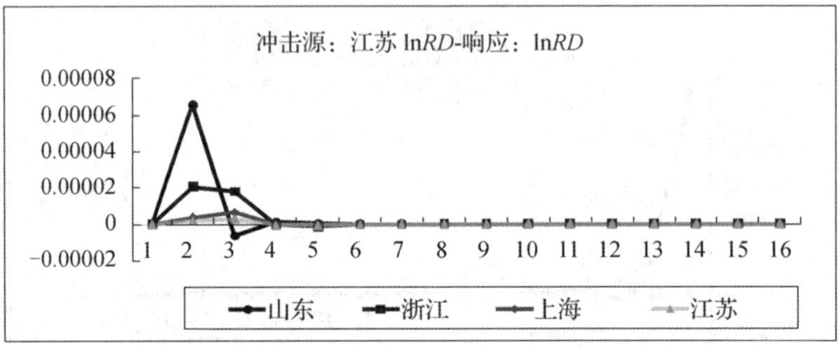

图 6.3.9 冲击源：江苏 ln*RD*-响应：ln*RD*

图 6.3.1 为江苏地区 ln*FDI* 冲击源对 FDI 排名前几名地区 ln*FDI* 的脉冲响应图，江苏地区 ln*FDI* 的变动对与江苏毗邻的山东 ln*FDI* 的影响刚开始有 0.0008 的响应，2 期后开始转为微小的负向影响，4 期后基本收敛趋于零；对与江苏毗邻的浙江 ln*FDI* 有 0.0002 的响应，4 期后基本收敛趋于零；对 FDI 排名前几名的其他省份如上海、江苏 ln*FDI* 的冲击随空间距离的增大依次减弱且都极其微小，表现为刚开始有一个极微小的正向影响，第 4 期过后，这种影响基本收敛趋向于零。图 6.3.2 为江苏地区 ln*FDI* 冲击源对 *FDI* 排名前几名地区 ln*GDP* 的脉冲响应图，江苏地区 ln*FDI* 的变动对与江苏毗邻的山东和浙江 ln*FDI* 的影响刚开始分别有 0.00012 和 0.00005 的响应，这种正向影响对 ln*FDI* 排名前几名的地区 5 期后基本收敛趋于零。这与刘琛，卢黎薇（2006）“FDI 对

GDP 的综合影响在 FDI 进入东道国后影响路径较为相似且持续时间较长”这一结果相吻合，表明 FDI 作为“一揽子”资源对我国经济增长的影响具有明显的时滞性。图 6.3.3 为江苏地区 ln*FDI* 冲击源对 FDI 排名前几名地区 ln*RD* 的脉冲响应图，江苏地区 ln*FDI* 的变动对与江苏毗邻的山东和浙江 ln*FDI* 的影响刚开始分别有－0.0005 和－0.000018 的响应，这种负向影响逐渐减弱，6 期后基本收敛趋向于零，对 ln*FDI* 排名前几名的其他省份如上海、江苏自 ln*RD* 的负向冲击随空间距离的增大依次减弱且都较为微小，6 期过后，这种影响基本收敛趋向于零。张海星(2005)在对技术进步效应检验时发现，*FDI* 对国内技术进步存在着两个滞后阶段的影响。刘琛、卢黎薇(2006)的研究表明我国对 *FDI* 带来的技术进步的吸收速度大致为 3 年，即我国企业需要通过前 3 年的模仿、学习和竞争才能在各方面有较大提升。因此，刚开始对于来自江苏地区 ln*FDI* 冲击并没有促进自主创新能力提升，反而有负向影响。

图 6.3.4 为广东地区 ln*GDP* 冲击源对 GDP 排名前几名地区 ln*FDI* 的脉冲响应图。广东地区 ln*GDP* 的变动对广东自身 ln*FDI* 的影响刚开始有 0.0002 的响应，这种正向影响急剧减小趋于零，第 2 期至第 3 期有一个－0.00005 的负向影响，第 4 期之后有一个微小的正向冲击后，第 5 期开始转为极微小的负向影响，这种微小负向影响 6 期后基本收敛趋向于零，对 GDP 排名前六名的广东、福建、浙江、山东 ln*FDI* 的负向冲击随空间距离的增大依次减小，第 5 期过后，这种影响基本收敛趋向于零。其中，由于福建和浙江无论在地理上还是经济上与广东省都有较为密切的联系，因此受到广东省 ln*GDP* 的一个正冲击的波动较大。图 6.3.5 为广东地区 ln*GDP* 冲击源对 GDP 排名前六名地区 ln*GDP* 的脉冲响应图，广东地区 ln*GDP* 的变动对广东自身 ln*GDP* 的影响刚开始有接近 0.0015 的响应，这种正向影响逐渐减弱，5 期后基本收敛趋向于零，对 FDI 排名前六名的广东、福建、浙江、山东 ln*GDP* 的正向冲击都极其微小且随着地理距离的增大影响越来越小，第 4 期过后，这种影响基本收敛趋向于零。图 6.3.6 为广东地区 ln*GDP* 冲击源对 GDP 排名前六名地区 ln*RD* 的脉冲响应图，广东地区 ln*GDP* 的变动对广东自身 ln*RD* 的影响刚开始有接近 0.0013 的响应，这种正向影响逐渐减弱，5 期后基本收敛趋向于零。刘和东、施建军(2009)认为我国的经济增长达到一定阶段后，一定程度上促进了自主创新能力的提高。对 FDI 排名前六名的广东、福建、浙江、山东 ln*RD* 的正向冲击都极其微小且随着地理距离的增大影响越来越小，第 4 期过后，这种影响基本收敛趋向于零。

图 6.3.7 为江苏地区 ln*RD* 冲击源对 RD 排名前几名地区 ln*FDI* 的脉冲响应图。江苏地区 lnRD 的变动对与江苏毗邻的山东和浙江 FDI 的影响刚开始分别有 0.0005 和 0.0002 的正向影响，这种正向影响 6 期后减小趋于零；对 RD 排名前六名的上海、江苏自身、广东、北京 ln*FDI* 的正冲击依次减小，持续影响时间较长为 6 期的正向影响，第 7 期过后，这种影响基本收敛趋向于零。图 6.3.8 为江苏地区 ln*RD* 冲击源对 RD 排名前几名地区 ln*GDP* 的脉冲响应图，江苏地区 ln*RD* 的变动对与江苏毗邻的山东和浙江 ln*GDP* 的影响较大，刚开始表现为一个小的负向冲击，两期后急剧转为正向冲击，正冲击效应分别为 0.000015 和 0.00003，这种正向影响逐渐减弱，6 期后收敛趋于零；对 RD 排名前几名城市的 ln*FDI* 刚开始表现为极微小的负向冲击，2 期后转为正向冲击，且对上海、江苏自身、广东、北京的正冲击依次减小，持续 6 期的正向影响，第 7 期过后，这种影响

基本收敛趋向于零。这不仅与认为自主创新能力提高可以促进经济增长的理论相符，还与刘和东、施建军(2009)的实证检验结果相符，由此可以看出我国的自主创新是有效的，并且具有较长的持续效应。图 6.3.9 为江苏地区 ln*RD* 冲击源对 RD 排名前几名地区 ln*RD* 的脉冲响应图，江苏地区 ln*RD* 的变动对与江苏毗邻的山东 ln*RD* 的影响路径较为曲折，表现为刚开始一个 0.00006 的正向冲击，2 期后急剧转为较为微小的负向冲击，3 期后转为极微小的正向冲击，5 期后收敛趋于零；对 RD 排名前六名城市的浙江、上海、江苏自身、广东、北京 ln*RD* 的正冲击逐渐减小，其中浙江省因与江苏近邻受到的正向冲击比其他省份大一些，为 0.00002，但 4 期后都表现为极微小的负向冲击，第 7 期过后这种影响基本收敛趋向于零。

综合以上时空脉冲响应函数图分析可以发现：A. 时间滞后和空间滞后的变量对被解释变量存在时间或者空间的滞后影响，并且影响效应各不相同。B. 外商直接投资、经济增长与自主创新能力具有时滞效应。外商直接投资对自身外资引进、经济增长以及自主创新的冲击收敛至零的滞后期分别为 4 期、5 期、6 期；经济增长对外商直接投资、自身经济增长、自主创新的冲击收敛至零的滞后期分别为 6 期、5 期、5 期；自主创新对外商直接投资、经济增长、自身自主创新的冲击收敛至零的滞后期分别为 6 期、7 期、5 期；且对其他地区冲击的影响随着空间距离的增大影响逐渐减弱。

⑥知识产权保护水平对各内生变量的导数图分析

为了更好地研究知识产权保护对经济增长、自主创新及外商直接投资的非线性影响，本例通过半参数面板空间向量自回归模型进行分析，知识产权保护水平对经济增长、自主创新及外商直接投资的导数图如图 6.3.10。可以看出图上的每一个点为各样本观测值所对应的系数估计值，这些估计值的点总体上呈现较为光滑的变动趋势。

从经济增长的导数图可以看出，低水平的知识产权保护和高水平的知识产权保护都能在一定程度上促进经济的增长，从散点图的总体趋势可以看出，随着知识产权保护水平的逐步提高，对经济增长的促进作用逐渐减弱并趋于零，当达到 1.35 水平值后，加强知识产权保护反而抑制了经济增长，1.5 水平之后开始持续地促进经济的增长。从自主创新的导数图可以看出，当处于低水平的知识产权保护时，一个地区的自主创新能力接收到知识产权保护的信号之后，得到一个很大的激励，表现为有较大的促进作用。随着知识产权保护制度慢慢完善，也壮大了科研人员的队伍，设备投入研发也得到了极大的鼓励，自主创新能力开始逐步随着知识产权保护水平的提升不断上升，虽然促进作用有微小的减弱趋势，但依然在微小震荡中保持一个稳定的正向影响，知识产权保护水平到达 2.5 水平后，开始以更高的促进作用提升自主创新能力。从外商直接投资的导数图可以看出，当知识产权保护处于较低水平时，从外商直接投资的导数图可以看出，加强知识产权保护表现为促进 FDI 的引进，而且这种正向的影响逐步减小到零，紧接着开始转变为负的影响，但这种变化呈现出围绕零上下振动的趋势，可能的原因在于外商对于正在完善的中国知识产权保护制度或持观望或持博弈的态度。

综合以上三张导数图，我们可以看到较高水平知识产权保护对外商直接投资的影响表现为抑制作用，对经济增长与自主创新的影响都体现为正向影响。基于此，我们有必要看看最近年份各省份知识产权保护水平状况，见图 6.3.11。从图 6.3.11 可以看出大部

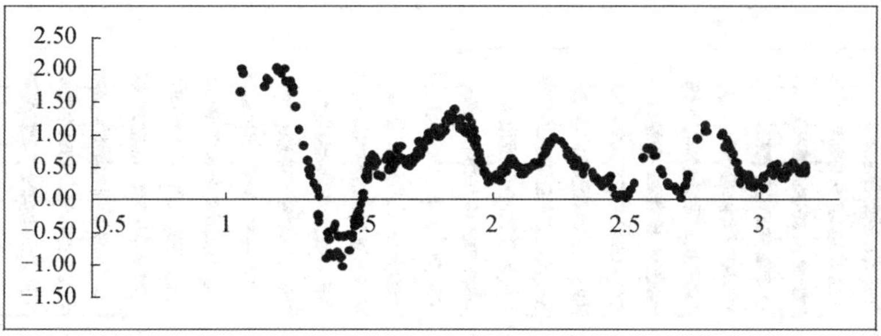

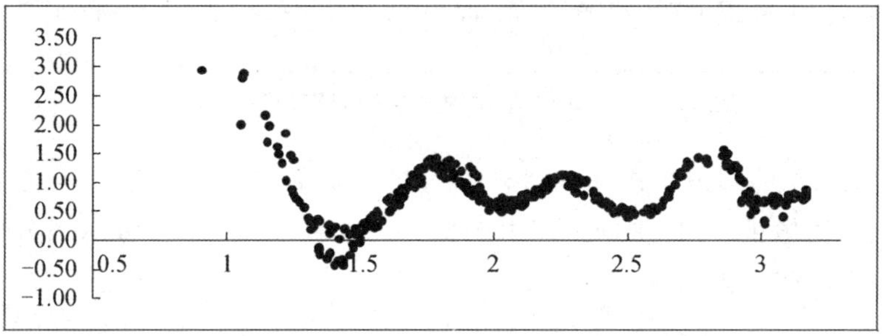

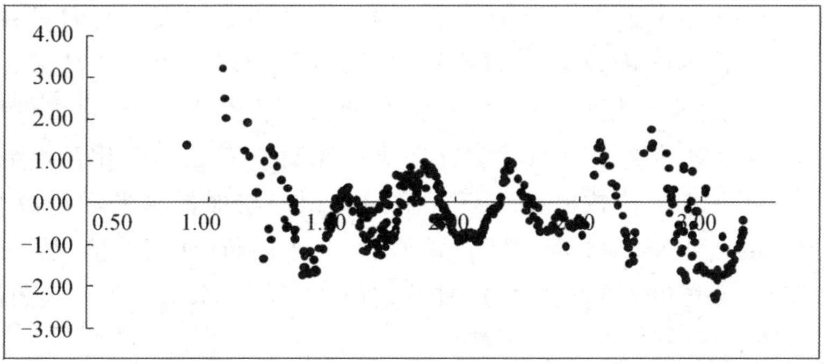

图 6.3.10　知识产权保护对经济增长(上),自主创新(中),外商直接投资(下)导数图

分省份的知识产权保护水平都超过了3,此时加强知识产权保护不利于外商直接投资的多样化引进,但可以促进经济的增长以及自主创新能力的提升,综合多方面因素考虑应该加强知识产权的保护。中西部地区如甘肃、贵州、海南、宁夏、青海、新疆、云南地区的知识产权保护水平相对较低,大都集中在2～3之间。其中甘肃和贵州的知识产权保护水平接近2.5,落在相应的偏导数散点图来看,都处于迫切需要加强知识产权保护的阶段,因为此水平的知识产权保护抑制了外商直接投资的进一步引进,且对经济增长的贡献接近于零,对自主创新能力的提升作用也很小,此时若加强甘肃和贵州的知识产权保护将同时对外商直接投资、经济增长、自主创新能力产生有利影响。海南、宁夏、青海地区的知识产权保护水平集中在2.1～2.25,此水平的知识产权保护对外商直接投资的进一步引进有抑制作用,若加强海南、宁夏、青海地区的知识产权保护将会由抑制渐渐转为促进。新疆地区的知识产权保护水平接近2.7,此水平的知识产权保护对外商直接投资以及经济增长都没有较为明显的促进作用,倘若加强知识产权保护将逐渐转变为正向的影响关系,与此同时,还能以更大的正向效应作用于自主创新能力的提升。云南地区的知识产权保护水

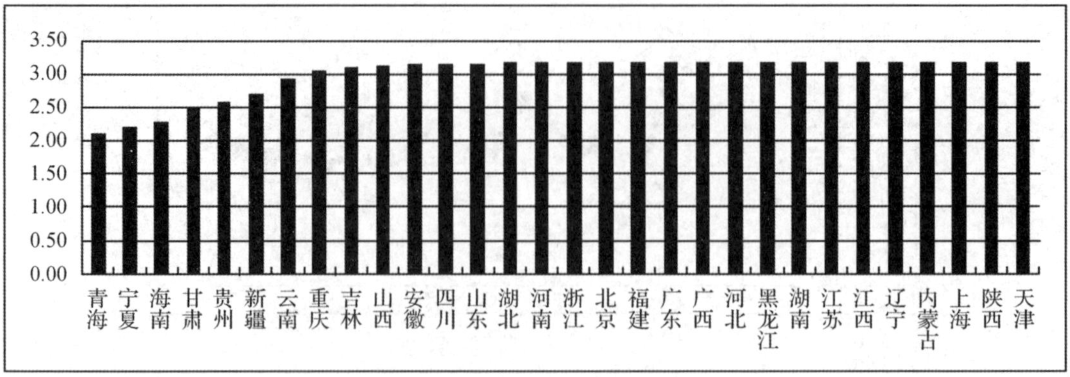

图 6.3.11　2012 年中国各省知识产权保护水平

平接近 2.92，此水平的知识产权保护对外商直接投资的进一步引进产生抑制作用，对经济增长的促进作用微小，对自主创新能力的提升有正向影响，综合考虑三方面因素，不建议继续提高知识产权保护水平。

(3)结论

运用 1997—2012 年中国 30 个省际数据，构建了半参数面板空间向量自回归模型实证研究了经济增长、自主创新、外商直接投资之间的相互影响关系，并且采用格兰杰非因果关系检验了变量之间存在相互影响关系，结合冲击源为经济增长、自主创新、外商直接投资排名首位城市时对其他变量的时空脉冲响应图对三者之间的相互影响关系进行分析。与此同时，本例基于半参数模型分析了不同知识产权保护水平对经济增长、自主创新、外商直接投资的非线性影响，画出了经济增长、自主创新、外商直接投资与知识产权保护水平的导数图，为我国因地制宜选择适宜的知识产权保护水平提供了新思路。

研究结论如下：

①经济增长、自主创新、外商直接投资呈现出空间相关性，并且经济增长、自主创新、外商直接投资与知识产权保护水平均存在非线性关系。基于此，半参数模型可以更好地用来探讨此类非线性问题。

②半参数面板空间滞后模型的结果表明：时间滞后一期和空间滞后一期的内生变量向量对被解释变量向量存在时间或者空间的滞后影响，并且影响效应各不相同。

③时空脉冲响应函数分析结果表明：A. 江苏省的外商直接投资对其他地区的外商直接投资和经济增长均具有正的影响，对其他地区的自主创新具有负的影响，并且这种影响效应随着空间距离的增大而减弱。B. 广东省的经济增长对其他地区的外商直接投资刚开始为正的影响，逐渐转为负向的影响，这种效应随着时间延长而递减至没有影响，并且随着空间距离的增大，这种空间影响逐渐减弱；广东省的经济增长对自身经济增长有一个正冲击，并且随着时间延长逐渐递减至零，广东省的经济增长对其他地区的经济增长的影响极其微小，空间传递性也极其微弱。C. 江苏省的自主创新对其他地区的外商直接投资的影响为正，对其他地区的经济增长的影响刚开始表现为极微小的负向影响，很快就转变为正向的影响，并且这种影响效应随着空间距离的增大而减弱；江苏省的自主创新对山东地区的自主创新刚开始有一个正向影响，紧接着出现一个短期的负向波动后，这种冲击的

影响收敛至零，江苏省的自主创新对其他地区的自主创新有正的影响，并且这种影响效应随着空间距离的增大而减弱。

④知识产权保护对三个变量导数散点图分析结果表明：大部分省份的知识产权保护水平都超过了3，较高水平的知识产权保护对外商直接投资的影响表现为抑制作用，对经济增长与自主创新的影响都体现为正向影响。中西部地区如甘肃、贵州、海南、宁夏、青海、新疆、云南地区的知识产权保护水平相对较低，大都集中在2～3之间，对外商直接投资的影响呈现出不确定的正负影响关系，即促进或抑制关系；对经济增长及自主创新都呈现出不同程度的正向影响关系。

例6.3.2　本例取自刑晓卫和蒋玲香(2015)的研究论文。改革开放以来，在党中央的正确领导下，我国在各方面均实现了快速的发展，尤其是在经济方面取得了举世瞩目的成就，人民的生活水平得到了显著的提高。然而随着经济结构的调整，区域之间和城乡之间的发展、城乡居民收入之间差距正逐渐扩大，并成为阻碍我国经济发展和社会和谐的最主要的问题之一。根据我国的现状可知，我国的收入差距，特别是城乡收入差距是很大的。早在2004年李实、岳希明的一项研究表明，如果考虑医疗、教育、失业保障等非货币因素，我国的城乡收入差距是世界上最高的。如果城乡收入差距过大的现状得不到改善，可能会激起农民的不满情绪，影响社会政治的稳定，甚至引发冲突，更不用说经济增长了。

纵观国际上其他国家的发展，伴随着不公平收入分配问题的加剧，社会矛盾会不断地激化，而这些问题都可能会引起经济的动荡并引发经济危机等。我国城乡居民收入差距的拉大部分原因也是因为收入分配不均，根据国家统计局的数据显示：2000年城镇居民人均可支配收入是农村居民人均纯收入的2.79倍；此后这一比值一直处于上升的状态，2012年达到了3.1。"十二五"规划中明确指出要加快转变我国的经济发展方式，要坚持把保障和改善民生作为转变经济发展方式的根本出发点和落脚点，而财政支出作为政府干预、参与经济和调节经济的重要手段，在促进收入公平分配和经济发展方式转变等方面有着重要的作用。同时，国民收入水平的提高，很大程度上依赖一国的经济发展，为保障经济健康稳定发展，金融的发展也是至关重要的。为缩小我国目前不断扩大的居民收入差距，一方面，应通过我国经济发展提高居民整体的收入水平；另一方面，在财政支出方面通过政府的调节来尽量做到二次分配的公平，从而保障居民收入差距的不再扩大甚至缩小这一差距。

在这样的时代背景下，如何促进我国经济的发展，充分发挥政府财政支出的职能，缩小我国居民收入差距，是一个急需我们面对并解决的问题。

(1)模型设定和数据来源

近年来，国内外学者从经济发展阶段、金融发展水平、财政支出结构和规模等十分广阔的视角对居民收入差距的影响因素进行了深入的研究。随着区域经济的发展，区域城市间的联系越来越紧密，城市经济的发展，离不开临近城市经济的发展，城市之间的空间溢出效应也越来越明显。

①半参数空间面板VAR模型的设定

在Monteiro(2009)设定的空间面板VAR基础上加入非参数部分构建半参数空间面板VAR模型，对居民贫富差距、财政支出和经济增长之间的关系进行检验。Yatchew

(1998)认为大多数经济理论在研究自变量和因变量之间关系时，都无法识别出特定的函数形式。而在半参数空间面板 VAR 模型中，可以不需设定变量之间任何函数形式，这样可以获得三个变量之间的“真正”关系。在该模型中我们以可加的形式将非线性部分引入空间面板 VAR 模型中，可以获得非线性部分对因变量的边际效果的图形，这样做的好处是可以直接观察到非线性变量与因变量之间的关系走势，可以为模型中的参数方程的设定提供更加合适的指导(曾强，2014)。当选取的数据的时间跨度较小时，模型可以选取一阶时间滞后和一阶空间滞后(郭国强，2013)，因此，设定半参数空间 VAR 模型如下：

$$Y_{it}=\beta Y_{it-1}+\lambda Y_{it-1}^{*}+F(\ln JR_{it})+\mu_i+\varepsilon_{it} \tag{6.3.8}$$

其中 $Y_{it}=(\ln GDP_{it},\ln FI_{it},GRP_{it})'$ 为被解释变量，$Y_{it-1}=(\ln GDP_{it-1},\ln FI_{it-1},GRP_{it-1})'$ 是被解释变量的时间滞后项，$Y_{it-1}^{*}=(\ln GDP_{it-1}^{*},\ln FI_{it-1}^{*},GRP_{it-1}^{*})$ 表示影响因素的空间滞后一期，$F(\ln JR_{it})$ 表示模型的非线性部分。

②变量的选取与说明

本例主要研究财政支出与我国各地区居民收入差距和金融发展三者之间的相互影响，同时也探讨了经济发展水平分别与这三者的非线性关系。限于可得样本数量，选择如下变量：

财政支出：财政支出以各省财政支出的总水平 FI 作为衡量指标，主要包括财政转移性支出和财政购买性支出。

居民收入差距：与 Wan(2006)等的做法相同，居民收入差距采用的是城镇家庭人均可支配收入与农村家庭人均纯收入的比值(DIS)。虽然，国际上一般采用基尼系数来衡量贫富差距，但由于我国相关政府部门并没有给出官方的基尼系数数据，此外，也缺少各省内部的收入数据，难以计算各省收入差距的基尼系数。因此，我们采用城镇居民收入比(GRP)，而没有用各地区人均收入的基尼系数，是考虑到我国的收入差距主要由城镇之间的差距所造成(Kanbur and Zhang，2005)。样本期间选为 2000—2012 年，使用样本期间的年度数据。所有数据主要来源于《中国统计年鉴》(2001—2014)，对于个别省份个别年份的缺失值，采用线性插值方法做了补充。

经济增长：选用 GDP 作为衡量经济增长的变量。通过运用非参数不变窗宽局部线性估计，我们发现：GDP、居民收入差距和财政支出之间的关系存在非线性的关系。在此我们选用年末城乡居民储蓄存款余额来代表金融的发展水平。

我们选取了 2000—2013 年 31 个省、市、自治区省际面板数据。数据主要来源于《中国统计年鉴》(2001—2014)，所有数据均采用年度数据，为了消除异方差对所有数据进行对数化处理。其中部分缺失数据参考各省、市、自治区的相关年度统计公报进行补充或采用线性插值方法进行补充。

③平稳性检验

根据数据的结构特征，在进行半参数空间面板 VAR 模型估计之前应进行单位根检验。由于普通的 ADF 检验用于面板数据单位根检验时会产生偏误，因此利用 EViews6.0 软件对 GRP、$\ln GDP$、$\ln FI$、$\ln JR$ 进行面板 LLC 检验、IPS 检验，检验结果如表 6.3.5 所示。检验结果显示四个变量都是平稳序列。

表 6.3.5　变量单位根检验结果

变量	LLC		IPS		结论
	检验值	P 值	检验值	P 值	平稳
$\ln GDP$	−19.7630	0.0000***	−7.70020	0.0000***	平稳
$\ln FI$	−18.9935	0.0000***	−10.5453	0.0000***	平稳
GRP	−7.47548	0.0000***	−5.99291	0.0000***	平稳
$\ln JR$	−3.31362	0.0005***	−11.1560	0.0038***	平稳

注：***、**、* 分别表示在 1%、5%、10%的水平上显著。

④空间效应检验

经济变量在空间上是否存在相关性，一般采用空间统计量——Moran's I 指数来进行检验。利用 OpenGeoDa 软件来进行 Moran's I 指数计算，从而对我国 31 省、市、自治区的 $\ln GDP$、$\ln FI$ 和 $\ln GRP$ 是否存在空间交互作用进行检验，分析结果如表 6.3.6 所示，结果显示三个内生变量之间存在较强的空间相关性。

表 6.3.6　Moran's I 指数

年份	$\ln GDP$		$\ln FI$		GRP	
	Moran's I	P 值	Moran's I	P 值	Moran's I	P 值
2000	0.456897	0.005***	0.221024	0.04**	0.582087	0.005***
2001	0.457902	0.005***	0.219532	0.014**	0.521776	0.005***
2002	0.459963	0.005***	0.230289	0.014**	0.591763	0.002***
2003	0.461346	0.002***	0.232882	0.044**	0.553192	0.005***
2004	0.465755	0.002***	0.23969	0.034**	0.552907	0.002***
2005	0.466646	0.002***	0.226289	0.034**	0.527192	0.002***
2006	0.460523	0.001***	0.23215	0.014**	0.523026	0.002***
2007	0.454053	0.002***	0.222819	0.0254**	0.549203	0.002***
2008	0.470716	0.002***	0.256342	0.0254**	0.563949	0.002***
2009	0.439369	0.002***	0.267544	0.0354**	0.540878	0.002***
2010	0.44368	0.005***	0.280465	0.024**	0.52933	0.002***
2011	0.435857	0.002***	0.243321	0.034**	0.517001	0.005***
2012	0.41745	0.002***	0.240282	0.024**	0.512798	0.005***

注：***、**、* 分别表示在 1%、5%、10%的水平上显著。

表 6.3.6 给出了 2000—2012 年我国 31 个省、市、自治区三个指标的空间自相关 Moran's I 指数。结果表明，在 0.05 的显著水平上，三个指标的 Moran's I 指数均是显著为正的，即为三个指标存在正向的空间相关性提供了强有力的证据。该结果表明我国的经济增长水平、财政支出和贫富差距不是随机分布，而在地理空间上存在显著的正相关关系，即不同区域之间是相互联系的。正如著名的 Tobler 地理学第一定律所说："任何事物之间均相关，而离的较近的事物总比离的较远的事物的相关性要高。"（Tobler，1979）邻近

的省份经济发展水平相似性更高，财政支出相对较高的省份较为临近，而且贫富差距较大的省份在空间上也是聚集在一起的。这意味着三个变量在空间是相关的，因此各个省份是相互独立的原假设是不成立的，我们可以认为经典的线性回归模型在估计及解释上是有偏差的，这就需要我们建立空间模型来进行分析。

(2)模型的估计与分析

①半参数空间面板 VAR 的估计

首先利用 MATLAB 软件运用不变窗宽局部线性估计估计出非线性部分，然后利用郭国强等(2013)提供的空间面板 VAR 模型的程序估计变量 ln*GDP*、ln*FI* 和 *GRP* 的面板数据 VAR 模型，相关估计结果见表 6.3.7。

表 6.3.7　三个变量的空间面板 VAR 模型回归结果

	ln*FI*	*GRP*	ln*GDP*
ln*GDP*(−1)	0.001743853	0.123382475	0.391199752
	0.046604674	0.084049769	0.133408494
	0.037417985	1.467969216	2.932345162
ln*FI*(−1)	−0.011802536	−0.203383509	0.380178315
	0.102600798	0.185036664	0.293700540
	−0.115033569	−1.09915248	1.294442002
GRP(−1)	0.030857459	0.034586264	0.417479544
	0.066136460	0.119274608	0.189319328
	0.466572576	0.289971724	2.205160699
ln*GDP**(−1)	0.277615734	−0.05855650	0.373181777
	0.066956093	0.09669817	0.141571758
	4.146235501	−0.60555956	2.635990272
ln*FI**(−1)	0.244451452	0.10311531	−0.308067415
	0.147404713	0.21288229	0.311672071
	1.658369297	0.48437710	−0.988434456
*GRP**(−1)	0.179231804	0.126861858	0.565924656
	0.095017058	0.137223900	0.200903775
	1.886311846	0.924488066	2.816894073

注：表中每个单元格第一行代表回归系数，第二行是估计系数的标准误，第三行是估计系数显著性检验的 t 值

通过对上表进行分析发现，回归结果的模型参数有些是显著的，而有些是不显著的，但是空间滞后项有些是非常显著的，所以在研究的过程中，我们有必要将空间因素考虑进去。为了对模型进行详细的分析，我们将结合半参数面板空间 VAR 模型的导数图和脉冲响应函数，对结果进行详细的分析。

②半参数空间面板 VAR 模型的导数图

从导数散点图(图 6.3.12)可以看出:A. 经济发展(lnGDP)对人均财政支出(lnFI)的导数存在边际递减效用波浪式发展的趋势,首先通过导数图我们可以得出,经济的发展与人均财政之间存在非线性的关系;另外,随着经济发展水平越来越高,对财政支出首先表现出促进作用,随后又产生抑制和促进作用,但最终表现出抑制作用。其原因是随着经济水平的不断发展,我国各地区的基础建设以及人民生活水平不断提高,使得财政支出的比例表现出降低的趋势。B. 经济发展(lnGDP)对城镇居民收入比(GRP)的导数存在边际效用波浪式发展的趋势。首先通过导数图我们可以得出,导数有正有负,即经济的发展与城镇居民收入比之间存在非线性的关系;而且,最终这种关系表现出经济发展(lnGDP)对城镇居民收入比(GRP)具有较强的促进作用,这是因为随着我国改革开放程度的不断加深,经济不均衡的发展往往带来了人民生活水平的两极分化,虽然人民生活水平都在提高但是各阶层的增长速度是有差异的。C. 经济发展(lnGDP)对金融发展(lnJR)的导数存在边际效应波浪式发展的趋势,首先通过导数图我们可以得出,导数有正有负,即经济的发展与金融发展之间存在非线性的关系;而且,最终这种关系表现出经济发展(lnGDP)对金融发展(lnJR)具有较强的促进作用,这是因为随着人民生活水平的逐渐提高和我国企业不断壮大、走向世界,我国与世界的接轨程度也越来越高;我国金融的发展也在逐渐与世界接轨,与经济发展之间表现出正向的关系。

③时空脉冲响应函数分析

脉冲响应分析能够更好地反映给定一个外部冲击的情形下,变量的当期值和未来值的变化趋势。为了对模型进行进一步的分析,我们将结合半参数面板空间 VAR 模型的脉冲响应函数,对结果进行详细地分析。

由于 VAR 模型是一种非理论性的模型,它无需对变量作任何先验性约束,因此在分析 VAR 模型时,往往不分析一个变量的变化对另一个变量的影响如何,而是分析当一个误差发生变化,或者模型受到某种冲击时对系统的动态影响。然而,半参数面板空间 VAR 模型同空间面板 VAR 模型一样,即使假定不同横截面 i 中的扰动项之间没有相关性的时候,不同截面之间也会通过空间加权矩阵 $\boldsymbol{W}$ 而发生相互影响,一个截面出现脉冲波动的时候,会随着时间推移通过空间加权矩阵 $\boldsymbol{W}$ 而将波动传递到相邻的横截面单元。另一方面波动来源,不仅仅是所有的内生变量,而且这些波动发生在不同的横截面也会导致波动影响的过程发生变化(郭国强,2013)。

正如我们上面所解释的,此时除了 3 个内生变量带来的 3 种不同的冲击源,不同横截面发生的冲击也会造成不同的反应效果,本例中共研究了 31 个横截面,总共有 93 个不同的冲击源,由于篇幅的限制,同时考虑到我们采用的一阶邻接矩阵(rook 矩阵),因此我们将只挑选其中比较有代表的一些冲击源,来观察它们的冲击带来的效果。通过综合的考虑,我们选择京津冀经济区域来进行分析且只分析北京地区对其他地区的影响。京津冀地区的综合实力比较强,具有重要的区位因素,同时区域内各地的经济发展水平呈现出较大的差距,具有较强的代表性。通过运用 MATLAB 软件计算出脉冲响应函数图,如图 6.3.13～图 6.3.21 所示。

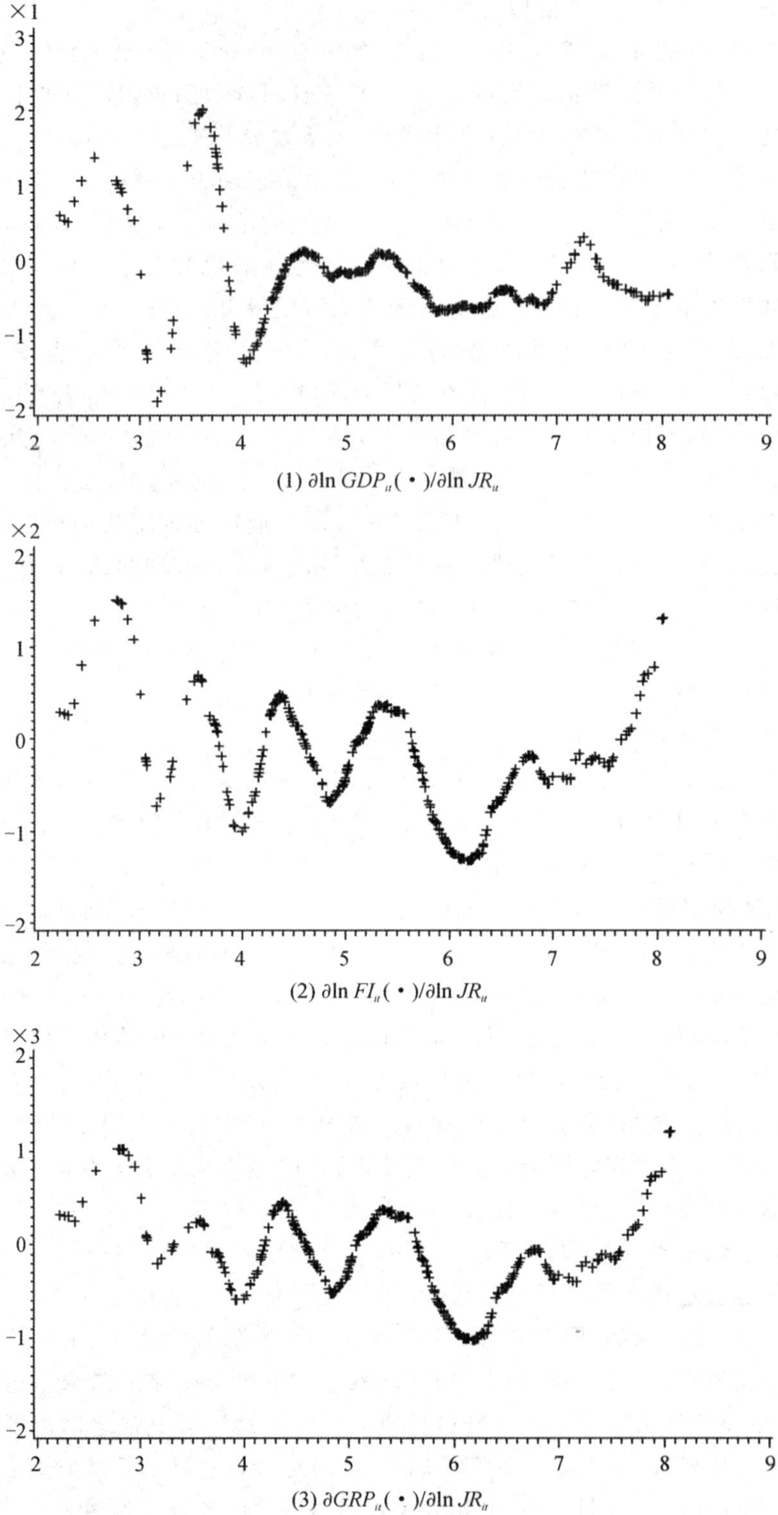

(1) $\partial \ln GDP_{it}(\cdot)/\partial \ln JR_{it}$

(2) $\partial \ln FI_{it}(\cdot)/\partial \ln JR_{it}$

(3) $\partial GRP_{it}(\cdot)/\partial \ln JR_{it}$

图 6.3.12　导数图

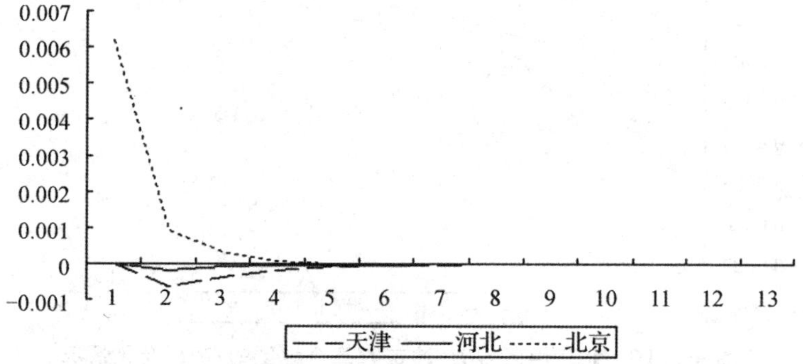

图 6.3.13　北京地区 ***FI*** 冲击时三个地区的 ***FI*** 变化情况

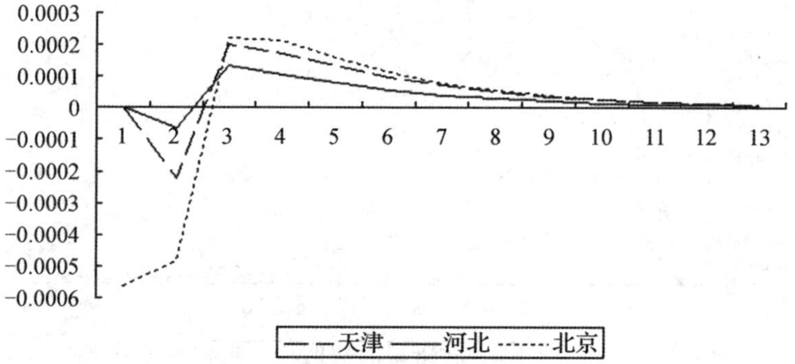

图 6.3.14　北京地区 ***FI*** 冲击时三个地区的 ***GRP*** 变化情况

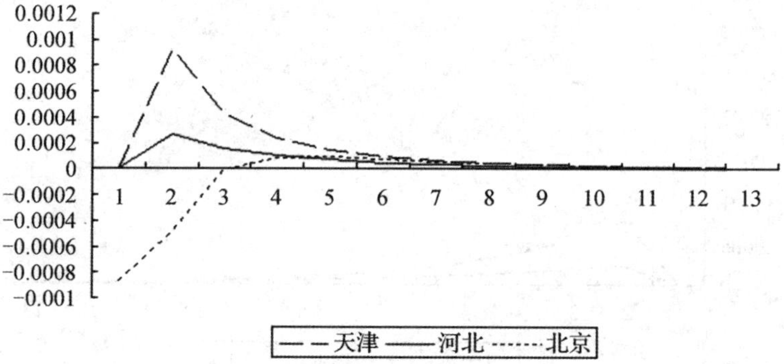

图 6.3.15　北京地区 ***FI*** 冲击时三个地区的 ***GDP*** 变化情况

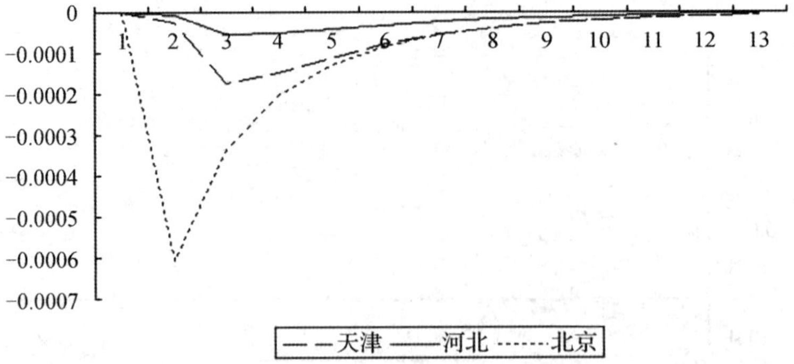

图 6.3.16　北京地区 ***GRP*** 冲击时三个地区的 ***GRP*** 变化情况

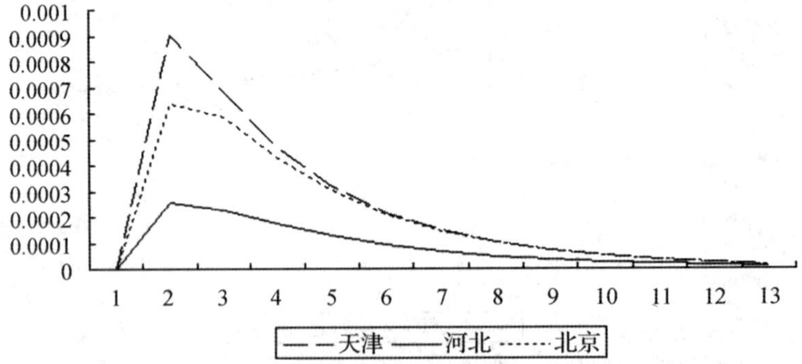

图 6.3.17　北京地区 ***GRP*** 冲击时三个地区的 ***FI*** 变化情况

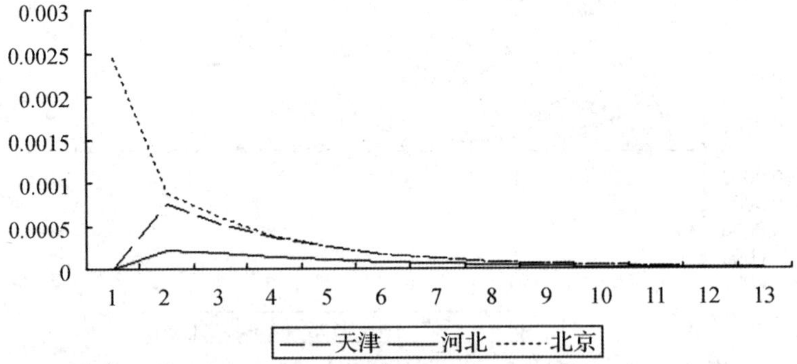

图 6.3.18　北京地区 ***GRP*** 冲击时三个地区的 ***GDP*** 变化情况

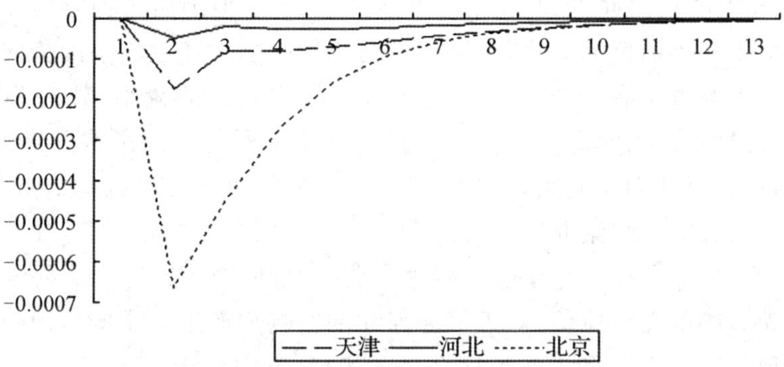

图 6.3.19　北京地区 *JR* 冲击时三个地区的 *JR* 变化情况

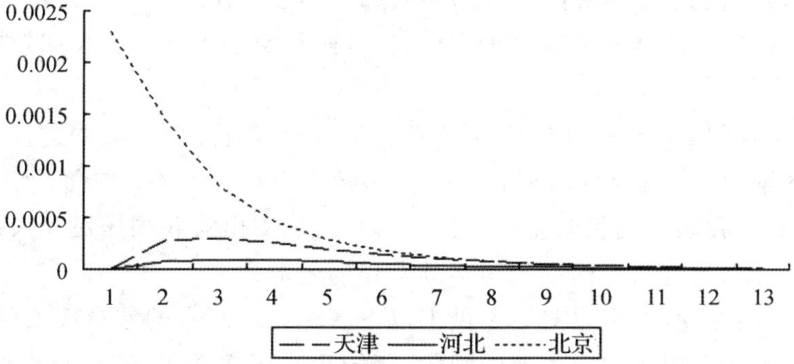

图 6.3.20　北京地区 *JR* 冲击时三个地区的 *GRP* 变化情况

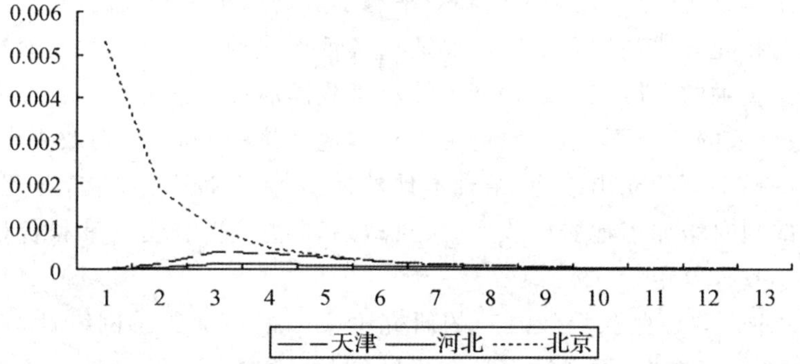

图 6.3.21　北京地区 *JR* 冲击时三个地区的 *FI* 变化情况

从上图可以得出以下主要信息：

第一，如前三张图所示，给北京地区 ln*FI* 一个标准差大小的冲击，首先对自己的 ln*FI* 产生一个较大的正向冲击，并在第一期达到了最大，但随后 2～5 期影响程度急剧减小，最终趋向于一个无穷小的正响应值，对天津和河北的影响都比较小；其次对于 *GRP* 的冲击，不论是对自己还是对天津和河北在第一期均有一个较激烈的反向影响，但是最终这种影响随后急剧减小并趋于 0，说明财政支出对于减小收入差距具有正向效应，但是这种影响不具有长期效应。

第二，如中间三张图所示，给北京地区 *GRP* 一个标准差大小的冲击，首先对自己的

GRP 产生一个较大的反向冲击，并在第 2 期达到了最大，但随后这种影响程度急剧减小，最终趋向于一个无穷小的负响应值，对天津和河北的影响均产生较小的负向效应，说明北京地区的收入差距的减小有助于自己和周边地区收入差距的减小；其次对于 $\ln FI$ 的冲击，不论是对自己还是对天津和河北在均有有一个较激烈的正向影响并在第二期达到最大值。最后，通过分析我们发先收入差距的减小有助于金融的发展。

第三，如后三张图所示，给北京地区 $\ln JR$ 一个标准差大小的冲击，首先对自己的 ln-JR 产生一个较大的反向冲击，并在第 2 期达到了最大，但随后这种影响程度急剧减小，最终趋向于一个无穷小的负响应值，对天津和河北的影响均产生较小的负向效应，说明北京地区金融的发展不利于自己和周边地区金融的发展；其次对于 GRP 的冲击，对自己有一个较激烈的正向影响，但是对天津和河北的影响则较为平和。

综上所述，我国金融发展和财政支出均有助于缩小我国居民收入差距，即对收入差距的缩小有正向的影响，从脉冲响应分析中得出，这两种影响均不具有长期效应。

(3)结论

本例通过对我国 2000—2013 年 31 个省、市、自治区省际面板数据进行半参数面板空间 VAR 模型实证研究，由导数图和脉冲响应函数图分析得出：一方面，经济增长和金融发展在有助于缩小我国居民收入差距；另一方面，财政支出对我国居民收入差距的缩小也有一定的促进作用，但这两者的影响均不具有长期效应。

结合我国的实际现状，可以对结论做出以下解释。从国家的宏观政策层面来看，近年来，党中央密切关注我国居民收入差距问题，相继提出了多项经济制度和政治政策，着力缩小我国居民收入差距。由于这些政策的出台和实施，我国的经济得到了较好的发展，金融领域的发展尤为迅速，金融发展规模和效率有了显著的扩大和提高，这使我国的资金得到了快速的流动和充分的利用。我国居民通过各种形式的金融产品进行资产投资和组合增加收入，因此，金融的发展在一定程度上缩小了我国居民收入差距。由于我国特殊的政治制度，在财政分权的背景下，地方政府为追求本地经济的发展，在财政支出方面，利用自身财政自主权选择不同的支出结构，结合本地的经济特点和区域结构，合理利用资源，使当地经济发展的同时增加当地居民收入，中央政府通过一些财政政策和各种惠农政策增加居民收入缩小收入差距。

例 6.3.3 本例取自张长淮(2015)的研究论文。据中国旅游网统计，近几年我国国内旅游人次达 26.4 亿左右，而且数字还在不断增长，而国外旅游者的主流力量还没有真正涉足中国大陆，随着 2008 年奥运会的顺利进行，2010 年上海世界博览会的成功召开，来我国旅游以及商务考察的人数大幅度增加。中国作为世界上最大的国内旅游市场，同时是全球第三大入境旅游接待国，中国旅游业对全球旅游业的贡献率超过了 30%(刘春济、冯学钢、高静，2014)。对于中国旅游发展动因的研究，左冰(2011)在古典经济学、新古典经济学等理论的基础上结合旅游产业的特殊性对此进行了系统分析，并认为要素投入是我国旅游经济增长的主要源泉。事实上，要素驱动增长一直是中国旅游经济发展的典型特征之一，近年来，旅游市场化进程加快，与此同时，十八大以来的宏观调控政策，使得要素在各产业部门的再配置即产业结构变动也可能是推动中国旅游经济发展的重要原因(吕铁、周叔莲，1999)。干春晖、郑若谷、余典范(2011)的研究发现，产业结构高级化带来的“结构红利”会维持经济的持续增长。更重要的是，对于中国这样的发展中国家而言，上述“结构红利”对经济增长的贡献可能要高于纯粹的技术进步，虽然其贡献率会随着我国市场化程度的提高而不断降低(刘伟、张辉，2008)。

在讨论旅游产业结构调整的同时，不可避免地需要关注旅游碳排放问题，随着旅游业的迅速发展并成为世界第一大产业(World Trade Organization，2006)，涉及近10亿人次的国际旅游和120亿人次的国内旅游，再加上众多宾馆饭店的建设与运营，满足如此巨大数量人口的吃、住、行、游、购、娱等需求，其碳排放量将是巨大的。因此，旅游业能源消耗和碳排放对全球气候变化的影响不容忽视。自2003年第一届气候变化与国际旅游会议以来，如何有效控制旅游业碳排放已成为国际学术研究的热点问题。2007年10月，在瑞士达沃斯举行的第二届气候变化与旅游国际会议，估计2005年旅游业CO_2排放量占全球碳排放量的5%，提倡旅游各行业降低其CO_2排放量。2009年世界旅游旅行理事会(WTTC)确定，到2020年实现旅游产业CO_2排放量在2005年的基础上削减25%～30%，到2035年削减50%的目标。同年9月14—15日，欧洲旅游委员会(ETC)和联合国世界旅游组织(UNWTO)在瑞士哥德堡联合举办“绿色经济中的旅游和旅行”座谈会，支持WTTC所提出的目标，并将其作为减排的最低要求。根据UNWTO-UNEP-WMO(2008)的相关研究结果，旅游交通和旅游餐饮是两个高碳行业，其中，旅游交通的碳排放量占整个行业的75%，而我国已达到67.72%(石培华、吴普，2011)，因此，旅游交通碳排放估算及其减排措施是目前低碳旅游研究的首要课题。

本例采用半参数空间面板向量自回归模型，通过实证分析来刻画旅游经济增长、旅游产业结构调整以及旅游交通碳排放的关系。面板数据空间VAR模型是在面板数据VAR模型的基础上加入了空间效应，将空间影响因素通过空间加权矩阵$\boldsymbol{W}$加入到模型中，同时通过两步估计法实现半参数空间面板向量自回归的估计(郭国强，2013)。

(1)中国旅游产业结构变迁及碳排放的度量

①旅游产业结构合理化的度量

师萍(1999)认为，旅游产业结构合理化是使旅游产业内部保持符合产业发展规律和内在联系的比例，并建议使用供需平衡评价法和结构效益评价法对其进行衡量，但供需矛盾小仅是产业结构合理化的一个必要条件，且容易造成追求短期利益而忽视长远利益的被动局面(王林生、梅洪常，2011)。除此之外，在旅游研究领域内笔者尚未见到更多关于产业结构合理化指标的定量化设计，其他相关领域的研究却比较丰富。其中，关雪凌和丁振辉(2012)认为，产业结构合理化实质上指的是各产业投入和产出之间的耦合质量，一方面反映了各产业之间的协调程度，另一方面也反映了合理利用资源的程度。在该内涵约束下，研究者一般使用结构偏离度对产业结构合理化进行考察，公式为：

$$E=\sum_{i=1}^{n}\left|\frac{Y_i/L_i}{Y/L}-1\right|=\sum_{i=1}^{n}\left|\frac{Y_i/Y}{L_i/L}-1\right| \tag{6.3.9}$$

式(6.3.9)中，E、Y、L分别表示结构偏离度、产出和就业，i和n分别表示产业和产业部门数。当经济处于均衡状态时，各产业部门生产率水平相同，此时，$Y_i/L_i=Y/L$，从而E值为0。E值越大，表明经济越偏离均衡状态，产业结构越不合理；相反，E值越趋近于0，产业结构则越合理。但干春晖等(2011)认为，结构偏离度忽视了各产业在经济体中的重要程度且绝对值的计算颇为不便，并建议使用泰尔指数（Theil index）作为替代指标，公式为：

$$TL = \sum_{i=1}^{n} (Y_i / Y) \ln(\frac{Y_i / L_i}{Y / L}) \tag{6.3.10}$$

同样，当经济处于均衡状态时，TL 值为 0；TL 值不为 0，则说明产业结构不合理。吕明元和尤萌萌则认为，干春晖等（2011）的指标设计忽略了结构偏离度指标中绝对值的真正作用，在使用泰尔指数计算时会出现各产业部门偏离度正负相抵的情况，从而导致结果值偏低，造成产业结构“假”合理化。针对这一问题，吕明元和尤萌萌（2013）建议使用含有各产业权重结构偏离度的加权和反映产业结构合理化的指标，公式为：

$$SR_{it} = \sum_{i=1}^{n} (Y_i / Y) \ln \sqrt{(\frac{Y_i / L_i}{Y / L})^2} \tag{6.3.11}$$

综合考虑计量数据的可得性和产业结构合理化指标被研究者接受的普遍度，拟采用式（6.3.11）度量旅游产业结构的合理化程度。

②旅游交通碳排放的度量

交通运输包括客运和货运，旅游交通是客运交通的重要组成部分，旅游交通与客运交通有密切联系。鉴于全国范围内没有旅游交通的统计数据，故采用间接估算方法，通过分析客运交通碳排放中旅游交通碳排放所占的份额，根据客运交通的碳排放量折算出我国旅游交通碳排放量。

交通客运碳排放与运输的乘客量有关，也与运输的距离有关，运输的乘客量越多，运输距离越长，消耗的能源就越多，碳排放量就越高，具体可表述（Kuo N，Yu Y，2001）为：

$$CO_2 = \sum_{i=1}^{n} Q_{it} \cdot f_i \cdot \alpha_i \tag{6.3.12}$$

式（6.3.12）中，Q_{it} 为 t 年 i 类交通方式（公路、民航、铁路、水运）的客运周转量；α_i 为 i 类交通方式的 CO_2 排放因子（kg/pkm），公路、民航、铁路和水运的 CO_2 排放因子分别为 133 g/pkm、137 g/pkm、27 g/pkm 和 106 g/pkm；f_i 为 i 类交通方式的客流量中旅游者的比例，根据全国旅游者实际情况并结合专家咨询结果，分别选取公路、民航、铁路、水运的 f 值为 13.8%、64.7%、31.6%和 10.6%（魏艳旭、孙根年、马丽君等，2012）；n 为交通方式的种类数。

（2）实证模型

①变量的选取与处理

为了分析旅游产业结构变迁对中国旅游经济增长的影响，使用 2007—2012 年 31 个省（市、自治区）的面板数据进行实证分析。

选取的因变量为旅游外汇收入取对数后的值。自变量为旅游产业结构合理化指标 SR_{it}，考虑到数据的可得性和可比性，以 2007 年为研究起点，使用旅游企业的营业收入数据代表旅游产业产出，并将旅游经济部门分解为旅行社、旅游饭店和其他旅游企业部门。同时考虑旅游交通的碳排放量作为非参变量，这是因为“脱钩”理论认为，存在着用少于以往的物质消耗生产多于以往的经济财富，然而旅游经济增长与旅游交通密切相关，在倡导低碳旅游的同时，促进旅游经济增长，不得不关注碳排放对于产业结构以及旅游经济增长的影响，同时碳排放对于二者的影响也是不确定的，因此将旅游交通碳排放作为非参变量。依据库兹涅茨假说，随着经济增长，环境压力会达到一个峰值然后开始降低，与收入呈“倒 U”关系，而这一假说在旅游经济增长中是否存在，需要进一步的研究。相关数据均从历年《中国旅游统计年鉴（正、副本）》《中国六十年统计资料汇编》以及历年《统计年鉴》中获得。

②实证分析

依据上述分析构建计量方程：

$$\begin{bmatrix} y_{it} \\ SR_{it} \end{bmatrix} = \beta_1 \cdot \begin{bmatrix} y_{it-1} \\ SR_{it-1} \end{bmatrix} + \beta_2 \cdot \begin{bmatrix} w \cdot y_{it} \\ w \cdot SR_{it} \end{bmatrix} + G(CO_2) + \varepsilon \tag{6.3.13}$$

y_{it} 为旅游外汇收入取对数后的值，SR_{it} 为产业结构合理化指标，w 为各省球面距离标准化后的空间权重矩阵，β_1、β_2 为 2×2 系数矩阵，$G(CO_2)$ 为旅游交通碳排放量，ε 为随机扰动项，假设为白噪声序列。

首先对 y_{it}，SR_{it} 进行空间 Moran's I 检验。检验结果如表 6.3.8 所示。

表 6.3.8　Moran's I 值

变量名	统计量	2007	2008	2009	2010	2011	2012
y_{it}	Moran's I	−0.1088	−0.1358	−0.1302	−0.1305	−0.1216	−0.1204
	Z-statistic	−2.5617	−3.4627	−3.2773	−3.2845	−2.9898	−2.9487
SR_{it}	Moran's I	−0.0544	−0.0458	−0.0793	−0.0158	−0.0757	−0.0797
	Z-statistic	−0.7104	−0.4200	−1.5461	0.5941	−1.4241	−1.5608

从表 6.3.8 中可以发现，旅游经济增长的空间效应均为负值且显著，这可能是因为各省作为旅游目的地，事实上就是作为旅游消费者的“消费产品”，因此可以近似的认为各个省份的旅游景点是相邻省份的替代产品，因此 Moran's I 值为负。而产业结构的空间效应在 2007、2008、2009 年并不显著，在 2010 年之后空间效应趋于明显，但是总体而言产业结构的空间效应比较小。

通过 GMM 估计以及非参两步迭代估计实现非参数空间面板估计：

$$\begin{bmatrix} y_{it} \\ SR_{it} \end{bmatrix} = \begin{bmatrix} 0.052151 & -0.01996 \\ 0.09553 & -0.38413 \end{bmatrix} \cdot \begin{bmatrix} y_{it-1} \\ SR_{it-1} \end{bmatrix} + \begin{bmatrix} 0.607736 & 0.073761 \\ 0.477905 & 0.043828 \end{bmatrix} \cdot \begin{bmatrix} w \cdot y_{it} \\ w \cdot SR_{it} \end{bmatrix} + G(CO_2) + \varepsilon \tag{6.3.14}$$

通过 matlab 实现模型的估计，可以发现，旅游经济增长的时间滞后效应是正的，对于产业结构调整的时间滞后效应影响是负的，这是因为产业结构调整指标是数值越大，则产业结构越不合理。因此这里可以看出，产业结构的不合理对于旅游经济增长具有抑制作用。

图 6.3.22 为旅游交通碳排放对于旅游经济增长的导数图，通过图 6.3.22 可以发现，在碳排放伴随着旅游经济增长的影响是呈现周期性的“倒 U”形状，这是符合库兹涅茨假说的，也就是伴随着旅游经济增长，碳排放量增加，在碳排放较小时是与旅游经济增长同步的，而一旦超过临界值，碳排放与旅游经济增长并不同步，从图中，当碳排放量达到 8.6

(取对数后的旅游交通碳排放值)时,甚至对于旅游经济增长具有抑制作用。随后碳排放量增加,虽然是正的影响,但是对于旅游经济的增长是比较小的。这也有可能是因为当碳排放量达到一定程度以后,其对于旅游经济增长的影响趋于稳定。

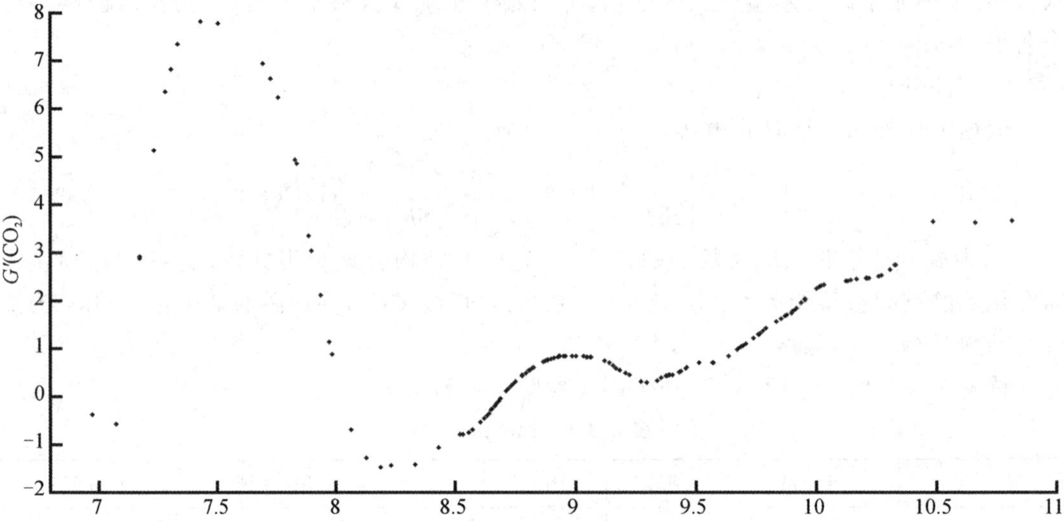

图 6.3.22 旅游交通碳排放对旅游经济增长导数图

图 6.3.23 为旅游交通碳排放对于产业结构的导数图,可以看出,旅游交通碳排放对于产业结构的影响也是具有一定规律性的。当碳排放处于一个较低水平时,碳排放对于产业结构的影响是正向的影响,也就是说碳排放增加,产业结构指标变大,此时产业结构更加不合理,这可能是因为在旅游经济增长的初期,是粗放型的增长,而不是协调增长。而当碳排放处于中高水平时,其对于产业结构的影响接近于零,此时产业结构并不受碳排放影响,而当碳排放处于较高的水平时,其对产业结构的影响仍然处于正值,也就是当碳排放在较低水平和较高水平时对于产业结构都有较为明显的影响。

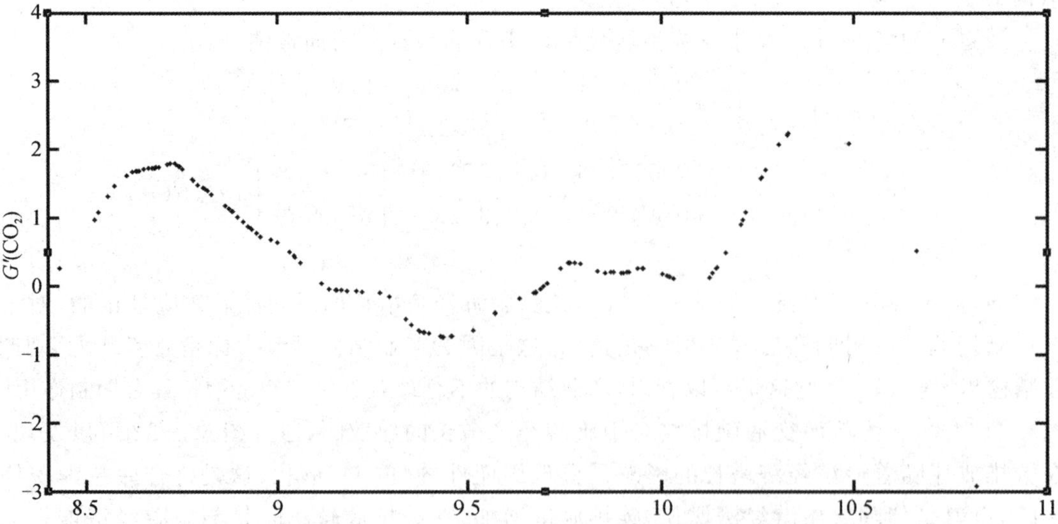

图 6.3.23 旅游交通碳排放对产业结构导数图

为进一步考察产业结构对于旅游经济增长的影响，下面通过几个典型省份的脉冲响应图进行分析。

图 6.3.24 为内蒙古旅游经济增长对于北京旅游经济增长的脉冲图。可以看出，内蒙古旅游经济增长对北京旅游经济增长的影响在第二期、第三期是比较大的，随后逐步趋于收敛。图 6.3.25 为内蒙古旅游经济增长对于北京旅游产业结构的脉冲图。可以看出，内蒙古经济增长增长对北京旅游产业结构的影响在第二期、第三期是比较大的，在第四期为负向的冲击，随后逐步趋于收敛。

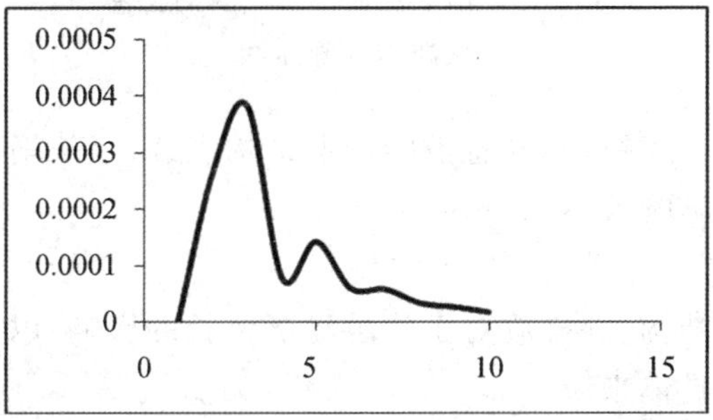

图 6.3.24　内蒙古旅游经济增长对北京旅游经济增长脉冲图

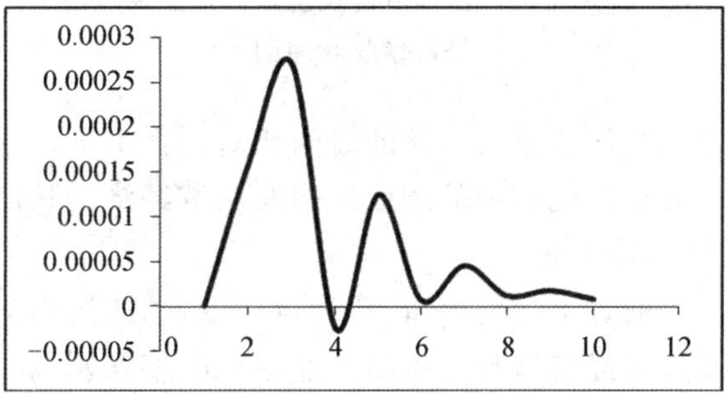

图 6.3.25　内蒙古经济增长对北京旅游产业结构脉冲图

图 6.3.26 为内蒙古旅游产业结构对于北京旅游经济增长的脉冲图。可以看出，内蒙古产业结构的不合理对北京旅游经济增长的影响在前几期是比较大的，随后逐步趋于收敛。图 6.3.27 为内蒙古旅游产业结构对于北京旅游产业结构的脉冲图。可以看出，内蒙古产业结构的不合理对北京旅游产业结构的影响在前几期是比较大的，随后逐步趋于收敛。

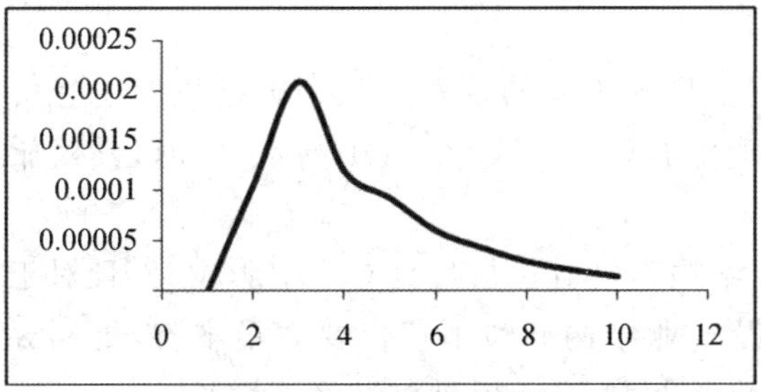

图 6.3.26　内蒙古产业结构对北京旅游经济增长脉冲图

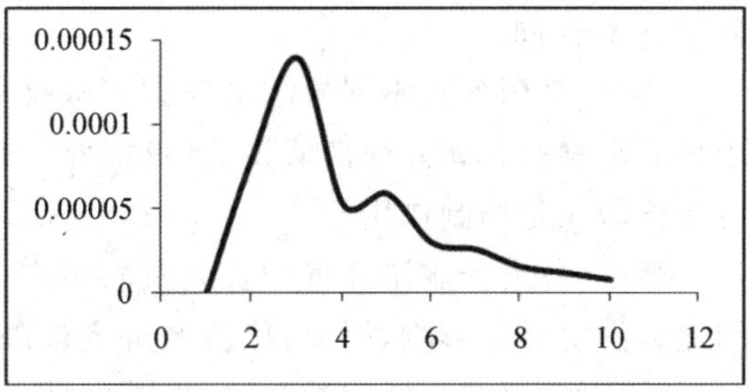

图 6.3.27　内蒙古产业结构对北京旅游产业结构脉冲图

图 6.3.28 为浙江旅游经济增长对于上海旅游经济增长的脉冲图。可以看出，浙江旅游经济增长对上海旅游经济增长的影响在前几期是比较大的，随后逐步趋于收敛。可以看出，上海与浙江相互影响程度较大，这是区域旅游线路发展的体现。图 6.3.29 为浙江旅游经济增长对于上海旅游产业结构的脉冲图，可以看出，浙江旅游经济增长对上海旅游产业结构的影响在前三期逐渐趋于收敛的影响。

通过上述分析我们发现，产业结构不合理对于周边省份的影响持续更长时间，这可能

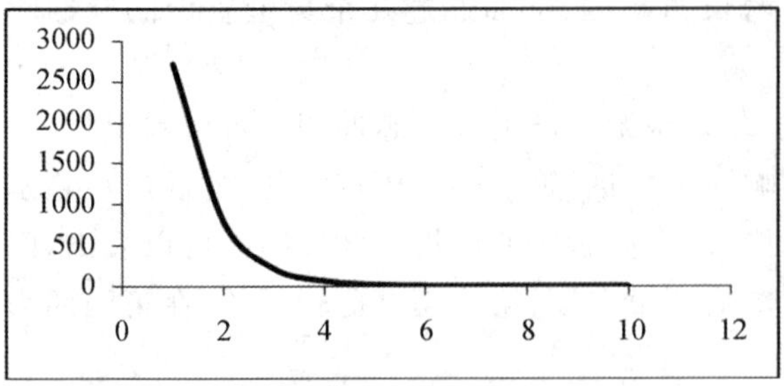

图 6.3.28 浙江旅游经济增长对上海旅游经济增长脉冲图

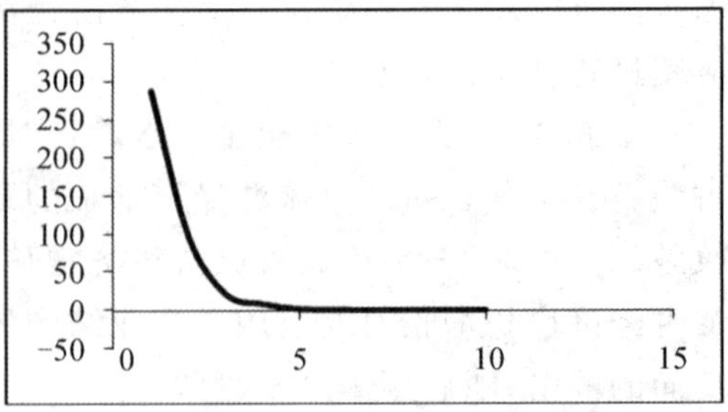

图 6.3.29 浙江旅游经济增长对上海旅游结构脉冲图

是因为产业结构调整的时间相对而言更长。限于篇幅,不同省份的产业结构、旅游经济增长对于其他省份的产业结构及旅游经济增长的影响就不一一列举。

(3)结论

通过上述的分析,我们可以发现,旅游产业结构、碳排放对于旅游经济增长的影响,以及旅游经济增长与旅游产业结构的相互影响。具体来说:

第一,旅游产业结构合理化程度的持续下降,从旅游产业部门来考察其成因主要是:旅行社部门劳动生产率提升迅速,使得该产业的结构偏离度远高于其他旅游产业部门,且旅行社部门的产出占比持续提高;旅游饭店部门的产出占比虽然也较大,但近些年来,相对于旅行社部门而言,旅游饭店部门劳动生产率的提高较为有限。同时,旅游产业结构合理化变迁波动较大的原因,主要是旅游产业属于典型的脆弱型产业,很容易受突发事件和经济景气波动的影响,当旅游产业受到较大冲击时,作为劳动密集型产业的旅游业特别是旅行社部门的就业水平与产出水平都会受到明显冲击,旅游产业结构合理化程度则随之产生较大波动。但需要关注的是,不同旅游部门产业结构合理化波动的程度并不相同。

第二,全国各省不同旅游交通方式碳排放量呈现不同的分布特征。碳排放对于经济增长的影响符合库兹涅茨假说,不仅如此,当碳排放处于一定水平(中高水平)时,其对旅游经济增长是抑制作用。

第三,各省份旅游经济增长以及旅游产业结构不仅对于自身具有一定影响,而且对于周边省份也具有影响,因此,旅游经济增长以及产业结构调整不仅仅要立足本省,更要寻求区域合作,打造区域旅游线路,提升区域旅游竞争力,进而促进旅游经济增长。

总之,旅游经济增长、旅游产业结构调整以及旅游交通碳排放问题,是低碳旅游发展所必须研究的问题,不仅要通盘考虑,还需要推动区域旅游品牌构建,推进低碳旅游发展的同时,也要推动旅游产业结构的合理化,最终才能稳定、协调地推进旅游经济发展。

6.4 面板数据半参数空间结构向量自回归模型

6.4.1 模型

模型(6.3.1)有自身的局限性,即不考虑经济理论,产生的脉冲响应因为“新息”不能被识别为内在的结构误差,因而无法给出任何结构性解释。为了弥补这种不足,此处提出如下面板数据半参数空间结构向量自回归模型 PSSSVAR(p;q_1,q_2,q_3):

$$\begin{aligned} y_{kit} = {} & \beta_{k1} y_{1it} + \cdots + \beta_{kK} y_{Kit} + \alpha_{ki} + \psi_{kt} + \theta_{k1}^{1} y_{1it-1} + \cdots + \theta_{kK}^{1} y_{Kit-1} + \\ & \cdots + \theta_{k1}^{p} y_{1it-p} + \cdots + \theta_{kK}^{p} y_{Kit-p} + \delta_{k1}^{01} \tilde{y}_{1it}^{1} + \cdots + \delta_{kK}^{01} \tilde{y}_{Kit}^{1} + \delta_{k1}^{11} \tilde{y}_{1it-1}^{1} + \\ & \cdots + \delta_{kK}^{11} \tilde{y}_{Kit-1}^{1} + \cdots + \delta_{k1}^{p1} \tilde{y}_{1it-p}^{1} + \cdots + \delta_{kK}^{p1} \tilde{y}_{Kit-p}^{1} + \cdots + \delta_{k1}^{0q} \tilde{y}_{1it}^{q} + \\ & \cdots + \delta_{kK}^{0q} \tilde{y}_{Kit}^{q} + \delta_{k1}^{1q} \tilde{y}_{1it-1}^{q} + \cdots + \delta_{kK}^{1q} \tilde{y}_{Kit-1}^{q} + \cdots + \delta_{k1}^{pq} \tilde{y}_{1it-p}^{q} + \\ & \cdots + \delta_{kK}^{pq} \tilde{y}_{Kit-p}^{q} + \gamma_{k1}^{0} x_{1it} + \cdots + \gamma_{kQ}^{0} x_{Qit} + \gamma_{k1}^{1} \tilde{x}_{1it}^{1} + \cdots + \gamma_{kQ}^{1} \tilde{x}_{Qit}^{1} + \\ & \cdots + \gamma_{k1}^{q2} \tilde{x}_{1it}^{q2} + \cdots + \gamma_{kQ}^{q2} \tilde{x}_{Qit}^{q2} + G_k (z_{it}, \tilde{z}_{it}^{1}, \cdots, \tilde{z}_{it}^{q3}) + u_{kit} \end{aligned} \tag{6.4.1}$$

其中 $\beta_{kk}=0$。若根据经济理论,有的内生变量之间没有直接关系,可限制相应的参数 β 为零。$\tilde{y}_{1it}^{1} = \sum_{j \neq i} w_{ij} y_{ljt}$,$\tilde{y}_{1it}^{1} = \sum_{j \neq i} w_{ij} y_{ljt}^{r-1}$,$\tilde{x}_{hit}^{1} = \sum_{j \neq i} w_{ij} x_{hjt}^{1}$,$\tilde{x}_{hit}^{r} = \sum_{j \neq i} w_{ij} x_{ljt}^{r-1}$,$\tilde{x}_{hit}^{r} = \sum_{j \neq i} w_{ij} x_{ljt}^{r-1}$,$\tilde{x}_{it}^{1} = \sum_{j \neq i} w_{ij} z_{jt}$,$\tilde{z}_{it}^{r} = \sum_{j \neq i} w_{ij} z_{ljt}^{r-1}$,$\alpha_{ki}$ 是横截面上的个体固定效应,ψ_{kt} 是时间上的固定影响。当 $\alpha_{ki}=0$,$\psi_{kt}=0$ 时,$E[G_K(z_i t, \tilde{z}_{it}^{1}, \cdots, \tilde{z}^{q} 3_{it})]=0$。该模型中的内生变量不仅受到内生变量的时间滞后、空间滞后项影响,还受时间滞后项的空间滞后影响。同时,相关关系式中一部分为已知的线性关系,而一部分为未知的非参数数关系。

6.4.2 模型估计

模型估计过程如下:

将式(6.4.1)两端取条件期望可获得:

$$\begin{aligned} G_K(z_i t, \tilde{z}_{it}^{1}, \cdots, \tilde{z}^{q} 3_{it}) = E[& y_{kit} - (\beta_{k1} y_{1it} + \cdots + \beta_{kK} y_{Kit} + \alpha_{ki} + \psi_{kt} + \\ & \theta_{k1}^{1} y_{1it-1}^{1} + \cdots + \theta_{kK}^{1} y_{Kit-1}^{1}) + \cdots + \theta_{k1}^{p} y_{1it-p}^{1} + \\ & \cdots + \theta_{kK}^{p} y_{Kit-p}^{1} + \sigma_{k1}^{01} \tilde{y}_{1it-1}^{1} + \cdots + \sigma_{kK}^{01} \tilde{y}_{Kit}^{1} + \\ & \cdots + \sigma_{k1}^{11} \tilde{y}_{1it-1}^{1} + \cdots + \sigma_{kK}^{11} \tilde{y}_{Kit-1}^{1} + \cdots + \sigma_{k1}^{p1} \tilde{y}_{1it-p}^{1} + \\ & \cdots + \sigma_{kK}^{p1} \tilde{y}_{Kit-p}^{1} + \cdots + \sigma_{k1}^{0q} \tilde{y}_{1it}^{q} + \cdots + \sigma_{kK}^{0q} \tilde{y}_{Kit}^{q} + \\ & \sigma_{k1}^{1q} \tilde{y}_{1it-1}^{q} + \cdots + \sigma_{kK}^{1q} \tilde{y}_{Kit-1}^{q} + \cdots + \sigma_{k1}^{pq} \tilde{y}_{1it-p}^{1} + \\ & \cdots + \sigma_{kK}^{pq} \tilde{y}_{Kit-p}^{q} + \gamma_{k1}^{0} x_{1it} + \cdots + \gamma_{kQ}^{0} x_{Qit} + \\ & \gamma_{k1}^{1} \tilde{x}_{1it}^{1} + \cdots + \gamma_{kQ}^{1} \tilde{x}_{Qit}^{1} + \cdots + \gamma_{k1}^{q2} \tilde{x}_{lit}^{q2} + \end{aligned}$$

$$\cdots+\gamma_{kQ}^{q2}\tilde{x}_{Qit}^{q2})\mid z_{it},\tilde{z}_{it}^{1},\cdots,\tilde{z}_{it}^{q3}] \quad (6.4.2)$$

在假设参数 $\beta,\alpha,\theta,\gamma,\sigma,\psi$ 已知的条件下，且记 $\hat{y}_{kit}=[y_{kit}\mid\tilde{z}_{it}^{1},\cdots,\tilde{z}_{it}^{q3}]$，则 $G_k(\cdot)$ 的初步估计为：

$$\begin{aligned}G_K(z_it,\tilde{z}_{it}^{1},\cdots,\tilde{z}^q3_{it})=\hat{y}_{kit}-(&\beta_{k1}\hat{y}_{1it}+\cdots+\beta_{kK}\hat{y}_{Kit}+\alpha_{ki}+\psi_{kt}+\theta_{k1}^{1}\hat{y}_{1it-1}^{1}+\\&\cdots+\theta_{kK}^{1}\hat{y}_{Kit-1}^{1})+\cdots+\theta_{k1}^{p}\hat{y}_{1it-p}^{1}+\cdots+\theta_{kK}^{p}\hat{y}_{Kit-p}^{1}+\\&\sigma_{k1}^{01}\hat{\tilde{y}}_{1it-1}^{1}+\cdots+\sigma_{kK}^{01}\hat{\tilde{y}}_{Kit}^{1}+\cdots+\sigma_{k1}^{11}\hat{\tilde{y}}_{1it-1}^{1}\\&+\cdots+\sigma_{kK}^{11}\hat{\tilde{y}}_{Kit-1}^{1}+\cdots+\sigma_{k1}^{p1}\hat{\tilde{y}}_{1it-p}^{1}+\cdots+\sigma_{kK}^{p1}\hat{\tilde{y}}_{Kit-p}^{1}+\\&\cdots+\sigma_{k1}^{0q}\hat{\tilde{y}}_{1it}^{q}+\cdots+\sigma_{kK}^{0q}\hat{\tilde{y}}_{Kit}^{q}+\sigma_{k1}^{1q}\hat{\tilde{y}}_{1it-1}^{q}+\\&\cdots+\sigma_{kK}^{1q}\hat{\tilde{y}}_{Kit-1}^{q}+\cdots+\sigma_{k1}^{pq}\hat{\tilde{y}}_{1it-p}^{1}+\cdots+\sigma_{kK}^{pq}\hat{\tilde{y}}_{Kit-p}^{q}+\\&\gamma_{k1}^{0}\hat{x}_{1it}+\cdots+\gamma_{kQ}^{0}\hat{x}_{Qit}+\gamma_{k1}^{1}\hat{\tilde{x}}_{1it}^{1}+\cdots+\gamma_{kQ}^{1}\hat{\tilde{x}}_{Qit}^{1}+\\&\cdots+\gamma_{k1}^{q2}\hat{\tilde{x}}_{1it}^{q2}+\cdots\cdots+\gamma_{kQ}^{q2}\hat{\tilde{x}}_{Qit}^{q2})\end{aligned} \quad (6.4.3)$$

最后，将 $G_k(\cdot)$ 的初步估计带入模型(6.4.1)，可得到如下的参数模型：

$$\begin{aligned}y_{kit}-\tilde{y}_{kit}=&\beta_{k1}(y_{1it}-\hat{y}_{1it})+\cdots+\beta_{kK}(y_{Kit}-\hat{y}_{Kit})+\theta_{k1}^{1}(y_{1it-1}^{1}-\hat{y}_{1it-1}^{1})+\\&\cdots+\theta_{kK}^{1}(y_{Kit-1}^{1}-\hat{y}_{Kit-1}^{1})+\cdots+\theta_{k1}^{p}(y_{1it-p}^{1}-\hat{y}_{1it-p}^{1})+\\&\cdots+\theta_{kK}^{p}(y_{Kit-p}^{1}-\hat{y}_{Kit-p}^{1})+\sigma_{k1}^{01}(\tilde{y}_{1it-1}^{1}-\hat{\tilde{y}}_{1it-1}^{1})+\\&\cdots+\sigma_{kK}^{01}(\tilde{y}_{Kit}^{1}-\hat{\tilde{y}}_{Kit}^{1})+\cdots+\sigma_{k1}^{11}(\tilde{y}_{1it-1}^{1}-\hat{\tilde{y}}_{1it-1}^{1})+\\&\cdots+\sigma_{kK}^{11}(\tilde{y}_{Kit-1}^{1}-\hat{\tilde{y}}_{Kit}^{1})+\cdots+\sigma_{k1}^{p1}(\tilde{y}_{1it-p}^{1}-\hat{\tilde{y}}_{1it-p}^{1})+\\&\cdots+\sigma_{kK}^{p1}(\tilde{y}_{Kit-p}^{1}-\hat{\tilde{y}}_{Kit-p}^{1})+\cdots+\sigma_{k1}^{0q}(\tilde{y}_{1it}^{q}-\hat{\tilde{y}}_{1it}^{q})+\\&\cdots+\sigma_{kK}^{0q}(\tilde{y}_{Kit}^{q}-\hat{\tilde{y}}_{Kit}^{q})+\sigma_{k1}^{1q}(\tilde{y}_{1it-1}^{q}-\hat{\tilde{y}}_{1it-1}^{q})+\\&\cdots+\sigma_{kK}^{1q}(\tilde{y}_{Kit-1}^{q}-\hat{\tilde{y}}_{Kit-1}^{q})+\cdots+\sigma_{k1}^{pq}(\tilde{y}_{1it-p}^{1}-\hat{\tilde{y}}_{1it-p}^{1})+\\&\cdots+\sigma_{kK}^{pq}(\tilde{y}_{Kit-p}^{q}-\hat{\tilde{y}}_{Kit-p}^{q})+\gamma_{k1}^{0}(x\,1it-\hat{x}_{1it})+\\&\cdots+\gamma_{kQ}^{0}(x_{Qit}-\hat{x}_{Qit})+\gamma_{k1}^{1}(\tilde{x}_{1it}^{1}-\hat{\tilde{x}}_{1it}^{1})+\\&\cdots+\gamma_{kQ}^{1}(\tilde{x}_{Qit}^{1}-\hat{\tilde{x}}_{Qit}^{1})+\cdots+\gamma_{k1}^{q2}(\tilde{x}_{Qit}^{1}-\hat{\tilde{x}}_{1it}^{q1})+\\&\cdots+\gamma_{kQ}^{q2}(\tilde{x}_{Qit}^{q2}-\hat{\tilde{x}}_{Qit}^{q2})\end{aligned} \quad (6.4.4)$$

利用 GMM 估计可以获得参数 $\beta,\alpha,\theta,\gamma,\sigma,\psi$ 的估计 $\hat{\beta},\hat{\alpha},\hat{\theta},\hat{\gamma},\hat{\sigma},\hat{\psi}$。将它们带入式(6.4.1)，方程两边对 i 求平均，再对 t 求平均，就可以获得 ψ 的估计 ψ_{kt}。同时，将 $\beta,\theta,\gamma,\sigma$ 的估计带入式(6.4.1)，且两边对 t 求平均就可以获得 α_{ki} 的估计 $\hat{\alpha}_{ki}$。

之后，获得 $G_k(\cdot)$ 的最终估计：

$$G_k(z_i,\tilde{z}_i^{1},\cdots,\tilde{z}_i^{q3})=\hat{G}_k(z_i,\tilde{z}_i^{1},\cdots,\tilde{z}_i^{q3};\beta,\alpha,\theta,\gamma,\sigma,\psi) \quad (6.4.5)$$

最后，根据式(6.4.5)可以估计出非参数项的偏导数。

6.4.3 实例

例 6.4.1　本例取自吴继贵(2015)的研究论文。中国经济的快速发展需要消耗大量的能源。根据 BP《世界能源统计年鉴 2014》，2013 年中国的煤炭资源的消费占到了总能源消费的 67%，而天然气、核能和可再生能源的消费则不足总能源消费量的 15%。由于能源资源的禀赋以及长期以煤炭为主的能源消费结构，在经济增长的催化下，我国的温室气体排放也随之水涨船高，位居世界前列。这在一定程度上损害了我国的国际形象和声誉，甚至为制造“中国气候威胁论”提供了口实。虽然传统的研究表明，技术进步是解决我国碳排放的关键(这主要是由于，技术进步可以通过提高能源效率和降低碳产生等途径，实现经济增长的低碳化并促进经济增长方式的转变)，但是，在经济全球化和区域一体化加快发展的大背景下，区域技术进步问题、碳排放问题和经济增长问题，都将变得愈加具有空间依赖和空间溢出等方面的特性，即一地区的碳排放、经济增长和技术进步的变化，往往会对周边地区产生或正向或负向的冲击。然而，当前国内外学者的研究主要将注意力聚焦于碳排放、经济增长和技术进步三者之间在时间层面的相互关系，而很少探讨三者在空间层面的作用机制。例如，Lanz 和 Feng(2006)、胡初枝(2008)和李凯杰(2012)等均是从时间层面探讨技术进步、经济增长和碳排放的数量关系。随着空间经济学和地理经济学理论逐渐为学界所接受，已有学者从空间角度，探索技术进步、经济增长与碳排放之间的溢出和空间依赖关系。例如，魏下海(2011)、杜慧滨(2013)和李博(2013)等。但是，这些研究均采用单方程模型，无法考虑技术进步、经济增长和碳排放在空间层面的相互扰动。同时，社会经济活动往往表现出非线性关系，而当前研究所使用的参数估计模型，均为基于线性关系的假设，难以胜任研究的需要。由此可见，当前的研究方法和模型尚未完全能揭示碳排放、经济增长和技术进步三者间的相互作用规律。

鉴于此，我们做了以下两个方面工作：首先，在方法上构建了面板数据半参空间结构向量自回归模型，并给出其估计过程。该模型不仅考虑了各变量间的同期影响、时间滞后影响以及空间滞后影响，还考虑到了可能存在非线性影响的情况；其次，应用空间脉冲响应函数，模拟了泛珠三角经济圈中发达地区和欠发达地区的碳排放、经济增长和技术进步，在空间层面的“冲击—响应”情况。总之，这两方面的工作主要从空间角度，估算碳排放、经济增长和技术进步三者关系，挖掘它们的交互影响规律和作用机制，为我国在区域一体化进程中，制定区域间的节能减排、经济发展和技术进步政策，提供一定的参考。

(1)模型设定和计量检验

模型主要包括的变量构造和数据来源说明如下：①能源碳排放强度主要是指单位 GDP 的碳产出量；②经济增长采用 30 个省份的人均 GDP 进行测量；③外商投资强度则采用单位 GDP 所吸引的外商投资数额。各变量构建过程所涉及数据的测算方法主要包括：①能源碳排放主要采用 IPCC 所提供的核算方法，测算中国 30 省市的碳排放量；②外商投资则根据历年的美元对人民币汇率换算成人民币；③技术进步则采用曼奎斯特指数法所测算出的全要素生产率(TFP)进行衡量。在该模型中，将投入变量设为人力资本和物质资本，将产出变量设为国内生产总值，继而测算出全要素生产效率。此外，上述变量及计算过程所涉及的数据主要来源于历年《中国能源统计年鉴》、《中国劳动统计年鉴》、《中国人口与就业统计年鉴》和《中国统计年鉴》。需要说明的是为了让数据具有更好的平稳性，模型所涉及的变量，在计算及检验的过程均进行了对数化处理。

①模型设定

由于外商投资强度的作用较为复杂，与其他经济变量往往存在非线性关系（见图6.4.1）。因此，此处将其设定为未知项，即非参数项。由此构建了以碳排放强度、经济增长和技术进步为内生变量，以外商投资强度为非参数外生变量的空间结构向量自回归模型。该模型既考虑了碳排放强度、经济增长和技术进步之间的同期影响和时间滞后一期的影响，还考虑到了三者同时在空间滞后一期和时间滞后一期所产生的影响。所构建的模型如式(6.4.6)所示。

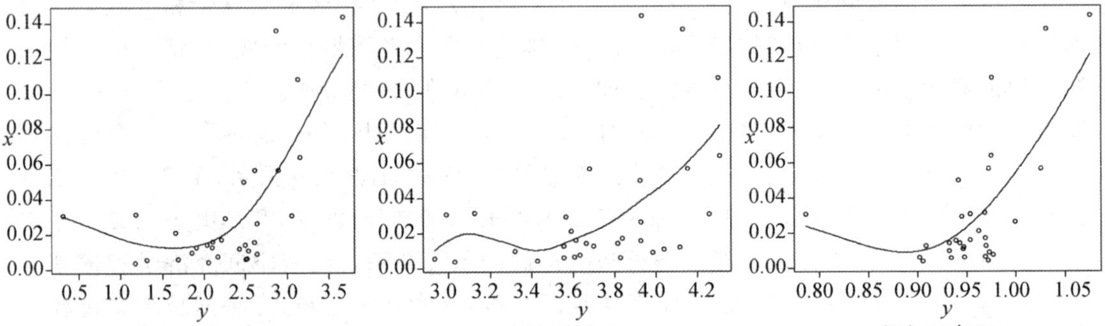

（1）RD与Open　（2）KC与Open　（3）LC与Open

图 6.4.1　RD、KC、LC 和 Open 的拟合曲线

注：图中的 x 坐标轴表示对外开放度，而 y 坐标轴依次分别对应 RD、KC 和 LC。

$$\begin{cases} CI_{it}=\beta_{12}FDI_{it}+\beta_{13}GDP_{it}+\theta_{11}CI_{i,t-1}+\theta_{12}TECH_{i,t-1}+\theta_{13}GDP_{i,t-1}+ \\ \qquad \sigma_{11}\widetilde{CI}_{i,t-1}+\sigma_{12}\widetilde{TECH}_{i,t-1}+\sigma_{13}\widetilde{GDP}_{i,t-1}+G_1(FDI_{it}) \\ TECH_{it}=\beta_{21}CI_{it}+\beta_{23}GDP_{it}+\theta_{11}CI_{i,t-1}+\theta_{12}TECH_{i,t-1}+\theta_{13}GDP_{i,t-1}+ \\ \qquad \sigma_{11}\widetilde{CI}_{i,t-1}+\sigma_{12}\widetilde{TECH}_{i,t-1}+\sigma_{13}\widetilde{GDP}_{i,t-1}+G_2(FDI_{it}) \\ DGP_{it}=\beta_{31}CI_{it}+\beta_{31}TECH_{it}+\theta_{11}CI_{i,t-1}+\theta_{12}TECH_{i,t-1}+\theta_{13}GDP_{i,t-1}+ \\ \qquad \sigma_{11}\widetilde{CI}_{i,t-1}+\sigma_{12}\widetilde{TECH}_{i,t-1}+\sigma_{13}\widetilde{GDP}_{i,t-1}+G_3(FDI_{it}) \end{cases} \tag{6.4.6}$$

可以将式(6.4.6)中右侧部分的同期变量移到左侧，并将所提取的系数矩阵的逆矩阵乘右侧部分的滞后变量，并用向量表示如下：

$$\begin{pmatrix} CI_{it} \\ TECH_{it} \\ GDP_{it} \end{pmatrix} = \begin{pmatrix} 1 & -\beta_{12} & -\beta_{13} \\ -\beta_{21} & 1 & -\beta_{23} \\ -\beta_{31} & -\beta_{32} & 1 \end{pmatrix}^{-1} \times \begin{pmatrix} \theta_{11} & \theta_{12} & \theta_{13} \\ \theta_{21} & \theta_{22} & \theta_{23} \\ \theta_{31} & \theta_{32} & \theta_{33} \end{pmatrix} \times \begin{pmatrix} CI_{i,t-1} \\ TECH_{i,t-1} \\ GDP_{i,t-1} \end{pmatrix} +$$

$$\begin{pmatrix} 1 & -\beta_{12} & -\beta_{13} \\ -\beta_{21} & 1 & -\beta_{23} \\ -\beta_{31} & -\beta_{32} & 1 \end{pmatrix}^{-1} \times \begin{pmatrix} \sigma_{11} & \sigma_{12} & \sigma_{13} \\ \sigma_{21} & \sigma_{22} & \sigma_{23} \\ \sigma_{31} & \sigma_{32} & \sigma_{33} \end{pmatrix} \times \begin{pmatrix} \widetilde{CI}_{i,t-1} \\ \widetilde{TECH}_{i,t-1} \\ \widetilde{GDP}_{i,t-1} \end{pmatrix} +$$

$$\begin{pmatrix} 1 & -\beta_{12} & -\beta_{13} \\ -\beta_{21} & 1 & -\beta_{23} \\ -\beta_{31} & -\beta_{32} & 1 \end{pmatrix}^{-1} \times G(FDI_{it}) +$$

$$\begin{pmatrix} 1 & -\beta_{12} & -\beta_{13} \\ -\beta_{21} & 1 & -\beta_{23} \\ -\beta_{31} & -\beta_{32} & 1 \end{pmatrix}^{-1} \times u_{it} \tag{6.4.7}$$

同时，在式(6.4.7)中，将同期变量的逆矩阵与滞后期的系数矩阵相乘，可得式(6.4.8)：

$$\begin{pmatrix} CI_{it} \\ TECH_{it} \\ GDP_{it} \end{pmatrix} = \begin{pmatrix} \gamma_{11} & \gamma_{12} & \gamma_{13} \\ \gamma_{21} & \gamma_{22} & \gamma_{23} \\ \gamma_{31} & \gamma_{32} & \gamma_{33} \end{pmatrix} \times \begin{pmatrix} CI_{i,t-1} \\ TECH_{i,t-1} \\ GDP_{i,t-1} \end{pmatrix} +$$

$$\begin{pmatrix} \eta_{11} & \eta_{12} & \eta_{13} \\ \eta_{21} & \eta_{22} & \eta_{23} \\ \eta_{31} & \eta_{32} & \eta_{33} \end{pmatrix} \times \begin{pmatrix} \widetilde{CI}_{i,t-1} \\ \widetilde{TECH}_{i,t-1} \\ \widetilde{GDP}_{i,t-1} \end{pmatrix} + M(FDI_{i}t) + v_{it} \tag{6.4.8}$$

其中，$\boldsymbol{\gamma} = \boldsymbol{\beta}^{-1} \times \boldsymbol{\theta}$，$\boldsymbol{\eta} = \boldsymbol{\beta}^{-1} \times \boldsymbol{\sigma}$，$M(FDI_{it}) = \boldsymbol{\beta}^{-1} \times G(FDI_{it})$，$v_{it} = \boldsymbol{\beta}^{-1} \times u_{it}$。

②计量检验

一般情况下，时间序列的经济数据往往表现出非平稳性，易导致“伪回归”的现象发生。而面板数据也包括时间因素，因此为了尽可能避免上述问题，在进行回归之前通常需要对数据的平稳性进行检验，而检验的方法有 LLC、ADF 和 PP 检验。根据表 6.4.1，*CI*、*GDP* 和 *TECH* 的 LLC、ADF 和 PP 检验结果均拒绝了“存在单位根”的原假设。由此，可以表明三组变量均存在较为显著的平稳性。

表 6.4.1　*CI*、*GDP* 和 *FDI* 的平稳性检验

	LLC	ADF	PP
CI	−0.18892	86.7029	104.663
	0.4251	0.0137	0.0003
GDP	−9.4122	133.874	18.8678
	0.0000	0.0000	1.0000
TECH	−5.5952	161.7920	186.2780
	0.0000	0.0000	0.0000

鉴于平稳性检验中的部分检验统计量的计算结果并不显著，因此，为了确保所构建的内生模型具有较好的稳定性，此处对面板数据进行了协整检验。同时，协整检验还可以进一步论证 *CI*、*GDP* 和 *TECH* 之间是否存在长期的均衡趋势。根据表 6.4.2，Kao 检验结果表明 *CI*、*GDP* 和 *TECH* 之间存在明显的协整关系，且三者之间存在较为明显的长期均衡关系。

表 6.4.2 基于 Kao *CI*、*GDP* 和 *TECH* 的协整检验

	t 统计量	p 值
ADF	−2.602853	0.0046
Residual variance	0.008691	
HAC variance	0.010869	

考量经济要素是否存在空间影响，首先要对经济变量的空间相关性进行检验。通常情况下，空间相关性的检验采用 Moran 指数进行刻画。图 6.4.2 表明：能源碳排放的空间相关性表现出上升的趋势，特别是 2001 年后，中国能源碳排放强度的空间相关性呈现出显著的上升趋势；中国经济增长的空间相关性的波动性较小，在样本区间内始终保持小幅稳步上升的趋势；然而，中国技术进步的空间相关性具有一定的波动性。具体而言，在 1998—2006 年期间，中国技术进步的空间相关性表现出上升的趋势，2007—2008 年间表现出明显的下降趋势，2009—2012 年间则再次表现出显著的上升趋势。虽然，2006、2007 和 2008 年技术进步的空间相关性并不显著，但是从 Moran 指数的趋势上可以判断技术进步空间相关性的显著性在逐渐增强，尤其是在 2009 年以后，区域间的技术进步呈现出明显的空间相关性。由此可知，虽然我国技术进步的空间相关性表现出一定的波动性，但是总体上表现出空间相关性上升的趋势。需要解释的是，2007—2008 年技术进步空间相关性的突然下降，很可能与该时段的世界金融危机有密切的联系。从宏观角度看，由美国次贷危机所引发的经济危机，使得我国的经济增长受到一定的影响。各个地区为了保增长，将大量资本用于投资基础设施建设等传统领域，导致研发部分的资本投入不足。从微观角度看，危机导致了企业不愿意将过多的资本投入研发领域，这在一定程度上影响了区域间的企业技术创新活动。

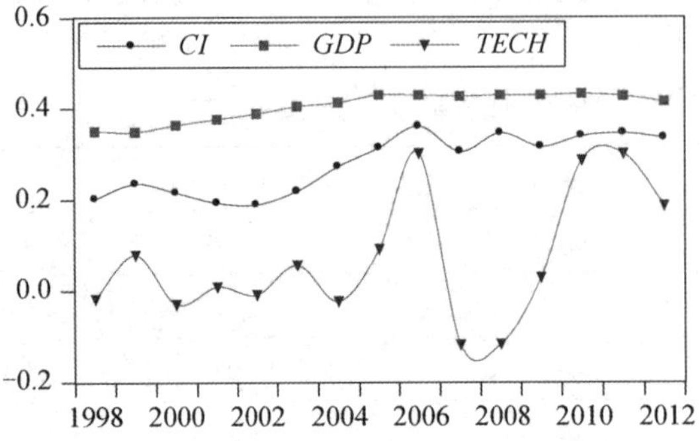

（a）*CI*、*GDP* 和 *TECH* 的 Moran 值

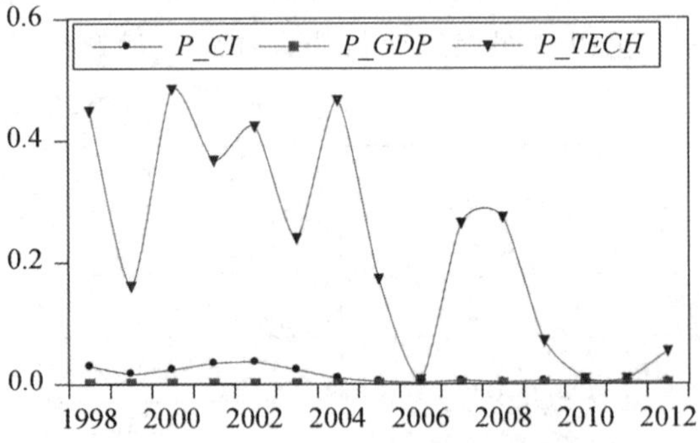

（b）*CI*、*GDP* 和 *TECH* 的 Moran 检验 p 值

图 6.4.2 *CI*、*GDP* 和 *TECH* 的 Moran 值和 p 值

(2)实证结果及分析

①估计结果

根据 SPSS TVAR 的估计过程，在核密度函数设定为高斯核的条件下，此处采用局部线性估计理论和 GMM 估计方法估计出了模型(6.4.8)的参数部分和非参数部分。其中，参数部分的估计值见表 6.4.3 所示。

表 6.4.3　参数部分的回归结果

变量	*GDP*	*CI*	*TECH*
GDP(−1)	−0.1516	0.0043	−0.1633
	0.0768	0.0848	0.2489
	−1.9728	0.0506	−0.6560
CI(−1)	−0.1572	−0.3303	0.1517
	0.0709	0.0782	0.2295
	−2.2191	−4.2258	0.6609
TECH(−1)	−0.0104	−0.0312	−0.3506
	0.0292	0.0322	0.0946
	−0.3557	−0.9683	−3.7076
$\widehat{GDP}(-1)$	0.8534	0.1526	−0.1090
	0.0966	0.1427	0.2924
	8.8348	1.0691	−0.3727
$\widehat{CI}(-1)$	−0.4135	−0.0994	0.1277
	0.0891	0.1316	0.2696
	−4.6431	−0.7556	0.4738
$\widehat{TECH}(-1)$	−0.0018	0.0408	−0.1208
	0.0367	0.0542	0.1111
	−0.0486	0.7529	−1.0877

注：各个变量所对应的第一行的数据为估计值，第二行为估计标准差，第三行为 t 统计量

同时，导数估计见图 6.4.3。各图的横坐标表示外商投资强度，纵坐标分别表示其关于经济增长、碳排放强度和技术进步的导数，分别用 $M_1(FDI_{it})$、$M_2(FDI_{it})$ 和 $M_3(FDI_{it})$ 表示。其中，图(a)中经济增长的非参数导数和对数化后的外商投资强度呈现出横向的“S”形关系；图(b)中碳排放强度非参数导数和对数化后的外商投资强度则呈现出“M”形关系；图(c)中的技术进步非参数导数和对数化后的外商投资强度则呈现出倒“L”形关系。

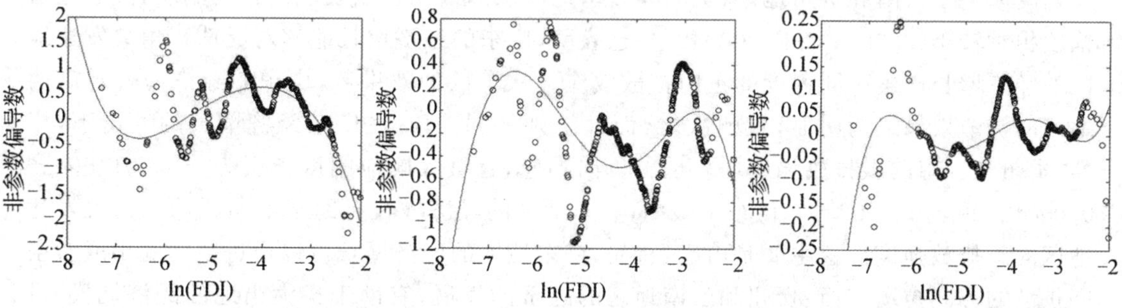

(a) $M_1(FDI_{it})$ 的导数　　(b) $M_2(FDI_{it})$ 的导数　　(c) $M_3(FDI_{it})$ 的导数

图 6.4.3　$M_1(FDI_{it})$、$M_2(FDI_{it})$ 和 $M_3(FDI_{it})$ 的导数

②空间脉冲分析——以泛珠三角经济圈为例

与传统的脉冲响应所反映的变量间的“冲击—响应”关系不同，时空脉冲则主要以反映空间个体属性间的“冲击—响应”关系在时间维度的变化，较传统的脉冲多了一个维度。由于此处的空间脉冲响应所模拟的地区较多，具体涉及中国30个省市，难以对所有的模拟结果进行一一展示。因此，为了能够对模拟的结果进行解释，此处选择泛珠三角经济圈中的广东、广西、贵州和云南作为空间脉冲模拟的对象(图6.4.4为广东、广西、贵州和云南在泛珠三角经济圈中的空间位置)，以研究在广州地区的空间冲击下，广西、贵州和云南的能源碳排放、经济增长和技术进步三者之间的空间响应情况(见图6.4.5～图6.4.7)，揭示在区域经济发展过程中，发达地区的碳排放、经济增长和技术进步对欠发达地区的空间层面作用机制和空间交互影响规律。

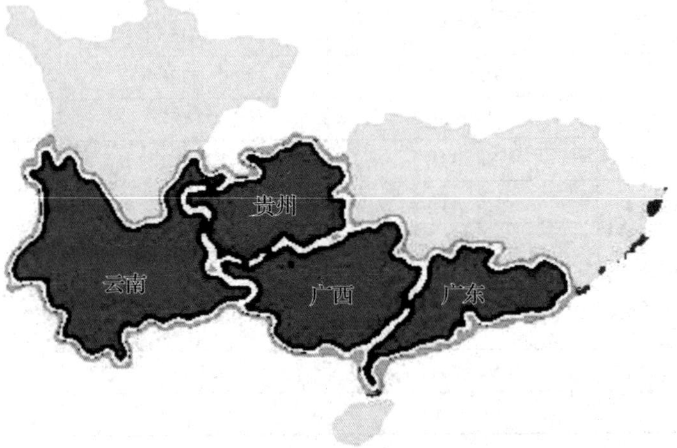

图6.4.4　广东、广西、贵州和云南在泛珠三角经济圈中的空间位置

根据图6.4.5，在广东地区经济增长的冲击下，广西、贵州和云南地区的经济增长、碳排放强度和技术进步均产生了不同程度的响应，且响应幅度大小依次为广西、贵州和云南，表现出空间减弱的趋势。具体而言，A. 在广东经济增长的冲击下，广西、贵州和云南的经济增长均表现出正向的响应。其中，广西在第二期的响应值达到最大(0.003125)，响应幅度远大于云南和贵州地区；贵州和云南地区从第三期开始表现出正向响应，且响应值幅度相对较小(0.00089和0.00049)。这表明，广东的经济增长能够对泛珠三角欠发达地区的经济增长产生不同程度的正向扩散效应。从扩散的效果看，广东的经济增长对广西地区的扩散效果最为明显，贵州次之，而云南则最弱。B. 在广东经济增长的冲击下，广西、贵州和云南的碳排放强度均表现出负向响应，且最大响应幅度依次为－0.001466、－0.000424和－0.000231。该结果表明，广东地区的经济增长有助于削弱泛珠三角欠发达地区的碳排放强度。这主要是由于：首先，广东地区的经济增长可以通过空间溢出或者空间扩散的方式拉动广西、贵州和云南地区的经济的发展，有助于扩大当地的经济规模，进而引发碳排放强度的降低；其次，广东地区的经济增长与广西、贵州和云南地区的经济增长存在一定的互补关系，广西、贵州和云南通过向广东输入能源和矿产资源，转移了部分由于资源消耗所产生的碳排放；此外，随着广东地区的产业结构升级，广西、贵州和云南地

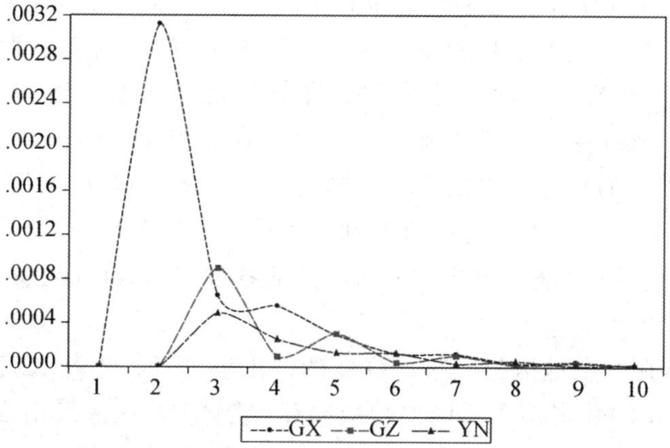

（a）冲击：广东*GDP*→响应：*GDP*

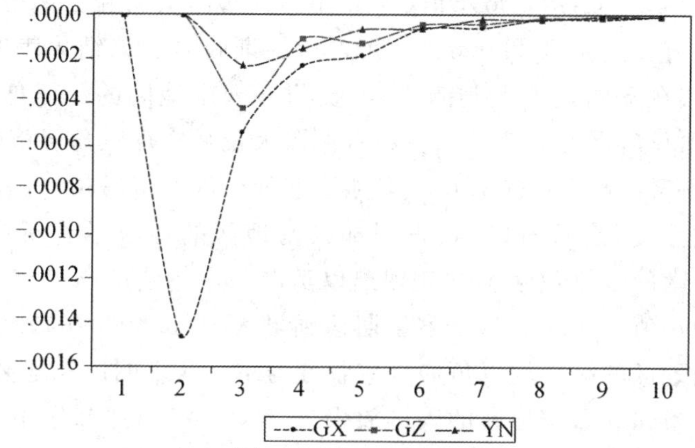

（b）冲击：广东*GDP*→响应：*CI*

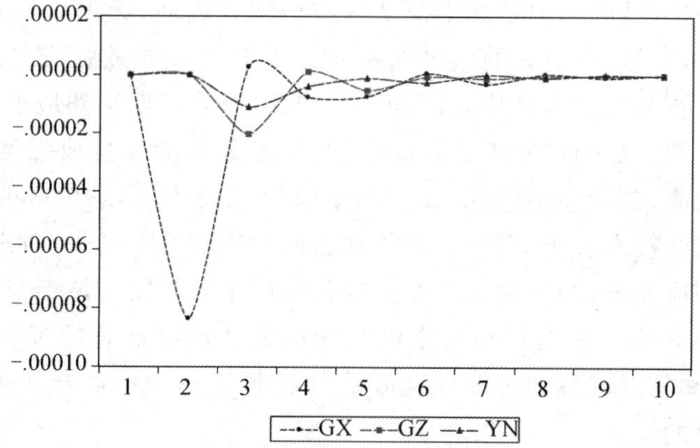

（c）冲击：广东*GDP*→响应：*TECH*

图 6.4.5　广东地区 *GDP* 冲击下其他地区各变量的响应情况

区在承接广东所转移的产业过程，无疑对自身的产业结构也进行了调整，有助于提高资源的使用效率，降低三地之间的碳排放强度。C. 在广东经济增长的冲击下，广西、贵州和云南的技术进步却表现出较为明显的负向响应，且最大响应幅度依次为－0.000084、－0.00002 和－0.00001。这表明，广东地区的经济增长，对泛珠三角欠发达地区的技术进步存在不同程度的抑制作用。根据 Aghion(1998)、North(1990)、Keller(2004)和林勇(2009)等人的研究,影响技术进步的主要因素包括人力资本、制度要素、外商投资以及政府投入。广东地区为泛珠三角的主要增长极,该地区的经济增长能够促使周边地区经济要素的汇集。例如,该地区经济增长所带来的就业机会能够对周边地区的人才产生强烈的吸引,导致周边地区的人力资本的流失。同时,更为优惠的开放政策和便利的口岸条件又能够为吸引外资和开展对外贸易提供有利的条件。上述要素在一定程度上"抽夺"了广西、贵州和云南地区的技术进步和技术创新所需的各项资本,继而对其他欠发达地区的技术进步产生抑制作用。

根据图 6.4.6,在广东地区的碳排放强度的冲击下,广西、贵州和云南的经济增长、碳排放强度和技术进步均表现出了不同的响应路径,且响应的敏感度由强到弱依次为广西、贵州和云南。具体而言:A. 在广东碳排放强度的冲击下,广西的经济增长在第二期达到最大数(0.00042),在第三期达到最小值(-0.000007),而贵州和云南的经济增长则在第三期达到最大响应值(0.00011 和 0.00006),之后逐渐收敛。该结果表明,广东地区的碳排放强度上升,能够在不同程度上刺激广西、贵州和云南地区的经济增长。这主要是由于,广东地区经济增长所需的矿产等原材料资源需大量从泛珠三角经济欠发达地区调入。同时,出售矿产资源又能够在一定程度上刺激这些地区的经济增长。由此,也就不难解释广东地区的碳排放强度,能够对广西、贵州和云南地区的经济增长所产生的刺激作用。B. 广西、贵州和云南的碳排放强度均表现出以负向为主的响应路径。其中,广西的响应值在第二期达到最小值(-0.00027),第三期达到最大值(0.000026),之后便出现负向收敛。而贵州和云南地区的响应均以负向响应收敛为主。这表明广东地区的碳排放强度的上升,能够对广西、贵州和云南地区的碳排放强度产生一定的抑制作用。正如上所述,广东调入和消费贵州、广西和云南地区的矿产资源,将产生一定的碳排放。然而,调出地区本身虽然输出这些矿产资源,但是却不消费这些资源。因此,无形中转移了部分碳排放。这在一定程度上拉低了这些地区的碳排放强度。C. 广东碳排放强度的冲击下,广西地区的技术进步的响应在第二期达到最大值(0.000104),而第三期达到最小值(-0.000072),之后便逐渐出现收敛。从响应的正负效应上看,广东地区的碳排放强度的正向冲击效应略大于负向冲击效应,二者差距达到 23.10%。该结果表明,广东地区的碳排放强度的上升能促进广西地区的技术进步。然而,贵州和云南地区的技术进步,对来自广东地区碳排放强度的冲击的响应并不敏感,响应曲线的变化幅度十分微弱。该结果提示,广东地区的碳排放对贵州和云南的技术创新和技术进步的刺激并没有显著的规制作用。这似乎表明,泛珠三角经济圈的区域性碳排放规制体系尚未建立,区域间的合作更多以追求区域间经济合作为主要目的。

根据图 6.4.7,在广东地区技术进步的冲击下,广西、贵州和云南地区的经济增长均表现出了不同程度的负向响应路径,且响应的敏感度由强及弱,依次为广西、贵州和云南。具体而言:①在广东地区的技术进步的冲击下,广西地区的响应幅度在第二期达到最大(-0.000055),之后其响应幅度呈现出"U"形收敛的趋势,而贵州和云南的响应幅度则分别在第三期达到最大(-0.000011 和-0.000006)。通常情况下,发达地区的技术溢出能够拉动欠发达地区的经济增长。然而,此处的模拟结果却表明,广东地区的技术进步对泛

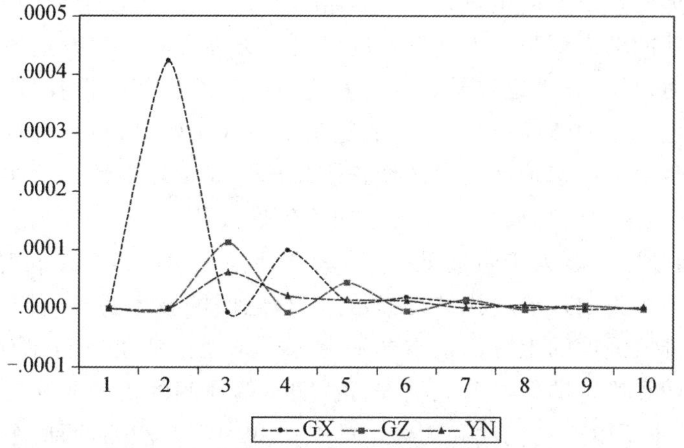

（a）冲击：广东*CI*→响应：*GDP*

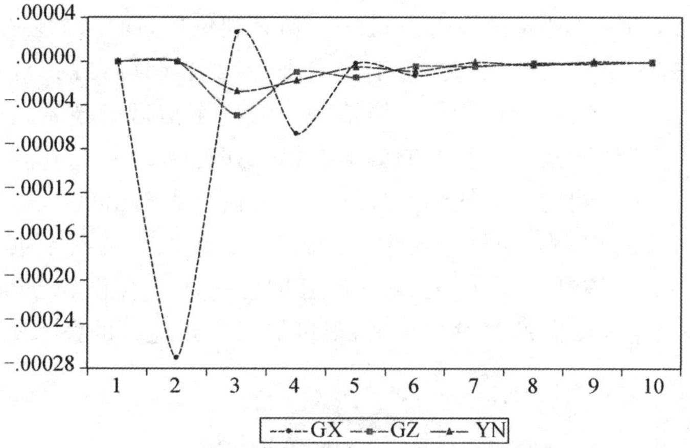

（b）冲击：广东*CI*→响应：*CI*

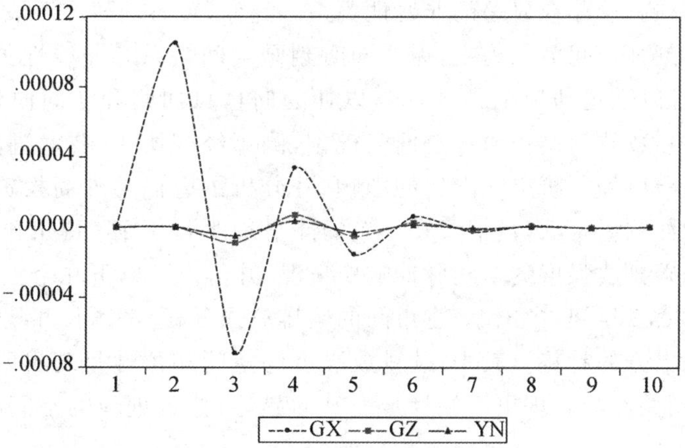

（c）冲击：广东*CI*→响应：*TECH*

图 6.4.6　广东地区 *CI* 冲击下其他地区各变量的响应情况

珠三角欠发达地区的经济增长产生负面影响。这很可能是由于广东地区技术进步的“极化效应”，导致周边地区的人力资本、金融资本和政策资本的流失。而人力资本的流失所产生的影响是深远的。根据内生增长理论,经济增长在很大程度上依赖于技术创新,而人力资本是技术创新的动力源泉。人力资本的流失一方面影响了欠发达地区对发达地区技术溢出的吸收能力,另一方面也容易导致欠发达地区技术创新的自我“造血”能力缺乏,继而对经济增长产生一定的负面影响,在区域竞争中亦处于弱势地位。由此,也就不难理解广东地区技术进步对欠发达地区的经济增长表现出空间负外溢性。②在广东地区技术进步的冲击下,广西地区的碳排放强度在第二期达到最大值(0.000065),表现出“N”形的波浪式收敛,且正向效应显著大于负向效应,二者差距达到 81.34%。同时,贵州和云南的碳排放强度均表现出正向效应。该结果提示,广东地区的技术进步,能够刺激广西、贵州和云南地区的碳排放强度的上升。这主要是由于广东地区凭借其技术优势,占据产业链终端位置。以广西和广东的铝产业为例进行说明。两地间的铝产业存在着空间垂直分离的情况,广西地区主要生产高能耗和高污染的初级和中间铝产品,而广东地区凭借铝产品深加工技术,进口广西地区的中间铝产品生产高附加值终端产品。随着技术进步的累积因果循环,广东地区的铝产业愈加在产业链中占据有利位置,而广西地区的铝业发展则很难在产业末端发展中取得优势。因此,由于技术进步所引起地区在产业链竞争优势的缺失,不利于长期处于产业链下游地区的环境治理。③广东地区的技术进步空间溢出效应较为有限。其中,广西地区技术进步的响应值在第二期达到最小(−0.000061),第三期达到最大(0.000052),正负响应差距达到−16.67%,总体上表现出负向溢出。然而,贵州和云南地区的技术进步的响应波动较为微弱。这表明,广东地区的技术进步对贵州和云南的空间溢出并不显著。该结果暗示,泛珠三角区域性的产业合作和创新体系尚未形成。同时,也暗示泛珠三角经济圈的欠发达地区,很可能对广州地区的技术溢出存在吸收能力不足的情况。

(3)结论和启示

从区域发展的角度,地区间的经济增长、外商投资、能源碳排放,乃至技术进步之间既存在明显的空间影响,也存在显著的非线性关系。然而,现有的研究手段要么以刻画线性关系为主,要么以刻画空间关系为主,无法同时刻画空间关系和非线性关系。因此,当前的计量模型往往难以满足研究的需要。与以往的向量自回归和空间向量自回归模型不同,本例构建了半参数空间结构向量自回归模型,测算经济增长、技术进步和能源碳排放的同期、一阶时间滞后和一阶空间滞后的影响,并分析了它们与外商投资的非线性关系。同时,通过空间脉冲响应函数,模拟了在广东的冲击条件下,广西、贵州和云南地区的经济增长、技术进步和碳排放强度的空间脉冲响应情况,并得出了以下几个主要结论:

①在 1998—2012 年间,中国 30 省市间的碳排放强度、经济增长和技术进步的空间相关性,总体上呈现上升的趋势。其中,碳排放强度的空间相关性呈现出明显的上升趋势;经济增长的空间相关性则表现出小幅稳步上升的趋势;技术进步的空间相关性则呈现出由弱变强的趋势。

②外商投资强度和经济增长、碳排放强度以及技术进步三者之间,分别存在较为明显的非线性关系。其中,经济增长的非参数导数和外商投资强度之间存在横向“S”形曲线关系;碳排放强度的非参数导数和外商投资强度之间表现出“M”形曲线关系;而技术进步的非参数导数和外商投资强度之间则表现出倒“L”形曲线关系。

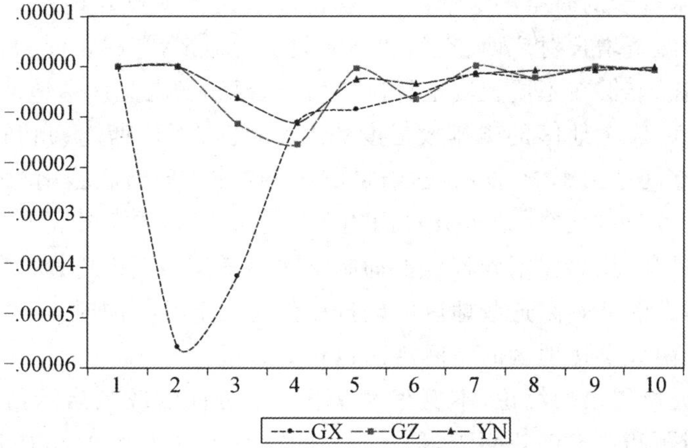

（a）冲击：广东*TECH*→响应：*GDP*

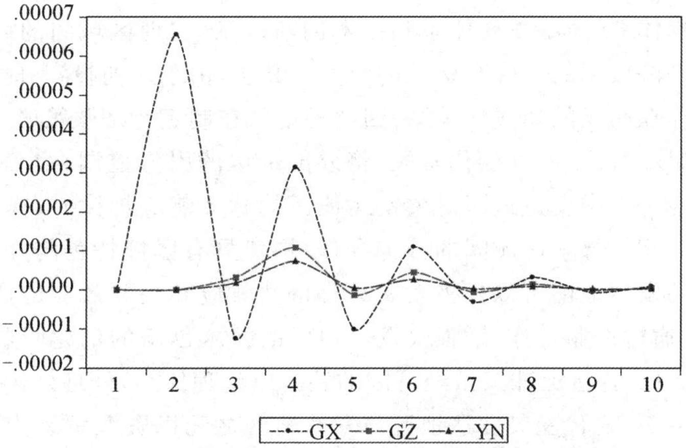

（b）冲击：广东*TECH*→响应：*CI*

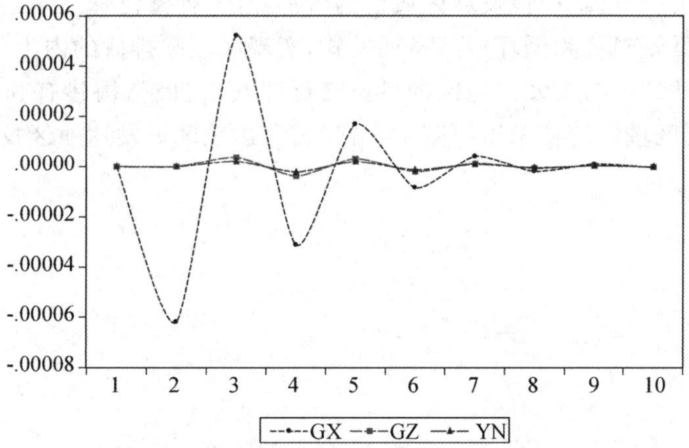

（c）冲击：广东*TECH*→响应：*TECH*

图 6.4.7　广东地区 *TECH* 冲击下其他地区各变量的响应情况

③通过采用空间脉冲响应函数，以泛珠三角为研究对象，模拟了发达地区（广东）的经济增长、碳排放强度、技术进步的冲击下，欠发达地区（广西、贵州和云南）的经济增长、碳

排放强度以及技术进步的时空响应情况，并获得以下几个主要发现：A. 在泛珠三角经济圈内，广东地区的经济增长对广西、贵州和云南欠发达地区，存在正向的空间溢出效应；广东地区的经济增长，能够在不同程度上抑制广西、贵州和云南欠发达地区的碳排放强度上升和技术进步。B. 广东地区的碳排放强度的上升，能够对广西、贵州和云南地区的经济增长产生正向的空间溢出影响，同时，也有助于抑制广西、贵州和云南欠发达地区碳排放强度的上升；此外，广东地区的碳排放对周边欠发达地区技术进步的影响并不明显。C. 广东地区的技术进步，能够在不同程度上抑制泛珠三角经济圈中广西、贵州和云南欠发达地区的经济增长，还能够刺激这些地区的碳排放强度的上升。同时，广东地区的技术进步对广西、贵州和云南欠发达地区的空间溢出也较为有限。

针对上述研究所得出的结论，本例获得以下几个方面的政策启示：首先，由于碳排放问题、经济增长问题和技术创新问题，具有明显的空间相关性。因此，在制定碳排放政策、经济政策和技术创新政策的过程中，应当从区域协调发展的角度进行考量，构建具有区域特色的碳排放处理体系、经济发展体系和技术创新体系，实现区域间的协调发展，避免过度的内耗而造成经济效率的下降和资源的浪费。其次，由于外商投资和经济增长、碳排放强度和技术进步存在明显的非线性关系，因此各地区在制定经济政策时，应当考虑经济增长、碳排放强度和技术进步所处变化阶段，将外部资本的引入控制在合理的区间。此外，在研究泛珠三角经济圈中发达地区对欠发达地区的脉冲响应规律时，亦获得以下几个方面的政策启示：A. 积极寻求区域间的分工合作，构建具有区域特色的经济增长体系。泛珠三角经济圈中的发达地区可以积极发展具有带动效应和关联效应的产业，扩大经济增长的溢出。同时，通过产业合作，增强欠发达地区的技术创新的消化吸收能力，实现经济增长能力的提升。B. 打造泛珠三角经济圈的碳排放治理体系，处理好区域间碳排放的空间转移现象。一方面，要转变欠发达地区与发达地区之间以资源贸易为主的传统合作方式，从区域整体发展的战略角度，规划产业布局和升级产业结构，实现资源在区域产业链中的高效利用。另一方面，积极发展区域性的碳汇经济，探索泛珠三角经济圈中发达地区和欠发达地区的低碳经济和循环经济发展模式，实现区域碳排放的内生化。C. 完善泛珠三角经济圈中发达地区与欠发达地区的科技交流和共享机制，构建有利于地区协调发展的技术梯度，削弱区域内的技术溢出壁垒，增强欠发达地区对发达地区技术溢出的消化和吸收能力。

参考文献

[1]Anselin L,Bera A. Spatial dependence in linear regression models with an introduction to spatial econometrics[J]. Statistics Textbooks and Monographs,1998,155:237—290.

[2]Anselin L,Florax R J G M. New directions in spatial econometrics[M]. Springer-Verlag Berlin and Heidelberg GmbH & Co. K,1995.

[3]Anselin L,Le Gallo J. Interpolation of air quality measures in hedonic house price models:spatial aspects[J]. Spatial Economic Analysis,2006,1(1):31—52.

[4]Anselin L. Spatial econometrics:methods and models[M]. Springer,1988.

[5]Aziz J,Duenwald C. Growth-financial intermediation nexus in China[M]. International Monetary Fund,2002.

[6]Baicker K. The spillover effects of state spending[J]. Journal of Public Economics,2005,89(2):529—544.

[7]Boarnet M G. Spillovers and the locational effects of public infrastructure[J]. Journal of Regional Science,1998,38(3):381—400.

[8]Buettner T. The effect of unemployment,aggregate wages,and spatial contiguity on local wages:An investigation with German district level data[J]. Papers in Regional Science,1999,78(1):47—67.

[9]Caniëls M C J,Verspagen B. Barriers to knowledge spillovers and regional convergence in an evolutionary model[J]. Journal of Evolutionary Economics,2001,11(3):307—329.

[10]Cantos P,Gumbau,Albert M,Maudos J. Transport infrastructures,spillover effects and regional growth:evidence of the Spanish case[J]. Transport reviews,2005,25(1):25—50.

[11]Case A C,Rosen H S,Hines Jr J R. Budget spillovers and fiscal policy interdependence:Evidence from the states[J]. Journal of public economics,1993,52(3):285—307.

[12]Cohen J P,Morrison Paul C J. Public Infrastructure Investment,Costs,and Inter-State Spatial Spillovers in US Manufacturing:1982—96[J]. SSRN Electronic Journal,2001.

[13]Debarsy N,Ertur C. Testing for spatial autocorrelation in a fixed effects panel data model[J]. Regional Science and Urban Economics,2010,40(6):453—470.

[14]Delgado M J, Alvarez I. Network infrastructure spillover in private productive sectors: evidence from Spanish high capacity roads[J]. Applied Economics, 2007, 39(12):1583—1597.

[15]Elhorst J P. Dynamic panels with endogenous interaction effects when T is small[J]. Regional Science and Urban Economics, 2010, 40(5):272—282.

[16]Elhorst J P. Specification and estimation of spatial panel data models[J]. International regional science review, 2003, 26(3):244—268.

[17]Elhorst J P. Unconditional Maximum Likelihood Estimation of Linear and Log-Linear Dynamic Models for Spatial Panels[J]. Geographical Analysis, 2005, 37(1):85—106.

[18]Getis A, Griffith D A. Comparative spatial filtering in regression analysis[J]. Geographical analysis, 2002, 34(2):130—140.

[19]Griffith D A. A linear regression solution to the spatial autocorrelation problem[J]. Journal of Geographical Systems, 2000, 2(2):141—156.

[20]Hepple, L. W. The Econometric specification and Estimation of Spatio-Temporal Models Time and Regional Dynamics, London. Edward Arnold, 1978

[21]Hsiao C, Hashem Pesaran M, Kamil Tahmiscioglu A. Maximum likelihood estimation of fixed effects dynamic panel data models covering short time periods[J]. Journal of econometrics, 2002, 109(1):107—150.

[22]Kelejian H H, Tavlas G S, Hondroyiannis G. A spatial modelling approach to contagion among emerging economies[J]. Open economies review, 2006, 17(4—5):423—441.

[23]Lee L F, Yu J. A unified transformation approach for the estimation of spatial dynamic panel data models: stability, spatial cointegration and explosive roots[M]. Handbook on Empirical Economics and Finance, 2010.

[24]Lee L, Yu J. A spatial dynamic panel data model with both time and individual fixed effects[J]. Econometric Theory, 2010, 26(02):564—597.

[25]LeSage J P, Kelley Pace R. A matrix exponential spatial specification[J]. Journal of Econometrics, 2007, 140(1):190—214.

[26]LeSage J P. The theory and practice of spatial econometrics[J]. University of Toledo. Toledo, Ohio, 1999, 28—33.

[27]LeSage J, Pace R K. Introduction to spatial econometrics[M]. CRC press, 2010.

[28]Mutl J, Pfaffermayr M. The spatial random effects and the spatial fixed effects model: the Hausman test in a Cliff and Ord panel model[R]. Reihe Ökonomie/Economics Series, Institut für Höhere Studien(IHS), 2008.

[29]Revelli F. On spatial public finance empirics[J]. International Tax and Public Finance, 2005, 12(4):475—492.

［30］Rosenthal S S，Strange W C. The attenuation of human capital spillovers［J］. Journal of Urban Economics，2008，64(2)：373—389.

［31］陈德湖，张津.中国碳排放的环境库兹涅茨曲线分析——基于空间面板模型的实证研究［J］.统计与信息论坛，2012，27(5)：48—53.

［32］陈晓玲.FDI、自主创新与经济增长的时空脉冲分析——基于半参数面板空间向量自回归模型.待发表，2015.

［33］陈生明.空间溢出视角下人才跨国外流与经济增长的非线性效应研究—基于动态半参数空间滞后模型.待发表，2015.

［34］陈生明，叶阿忠.空间溢出视角下对外贸易和中国碳排放——基于半参数面板空间滞后模型［J］.统计与信息论坛，2014，29(4).

［35］冯烽.基于半参数空间面板计量模型的中国能源消耗回弹效应研究［D］.福州大学博士论文，2014.

［36］冯烽，叶阿忠.技术溢出视角下技术进步对能源消费的回弹效应研究——基于空间面板数据模型［J］.财经研究，2012，9：013.

［37］冯烽，叶阿忠.回弹效应加剧了中国能源消耗总量的攀升吗［J］.数量经济技术经济研究，已录用.

［38］符淼.地理距离和技术外溢效应［J］.经济学(季刊)，2009，8(4).

［39］郭炬.区域技术创新路径研究［D］.福州大学博士论文，2014.

［40］郭炬，叶阿忠，陈鸿.基于半参数空间计量模型的技术创新能力区域聚集效应研究［J］.科学学与科学技术管理.2012(11)：62—70.

［41］郭庆旺，贾俊雪.地方政府间策略互动行为，财政支出竞争与地区经济增长［J］.管理世界，2009(10)：17—27.

［42］何江，张馨之.中国区域经济增长及其收敛性：空间面板数据分析［J］.南方经济，2006(5)：44—52.

［43］胡军，郭峰，龙硕.通胀惯性，通胀预期与我国通货膨胀的空间特征——基于空间动态面板模型［J］.经济学，2014，13(1).

［44］胡乐琼.我国 OFDI 逆向技术溢出对国内技术创新能力的影响研究.福州大学硕士论文，2015

［45］李博，石培基，金淑婷，等.甘肃省及其毗邻区经济差异空间演化研究［J］.经济地理，2013，4：007.

［46］李婧，谭清美，白俊红.中国区域创新生产能空间计量分析——基于静态与动态空间面板模型的实证研究［J］.管理世界，2010(7)：43—55.

［47］李子奈，叶阿忠.高等计量经济学［M］.清华大学出版社有限公司，2000.

［48］李子奈，叶阿忠.高级应用计量经济学［M］.清华大学出版社有限公司，2012.

［49］林光平，龙志和，吴梅.我国地区经济收敛的空间计量实证分析：1978—2002［J］.经济学(季刊)，2005，4.

［50］刘生龙，胡鞍钢.基础设施的外部性在中国的检验：1988—2007［J］.经济研究，2010，45(3)：4—15.

[51]潘文卿.中国的区域关联与经济增长的空间溢出效应[J].经济研究,2012(1):54—65.

[52]彭建平、张建华.基于动态面板数据模型的我国 R&D 投入效果实证分析[J].系统工程,2007(12).

[53]邱瑾,戚振江.基于 MESS 模型的服务业影响因素及空间溢出效应分析——以浙江省 69 个市县为例[J].财经研究,2012,1:005.

[54]王福军.产业集聚对技术创新影响的理论与实证研究.待发表,2015.

[55]王劲峰.经济与社会科学空间分析[M].科学出版社,2012.

[56]魏传华,胡晶,吴喜之.空间自相关地理加权回归模型的估计[J].数学的实践与认识,2010,40(22):126—134.

[57]魏传华,梅长林.半参数空间变系数回归模型的两步估计方法及其数值模拟[J].统计与信息论坛,2005,20(1):16—19.

[58]吴继贵.空间溢出视角下中国化石能源碳排放的环境影响研究——基于半参数空间动态面板模型的分析.待发表,2015.

[59]吴继贵.资本积累、经济增长和能源碳排放的空间冲击效应研究——基于 SSp-VAR 空间计量模型的分析.待发表,2015.

[60]吴继贵.区域技术进步、经济增长和碳排放强度的时空脉冲响应研究——以泛珠三角经济圈为例.待发表,2015.

[61]吴继贵.技术进步、外商投资、经济增长对碳排放的空间影响研究——基于 SSC-VAR 模型.待发表,2015.

[62]吴延兵.自主研发,技术引进与生产率[J].经济研究,2008,8:51—64.

[63]吴玉鸣.大学,企业研发与首都区域创新的局域空间计量分析[J].科学学研究,2006,24(3):398—404.

[64]吴玉鸣.空间计量经济模型在省域研发与创新中的应用研究[J].数量经济技术经济研究,2006(5).

[65]吴玉鸣.中国省域经济增长趋同的空间计量经济分析[J].数量经济技术经济研究,2006(12).

[66]刑晓卫,蒋玲香.经济增长、财政支出与居民收入差距的时空影响研究—基于面板半参数空间向量自回归模型.待发表,2015.

[67]杨继生.通胀预期,流动性过剩与中国通货膨胀的动态性质[J].经济研究,2009,1:106—117.

[68]熊开亮.中国省域能源消费对经济增长影响的经济分析——基于半参数空间计量方法[D].福州大学硕士论文,2012.

[69]叶阿忠,陈泓,陈生明.半参数横截面空间滞后模型的工具变量估计及应用.待发表,2015.

[70]叶阿忠,陈泓,叶娟惠.半参数面板空间滞后模型的两阶段最小二乘估计及应用.待发表,2015.

[71]叶阿忠,陈泓,张枝招.半参数面板空间滞后模型的广义矩估计及应用.待发表,

2015.

[72]叶阿忠.陈生明.冯烽.服务业集聚和经济增长对我国省域城镇化影响的实证研究——半参数空间滞后模型[J].运筹与管理,2015.

[73]叶阿忠;陈生明;陈晓玲.空间溢出视角下人才跨国外流与技术创新——基于半参数面板空间滞后模型[J].科技进步与对策,2014年21期.

[74]叶阿忠.非参数计量经济学[M].天津:南开大学出版社.2003.

[75]叶阿忠.非参数和半参数计量经济模型理论[M].科学出版社,2008.

[76]叶阿忠,陈晓玲.半参数面板空间滞后模型的工具变量估计及应用.待发表,2015.

[77]叶娟惠.FDI对中国劳动收入份额影响的区域差异研究[D].福州大学硕士论文,2014.

[78]詹姆斯·勒沙杰,R.凯利·佩斯.空间计量经济学导论[M].北京大学出版社,2014.

[79]张长淮.旅游交通碳排放、产业结构调整及旅游经济增长的关系研究.待发表,2015.

[80]张光南,洪国志,陈广汉.基础设施,空间溢出与制造业成本效应[J].经济学,2014,13(1).

[81]张海洋.R&D两面性,外资活动与中国工业生产率增长[J].经济研究,2005,5(1):07—11.

[82]张浩然,衣保中.基础设施,空间溢出与区域全要素生产率——基于中国266个城市空间面板杜宾模型的经验研究[J].经济学家,2012,2:61—67.

[83]张军,吴桂英,张吉鹏.中国省际物质资本存量估算:1952—2000[J].经济研究,2004(10):35—44.

[84]张楠.教育不平等、人力资本对我国经济增长的影响.待发表,2015.

[85]张玺.产业结构与城镇化关系研究——基于半参数面板空间滞后模型.待发表,2015.

[86]张先锋,丁亚娟,王红.中国区域全要素生产率的影响因素分析——基于地理溢出效应的视角[J].经济地理.2010(12).

[87]张志强.金融发展,研发创新与区域技术深化[J].经济评论,2012(3):82—92.

[88]张志强.空间面板参数估计的小样本特性探究[J].数量经济技术经济研究,2012,9:010.

[89]张枝招.我国省域劳动就业影响因素的空间计量分析[D].福州大学硕士论文,2014.

[90]郑万吉.经济增长、FDI与环境污染的时空传导效应研究——基于半参数空间面板VAR模型.待发表,2015.

[91]郑万吉.空间溢出视角下:财政分权与碳排放——基于半参数空间面板滞后模型.待发表,2015.